本书是教育部人文社会科学研究项目（09YJC710048）
"高校思想政治教育创新——大学诚信理论与实践的制度分析"的最终成果

激励与规约
大学诚信制度何以构建

党志峰 著

人民出版社

责任编辑:段海宝

图书在版编目(CIP)数据

激励与规约:大学诚信制度何以构建/党志峰 著. -北京:人民出版社,2016.3
ISBN 978－7－01－013984－5

Ⅰ.①激… Ⅱ.①党… Ⅲ.①大学生-社会公德教育-教育制度-研究-中国
Ⅳ.①G641.7

中国版本图书馆 CIP 数据核字(2014)第 218471 号

激励与规约
JILI YU GUIYUE
——大学诚信制度何以构建

党志峰 著

人民出版社 出版发行
(100706 北京市东城区隆福寺街 99 号)

北京汇林印务有限公司印刷 新华书店经销

2016 年 3 月第 1 版 2016 年 3 月北京第 1 次印刷
开本:710 毫米×1000 毫米 1/16 印张:21.25
字数:326 千字

ISBN 978－7－01－013984－5 定价:49.00 元

邮购地址 100706 北京市东城区隆福寺街 99 号
人民东方图书销售中心 电话 (010)65250042 65289539

序

林尚立

在当今世界，不论国家实行何种制度，确立何种信仰，都会将大学作为其知识与人才的培育中心。一个国家可以没有政党，但不能没有大学。所以，相对于民主来说，大学这样的组织与制度更具有普遍性。大学已成为当代世界各国得以确立和发展的核心支柱。

大学是人类文明发展的产物，是现代化的最基本要素与标志。它一开始就承载着国家与社会发展的最基本使命：知识的生产、价值的分配以及人才的培养。知识、价值与人才是任何国家的立国之本、发展之源。大学在这方面的生产和供给能力，决定着大学自身的水平与品质，进而对国家与社会发展产生全局性和战略性的决定作用。中国这三十多年所创造的改革与发展奇迹，直接得益于改革开放启动后高考制度的恢复，并持续推进了大学全面、快速的发展。没有大学教育与科研的支撑，就不可能有今天的中国奇迹与成就。

从大学与当代世界国家发展的关系来看，大学在推动国家发展中的贡献不仅仅体现为大学贡献了多少知识与人才，在一定程度上更重要地体现为大学是否塑造了国家与社会发展的新力量、新品质与新境界。因为，大学供给的知识与人才只有成为国家与社会发展的新力量、新品质与新境界的要素与资源，才具有实质性的意义与作用。这意味着大学生产的不是简单的知识产品与人才产品，而是知识力量与社会栋梁。这就需要大学拥有赋予知识与人才以崇高的价值追求和精神品质的能力。因而，真正的大学首先是一个精神的家园，其次才是知识的殿堂。不能营造精神家园的大学，只不过是一个技能的训练营，而不是育人之象牙塔。

所以，对于真正的大学来说，其知识的生产、价值的分配以及人才的培养，都是围绕着人类、人心与人性展开的。大学之本在人，人之本在心性。只有从心性出发，知识才能传播、价值才能确立、人才才能成长。人是一切社会关系的总和。人的完善与发展，不论是独善其身，还是兼济天下，都离不开与他人、与社会的关系。于是，与自然、与社会、与他人共处、共生的心智与能力，就自然成为人性之善端、人心之诚意。孔子将其概括为"仁"。"克己复礼为仁"；同时，"仁者，爱人"。于是，"克己"与"爱人"统一，就成为平衡人与自然、人与社会、人与人的轴心。在这种统一中，"克己"不是否定自己，而是从"爱人"出发来"克己"，即"己欲立而立人，己欲达而达人"，"己所不欲，勿施于人"。因而，克己的目的，是为了能够在社会中拥有更大的发挥自己、成就自己的天地与可能。这种统一的交汇点就是"诚信"。诚乃信之本，信乃诚之果。因而，诚，立人；信，立世。若人人都践行诚信，天下自然和平兴旺，百姓自然康乐幸福。真可谓："诚者，天之道也；诚之者，人之道也。"

教育的使命在于"传道、授业、解惑"，"传道"为本，而人间普适之道就在于诚信。这决定了作为脱俗而不出世的象牙塔的大学，应该具有修诚信、立诚信、守诚信的观念、制度与修行之体系，从而成为诚信待人、诚信育人、诚信为人的立信守诚的精神家园和创智成才的知识殿堂。大学是一个复杂的创智育人的系统，要在全方位育人中做到诚信之育人、育人之诚信，就必须进行必要的人文与制度建构。尽管中国有上千年历史的诚信修行文化，但大学以及大学制度在中国只有上百年的历史。中国的文化背景决定了中国大学要在价值上立于天下，必以诚信为本，育诚信之人，立诚信之大学。而中国大学的历史与现状决定了中国大学要达到此境界，成为世界一流大学，则还需要有艰苦的努力和不懈的奋斗，既需要观念的澄清和制度的建构，也需要伟大教育家的出现和新的大学文化的形成。从这个角度上讲，党志峰教授《激励与规约——大学诚信制度何以构建》一书，既体现其在这方面的学术研究，也体现其对中国大学的深深关切。

　　党志峰教授长期从事大学的文化建设与大学生的修身训练研究，并在多年的学校事务管理中进行不断的实践和探索，做到理论与实践结合、教书育人与管理育人结合。本书从专业的角度对大学诚信制度的建构进行了宏观的和整体的把握，但其背后的实践根基是深厚的，实践的感悟是深刻的，不然本书不可能将大学诚信制度确立在"激励"与"规约"这对关系上。众所周知，在对大学生的培养中，这是最最根本的两个方面：没有激励，就不可能激发出大学生的创新天性和内在潜力，成为知识与科技的创造者，成为社会发展的推动者；没有规约，大学生的成长就难以形成责任之心、严谨之风与敬业之神，自然也难成国家与社会所需要的栋梁之才。激励创大智，规约立大才，诚信发于此、立其中，进而化育出真正之大学品质。这就是本书的立意与逻辑，也是本书对当今中国大学发展的最大启示所在。作为大学的教书匠，感动于作者对中国大学发展之拳拳之心，特作此序，表示敬意。

2014 年 6 月 28 日于复旦园

目　录

导　论

一、大学诚信制度问题研究的缘起和发展

诚信是一个既古老而又现实的话题。无论在中华传统道德思想中，还是在西方传统文化理念中，诚信一直为历代仁人志士所关注和推崇，提出了许多可贵的思想。孔子曰："民无信不立"（《论语·颜渊》），"人而无信，不知其可也"（《论语·为政》）。《吕氏春秋·履信》言："信者，行之基"。孟子曰："诚者，天之道也。思诚者，人之道也。"（《孟子·离娄上》）亚里士多德在《尼各马克伦理学》中指出："信实是虚夸和讥讽的中道"。康德认为"人应当诚实守信"，诚信是人们心中的普遍性道德法则，他把守诺、言而有信、遵守契约视为个人对他人的完全义务，把"诚实守信"看作是实践理性的基本法则和绝对命令。① 罗马法很早就确立了诚实信用原则这样的"帝王条款"。虽然中西文化中道德诚信的内涵不尽相同，但我们仍然可以捕捉到它在各自文化领域中的身影。将诚信界定为一个现实话题，是因为虽然人类发展到了 21 世纪，但诚信这个古老话题却从来不曾远离我们，相反却伴随着社会发展、时代进步而前行，乃至今天都是一个常说常新的话题。

---

① 参见孟华兴：《企业诚信体系建设研究》，中国经济出版社 2011 年版，第 1 页。

（一）大学诚信问题研究兴起的现实背景

就中国社会而言，以 20 世纪 80 年代一场重大变革为标志，开启了我国改革开放的历史航程。20 世纪 90 年代的苏东剧变，使近一个世纪人类最重大的一场"实验"——建立社会主义计划经济模式——成为一种追忆，随之世界各国对经济体制模式的探索步入对市场经济模式的思考和追寻中。随着 1992 年党的十四大中国特色社会主义市场经济模式大政方针的确立，中国开始了对中国特色社会主义市场经济的独立摸索，社会开始了一次新的全面转型。但改革开放和市场经济对中国社会产生了双重影响，一方面使中国融入世界改革的大潮，经济社会发生了翻天覆地的变化，经济总量跃居世界第二，社会百业振兴，人民生活奔向小康；另一方面社会价值观念和道德规范出现巨大失衡，传统伦理道德规范受到强烈冲击，社会道德失范行为激增，特别是华夏文明中绵延传承的诚信文化大厦严重倾斜，失信行为延伸到社会各个角落和各类群体，中国社会的诚信品质面临严峻的考验。

随着从计划经济体制向社会主义市场经济体制的经济转型，我国社会各层面的改革和重塑也进入了转型期，社会道德领域的价值观重塑和制度变革之路也不例外，开始走上对现代道德理念的转型和建构之路，诚信问题由此凸显，成为最紧迫的课题之一。在道德制度层面，传统德育方式和方法的适应无力、制度空洞与体制性缺陷，使社会德育领域寻求改革之路的探索，由对单纯传统德育理论、方法、途径的内部求索，转而向弥补现代道德伦理制度化缺陷和追求现代德育制度的构建转型，这是中国道德领域适应市场经济要求并重塑中国道德现代化格局的必由之路。我们知道，在计划经济时代，虽然受到计划经济体制下"政治挂帅"的异化影响，中国社会整体的诚信道德水平却处于一个较高层次的发展阶段，以为人民服务为核心、以集体主义为原则的社会主义道德观念深入人心，诚信是人们自觉遵守的道德规范和行为准则。但现代社会的本质特征和市场经济元素的加入，要求我们传统的伦理道德和诚信观念必须转型。社会主义市场经济是建立在信用基础之上的交换经济，诚信原则是其内在的基本要义，当我们的市场经济还处在初级水平阶段，当社会的信用基础和人们的诚信意识层次还与这个初级水平的市场经济不相适应的时候，我们唯一的选择就是结合我国的基本国情和发展经验，借鉴西方市场经济的成功经验，走出一条中国特色社会主义市场经济的创新发展之路，并构建与其基本要求相适应的以诚信价值观为核心的社会伦理道德制度体系，逐步寻找和探索出一条改革创新的中国特色社会主义现代化发展道路。

就高等教育领域而言，大学一直被誉为神圣的智慧殿堂，是人们心目中拥有人文精神和科学精神、极具道德信仰和真理追求的纯洁圣地，寄托着人们对知识理性和美好生活的无限向往。大学是社会良知的灯塔，也是时代精神的象征；是人类精神家园的守护者，也是民族文化传统的布道者。无论是对物质世界和精神世界的追求，还是对民族精神和科学精神的探索，大学既体现着时代的精神，又承载着人类的未来，只要人类的文明延续，大学的前进步伐就不会停止。中国高等教育传承着华夏民族的道德文化传统，肩负着中国现代社会道德重塑的时代重任，凝聚着中国人民屹立于世界民族之林的未来前程，理应成为当代中国构建以诚信价值观为核心的社会伦理道德制度体系的领头雁，引领整个社会加快建设诚信文化和诚信制度。知识经济时代赋予了大学更重要的功能和使命，引领社会发展创新是大学的价值要素，大学品质、大学文化和大学精神是当今时代语境下大学智本价值的重要体现，其中最核心的要素就是大学诚信精神，它是现代大学的生命。诚信是中国道德文化的根基，大学是传承民族文化的载体，大学的诚信品质、诚信文化和诚信精神，凝聚和蕴含着大学的本质特征，也彰显着大学的时代价值和意义。但市场经济的影响和价值观的失衡，使中国大学传统的诚信文化根基受到冲击，学术失信现象频频出现，教育失信问题愈演愈烈，对大学诚信文化精神和文化品质造成了极大的伤害。尽管国家对此已经高度重视并采取了有力措施，高等学校在大学诚信制度建设上也进行了多方的艰苦努力，但问题仍然严重，尤其是基于制度视角的诚信综合研究和制度构建工作还亟待延展和加强。

就大学诚信制度与社会诚信制度的关系而言，大学诚信制度既是社会诚信制度目标的具体化，又是社会诚信制度的有益补充。现代大学身处社会的中心，其诚信制度所蕴含的新理念、新内涵和应对的新问题，都难以在过去的经验和理论框架内得到解释。大学诚信制度是社会诚信制度的有机组成部分，是牵引社会诚信制度体系建设的航标，没有基于大学诚信制度的研究，构建诚信社会的努力是难以想象的。所以，将诚信研究的视角转移到大学，建立现代大学诚信制度，是推进高等教育诚信建设的现实需要，也是构建现代社会诚信制度体系的必然诉求。

（二）改革开放 30 年国家大学诚信政策与制度的发展脉络

伴随着实践是检验真理的唯一标准的大讨论，以十一届三中全会胜利召开为标志，中国社会进入了改革开放时期。在我国高等教育不断恢复、调整、提高的社会背景下，大学诚信制度建设也在逐步调整和完善，国家层面的大学诚信制度建设开始走上了一个健康发展的轨道。

1. 拨乱反正时期：从 1978 年 12 月党的十一届三中全会到 1982 年 9 月党的十二大期间，大学诚信政策和制度建设呈现出拨乱反正的特征。在邓小平同志《解放思想，实事求是，团结一致向前看》的十一届三中全会主题报告的指引下，我们党确立了解放思想、实事求是的思想路线，党的工作重点全面转移到了社会主义现代化建设上来，高等教育战线的拨乱反正取得了明显成效。短短几年时间，高等教育事业便重新回归到了正确的发展方向，各项教育政策和制度开始恢复和重建。但具体、专门的大学诚信政策和制度还不可能单独设立，而是大量体现在大学思想政治教育的有关政策和制度中。首先，这一时期明确了大学培养目标的政治诚信要求。1980 年 4 月 29 日教育部和团中央印发的《关于加强高等学校学生思想政治工作的意见》中，明确了大学的培养目标必须坚持"又红又专"的方向，大学的思想政治教育要"旗帜鲜明地对学生进行马列主义、毛泽东思想原理、共产主义道德品质教育，培养学生诚实谦虚的革命风尚"。1981 年 8 月，蒋南翔部长在全国学校思想政治教育工作会议上，也明确指出要培养学生的共产主义道德品质，加强马列主义理论课的教育，使学生忠诚于社会主义祖国，坚持四项基本原则。其次，逐步建立大学思想政治工作和大学诚信建设工作的领导体制和工作队伍。1980 年《关于加强高等学校学生思想政治工作的意见》中强调，学校党委要加强对学生思想政治工作的领导，把它列入党委的重要日程。1982 年 8 月，教育部政治理论教育司正式改称政治思想教育司，建立了统筹全国高校思想政治教育工作的专门工作机构。1980 年和 1981 年，蒋南翔两次提出要求，为了切实加强学校的思想政治工作，需要整顿、重建政治工作队伍，必须建立一支精干、稳定的政治工作队伍。随后在教育部出台的一系列政策文件中，对学校政治理论课的设置和领导体制、政治理论教研室的设置和管理体制、思想政治工作的领导体制和工作机制等，均建立了各项具体制度安排。再次，出台了改革开放时期第一个《高等学校学生守则（试行草案)》。《高等学校学生守则》确定了党和国家对高校学生在政治思想和道德品质方面的基本要求，规定了学生应该遵守的行为准则和道德规范。

2. 恢复构建时期：从 1983 年党的十二大到 1992 年党的十四大期间，大学诚信政策和制度建设呈现出渐进式恢复构建的特征。这一时期，教育部在拨乱反正的基础上，开始全面恢复建立大学诚信制度。第一，从大学诚信教育课程设置、队伍建设、学生诚信行为规范和管理、学生诚信品德要求、大学精神文明建设、大学诚信纪律要求等多方面展开了制度设计和建构。第二，从思想政治理论课改革入手，出台多项有关制度规定，从课程内容、门数和学时设置、教学规定、本科生和研究生两个层面、教学师资和方法等方面，都提出了严格的要求，对推进学生诚信教育起到了重要的作用。第三，从建立学生学籍管理和行为准则有关制度入手，突出强调了对学生诚信品质养成的要求。1983 年出台的《学生学籍管理办法》，规定了对学生的品行要进行书面评语鉴定，对新生入学中的徇私舞弊者要取消学籍，对学生考试作弊者要进行制度惩罚。1989 年出台的《高等学校学生行为准则（试行)》强调学生要注重个人品德修养，学生说话、做事要坚持实事求是的原则，要诚实守信。1990 年出台的《学生管理规定》更是详细制定了对学生思想品德考核的具体形式和方法，要以"《学生行为准则》为主要依据，采取个人小结，师生民主评议的形式，写出个人有关实际表现的评语"，在对学生思想诚信品德和诚信行为的管理和评价机制上进行了系统的探索。第四，从加强大学诚信队伍制度建设入手，就大学生思想政治教育队伍的素质、学历、待遇、职称等问题进行了制度设计。20 世纪 80 年代出台的《思想政治工作队伍建设的意见》《加强和改进思想政治工作的决定》《在专职人员中聘任教师职务的实施意见》等政策，确保了大学生思想政治工作队伍的整体素质的提高，保证了大学诚信建设工作队伍的专业化水平，奠定了大学思想政治教育的良好工作格局，也提振了队伍的信心和干劲。第五，从大学精神文明建设入手，在当时高等教育体制改革的背景下，明确了精神文明建设的指导方针，推动了在高等学校树立发扬社会主义道德风尚，加强民主、法制、纪律教育，培养"四有"公民，进而提高全民族思想道德素质和科学文化素质的高校精神文明建设工作。这些工作使大学诚信制度建设工作逐步走上了比较规范化、系统化的发展道路，是改革开放时期大学诚信建设工作的第一次全面探索，为后一个时期大学诚信制度建设的综合发展奠定了良好的基础。

3. 快速发展时期：从 1992 年党的十四大到 2002 年党的十六大期间，大学诚信政策和制度呈现出快速发展和单项制度安排初现端倪的特征。众所周知，1992 年以邓小平南方谈话为标志，中国的改革开放事业步入了发展的快车道，中国特色社会主义理论和建设事业又向前推进了一步，高等教育事业实现了飞速的发展，大学诚信制度建设也抓住机遇稳步前进。在高等教育改革和发展、精神文明建设全面推进和《公民道德建设实施纲要》颁布实行后，大学诚信制度建设成为社会主义和谐社会建设的重要组成部分，呈现出快速发展的良好势头。第一，社会主义文化教育事业呈现出快速发展的势头。《中国教育改革和发展纲要》的颁布，带动了高等教育体制的改革。中央加强精神文明建设的《决议》，引发了高等学校精神文明建设的热潮。学生的思想道德建设成为社会精神重要的组成部分，推动高等教育在人才培养上坚持正确的政治方向和价值观念，大学生群体中的爱国奉献、诚实守信和文明修养为内容的思想道德素质明显提高。第二，大学的思想政治工作和文化素质教育呈现出快速发展的势头。《全面推进素质教育的决定》《加强高校思想政治工作的若干意见》《公民道德建设实施纲要》等相继出台，成为大学诚信教育工作的指导性文件。第三，大学德育工作呈现出快速发展的良好势头。《德育大纲》《德育体系》《德育工作意见》的实施，使诚实守信成为德育目标的一个具体要求，"明礼诚信"成为学生的基本道德规范，诚信也成为职业道德的一个教育内容。第四，大学诚信单项制度安排开始进入国家政策范畴。《关于开展社会诚信宣传教育工作的意见》《全国统一教育考试管理和考风考纪工作意见》《助学贷款管理操作规程》《学生贷款办法》《学生考试管理》《关于加强学术道德建设的意见》等一系列相关文件制度的出台，使大学学术诚信、贷款诚信、诚信实践活动、考试诚信、诚信教育等多项制度安排逐步建立，出现了快速发展的良好势头。

4. 全面发展时期：从 2002 年党的十六大到 2014 年期间，大学诚信政策和制度建设进入了全面发展的新时期，呈现出集群化、专门化、体系化的特征。党的十六届三中全会提出了"坚持以人为本，树立全面、协调、可持续的发展观，促进经济社会和人的全面发展"，在我们党的文献中第一次提出了科学发展观，开启了一个以人的全面发展为主线的社会整体进步的时代。大学诚信制度建设也随之进入到一个全面发展的新时期。首先，这一时期的大学诚信制度建设体现出集群化的特点。据不完全统计，在改革开放以后，教育部出台的近 90 项与诚信相关的制度中，这一时期出台的与诚信相关的制度就有近 60 项，比例占到了 60% 以上。特别从 2011 年到 2014 年，教育部每年出台的有关大学诚信的制度均在 5 项以上，形成了诚信制度的高发期，凸显了教育部对大学诚信制度建设高度重视和加大建设力度的工作趋向。其次，这一时期的大学诚信制度建设体现了专门化的特点。在 2002 年以前国家出台的有关大学诚信的制度，基本上以综合性制度为主体，对大学教师、学生的诚信要求条款大多仍然体现在思想政治工作、精神文明建设、道德教育和管理工作规章制度中。2003 年，中宣部、教育部等六部委出台了《关于开展社会诚信宣传教育的工作意见》，标志着在全社会范围内，我国开始了以诚信活动为主题的单项制度设计。2004 年国家劳动部门制定的《诚信教育大纲》的实施，标志着诚信教育作为职业教育的一个重要内容登上我国职业教育的舞台。2005 年教育部办公厅出台了《关于建立高等学校招生全国统一考试考生诚信档案的通知》，2007 年我国建立了科研诚信建设联席会议制度，由科技部牵头，成员包括教育部、财政部、人力资源和社会保障部、卫生部、解放军总装备部、中国科学院、中国工程院、国家自然科学基金委员会、中国科学技术协会共 10 个单位，并在 2009 年联合发布了《关于加强我国科研诚信建设的意见》。尤其是 2005 年教育部建立的《考生诚信档案》制度，这是全国高等教育系统第一个有关诚信工作的制度安排，对我国国家层面的大学诚信制度建设具有非常重要的意义和价值。由此发端，近十年来，我国大学诚信制度建设步入了一个全面发展的新时期。大学招生诚信考试专题教育活动、招生阳光工程、学生资助诚信教育主题活动、诚信考试档案制度、科研诚信制度建设、科研不端行为处理办法、学位论文作假处理办法、博士硕士学位论文抽检办法、国家教育考试违规处理办法、大学学风建设制度、教育部学风建设委员会等一系列的制度相继出台，保持了近年来对大学诚信失信行为的高压治理态势，也逐步构建起我国国家层面的大学诚信专项制度的系统化格局。再次，这一时期的大学诚信制度建设体现出体系化的特点。在大学生思想政治教育工作中，从领导体制、教育内容和方法、课堂主渠道建设、社会实践活动、师资队伍、辅导员队伍等做了系统规定；在诚信制度体系建设上，从诚信教育大纲、诚信宣传教育主题活动、诚信考试专项教育、考试诚信承诺书、诚信考试档案、科研诚信建设等方面也做了一系列规定；在诚信管理上，从学生考风考纪、学生管理、网络管理、奖学金评定、学风建设、阳光招生制度等方面做了严格规定；在诚信处罚机制上，以考试违规处理、研究生论文检测、论文作假行为处理、研究生教育质量保证和监督体系建设、科研不端行为处理、学术不端行为处理、严格审查招生简章办法等方面做了多方规定；在教师管理方面，出台了师德师风建设意见、教师职业道德规范、辅导员队伍建设意见、学术委员会规程、科技评价改革意见等多项政策制度。这样，就对大学诚信制度建设所涉及的诸多因素都进行了比较系统的体系化制度构建。

（三）改革开放 30 年我国大学诚信理论研究的发展脉络

对大学诚信问题的研究，事关高等教育人才培养的质量，是我国高等学校思想政治教育领域的一个热点话题。但从其理论研究的进程看，它的历史发展只有短短三十多年的时间。在改革开放三十多年的历史轨迹中，其基本的研究概貌呈现出四个阶段特征。第一个阶段：从 1980 年到 1989 年，对大学诚信问题的专题研究寥若晨星，对诚信问题的研究处于隐性研究阶段，大量研究基本体现在大学德育问题研究中，在大学德育和大学思想政治教育的研究中点状提到诚信教育、诚信意识、失信现象等，对大学诚信问题的深入研究还没有展开。第二个阶段：从 1990 年到 1999 年，对大学诚信问题的研究开始浮出水面，关于大学生诚信问题的研究初现端倪，但仍然处于隐性研究阶段，还没有呈现出集中的整体研究的势头，只是对诚信道德、诚信教育等问题的探讨开始出现专题化研究的趋向。第三个阶段：从 2000 年到 2005 年，随着各种社会诚信问题逐渐成为学术界及社会关注的焦点，对大学诚信问题的研究方兴未艾，呈现出井喷式的发展态势，逐步进入显性研究阶段。一些专题研究领域开始出现，如对大学生失信问题的表象与原因的专题探讨，对诚信内涵、诚信精神、大学生诚信教育、大学生失信表现的特征等开展了大量的研究工作，但相关研究仍然集中在对大学诚信问题的单体研究、现象研究和归纳总结、原因分析、意义作用等研究层面。第四个阶段：从 2005 年到 2014 年，随着国家对大学诚信问题的高度关注和一系列政策的出台，高校诸多学科的研究者开始对大学诚信问题给予了特殊的关注和研究，立足整体性和建设性思路，对诚信问题进行了系统的探索和建构，对大学诚信问题的研究不仅在数量上迅速增长，在质量上也发生了根本性的变化，而且在方法上进行了突破和创新，关于诚信问题的类别研究工作也成为人们关注的焦点。一些研究借鉴其他学科的方法，一些研究集中于诚信价值的现代转型，一些研究深入诚信内涵的演变，一些研究致力于大学诚信问题的集中治理，一些研究探讨诚信制度建设。凡此种种，都寄望于能够对大学诚信问题的解决出一份力，尽一份责。尤为难得的是，许多研究深入大学诚信问题的内质层面，在诸如大学生诚信教育、诚信档案、诚信评价、诚信文化、诚信奖惩等制度体系构建方面，开展了卓有成效的研究工作，取得了令人振奋的研究成果。

在大学诚信问题的研究上，大致包括实证分析层面、理论层面和制度建构层面三条研究路径。实证分析层面的研究重点相对集中在对教育诚信失范行为的挖掘和归类，以及对失范行为原因的探讨和分析；理论层面的研究重点相对集中在对诚信的传统内涵和现代价值的转型，以及对诚信教育、诚信道德和诚信文化的学理性诉求；制度建构层面的研究重点相对集中在对大学诚信制度安排的探讨。在研究工作的价值取向上，国内外学术界的研究出现了两种思路：一种思路认为诚信道德和制度建构应立足于严格的制度安排，另一种思路则寄望于德性精神价值的有效规约。以罗尔斯为代表的理性主义的规范伦理学说与以麦金太尔为代表的德性论道德学说即是国内两种研究思路的理论依据。但无论哪种思路，都是从诚信制度的基本内涵和作用、如何更趋全面合理地设计诚信制度的配置和机制、什么要素应该成为诚信制度安排的首要因素上展开的，并没有排斥诚信制度安排的本体论价值。从总体上来看，改革开放 30 年我国大学诚信理论研究发展的基本内容和成果包括：

1. 从中国传统伦理道德文化滋养中，揭示道德诚信的基本内涵和价值。在中国传统的伦理道德文化中，诚信是一个最重要的规范，对诚信的基本内涵、基本内容和伦理价值等基本问题的探讨是诚信理论研究的重点。众多的研究者从伦理学视角出发，对诚信的传统内涵进行了理论揭示。例如，何怀宏 1994 年发表在《学术月刊》第 5 期上的《春秋时代的"诚信"观》一文，他把"诚"和"信"两个古代重要的思想范畴组成一个词，用"诚信"作为一个分析范畴，来阐述古人的道德观念。① 宋希仁则认为，诚信体现的是道德良心和人格，属于意识形式。② 赵爱玲认为，诚信包括诚和信两方面，"诚"即诚实、诚恳，是指在无人监督或不受舆论谴责的情况下，内不欺己、外不欺人的品德；"信"即信用、信任，是指真实不欺、遵守诺言的品德。③ 孙春晨则指出信用兼具个人道德品性和社会伦理准则两方面的含义，公民个人的信用品性是发展社会信用伦理关系的基本保障，而社会信用伦理关系的普遍建立又是公民个人信用品性发展的环境因素。④ 焦国成认为，诚信表述的是人们诚实无妄、信守诺言、言行一致的美德，它同时作为一个道德规范，要

① 参见何怀宏：《春秋时代的"诚信"观》，《学术月刊》1994 年第 5 期。
② 参见宋希仁：《论信用和诚信》，《湘潭大学社会科学学报》2002 年第 5 期。
③ 参见赵爱玲：《国内诚信研究综述》，《道德与文明》2004 年第 1 期。
④ 孙春晨：《信用伦理与公民道德建设》，《中国伦理学会会员代表大会暨第 12 届学术讨论会论文汇编》，2004 年。

求人们诚实无伪、言而有信。① 杨秀香认为诚信作为道德范畴有三种不同的含义：一是诚实无欺；二是相互信任；三是信守承诺。② 有的学者从政治学视角出发，分析了诚信政治的内涵。如刘松山认为政府诚信是珍贵的政治道德，它不仅与社会诚信存在着互动关系，更对社会诚信有决定性的影响。③ 毛丹更独辟蹊径，提出诚信"甚至就是一个公共政治问题"④。有的学者从法学视角出发，分析了诚信法律的内涵。如徐国栋指出："诚信是一种法律原则，这种原则要求民事活动时民事主体应维持双方的利益平衡以及当事人利益与社会利益的平衡。依据诚信原则，立法者在保持社会稳定与和谐发展的前提下，能够实现上述三方利益的平衡。"⑤ 霍晓萍则认为要加强诚信建设，其根本出路在于法制建设，最关键的一条是"强化诚信的法律含义"⑥。也有学者指出："诚信有着两种不同的表现形式，一是人格意义上的诚信，二是制度意义上的诚信。"⑦ 徐雅芬从诚信概念的界定、诚信缺失的原因、诚信教育的开展、诚信机制的建立等四个方面对诚信问题做了多角度的较全面的思考。⑧ 熊宗哲研究了传统义利观和诚信观的现代转换问题，认为应改变传统义利观中义与利相互对立的状态，倡导一种义利并重、道义与功利协调发展的新型义利观，认为诚实信用既是我国传统道德的基本规范，又是市场法制经济的必然要求，从而具有道德建设和法制建设的二重性。⑨

2. 在实证调研分析的基础上，对大学生失信现象与归因进行了大量的

① 参见焦国成：《关于诚信的伦理学思考》，《中国人民大学学报》2002 年第 5 期。

② 参见杨秀香：《诚信：从传统社会转向市场社会》，《道德与文明》2004 年第 4 期。

③ 参见刘松山：《论政府诚信》，《中国法学》2003 年第 3 期。

④ 毛丹：《若能诚信，敢不敛社——漫说诚信的公共政治涵蕴》，《开放时代》2002 年第 6 期。

⑤ 徐国栋：《客观诚信与主观诚信的对立统一问题》，《中国社会科学》2001 年第 6 期。

⑥ 霍晓萍：《我国大学生诚信缺失行为的解析与对策研究》，《中国外资》2009 年第 20 期。

⑦ 刘松山：《论政府诚信》，《中国法学》2003 年第 3 期。

⑧ 参见徐雅芬：《关于诚信问题的几点思考》，《中国伦理学会会员代表大会暨第 12 届学术讨论会论文汇编》，2004 年。

⑨ 参见熊宗哲：《论传统义利观和诚信观的现代转换——从"以诚实守信为荣，以见利忘义为耻"谈起》，《伦理学研究》2006 年第 6 期。

基础研究。运用实证调研的方法对大学生诚信和失信现状开展研究工作，是我国早期大学诚信理论研究的一个主要分析方法，虽然这种研究方法仅仅适合于对诚信和失信现象进行归类、梳理、分析和整理研究，且依托这种方法开展的研究大多仍停留在量化研究的层面上，但正是这些建立在实证调研分析基础上的大量的研究文章，开启了我国大学诚信问题的研究格局，从隐性研究到显性研究，从实践探讨到理论探索，从诚信教育到诚信制度，从初见端倪到波澜壮阔，从大学生各种失信的现象研究起步，到失信原因的探讨，再到诚信理论的建立，到今天进入制度的构建，实证调研分析一直伴随着大学诚信问题研究的前进轨迹，为研究工作的发展奠定了坚实的基础。在对大学生失信现象的归类上，大部分研究成果是从诚信意识、学术诚信、政治诚信、经济诚信、生活诚信、就业诚信、人际诚信等方面展开研究的，对各种失信行为进行了界定。如大学生诚信观念上表现为诚信意识淡薄、爱慕虚荣、投机行为、侥幸心理等；在学术诚信上表现为抄袭作业、考试作弊、成绩造假、论文剽窃等；在政治诚信上表现为政治信仰处于摇摆不定状态、政治情感处于困惑不解状态、政治参与偏离义务自觉状态、政治价值趋于自身利益追求；在经济诚信上表现为贷款不还、偷盗财物、欠缴学费、评奖作假等；在生活和人际诚信上表现为说谎话、做假事、相互欺骗、交朋友随意等；在就业诚信上表现为虚假实习、履历造假、伪造证书、就业材料"注"水、随意毁约等。在对大学生失信行为原因的归类上，大部分研究成果是从社会环境、家庭教育、学校教育、大学生自身修养、心理因素、文化因素、历史因素等方面展开研究的，对影响失信行为的原因进行了分析。如吴小林、林静对大学生诚信缺失的心理因素进行了分析，归纳出大学生诚信缺失的心理类型及主次顺序为从众心理、侥幸心理、吃亏心理、报复心理、无用心理、冒险心理以及低成本心理，失信言行的发生，可能是一种心理独立引起的，也可能是多种心理交织而成的。① 岳云强、马佳星指出大学生诚信危机的主要原因有诚信概念模糊、信用意识薄弱、对诚信现象迷茫

---

① 参见吴小林、林静：《大学生诚信缺失的心理类型及其对策探析》，《国家教育行政学院学报》2010 年第 1 期。

等主观因素和市场经济负面影响、教育体制弊端、就业形势严峻、信用管理机制欠缺等客观因素。① 总体上看，对大学生诚信失信归因的界定，基本上是从个人、家庭、学校、社会等"四位一体"的实体范畴，主体要素影响、客体要素影响、介体要素影响、环体要素影响等"四位一体"的载体范畴，心理因素、教育因素、文化因素、制度因素等"四位一体"的社会范畴来展开研究的，全面地描述出了我国大学生诚信缺失的基本景观和产生原因的基本现状。

3. 运用马克思主义思想政治教育的基本理论，对大学诚信教育进行了深入研究。诚信教育是早期开展大学诚信问题研究的一个主要内容，也是建立大学诚信制度的一个重要方面，许多研究者从不同角度对诚信教育进行了研讨，逐渐形成了"大学诚信教育主渠道"的理念。主要的代表人物和观点有：朱坚强和张颖香在《大学生诚信教育概论》中，以马克思主义、中国特色社会主义理论体系为指导，从思想政治教育学、哲学、伦理学、社会学、心理学、法学等视角系统地阐述了进行大学生诚信教育的理论和实践价值。吴锋提出加强诚信教育，可以培养和健全大学生的理想人格，使他们树立正确的交友观念，端正学习态度，最终实现德知双修，报效国家。② 罗洪铁、温静将改革开放 30 年的大学生诚信教育内容创新的发展划分为起步、发展和深化三个阶段，并总结了大学诚信教育的五个宝贵经验和启示：关注社会需求和重大事件，体现内容的时代性；平衡个人价值和社会价值，增强内容的吸引力；深化细化结构层次，构建内容的科学体系；适应大学生个性发展，提高内容的针对性；明确基本准则和行为导向，突出内容的规范作用。③ 党志峰提出了大学诚信教育的三个基本机制，即动力机制、平衡机制和循环发展机制，并尝试由对外在主体性关注向解决内核问题机制性关联研究范式的转

① 参见岳云强、马佳星：《当前大学生诚信缺失的现状、原因及对策》，《学理论》2009年第10期。
② 参见吴锋：《诚信为本德知双修——关于大学生诚信教育的价值分析》，《扬州大学学报》（高教研究版）2002年第4期。
③ 参见罗洪铁等：《改革开放30年大学生诚信教育内容创新研究》，《思想教育研究》2008年第8期。

向，进而使大学诚信教育体系的制度建设更趋明晰。① 胡秀英指出，在大学生诚信教育中，要引导学生以诚信作为价值取向，遵循道德内化规律，把握学生诚信人格的形成发展规律和诚信人格的塑造机制，弘扬传统诚信文化，把诚信价值和理念融入到校园生活的方方面面。② 胡钦太提出了重构大学生诚信教育机制的十一个原则：在理念上必须注重人本化，在认识上必须重视规范化，在内容上必须体现现代化，在方式上必须体现生活化，在运作上必须实行契约化，在实践上必须强调一致化，在载体上必须建立网络化，在时效上必须着眼于终身化，在舆论上必须注重公开化，在体制上必须实现同步化，在评价上必须强调科学化。③ 杨雪琴提出要加强对大学生的诚信教育，促进大学生诚信素质的养成，要坚持传统育诚，在继承性上下功夫；要坚持教书育诚，在导向性上下功夫；要坚持环境育诚，在影响性上下功夫；要坚持活动育诚，在实践性上下功夫；要坚持制度育诚，在规范性上下功夫。④

4. 从加强诚信制度建设和强化运行机制调节的工作需要出发，对大学诚信领导体制机制和队伍建设等进行了积极探索。要真正推动大学诚信建设工作，领导体制机制是关键，队伍建设是基础。大学诚信领导体制的创立，最初是 1979 年教育部重建了政治思想教育司，负责全国学校的思想政治教育和诚信教育工作。随后明确了党委直接领导高校政治理论教研室，校院两级都要有一名副书记主管学生思想政治工作，各高校要成立学生工作部等专门的工作机构，这样逐步建立起了大学思想政治工作和诚信工作的领导体制和机制。在 2010 年 6 月 7 日教育部召开的科研诚信与学风建设座谈会上，清华大学胡和平书记提出要发挥学校和院系两级学术委员会的作用，设立独立的"学术道德委员会"。南昌大学周文斌校长提出"要在学术委员会下设学

---

① 参见党志峰：《大学诚信教育机制的构成分析》，《山西大学学报》（哲学社会科学版）2011 年第 3 期。

② 参见胡秀英：《和谐社会目标下大学生诚信教育的价值意蕴及其实现机制》，《当代教育论坛》2007 年第 9 期。

③ 参见胡钦太：《重构大学生诚信教育机制》，《道德与文明》2003 年第 1 期。

④ 参见杨雪琴：《试论当代大学生诚信素质的形成路径》，《社会科学家》2005 年第 6 期。

术道德监督委员会，调查和核实违反学术道德规范等不端行为的举报事项"。刘伟认为大学诚信要运用"破窗理论"，建立一种诚信的防范和修复诚信缺失这个"破窗"的由上而下的领导机制，做到高校内各个学院和各个班级人人讲诚信、人人抵制不诚信。① 郭海峰认为要切实加强组织领导，充分发挥学校党组织、行政部门的领导作用，保证大学生诚信教育工作有人领导，保证人、财、物等方面的供给。② 马艳芳则认为学生工作部门和辅导员是开展大学生思想政治教育和诚信教育的骨干力量，要充分利用和发挥其职责优势，帮助大学生养成良好的诚信心理品质。③ 罗洪铁、王斌则对思想政治教育对大学生诚信教育效果评估的结果处理及应用机制进行了研究，他们认为通过完善的评价结果应用机制，才能够使思想政治教育在大学生诚信教育中作出正确的诚信教育方案、措施和教育决策等。④

5. 从大学诚信制度系统建设的需求出发，对大学诚信制度进行了多层面的理论和实践研究。对大学诚信制度建设的研究，是 2000 年以后我国大学诚信问题研究的一个重要内容，也是当代大学诚信建设的一个发展趋势。许多研究者对此开展了系统且深入的专题研究，提出了很多建设性的看法和构想，极大地丰富了我国大学诚信问题理论研究，拓展了研究领域。关于"大学诚信制度建设"研究的主要代表人物和理论观点有：罗洪铁、温静对改革开放 30 年大学生诚信制度建设进行的全面的回顾与展望。他们认为改革开放以来大学生诚信制度历经重建、发展和深化三个阶段，最终形成了具有一定规模的制度体系，并提出了今后大学生诚信制度建设的四个原则：在制度领域上完成深度拓展与广度延伸的统一，在制度功能上加快约束与激励的统一，在制度特征上体现国际化与民族化的统一，在制度形态上实现显性与隐

---

①　参见刘伟：《关于大学生诚信机制建设的思考》，《山东省青年管理干部学院学报》2005 年第 4 期。

②　参见郭海峰：《大学生诚信教育要重视校园诚信环境建设》，《湖北函授大学学报》2011 年第 7 期。

③　参见马艳芳：《浅论当代大学生的诚信教育》，《教育改革》2011 年第 7 期。

④　参见罗洪铁、王斌：《思想政治教育对大学生诚信教育效果评估的结果处理及应用机制研究》，《西南大学学报》（社会科学版）2008 年第 4 期。

性的统一。① 黄蓉生、白显良提出了构建大学生诚信制度体系应该包括的两
个制度系列：一个是实体性制度，一个是程序性制度。实体性制度有政治诚
信制度、学习诚信制度、经济生活诚信制度、人际交往诚信制度和就业创业
诚信制度，程序性制度有诚信评价制度、诚信信息采集记载制度、失信处罚
与教育制度和诚信档案管理制度。② 于珊珊就大学生就业市场诚信机制建设
问题，提出了搭建大学生就业市场各方主体信息对称服务平台、诚信评价监
督和反馈体系的主张，具体包括诚信档案、征信体系、校企合作模式、诚信
评价体系、诚信监督体系和诚信反馈体系。③ 韩震指出，为了促进诚实美德
蔚然成风，还必须在制度层面上有奖励诚信、惩戒虚假的制度，尤其是在
遵守契约规则还没有形成习惯传统的社会，更应该"注重制度性安排"，有
了制度性的奖惩安排，才能形成良好的诚信社会。④ 廖志诚、林似非认为大
学诚信建设的当务之急是建立高校诚信监督和约束机制，当前应从三方面
着手：一是建立合理的学生诚信评价体系；二是实行大学生诚信档案制；三
是健全和完善校园舆论监督机制。⑤ 钞秋玲在对美国大学生的学术不诚信及
其防范措施进行研究后，特别强调了"制定学术荣誉制度"的重要性。⑥ 在
教育部科研诚信与学风建设座谈会上，陈希副部长指出："我国对学术不端
行为的查处主要停留在道德谴责和学术惩罚方面，进行行政处罚、追究法
律责任还缺乏法律依据，今后要加强对学术不端行为的法律法规建设。"复
旦大学陈小漫副校长认为：学校要根据学术研究的内在规律和不同学科的特

① 参见罗洪铁、温静：《改革开放 30 年大学生诚信制度建设的回顾与展望》，《西南大学学报》（社会科学版）2008 年第 7 期。
② 参见黄蓉生、白显良：《当代大学生诚信制度建设的体系构建》，《西南大学学报》（社会科学版）2008 年第 7 期。
③ 参见于珊珊、王辛：《大学生就业市场诚信机制建设研究》，《现代教育科学》2012 年第 2 期。
④ 参见韩震：《建立诚信社会应该有制度性的奖惩安排》，《伦理学研究》2006 年第 6 期。
⑤ 参见廖志诚、林似非：《论大学生诚信缺失及其治理》，《福建师范大学学报》（哲学社会科学版）2003 年第 6 期。
⑥ 参见钞秋玲等：《美国大学生的学术不诚信及其防范措施》，《大学研究与评价》2009 年第 1 期。

点，建立不同的评价指标体系，用"代表作制进行考核"，还要出台学生和导师守则。张多来、周晓阳等在《和谐社会视野中大学生诚信建设研究》一书中，从和谐社会与大学生诚信建设的辩证关系入手，提出了"诚信教育是提高受教育者诚信意识的重要途径，诚信制度是构建大学生诚信体系的制度保障，诚信档案的建立在大学生诚信建设中处于关键性地位。构建以诚信教育、诚信制度、诚信档案为主要内容的大学生诚信体系是一项艰巨的历史使命"①的主张。高向东以华东师范大学尝试的用"学生教育管理和学生自律承诺书"培养大学生诚信品质的做法为例，认为签订自律承诺书能够让学生得到心理上的升华、心灵上的净化，使自律承诺书与学生诚信建立起一种内在关系，以制度带动自律。②陈平以新中国成立为起点，以守信和失信现象为切入点，对新中国六十年来的诚信制度变迁脉络及诚信建设得失做了细致的梳理。③邓磊对美国大学的"诚信荣誉制度"进行了分析，他的结论是：美国大学的诚信教育以建立在个人荣誉基础上的"荣誉准则"为核心内容，所有的制度建设都是围绕"荣誉准则"概念建立起来的"荣誉制度"，学生入学要签署荣誉准则和集体规范，接着各校"荣誉教育者"对学生进行"荣誉准则"的宣传和教育，最后学校的"荣誉制度"保障了"荣誉准则"的实施。④另外，从理论与实践相结合的角度出发，大学生诚信理论研究与制度建设的主要任务是完善各项规章制度，使其更具针对性和可操作性。2004年中共中央、国务院下发的《关于进一步加强和改进大学生思想政治教育的意见》（中发〔2004〕16号），深入分析了大学生思想政治教育所处的形势，是新时期提高大学生政治诚信的纲领性制度文献。围绕落实16号文件精神，大学诚信制度建设的研究也出现了一大批理论和实践成果。比如李玉胜、谢长征关于大学生诚信教育及评价体系的科学构建的研究，李健生、杨宜苗

---

① 张多来、周晓阳：《和谐社会视野中大学生诚信建设研究》，安徽人民出版社 2010年版。

② 参见高向东：《以制度培养大学生诚信品质的实践探索》，《思想理论教育》2006 年第3 期。

③ 参见陈平：《新中国诚信变迁：现象与思辨》，中山大学出版社 2010 年版。

④ 参见邓磊：《诚信教育制度体系述评》，《国际高等教育研究》2009 年第 1 期。

关于大学生诚信评价体系及电子化档案管理的研究，闫彩红关于近十年来大学生诚信档案的综述研究，刘德亮、曹肖冰关于大学生诚信档案与其隐私权保护冲突问题的探讨研究，王倩关于加强大学生诚信就业伦理观建设的研究等。

6. 从大学诚信功能和作用的角度出发，对大学诚信文化进行了多角度的理论研究。在大学诚信理论研究中，对诚信文化的探讨也是许多学者关注的一个重要问题，得出了很多建设性的研究成果。如韩震提出："有了制度性的奖惩安排，才能形成良好的诚信社会，进而形成诚信文化。为了形成诚信文化，有必要对不诚信行为进行惩罚，这可以是文化的，但是现在主要应是制度的，以适应市场经济的发展。"[①] 张伟提出"诚信文化是法律与道德的结合体，是'和谐文化'的重要内容"[②]。孙雅南认为，"诚信作为一种生活意识，引导市场经济的发展，具有其他社会意识不同的内涵特点，其本质是对于市场经济中信用、信任等价值的抽象概括所形成的社会普遍观点。这种社会认同如果在人们的思维和行为方式中得到充分体现，就可以在市场经济中确立明确的诚信准则"，"要解决诚信问题，使整个社会形成良好的诚信风气，还有待于发挥文化的作用。一切问题，由文化产生，也应该由文化解决。文化决定诚信，是诚信之源，有什么样的诚信文化，就有什么样的社会诚信状态"。[③] 林兴岚认为："诚信是一种文化，是一种具有引导、激励和凝聚作用的社会力量，是人们在社会生活与经济交往中所必须遵守的最基本的行为准则之一，是一个社会正常运行的重要基础。"[④] 赵丽涛对中国传统诚信文化的变迁和转化进行了研究，明确了"传统诚信文化是剖解诚信问题的伦理反思，以化解诚信困境为宗旨，它是先人在政治、经济、社会发展过程中概况和提炼的诚信精神，其终极价值在于增进人的道德自由，培育人的道德品格，实现社会和谐发展。"她认为"传统和现代面临诚信困境和问题的相似性，使得传统诚信文化的当代转化成为必要与可能"。但值得我们高度

---

① 韩震：《建立诚信社会应该有制度性的奖惩安排》，《伦理学研究》2006 年第 6 期。

② 张伟：《诚信文化与和谐社会》，《软科学》2008 年第 9 期。

③ 孙雅南：《诚信文化的哲学思考》，《中州学刊》2012 年第 2 期。

④ 林兴岚：《当代诚信文化建设的实践性思考》，《社会主义研究》2007 年第 6 期。

关切和深思的关键问题是"在多元文化共存的社会现实中，如何在西方勾勒出的现代世界或后现代世界中确立中国自身诚信文化存在并发出中国声音"，"西方道德思潮挤压和蚕食诚信文化生存空间，侵蚀我国文化主权，危及我国文化安全"，如果我们"寄希望于以西方文化来应对中国现实社会的诚信问题，其结果要么被不良思潮熏染，使诚信问题雪上加霜，要么又落入西方话语窠臼，丧失自身文化自主性"，我们只有"回归中国根性文化，立足于现代语境，对优秀传统诚信文化进行创造性转换，掌握和主导文化话语权，以应对西方腐蚀性思潮诱发的诚信危机，保障我国文化安全"[①]。此外，还有赵笑梅就组织理论和诚信文化在学校思想政治工作中的双相契合问题开展的研究，李向明关于个人道德人格的培养与大学诚信文化建设的研究，林民庆关于和谐视野下高校诚信文化功能的研究，王建明关于道德教育、制度变革和诚信文化生成的研究，林兴岚关于诚信文化与高校诚信文化建设路径的研究，冯霞、杨勇关于大学诚信文化建设的基本原则、研究进路、主体力量和大学生有序政治参与问题的研究，包国庆关于中西诚信文化价值的比较研究等一大批研究成果，不断深化和完善着我们对诚信文化的认识和理解。

综合来看，研究工作取得了一批可喜的成果，对大学诚信问题的研究呈现出众所关注的局面。但大学诚信问题理论研究仍存在一些不足，主要表现在以下几个方面：一是系统的整体探索不足，研究工作局限于个别制度安排，对制度系统的整体性特征研究不够。二是研究理念参差不齐，较多强调了制度的约束功能，较少探讨制度的激励作用，在机制和功能研究上留有一定的研究空间。三是历史趋势性研究不足，存在拓展和深化的空间。四是受学术背景的影响，从德育角度研究的痕迹比较明显，制度结构、制度配置、制度变迁等研究相对不足，存在对制度系统进行理论建构和提升的可能。五是整体研究不足，尤其是从多学科视角交叉融合开展的研究较少，综合性探索还没有完全展开。

---

① 赵丽涛：《中国传统诚信文化的变迁方式及其当代转化》，《兰州学刊》2013 年第 2 期。

（四）大学诚信制度建设实践探索的发展脉络

高等学校是大学诚信制度建设实践探索的主要阵地，无论从人才培养的实际需求出发，还是从提高大学学术水平、优化大学教育质量、提升大学品质的现实意义考量，建立大学诚信制度对高等学校都有着重大的现实意义。从制度视角考察，大学诚信制度在实践层面的真正探索起步于21世纪，从2001年国家颁布《公民道德建设实施纲要》之后，在我国高等院校就掀起了贯彻落实《公民道德建设实施纲要》的热潮。2003年《关于开展社会诚信宣传教育的工作意见》发布后，高等院校以诚信为主题开展了多样化的实践探索，由此，拉开了我国高等学校对大学诚信制度建设的实践探索历程。

1.按照国家和教育部的统一要求，围绕大学思想政治教育和道德教育工作的主旋律，开展大学诚信综合教育制度的实践探索。思想政治教育和道德素质教育工作，是高校大学生思想政治工作的主旋律，大学诚信制度建设是其中一项重要的内容，伴随这些工作的改革发展而不断前行。十几年来，大学思想政治教育和道德素质教育工作的主要任务有很多，其中与大学诚信建设相关的重大机遇有两次，即《公民道德建设实施纲要》的颁布和党的十八大的胜利召开。以此为契机，高等学校开展了对大学诚信综合教育制度的实践探索。2001年9月20日，中共中央印发《公民道德建设实施纲要》（以下简称《纲要》），明确要求从公民道德建设入手，继承中华民族几千年形成的传统美德，发扬优良传统道德，借鉴世界各国道德建设的成功经验和先进文明成果，在全社会大力倡导"爱国守法、明礼诚信、团结友善、勤俭自强、敬业奉献"的基本道德规范，努力建立与发展社会主义市场经济相适应的社会主义道德体系，形成追求高尚、激励先进的良好社会风气，保证社会主义市场经济的健康发展，促进整个民族素质的不断提高，全面推进建设有中国特色社会主义的伟大事业。2012年11月8日，党的十八大提出了"富强、民主、文明、和谐，自由、平等、公正、法治，爱国、敬业、诚信、友善"二十四字的社会主义核心价值观理念，并提出了要加强政务诚信、商务诚信、社会诚信和司法公信建设；要坚持依法治国和以德治国相结合，加强社会公德、职业道德、家庭美德、个人品德教育，弘扬中华传统美德，弘扬时代新风；要推进公民道德建设工程，弘扬真善美、贬斥假恶丑，引导人们自觉履行法定义务、社会责任、家庭责任，营造劳动光荣、创造伟大的社会氛围，培育知荣辱、讲正气、作奉献、促和谐的良好风尚。

这些重要精神公布以后，教育部就发出了学习贯彻的意见要求，各高等学校则积极响应，及时安排部署了学习贯彻落实工作，从学习内容、学习要求、学习机制、落实方法、制度措施等方面，开展了声势浩大的学习教育活动和制度建设工作。比如，开展以学习党的十八大精神为主线的形势政策教育，继续组织报告会、讲座、班级讨论等内容丰富、形式多样的活动；开展以"学《纲要》、守规范、讲文明、树新风"为主题的教育实践活动；推进邓小平理论"进教材、进课堂、进头脑"工作；举办《纲要》学习知识竞赛、演讲比赛等活动；开展以科技下乡、敬老扶弱、公益劳动为主题的社会实践、社会服务与青年志愿者活动；开展道德养成教育，开展多种形式的礼仪、礼节、礼貌教育，规范学生的举止言行，建立健全学生日常行为规范；开展法律法规教育，坚持定期组织学生认真学习有关法律法规及国家、学校有关大学生管理方面的规定和文件，教育学生自觉遵守法制法规及学校各项规章制度，使学生牢固树立法制观念和文明意识，增强安全防范意识，正确合理地维护自己的合法权益，做文明守纪的大学生；加强校纪校风建设和普法教育；突出文化教育园区的特色，体现道德内涵；开展文明行为规范教育活动，创建文明校园、文明班级和文明宿舍活动；以课堂教学为重点，加强大学生思想政治教育的课堂主渠道和主阵地建设；以网络媒体为重点，提倡"诚实守信树严谨"，加强校园文化环境管理和网络阵地建设；充分挖掘校园文化的道德内涵，开展丰富多彩的校园文化活动，突出道德内容，强化道德要求，推动道德实践，使广大师生的精神生活得到充实、道德境界得到升华，收到了很好的效果。

2.围绕大学生失信行为频发的现状，开展大学诚信主题教育制度的实践探索。开展诚信教育活动，是提高大学生诚信意识的一个主要途径。针对大学生失信行为日渐频发的趋势，各个高等学校以"诚信"为主题，开展了形式多样的诚信主题教育活动，逐步探索出许多有效的大学诚信教育制度。主要有：（1）诚信讲座教育制度。如清华大学 2004 年就实行了名人讲座诚信教育制度；北京邮电大学等北京九所高校开展了"诚信我为先"专家讲诚信教育活动；山东大学举办了"大学生诚信与道德"咨信讲座教育；北京工业大学开展了"青年学者的责任—诚信"研究生诚信教育活动。（2）诚信论坛教育制度。如华东理工大学开展了"诚信"主题论坛教育活动；内蒙古大学举行毕业生诚信论坛教育系列活动。（3）诚信课程教育制度。如天津大学将"诚信"课设为本科生的必修课，签署《大学生诚信宣言》，签字后记入学生本人学习档案；华中科技大学文华学院颁布了《诚信教育提纲》；华南理工大学突破传统模式，组织互动式开放课堂，廉洁修身课很受学生欢迎；西南交通大学建立诚信课堂，以课程化建设为手段，积极探索诚信教育新途径；四川大学在研究生课程中推出"科学道德与学术诚信"课程，占 5 个学分；西安交通大学让学术诚信教育走进研究生自然辩证法课堂。（4）诚信贷款教育制度。如中国石油大学、北京交通大学、合肥工业大学、哈尔滨工程大学等开展了国家助学贷款毕业生诚信教育活动；北京大学学生资助中心邀银行专家进校普及贷款信用知识；南京大学开展形式多样的学生资助诚信教育主题活动；福州大学举行助学贷款与征信知识专题宣传活动。（5）诚信主题班团会议教育制度。如复旦大学、大连海事大学开展"崇尚廉洁，诚信做人"的主题班会和团会。（6）党课诚信教育制度。如北京理工大学、浙江师范大学抓好学生党建活动之精品课程——党课，通过精品课程制度开展廉洁诚信教育。（7）诚信特色教育制度。如同济大学建立了抓好新生教育、日常教育、学生朋辈教育、违纪学生纠偏教育、毕业生教育等"五项教育"的特色诚信教育制度：第一项，新生教育、诚信为先导；第二项，日常教育、学术要守诚；第三项，自主教育、朋辈来引导；第四项，纠偏教育、惩前更毖后；第五项，毕业教育、诚信伴一生，全方位加强大学生学术诚信教育。武汉大学开展了"五个一"诚信教育主题教育活动，分别举办一次国家助学贷款知识校园巡回宣传展；开展一次"诚信还贷，造就未来"诚信教育主题活动；召开一次贷款毕业生面签大会；组织一次自强之星的评选活动；组织一次受资助学生义务清洁校园的活动。

3.围绕探索构建大学诚信制度的工作目标，创造性地开展大学诚信专题活动制度的实践探索。对学生进行诚信教育，提高他们的诚信意识，建立大学诚信制度，离不开大学生的诚信实践活动。十几年来，我国高等学校对诚信制度的探索，一直是依托于各类诚信活动展开的。各个高校根据国家的要求，结合自身的实际校情，创造性地开展了一系列丰富多彩的诚信特色活动，取得了丰硕的成果，也形成了极具特色的大学诚信专题活动制度。(1)诚信考试活动。许多大学在开展诚信活动时，首先从考试诚信入手，开始建立诚信考试制度。如天津理工大学开展了"诚信考试"签名活动；海南大学、河南大学举行了"诚信考试宣誓"活动，签订了《诚信考试承诺书》；山西大学发布了《诚信考试倡议书》；东南大学学子签署了考试"诚信协议"；长安大学试行了"诚信考场"；浙江大学设立了"考试诚信月"，鼓励学生互相监督；南京医科大学制定了无人监考考试申请表；武汉大学、杭州师范大学、郑州大学、河北师范大学、中央民族大学设立了"诚信考场"或"无人监考"考场；武汉科技大学试行了"无人监考"管理办法。(2)学术诚信活动。如兰州大学召开科研诚信与学风建设活动；湖南大学开展了学术诚信巡讲活动；武汉大学构筑起科研诚信"防火墙"；华中科技大学举办了第二届"学术诚信公约行动"；同济大学开展了"崇尚学术道德，坚守学术诚信"讨论会；南开大学举办了"学术不端案例展"，警示学生学术诚信。(3)读书宣传活动。如兰州大学配发了《科研诚信：负责任的科研行为教程与案例》一书；哈尔滨工业大学出版社出版了《诚信天下》一书；南开大学为2012级研究生新生赠送了《学术诚信与学术规范》读本；哈尔滨工业大学提交了《诚信是一个困境吗？——大学生诚信状况调查报告》；东北大学学报上刊登了《君子养心，莫善于诚》一文；北京工业大学图书馆建立"特别还书日"；宁波大学建立"诚信书库"；北京师范大学出现"漂流阅读"现象；华南师范大学图书馆举行"让图书去旅行，用诚信来传递"图书漂流活动；湖南大学图书馆开设"诚信"阅览室；山西大学政治与公共管理学院在学生宿舍楼内开设无人看管阅览室。(4)诚信奖学金活动。如中南大学设立金诚信奖(助)学金、开拓奖学金；山东大学设立"山东诚信监理"奖学金。(5)毕业生诚信活动。如首都师范大学举办贷款毕业生还款确认暨诚信教育宣讲活动；东北师范大学、上海财经大学、中国农业大学举行国家助学贷款毕业生还款确认暨诚信宣誓大会；中国人民大学举行国家助学贷款诚信教育暨合同签约仪式；北京工业大学举办"诚信金桥"校企联席会；北京大学举办"大学生评选百强诚信招聘雇主"活动；大学生诚信就业"百千万"工程走进吉林大学；中国石油大学设立"学生实习就业诚信银行"。(6)"315诚信"系列活动。如东北大学举办"以诚立信"315系列活动；中国农业大学举行"315诚信"签名活动；南昌大学举行"维权守法、共筑诚信315文艺宣传晚会"；安徽大学举行315芙蓉社区维权宣传活动。(7)诚信活动月。如暨南大学、云南大学、长安大学开展了"校风与诚信""大学生与诚信"活动月活动；浙江大学设立"考试诚信月"；同济大学举办"大学生诚信月"活动；北京大学启动廉洁教育活动月活动；中国人民大学举办"诚信教育月"活动，开展了"诚信与人生"主题讲座、诚信主题影片放映、"诚信"主题征文等活动；山西大学举办了"诚信、感恩、自强"主题教育月活动展览。(8)诚信文化活动。如华东师范大学开展了诚信教育格言警句征集活动；同济大学开展了"诚信、勤俭"主题短信大赛；苏州大学举办"牢记规章制度，承诺诚信考试"规章制度知识竞赛；陕西师范大学举办"诚信杯"辩论赛活动；西安交通大学开展了大学生廉洁诚信知识竞赛；西南财经大学举行了"诚信学子，和谐校园"主题演讲比赛；中国传媒大学开展"共铸诚信"征文活动；北京交通大学举办了"诚信我为先"诚信图文展；陕西师范大学举办了"诚信杯"多媒体课件制作大赛；国防科技学院举办了"诚信待人，感恩社会"PPT设计大赛；大连理工大学开展了"廉洁·责任·自律·诚信"主题作品征集活动。(9)诚信艺术活动。如西南财经大学开展了"诚信做人、廉洁做事"主题公益广告创意大赛；华南师范大学开展了"明德，诚信，自强，感恩"系列活动"感恩"卡设计比赛；华南理工大学举办了"踏实做人，诚信考试"原创漫画创作大赛；华中科技大学开展了诚信LOGO大赛；南京航空航天大学举办了"我的诚信人生我书写"海报展及现场手绘活动；天津大学开展了学生手绘漫画比赛；中山大学承办了"携手诚信，一路前行"海报设计大赛。(10)诚信影视活动。如合肥工业大学举办了"诚信伴我行"舞台剧大赛；苏州大学组织了"感恩诚信　和谐校园——艺术学院主题小品汇演"；四川大学举办了"诚信川大"团队风采展示大赛；宁波大学举办了"诚信考试"主题晚会；中国政法大学政管学院 2011 级原创"诚信"主题微电影《作弊宝典》。（11）诚信自律活动。如湖南大学组织了"湖大诚信伞"活动；北京化工大学、中南大学、华中农业大学、中南财经政法大学、湖南师范大学开展了"诚信伞"活动；北京大学出现诚信卖水、卖地图箱；山东交通学院"无人小店"彰显校园诚信；山东大学无人值守的诚信小店诚信指数几乎是 100%；中国人民大学校园出现了无人小摊；西南大学举行"励志、诚信、感恩"助学文化节；南京理工大学自动化系组织学生签订"安全、诚信、文明"自律书。

　　4. 围绕建立健全大学诚信制度体系的现实需要，开展多形式的大学诚信制度安排的实践探索。高校对大学诚信规约制度的实践探索，是我们建立诚信制度的基础。十几年来，我国许多大学对此进行了不懈的努力，在制度构建方面取得了较好的成绩。（1）诚信守则制度。如上海交通大学的《上海交通大学学生学业诚信守则》；西南大学的《大学生诚信守则》。（2）诚信档案制度。如中国海洋大学、天津大学、南开大学、重庆大学、西藏大学、电子科技大学、武汉大学、北京理工大学、西北大学、云南大学等建立大学生诚信档案；东北大学"诚信档案"公共平台建立；广东省、甘肃省、贵州省率先在全省范围推行大学诚信档案制度，建立全省统一的大学生诚信档案。（3）学术诚信规范制度。如浙江大学制订了《浙江大学研究生学术规范（试行）》；东北师范大学、天津商业大学制订了《研究生学位论文学术不端行为检测办法（试行）》；西南科技大学制订了《学位论文学术不端行为检测系统及检测结果使用管理（试行）》；哈尔滨工业大学《对研究生学位论文中学术不端行为的处理暂行规定》开始试行；中南大学颁布了《中南大学科研道德与诚信规范（试行）》。2014 年 6 月 8 日，在全国"985 工程"高校研究生科研诚信研讨会上，由南开大学研究生科研道德与学风建设自律促进委员会自觉发起的高校签订《科研诚信公约》和学生诚信宣誓"非官方"活动，得到了中国科协、教育部和天津科技教育部门的关注，更得到了全国许多"985"兄弟院校的积极响应，来自北京大学、清华大学等 29 所高校的研究生代表在会上庄严宣誓，"树立诚信品质，恪守学术道德……弘扬诚信美德，勇担社会责任"，并且 29 所高校联合发布了国内首份《中国研究生科研诚信公约》。(4)诚信听证会制度。如北京航空航天大学建立的诚信档案听证会制度。(5)信用等级证书制度。如郑州大学的信用等级证书，在学生入学伊始，新生将自愿签署一份诚信承诺书，内容大致包括努力学习、不投机取巧、不抄袭作业、不在考试中舞弊；不恶意拖欠学费、住宿费等费用；不恶意拖欠借款、贷款；不抄袭论文、不剽窃他人成果；不编造虚假信息、不提供虚假求职书；重诺践约，不随意撕毁和用人单位签订的合约等，因此在学生毕业时，除了毕业证、学位证等证书外，还将多出一种特殊的证书——信用等级证书。信用等级证书，一方面培养了学生讲诚信的习惯，另一方面也为用人单位提供了一个参考。(6)诚信网络平台制度。如浙江大学设立的研究生学术规范考试网；辽宁大学建立的征信平台；中国海洋大学建立《大学生综合信息管理系统》对学生的诚信档案进行电子化管理。(7)诚信技术检验制度。如清华大学启用的"防伪毕业成绩单"制度，"防伪毕业成绩单"上不仅有校徽水印和条形码，复印时还会出现"COPY"字样；中国人民大学启用的研究生成绩单条形码制度；湖北大学大学生上课前刷卡验指纹制度。(8)诚信认证公示制度。如吉林省建立了中国（吉林）大学生诚信认证说明会，由中国人才认证网、诚信认证中心吉林认证处主办，旨在让学生意识到诚信认证的实际意义。大学生诚信认证后，可以在中国人才认证网上公示，对大学生的学历、在校表现、特长及所获荣誉进行公平、公正、真实的记录，可以提高大学生求职、考研、出国留学、就业、贷款等方面的诚信度，节省学生在应聘时的费用，方便同学们与用人单位建立良好的沟通桥梁，为认证学生提供更多的就业机会。(9)诚信组织制度。如上海交通大学成立的学生诚信工作委员会；南开大学成立的研究生科研道德和学风建设自律促进委员会；四川大学成立的学术道德监督委员会；哈尔滨工业大学成立的学术道德委员会；江南大学的学术道德委员会；同济大学的"同济大学诚信社团"；复旦大学的研究生廉政文化研究会等。

按制度的分类标准来衡量，高等学校内部产生的大学诚信规约制度属于诱致性制度范畴，这些制度大部分产生于高校管理的实际需求，对大学的管理和学生有着很强的约束作用。在我国教育诚信制度还没有系统建立的前提下，这些产生于高校实践层面的诚信制度，一方面具有指导性意义，推动着大学诚信工作的开展；另一方面也具有探索性意义，客观上为我国大学诚信制度的建立提供了先期的试验和可能的借鉴。

二、选择制度分析视角开展大学诚信问题研究的新趋势

改革开放 30 多年中，我国对诚信问题的研究呈现出多现象、多内涵、多领域的发展态势，对大学诚信问题方法的研究也呈现出多学科、多角度、多层面的发展态势，随着研究的不断深入，研究工作的重点逐步由道德诚信向制度诚信延伸，研究的视角也逐步由道德分析视角向制度分析视角转移，立足于制度诚信研究视角对我国大学诚信问题开展研究已经成为一种趋势。

（一）制度视角是研究大学诚信问题的一条重要路径

围绕大学诚信问题进行制度性探索，即大学诚信制度论的提出，是基于我们希望从根本上解决大学诚信现实困境的理性思考，也是我们努力追寻对大学诚信问题从"治标"到"治本"的治理路径的一种理性探索。

1. 从制度视角对大学诚信问题展开研究，是基于新时期"制度化"变革的现代语境进行的。"教育本身就是制度性的活动，作为教育一个组成部分的德育，自然也是制度性的活动"①。长期以来，我们对大学思想政治教育问题的研究受到比较强烈的政治与意识形态相关因素的影响和困扰，特别是在思想政治教育目标和内容等方面，不敢突破许多框框的界限，客观上形成了思想政治教育目标上的唯一性特征和内容上的统一性特点，在一定程度上限制了研究工作的深入。大学诚信问题是大学思想政治教育活动的一个重要组成部分，诚信问题理应成为大学思想政治教育目标和内容的应有之义。但对其研究工作，明显受到上述研究局限的影响，使我们的研究工作无法深入下

---

① 　鲁洁：《德育社会学》，福建教育出版社 1998 年版，第 223 页。

去。从查询到的对诚信问题的诸多研究文献中我们可以看到，在探讨研究大学诚信问题时，大部分研究是在传统思想政治教育的既有框架下展开的，仍然立足于思想政治教育体现的"对"与"错"、"好"与"坏"、"善"与"恶"等出发点进行研究，在研究方法上也更多地体现为单一的宏观研究方法，而无法突破思想政治教育或德育的传统研究方法。制度理论的提出，为我们提供了一个新的研究"语境"。在当前"制度化"的研究语境下，各学科领域都处于制度变革的时代背景下，以完善的制度体系促进社会的进步已经成为一种趋势，思想政治教育和德育学科也无法脱离或忽视这种趋势，只有借鉴或引入制度变革的新思路，才能推动思想政治教育研究的新发展。在大学诚信问题的研究工作中，我们既要挖掘道德诚信的传统内涵与现代转型，也要注意到现代制度诚信的新理念、新范畴，在大学诚信观念和诚信制度的演化、变迁和建构等方面，尝试提出自身的研究与思考，充分借鉴制度理论的优势，进行大学诚信制度的建设。

2. 从制度视角对大学诚信问题展开研究，是基于新时期制度建设与思想政治教育之关系的自觉思考。在改革开放以前的大学视域中，我们的思想政治教育的基本出发点更多地关注的是社会的发展，是个体如何服从社会整体发展的道德规范。20 世纪 90 年代以后，伴随市场经济的逐步深入，人们对诸多社会问题的整体思考逐步凸显，人的发展问题被提上议事日程，人与社会的关系、人在社会发展中的作用、在社会转型中人如何发展、社会的进步如何与人的发展相互协调和统一，这一系列的问题成为人们思考的重点。在大学思想政治教育领域，由此而衍生出人们对社会制度变革与人的发展之间关系问题的关注，以及对社会各领域制度变革与社会道德之间关系问题的关注。促进人的全面发展，是马克思主义关于建设社会主义新社会的本质要求。中共中央、国务院《关于进一步加强和改进大学生思想政治教育的意见》指出：加强和改进大学生思想政治教育，要"以大学生全面发展为目标"。这就为大学的思想政治教育指明了方向。现代大学的变革，最核心的是制度变革，大学思想政治教育的改革也正是在大学制度变革的背景下展开的。大学的任务是培养德、智、体全面发展的合格人才，德育为先是育人的基本原则。思想政治教育的落脚点是养成大学生个人的道德品质，培育大学生优良的思想政治素质，但个人道德品质的生成和思想政治素质的培养，必然受到包括制度和环境在内的诸多因素的影响。而且思想政治教育在大学的存在和发展，也必然受到包括大学制度要素等外在条件的制约。制度对大学教育的影响，尤其是对思想政治教育的影响显而易见。如前所述，大学诚信问题是大学思想政治教育的重要组成部分。所以，在制度变革的条件下，思考大学诚信问题就必然将制度与思想政治教育的关系纳入研究视角，来考量大学诚信制度的建设与发展。

3. 从制度视角对大学诚信问题展开研究，是基于新时期制度诚信与道德诚信之关系的自觉探索。从特定的角度出发，制度诚信与道德诚信分属于不同的研究领域，二者有着明显的区别与差异。但从伦理学的角度出发，又都属于伦理学的研究范畴，二者之间又有着比较密切的关系。首先，制度诚信与道德诚信研究的层次不同。道德诚信也可以称为德性诚信，它主要研究社会诚信道德原则和要求在个体思想行为中的体现，以及在实践活动中个体表现出来的诚信品质和特征，它注重对个人诚信道德品质的探索，强调社会规范对个人诚信道德的要求和规则。制度诚信则主要研究社会诚信原则和要求对个人思想行为的规约作用和激励价值，以及在实践活动中个人表现出来的守信奖励和失信惩罚。这种品质与规则之间的差异成为制度诚信与道德诚信之间的一个重要区别。其次，制度诚信与道德诚信各自调节的伦理关系不同。道德诚信主要调节的伦理关系是个人自律、个人与他人、个人与社会之间的关系。而制度诚信主要调节的伦理关系是个人自择、个人与社会、社会与社会之间的关系。在个人之间关系的调节上，道德诚信规范的是个人的良心，制度诚信规范的是个人的公心；在个人与他人之间关系的调节上，道德诚信规范的是利他、谦和；在个人与社会之间关系的调节上，道德诚信规范的是遵从社会利益基础上的奉献、牺牲等义务，制度诚信规范的是遵从社会利益基础上的权利和义务；在社会与社会之间关系的调节上，制度诚信规范的是个体如何在社会组织中发挥作用，以及协调不同社会组织之间的关系与运作，使各诚信制度安排之间达到协调和耦合。由此不难发现，道德诚信能够调节的伦理关系更多地侧重于个体道德内质，可以归属为实体范畴。制度伦理能够调节的伦理关系更多地侧重于个体与组织之间的互动，可以归属为关系范畴，且制度诚信能够调节的伦理关系是道德诚信无法完成的。再次，制度诚信与道德诚信规范的视角不同。在道德规范上，道德诚信的要求是诚信道义和诚信利他；制度诚信的要求是诚信公平和诚信正义。在运行机制上，道德诚信一般要通过软约束机制来实施，比如自省、养成、教化和传授等，而制度诚信则一般通过硬约束机制来实施，比如制度自身的强制性要求、制度的运行机制、监督机制。在评价机制上，道德诚信的评价标准是单向的人性化标准，比较容易把握，比如以诚信行为的动机来评价一种行为的善与恶，从诚信道德规范来评价一种行为的美与丑。而制度诚信的评价标准是多向的社会化标准，把握起来比较复杂，比如任何一种制度诚信都有特定的规范边界和运行方式，我们很难从某种单一的角度评判它的合理性。比如制度诚信的最根本内质是其正义性，但社会正义的标准确立本身就是一项集合了诸多的复杂要素的复杂工作，我们也很难用某一个社会要素来对制度诚信标准作出评价。但是制度诚信与道德诚信之间又有着千丝万缕的紧密联系：其一是二者可以共同归属于伦理学范畴；其二是从制度学研究视野分析，制度诚信与道德诚信之间相互影响。在制度经济学理论中，人性道德的演变对制度变迁产生着一定的影响。道德诚信作为个体道德的基本内涵，它在自身的演进轨迹中，对制度诚信产生着潜移默化的影响。比如，物物交换制度和实物货币制度，就是建立在人们相互信任基础之上的一种诚信制度方式。而到了商品经济制度发达的时期，制度诚信的功能也由侧重于约束、惩罚功能逐步转型为侧重道德诚信所具有的引导、激励功能。其三是制度诚信与道德诚信之间有一种相互促进的关系。道德诚信是制度诚信的基础，对制度诚信的实现有着重要的支撑作用；制度诚信是道德诚信的保障，对道德诚信提升有着重要的规约作用。梳理了制度诚信与道德诚信之间的区别与联系的辩证关系，我们便不难理解，在大学诚信制度建设问题上，把握大学制度诚信与道德诚信之间的关系，协调好大学制度诚信与道德诚信之间的关联，既发挥道德诚信的教育和培育功能，又发挥制度诚信的规约和激励功能，我们便能够从一个新的视角进行新的探索，用一种新的方法进行新的构建，不管这样的探索能否成功，都是新的尝试。

4. 从制度视角对大学诚信问题展开研究，是基于高校思想政治教育工作者对建设中国特色大学诚信制度，进而推进我国社会诚信制度体系建设的历史责任。在知识经济时代，现代大学从社会的边缘进入社会的中心，对当代社会发展与进步产生着非常重要的影响，这已经成为不争的事实。问题的关键是在社会的发展进步中，大学能够发挥怎样的作用，它的影响到底有多大。在这个问题上，仁者见仁，智者见智。笔者的观点是：知识经济时代，智本资源的时代，在社会发展中大学具有得天独厚的智本优势，对于推进社会的发展和变革大学将发挥着举足轻重的主力军作用。一是因为大学的根本任务是培育人才，这些人才都是推动社会发展前进的栋梁；二是因为大学是国家科技创新体系的最重要组成部分，大学的功能之一就是科技创新，对提高我国的科技竞争力是必不可少的一环；三是因为大学是文化辐射源，其优秀的文化品质对全社会的先进文化建设发挥着引领带动的作用。基于此，在研究大学诚信问题时，大学诚信制度建设对社会诚信制度体系建设的作用是笔者关注的一个重要问题。十八届三中全会吹响了中国社会全面深化改革的号角，标志着我国的改革进入了深水区与攻坚阶段。中国的社会主义市场经济改革是一次全方位的综合改革，涉及方方面面，关系到上上下下，建立社会的良好秩序和运行机制是其关键，构建中国特色社会主义诚信制度体系其是重要的一个环节。对此，国内众多研究者已经从不同学科领域进行了不懈的努力和探索。作为一名大学教育工作者，理应为此贡献力量。正是基于这样的信念和责任，本研究关注大学与社会的关系，尤其是大学文化对社会的辐射和引领作用，通过对大学诚信制度建设相关问题的研究，带动社会诚信制度体系建设的研究；通过大学培养出的具有诚信精神的合格人才进入社会各领域、各层面的服务，延伸诚信辐射面，促进社会诚信意识的提升；通过对大学诚信制度和诚信制度安排的研究和探讨，寻找诚信制度建设的内在规律，捕捉诚信制度构建的关键要素，建立诚信制度建设的学理结构，探索诚信制度建设的实践路径，积累诚信制度建设的成功经验，实现建设中国特色大学诚信制度体系的目标，进而为我国社会诚信制度建设提供可以借鉴的样本，为社会的发展与进步尽一点绵薄之力。

　　诚信是古今中外的一个古老命题，伴随人类社会的发展，其自身的演进从未停止，以致延续到今天都是一个经典话题。这种发展变迁，既使诚信内含文化的道德要素，也使诚信蕴含时代的制度要素。尽管我们更习惯于从中华文明传统文化的角度出发对诚信问题进行思考，但毫无疑问，我们也无法忽视从世界文明和时代进步角度出发对诚信问题展开探讨。这就规定了从制度视角研究大学诚信问题是我们研究工作的必然选择。

（二）人的要素使我们选择制度视角对大学诚信问题展开研究成为可能

1. 经济学基于对人的假设前提来分析人类的行为。传统经济学关注的是研究如何使人成为财富最大化的理性人，它对人的决策行为分析成为一个"跨越点"；而现代经济学更加关注制度与人类行为之间的关系，正如布坎南提出的观点："经济学家所研究的根本主题就是社会制度中的人类行为，而不是抽象的人类行为"[①]。在这里，我们可以体会到现代经济学的研究路径是基于人类行为和特定制度之间的关系，且这二者必须有机结合。比如制度经济学家诺斯提出的制度理论，就是"由一个关于人类行为的理论结合一个关于交易费用的理论建立起来的"[②]。正是通过这种结合，我们才可以考查制度与人类行为之间的关系，才可以理解在人类行为中制度因素所起的作用，也才可以更加清晰地剖析制度对人类行为产生的正向或负向影响。而在我们研究诚信问题时，一方面需要沿着诚信观念、诚信意识到诚信行为之间的逻辑关联视角去展开，这是因为诚实守信问题的本源应该是由正确的诚信观指导自己的诚信行为，有了这种诚信意识，才会有诚信行为；但另一方面，我们还需要沿着诚信制度规约、评价、惩罚等制度对失信行为的限制、抑制或处理的技术关联视角来展开，这是因为制度对人类行为的限制作用不言自明，制度所具有的对人类行为的影响显而易见，在对诚信行为的分析框架中，应该将制度影响的分析纳入其中，并探讨诚信制度在诚信行为选择中所产生的作用。就思想政治教育角度而言，我们能够捕捉分析到立足人的主体诚信意

---

① 秦海：《法与经济学的起源和方法论》，载《比较》第 5 辑，中信出版社 2003 年版。

② 卢冠祥、朱巧玲：《新制度经济学》第二辑，北京大学出版社 2012 年版，第 51 页。

识要素引致的诚信行为选择；而从制度角度，我们能够捕捉分析到立足人的外在规则约束制约要素引致的诚信行为选择，这是我们将制度经济学研究范式引入本研究的一个立论点。

2. 经济学的逻辑起点是理性假设。虽然传统经济学的假设是"完全理性"特征，而现代经济学的假设是"有限理性"特征，而行为经济学则试图通过心理学角度来分析人类理性行为所受到的限制要素及其对人类行为的影响。但无论怎样，理性概念本来就是经济学的一个核心概念，它所遵循的趋利避害的自利性原则、追求利益最大化原则、机会手段的最大化选择原则，成为经济学研究探索的主要对象。而对诚信问题的研究，实质上也体现着一种"理性选择"的问题。在传统的思想政治教育中，我们立论的准则是好坏，在道德原则上我们的标准是善恶，所遵循的基本原则是正确的世界观、人生观、价值观。但在诚信问题上，仅仅运用思想政治教育的这种标准去判断就显得非常苍白。因为在诚信问题上，一个人是选择"守于诚信"还是"失于诚信"，有正确的价值观的引领，也有趋利避害的自利性的选择与追求利益最大化的诱惑，以及选择手段最优化的技巧。那么在失信或推动诚信建设方面，如果我们能关注到"理性选择"问题，不仅能立足于人自身的主体意识、观念、理想、信仰等内在因素展开研究，而且能立足于人在进行诚信选择过程中的诸多心理、环境、条件、制度等内外在因素展开研究，就可以使我们的研究工作更加便于寻找到解决失信问题的内在规律，更客观、更深刻地揭示个人的诚信心理活动、诚信行为选择的内在逻辑。这是我们将制度经济学研究范式引入本研究的一个立论点。

3. 在制度经济学视野中，制度与人类行为之间的关系是相互关联、相互促进的。一方面，制度可以推动人的塑造，扩展人的有限理性，建立起人与人之间的信任关系，更好地协调个体与群体的社会行为。同时，规范的制度可以推进"共有信念"的形成，并通过其自身特有的"传递性"，减少学习新知识的成本，尤其是在教育系统、公共服务等体系中，通过固化人们的行为方式，约束人的外在行为，形成社会中人们惯例化的行为取向。另一方面，人的行为方式也会影响制度的构建和走向，对制度的演进变化产生有效的作用，在一定程度上，社会中人们的价值取向和认知理念对制度的形成和取舍产生着潜移默化的影响。而对大学诚信问题的研究涉及大学生的诚信行为和大学诚信制度两个方面，借鉴制度经济学的研究范式，我们可以明确，大学诚信制度的建立能够不断推进大学生诚信人格的塑造和养成。通过在大学建立诚信硬约束制度体系，使大学生相互之间建立起遵守诚信的"共有信念"和信任关系；通过建立大学诚信软约束制度体系，推动大学生自觉塑造和追求诚信品格，促进大学诚信文化的培育和良好诚信校风、教风、学风等的形成。发挥大学诚信制度的协调作用，促进大学生群体形成个体与个体、个体与群体之间的行为关系，体现出大学智慧殿堂的公平、正义本质，进而使这种大学的诚信品质通过学生个体延伸到社会，在推动学生诚信人格形成的基础上，促进社会整体诚信品质的达成。同时，通过大学生诚信教育和培养，使处于精英群体，本身就具有一定良好诚信品德的大学生，发挥自己追求理性和公平的优秀品质，对大学诚信制度的客观要求，影响和促进大学诚信制度建设的步伐，不断推动大学诚信制度建设走向更加完善、更加合理的方向。这是我们将制度经济学研究范式引入本研究的一个立论点。

4. 在制度经济学视野中，人性的演变影响着制度变迁的方向。在蒙昧原始时期，由于人们之间交往的稀缺性，限制了约束人们行为的制度的产生。在实物交换时期则产生了建立在相互信任基础上的物物交换制度和实物货币制度。在商品经济时期，正式法律制度以及习俗、信任等非正式制度产生，制度的功能主要是预防和抵御人性中自私自利、损人利己。到了商品经济制度发达的时代，产生的则主要是侧重于遵循惯例、促进全面学习、提升文明和谐等方面的制度，而且制度的功能也由约束惩罚功能逐步转型为侧重激励引导的功能。在诚信制度的发展演进中，我们也不难看到，中西社会对人性的不同认知所带来的影响差异。中国社会对人性"善"的主体认知，使我们的社会秩序建立在道德诚信的基础上，体现出重德性和自律性的诚信文化制度；西方社会对人性"恶"的主体认知，使他们的社会秩序建立在制度诚信的基础上，体现出重契约性和规范性的诚信文化制度。这种差异不仅影响了中西方诚信制度的起源，而且一直影响着中西方诚信制度的发展变迁。中国的诚信道德规则，导致了中国"因亲情而信"的社会信任模式，西方的诚信法律规则，导致了西方"因原则而信"的社会信任模式。① 诚信制度不仅具有激励的功能，而且也具有规约的作用，不管时代如何变化，作为一种社会文化现象，诚信制度都是人类行为的基本准则和社会有序运行的基本规则，它所蕴含的道德与法律的融合精神，内在自律与外在规约的统一品质，便是我们这个时代所倡导的"和谐""大同"理念体现的理性价值。只是对于我们中国社会而言，几千年的"儒学"道德诚信，铸就了我们民族"仁爱"的诚信观念和"激励"的诚信制度，在当今中国特色社会主义市场经济体制的模式下，需要我们吸取西方制度诚信的文化智慧，强化我们的"法律"诚信观念和"规约"诚信制度特征，使诚信制度的激励功能与规约功能有机地融合统一，构建中国特色的诚信制度体系，这是我们的任务和使命，也是我们的义务和责任。

---

① 参见李兴敏：《中西诚信文化比较的新视角》，《沈阳工业大学学报》（社会科学版）2012 年第 3 期。

第一章 概念释义：诚信与
大学诚信制度

无论在中国社会还是西方社会，诚信都是一个古老的伦理学概念，并且其基本含义相似。在漫长的历史演进中，诚信概念不断丰富饱满，特别是在市场经济发展完善过程中，获得了制度化的形态。大学诚信制度是一种旨在维护大学诚信文化、规范师生行为方式的制度安排，在现代大学制度建设中，具有非常重要的地位。

第一节 诚信与诚信观念演进

一、诚信概念

诚信作为一种道德规范，产生于人类社会早期。我国传统伦理中的"诚"最早在《尚书》中出现，《尚书·太甲下》中记载："神无常享，享于克诚"。关于"信"的记载最早出现在《书·康王》中："信用昭明于天下。"事实上，在春秋之前，"诚"和"信"二者的意思几乎相同，都用于表示对鬼神的忠诚。后来经过儒家学派的倡导，"诚""信"二者的意思慢慢脱离宗教色彩，逐渐成为社会通用的道德规范与行为准则。但是，在中国古代"诚"和"信"二者分开使用得相对较多，结合起来使用得比较少。法家代表人物管仲将"诚"与"信"连用："先王贵诚信。诚信者，天下之结也。"（《管子·枢言》）他主张诚信是国家强大、民心团结的关键。战国时期的荀子则是将"诚""信"

连用的典范，在《荀子·不苟》中提出了君子六慎的训诫："公生明，偏生暗，端悫，生通，诈伪生塞；诚信生神，夸诞生惑。"在《礼记·大学》中，则把诚信作为格物致知正心、修身齐家治国平天下的重要基础。

1."诚"的含义

诚是什么？《说文解字》中解释：诚，信也。从言成声，形声字，氏征切。十一部。本义是：①真心实意，诚实，真诚；②确实，果真，诚然。由此可见诚注重不自欺。在我国传统伦理文化体系中，"诚"作为一种重要的道德修养和道德品质，有"诚实不欺，真实不妄"之意。诚实与真实的内核都是"实"，即实实在在、原原本本，客观反映事物的本质，如实反映事情的面目，这也是"诚"的原始解释和意义。孟子曾经说过："诚者，天之道也；诚之者，人之道也。"在他看来，"诚"其实具有两层意思。首先，诚是一种自然法则，是自然界中普遍存在的不以人的意志为转移的规律和真理。从世界的本原来看，自然界和人类社会都是物质的，都有其存在、产生、发展的规律和原则，具有客观实在性，如果没有诚，也就没有了世间万物。这也正如朱熹所说的"诚者，真实无妄之谓，天理之本然也"（《中庸集注》）。其次，诚是为人处世的一项准则。人类作为社会活动的主体和社会实践的主体，不可避免地要进行人际交往和交流，"诚"是交流和交往的基础与前提，是人类生活所必需的"黏合剂"和"洗涤灵"。因此，想要立足于世，人本身要具备诚的属性，时刻做到心灵诚、行为诚，做到不自欺和不欺人，对自己的行为不掩饰，不欺骗自己；对他人不欺骗，不侵犯和诋毁，不扭曲事实，实实在在做人和交往，进而实现人类生活和社会的和谐。《礼记·中庸》有："在下位不获乎上，民不可得而治矣。获乎上有道，不信乎朋友，不获乎上矣。信乎朋友有道，不顺乎亲，不信乎朋友矣。顺乎亲有道，反诸身不诚，不顺乎亲矣，诚身有道，不明乎善，不诚乎身矣。诚者，天之道也；诚之者，人之道也。诚者，不勉而中，不思而得，从容中道，圣人也；诚之者，择善而固执之者也。"这一段话是西汉礼学家戴圣立足于孔子对"诚"哲学内涵的基本界定，从诚与信之间的相互关系，延伸出"诚"作为天道与人道辩证统一的哲学本体意义。对人而言，这种本体意义就是人类自身人性的真实本原与生命存在的真实意义，也是人追求自身完善和解放的根本德性基础。

2.“信”的含义

信是什么？《说文解字》中解释：信，诚也。从人从言，会意字，息晋切，十二部。本义是：①诚实，不欺骗；②不怀疑，认为可靠。由此可见信注重不欺人。“信”作为我国传统文化中的一种行为规范和道德准则，包含了承诺和践诺两层意思。“承诺”是指主体向客体许下了某种诺言，许下在某个时间点完成某件事情的意思；“践诺”指主体对客体所许诺言的实实在在的履行，以实际行动来兑现自己的诺言，以验证自己的可信度和可靠性。在这个意义上说，“信”在关注品质层面的同时更加侧重于行动层面，在“承诺”和“践诺”过程中形成了主客体的相互关系，包括观念和行为两个方面。信任行为涉及主体和客体双方的相互关系，属于关系范畴，强调双方的互动。如果主体履行了自己的诺言，就会得到客体的信任和认同；反之，则会受到客体的谴责和背离。“信”作为基本道德品质，一个人能否取得别人的信任，需要通过履行承诺和承担责任来体现，只有在这种互动中才能检验诚信的真伪。“信”是我国传统文化中的一个伦理概念，在许多重要的古代文献中屡有体现，它在《论语》中共出现 38 次，在《孟子》中共出现 30 次，在《道德经》中共出现 15 次，由此不难看出，“信”是古代先贤认知和架构中国社会基本伦理道德规范的一个重要内容。

3.“诚信”的含义

在分析了“诚”和“信”二字之后，我们来解析“诚信”的含义。在古汉语中，“诚”和“信”是独立的两个字，早期并没有这两个字的合成词。中国古代最早将“诚”与“信”连用的，是春秋时期齐国著名的政治家管仲，他指出：“先王贵诚信。诚信者，天下之结也。”（《管子·枢言》）《说文解字》中以信释诚，以诚释信，可见“诚”与“信”可以互训。由于“诚”和“信”意思比较相近，所以在我们的实际生活中，二者常常互用或者通用。但是，如果我们仔细辨析，“诚”与“信”的意义还是存在差别的，二者的指向是不同的。首先，“诚”更偏重内在，即内诚于心；“信”则更侧重外在，即外信于人。其次，“诚”在很大程度上是对道德主体的自身要求，“信”则更加倾向于对社会群体提出的双向或多向要求。最后，“诚”更偏重道德主体的内在德性，“信”则偏重“内诚”的外在体现，表现为社会化的道德活动与道德实践。当然，这种区分并不具有绝对性，二者是相互贯通和内在统一的，"诚"是"信"的根基和依据，"信"是"诚"的外在体现。正如《张载集·正蒙·天道》所言，"诚故信，无私故威"，"诚"与"信"共同保证我们的道德规范得以实践。因此，从"诚"与"信"各自的含义及其相互关系的剖析中可以看出，诚信主要是追求"内诚于心"的理念，属于道德范畴，把诚信作为人自身的价值追求和道德标准，视为做人的底线和尺度。

对诚信的现代阐释是从 21 世纪初才开始的，现在的诚信概念也是从这时开始得到界定和发展的，其中从伦理学、法学和政治学视角对诚信概念的论述较多。《现代汉语词典》对"诚信"的解释是："言行跟内心思想一致。"这里的"诚信"有两个基本含义：一是诚实，在人际交往时根据事实和真相说实话；二是遵守诺言，讲求信用。诚信不仅是个体内在道德品质的体现，而且也是个体外在行为的规范，是一个内在与外在共存的道德规范与行为要求。从伦理学视角进行的界定，例如，赵爱玲认为，诚信实际上包括"诚"和"信"两个方面。①"诚"即诚实，是指在没有监督或不受舆论谴责的情况下，内不欺己、外不骗人的高尚品德；"信"即信用，是指信守诺言的品质。也有一些学者认为诚信是一种美德和道德规范，例如，杨秀香认为，诚信作为道德范畴有三个方面的含义：首先是诚实无欺；其次是相互信任；最后是信守承诺。②从法学视角进行的界定，例如徐国栋认为："诚信是一种法律原则，这种原则要求民事活动时民事主体应维持双方的利益平衡以及当事人利益与社会利益的平衡。依据诚信原则，立法者在保持社会稳定与和谐发展的前提下，能够实现上述三方利益的平衡。"③从政治学视角进行的界定，政治学中关于诚信的研究主要是从政府诚信的视角进行的。从政府诚信的界定来看，刘松山认为："政府诚信不仅与社会诚信存在着互动关系，更对社会诚信有决定性影响。"④毛丹则独具创新地指出诚信"甚至就是一个公共政治问题"。

---

① 参见赵爱玲：《国内诚信研究综述》，《道德与文明》2004 年第 1 期。
② 参见杨秀香：《诚信：从传统社会转向市场社会》，《道德与文明》2004 年第 4 期。
③ 徐国栋：《客观诚信与主观诚信的对立统一问题》，《中国社会科学》2001 年第 6 期。
④ 刘松山：《论政府诚信》，《中国法学》2003 年第 3 期。

4. 诚信的基本道德内涵

诚信作为传统道德的基本准则之一，其内涵可以概括为五个方面。

其一，诚信是安身立命之本。诚信是立身处世的准则，是人格的体现，是衡量个人品行优劣的道德标准之一。诚信不仅是一个人最基本的道德品质，更是友谊的精神基础。人无诚信则无以立足，行事则无以通达。《左传》中说："人所以立，信、知、勇也"；孔子说："人而无信，不知其可"；孟子把诚信看作是做人的正道，"思诚者"是"人之道"；墨子则强调人说话必须守信用，言行一致，"言必信，行必果，使言行之和犹合符节也，无言而不行也"（《墨子·兼爱下》）。这些论述都说明一个道理，一个人如果没有信用，在社会上就不能立足。其二，诚信是家庭和睦之根。中国传统道德认为，要使家庭关系和睦稳定，夫妻间就要恪守诚信。"天地和而后万物兴焉。夫婚礼，万世之始也。取于异性，所以附远厚别也。币必诚，辞无不腆。告之以直信。信，事人也。信，妇德也。"（《礼记·效特性》）意思是说，男女结为夫妻，有如天地和而生就万物那样，具有神圣性，隆重的婚礼是夫妻情感和生活的开端，夫妻要诚心诚意，守信不欺。夫妻间若不讲诚信，家庭就不会和睦。同理，家庭中的父子关系、兄弟关系亦不能没有诚信。"父子为亲矣？不诚则疏"。其三，诚信是社会交往之源。"朋友有信"，是孟子主张的"五伦"之一。交朋友必须讲诚信，守信用，这样才能取得朋友的信任，保持交往。东汉末年刘备三顾茅庐，诚邀诸葛亮出山，成为佳话。诸葛亮受托孤之重、鞠躬尽瘁、死而后已的故事，更是千古传颂，至今不衰。其四，诚信是事业成功之基。孔子说："富与贵，是人之所欲也，不以其道得之，不处也"（《论语·里仁》）"不义而富且贵，于我如浮云也"（《论语·述而》）；管子后学说："非诚贾不得食于贾"（《管子·乘马》）。可见，谋取正当利益，无可厚非，但"君子爱财，取之有道"，不能靠欺骗伪诈等歪门邪道牟取利益。其五，诚信是立国安邦之策。讲诚信者得人心，得人心者得天下，失人心者失天下。古往今来，这样的理论和实例屡见不鲜。西周初年，周公在总结殷亡的教训时说："言而不信，此殷之所以亡也。"无独有偶，数百年后西周王朝又亡国于此。唐代张弧在《素履子·履信》中阐述道："天失信，三光不明；地失信，四时不成；人失信，五德不行。"可见，古人把诚信看作是高于一切、支配一切的大道理。

二、诚信观念

诚信是中西思想文化传统中都推崇的价值观念。在中国文化传统中，诚信观念最初基于人伦交往实践，经历了由人际交往道德规范到形而上范畴的升华。在西方文化传统中，诚信观念主要基于经济交往实践，从早期的城邦公民道德逐步演化为社会交往的公共规则。马克思主义诚信观建立在科学实践观的基础上，回答了诚信的真正来源问题，突破了西方资本主义诚信观的局限性，使诚信观念获得了科学的理论支撑，实现了人们对诚信认识的理论飞跃。

1.中国诚信观的历史发展与演变

中国的诚信观念源远流长，在中国传统伦理体系和经邦治国方略中备受推崇，认真梳理中国传统诚信观念的演变过程，吸收中国传统文化中道德诚信的研究成果，充分挖掘诚信观念中有重要价值的线索，可以为我们克服诚信危机和构建诚信社会提供有益借鉴。

（1）先秦初创时期——百家争鸣的道德诚信观

早在夏商周时期，朴素的诚信观念开始萌芽。春秋之前记录诚信的文献不多，《尚书·太甲下》中最早对于诚信进行了记载："神无常享，享于克诚"，主要是指对鬼神的虔诚和忠诚。在古哲学书籍《周易》中，"诚"则被认为是个人安身之本、立命之基，在一定意义上说，"诚"已经具备了道德本体论的含义。在《周易·乾》中也记载有"君子进德修业。忠信，所以进德也；修辞立其诚，所以居业也"，意在说明道德修养和成功、成才必须建立在"诚"的基础之上，只有以"诚"为核心修身，才能立足于世。春秋之前对于诚信观念的文字记录虽然不是很多，但却是中国古代诚信观念的起源。

春秋战国时期，"诚信"思想得到重视，儒家、道家以及墨家等都有相关论述，阐述最多的是儒家。以孔子为代表的儒家学派比较重视诚信，其他学派也相继给予诚信很多的关注，在相关著作和论述中对诚信进行了比较系统的分析和阐释，同时对诚信有关治国、治家、为人、立世的价值进行了鞭辟入里的阐明，使古代诚信观念的框架在这一时期得以确立。在儒家思想中，诚信被看作是"立国之基、为人之本、交友之道"。可见，儒家已经把"信"放在治国的重要位置，体现了孔子一生所主张的诚信道德价值。孔子还反复告诫其弟子要"言必信，行必果"（《论语·子路》），"人而无信，不知其可也"（《论语·为政》），"与朋友交，言而有信"（《论语·学而》）。孟子在继承孔子诚信思想的基础上，把诚信作为道德的重要规范，提出："父子有亲、君臣有义、夫妇有别、长幼有序、朋友有信。"（《孟子·滕文公上》）除此之外，孟子还提出了"思诚"的命题。《孟子·离娄上》记载有"诚者，天之道也；思诚者，人之道也。至诚而不动者，未之有也；不诚，未有能动者也"，把"诚"看作是自然界的规律和为人处世的原则。荀子在孔子和孟子的基础上又作出了创新，对诚信道德做了比较全面的论述："诚者，君子所守也，而政事之本也"。（《荀子·修身》）他认为，诚信是人的基本的道德品质，也是统治者经邦治国之本，倡导社会各个行业都要以诚信为本。

相比较于儒家所倡导的诚信观，其他思想学派对诚信论述各有千秋。道家所追求的诚信观念则更注重"真"和"信"两个方面。老子在《老子·六十三章》中写到："信者信之，不信者亦信之，德信也"，强调对不守信用的人也要信任，这样可以使其在无形之中培养诚信品质。庄子则主张顺乎自然规律、真实不欺的诚信道德。《庄子·渔夫》中讲道："真者，精诚之至也。不精不诚，不能动人"，庄子认为"精诚"是道德品质的最高境界。墨家学派认为诚信是评判人的标尺，推崇忠信之人。而法家学派强调以法治国，但是却强调法律与道德的有机联系，依法治国的同时注重以德治国，寓道德于法律之中。法家学说集大成者韩非子在《韩非子·说林上》中提出："巧诈不如拙诚"，认为"诚"是为人处世的方法；在《韩非子·外储说左上》中进一步提出："小信则大信立，故明主积于信"，劝告治国者要取得人民的信任。

（2）秦汉巩固时期——三纲五常的人伦诚信观

随着汉代董仲舒提出"罢黜百家，表彰六经"的施政纲领，儒家诚信思想得到进一步继承和发扬。诚信被统治者逐步纳入国家治理的重要范畴，"信"逐渐渗透于中国古代政治、经济和社会生活各个领域，对中国封建社会文化发展具有重要的推动作用。秦汉时期，作为中国传统思想的儒家思想开始成为治国思想，对于巩固封建统治具有重要的意义，尤其是汉武帝时期董仲舒所主张的"三纲五常"，对于中华民族传统文化的传承、发展和创新有着举足轻重的影响。

在汉武帝时期，根据巩固国家统治的政治需要，董仲舒提出了一套伦理思想体系，即"三纲五常"。在这个伦理思想体系中，"信"与"仁、义、礼、智"共同被概括为"五常之道"。《春秋繁露·举贤良对策之一》中提出："夫仁、义、礼、智、信五常之道，王者所修饬也，王者修饬，故受天之佑而享鬼神之灵，德施于方外，延及群生也。"但是，他所提倡的"信"与先秦时期诸子百家论述的"信"存在一定差异。董仲舒所谓的"信"是单向维度的，主要侧重于大臣对皇帝的"信"，目的是为了树立君主的权威和统治的合法性，使臣民甘愿服从于皇帝的统治，进而加强中央集权，维护封建统治。所以这种"信"对于臣民来说，必须做到至忠至诚，并通过"五常之道"中的其他方面进行约束，可见"五常之道"的各个方面存在相互配合、相互制约的关系。虽然这种伦理思想带有一定的弊端和问题，但是它除了维护封建统治外，也巩固了诚信在文化中的重要地位。从此，诚信体现在社会生活的各个方面，不仅表现在君臣之间，也表现在人际交往中，更表现在包括朋友在内的各种社会关系之中，对整个社会的道德体系建设具有重要的导向、规范和评价作用。

（3）隋唐发展时期——治国经邦的御用诚信观

秦汉以后，人们不断补充和完善"诚信"传统道德观念，直接推动了隋唐时期诚信伦理向更高层次的意义演进。隋唐时期的封建统治日趋稳定，尤其是唐朝成为我国古代封建社会的一个顶峰，这时的"诚"与"信"已经成为治国安民的重要工具。吴兢在《贞观政要·诚信第十七》记到："贞观十年，魏徵上疏曰：臣闻为国之基，必资于德礼，君之所保，惟在于诚信。诚信立则下无二心，德礼形则远人斯格。然则德礼诚信，国之大纲，在于君臣父子，不可斯须而废也"，"信之为道大矣"。所以文子曰："同言而信，信在言前；同令而行，诚在令外。"由此我们不难看出，"诚"和"信"的观念和内涵在唐朝时期已经成为统治者治国经邦的理念，无论在什么时候，诚、信与德、礼作为国家的纲领，都不能偏废。否则，君王会败坏名声，臣下会危及生命，国家会失于无序。《贞观政要·诚信第十七》还记到：贞观十七年，太宗谓侍臣曰："《传》称'去食存信'，孔子曰：'民无信不立。'昔项羽既入咸阳，已制天下，向能力行仁信，谁夺耶？"房玄龄对曰："仁、义、礼、智、信，谓之五常，废一不可。能勤行之，甚有裨益。"由此我们也能看到，在儒家思想里，"信"在足食、足兵、民信这三者中处在治国的首要位置。而在唐太宗的思想里，"信"对于治理国家的作用被升华到了"去食存信"的境界，诚信是事关国家生存安全的关键。于是，他在治理国家中积极推行诚实守信的道德规范，从而开创了中国历史上的"贞观盛世"，这也是隋唐时期之所以成为封建社会鼎盛时期的一个重要文化因素。

（4）宋元明清时期——经世致用的实用诚信观

宋明时期，随着理学的复兴，诚信再次被重视。宋朝理学家延伸扩展了"诚"的概念，将其上升到哲理化层面，从"心性"的视角来论"诚"，认为"诚"是人的最高道德境界，是个人道德意识与客观规律的高度结合。宋明理学的代表人物周敦颐建立了以"诚"为核心的思想体系。《通书》记载："天哉乾元，万物资始，诚之源也。乾道变化，各正性命，诚斯立焉。"在这里，他将宇宙观中的"诚"与道德观中的"诚"有机结合起来，"诚"被认为是万物的开端。他还特别强调以"诚"为本的道德本体论，认为"诚者，圣人之本"；"诚，五常之本，百行之源也"（《通书·诚下》）。在他看来，"仁、义、礼、智、信"五常及一切德行都是以"诚"作为基础的。而著名的理学家朱熹则认为"诚"是宇宙天理的本然，人们的所作所为必须合乎天理。朱熹在《中庸章句·集注》中说："诚者，无妄之谓，天理之本然也。诚之者，未能真实无妄，而欲其真实无妄之谓，人事之当然也。"这表明"诚"是"天理"的重要组成部分，物质世界是客观存在的，"诚"也是固然存在的。他在《朱子语类·第二十一》中还说："人道惟在忠信，不诚无物。人若不忠信，如木之无本，水之无源，更有甚的一身都空了。今当反看自身能尽己之心，能不违于物乎？若未尽己之心，而有违于物，则是不忠信，凡百处事接物皆是不诚实，且谩为之。如此四者，皆是修身之要，就其中主忠信又是最要。"朱熹还特别强调了忠信在做人做事中的价值，把"忠信"看作是为人处世之本、安身立命之源。宋明理学对"诚"的这种解释，贯穿着"天地合一"的思想，"诚"的意义已经突破了生命个体的界限，达到了一种合乎天道的地步。但是这种论述又有其弊端，因为这种"诚"是一种形而上的观念。

随着商业发展，明朝中国出现了资本主义萌芽，明末时期的诚信观念也显现出"经世致用"的实用主义特性。王夫之在《四书训义·中庸三》中指出："夫诚者，实有者也"，"诚，以言其实有者尔"。在他看来，"诚"是指人们尊重自然和尊重客观规律的一种态度和认知，是作为主体的人对客体事物的认知和把握。事实上，在商品经济比较发达的时期，由于受到诚信道德价值观念的深刻影响，"信"作为一种商业伦理，在经商过程中得到商人的普遍重视。明清时期最成功的晋商和徽商在总结经商之道时，都把"诚信"放在首要位置。如当时的徽商吴南坡表示："宁奉法而折阅，不饰智以求赢"，"人宁贸诈，吾宁贸信，终不以五尺童子饰价为欺"。清初商人孙绪燮说，"废学而奋于贾，尝病市道诈伪，曰：信义人所弃，自我得之，则富贵也"，意思是做生意最注重的应该是言行是否一致，品质是否高尚，而不完全是金钱和利益。从本意上来讲，将"诚信"作为经世致用的重要道德基础，是诚信观念一直受到后世高度重视的关键。

随着社会的发展变迁，中国传统诚信观念到清代得以普及，实用化是一个明显特征。诚信观念对商业文化产生影响，已经体现在当时的商业实践中。清朝时期的商人更加充分地应用中国传统文化中的诚信价值观，不断推动商品经济的发展和商业的繁荣。著名的晋商受益于经世致用的传统诚信思想，在经营中充分展现了诚信为本、诚信经营的理念，倡导良贾、善贾、诚贾的价值追求。其中，山西商人坚持"仁中取义"和"义内求财"的价值观，在遍布全国和海外的商业机构中，大部分都标有"贵忠诚，鄙利己，奉博爱，举善事"、"平则人易亲，信则公道著，到处树根基，无往而不利"等诚信誓言，诠释了"处财货之场而修高明之行"的经营理念和以义取利的商业道德。这些历史现象说明，以诚信重义为立业之道的中国传统诚信文化精神在当时的商业活动中已经得到普遍认可。由此可见，"诚召天下客，义纳八方财"的儒家思想，是明清时期商人精神价值观的具体体现，也是当时商业文化的基础。山西商人正是因为吸取中国传统文化的"义"、"利"之价值观，并在经营过程中建立了一套自我约束、自我修省的家规、商规，不断创新，不断完善和真诚的运用，才是山西商人叱咤商业风云近五个世纪的根本所在。与此同时，作为中国传统伦理道德规范之一，诚信观念始终在中国封建社会政治生活中扮演着十分重要的角色。

（5）民国时期——交锋交融的矛盾诚信观

民国时期，社会正处在以手工劳动为主体的小生产到机器化社会化大生产的过渡转型期，经济形态主要从自然经济逐渐转变为商品市场经济，社会形态主要从迷信转变为科学，从专制转变为民主，从封闭转变为开放。在这样一个中国社会发生重大转型的历史时段，各种社会问题纷繁复杂。由于民国时期的社会动荡，民众传统价值观念逐渐瓦解，削弱了儒家思想的独尊地位。为了将传统道德与新思想密切结合，孙中山提出了"忠孝、仁爱、信义、和平"的一整套道德规范。他把中国古代传统道德加以改造，赋予资产阶级民主主义的新内容。孙中山在谈到传统文化的继承发展问题时说："讲到中国固有的道德，中国人至今不能忘记，首先是忠孝，次是仁爱，其次是信义……一般醉心新文化的人，便排斥旧道德，以为有了新文化，便可以不要旧道德。不知道我们固有的东西。如果是好的，当然要保存，不好的才可以放弃。"[1] 由此可见，孙中山是把"信"伦理道德规范作为中华传统美德，作为优秀的"固有的道德"加以肯定和颂扬，并且赋予了坚持正义、讲求信用的新内容。孙中山的"信"伦理道德观念，充满着爱国主义和民主主义精神，是中国近代资产阶级革命民主主义伦理思想的集中体现。

中国近代民主革命家、教育家、思想家蔡元培对"信"同样推崇。他说："德性之中，最普及于行为者，曰信义。信义者，实事求是，而不以利害生死之关系枉其道也。社会百事，无不由信义而成立。"[2] 蔡元培论说的"信"的实质就是"实事求是"。把"信"作为教育的一部分，对当时的年轻一代产生了很大的影响。

随着社会变迁，社会观念发生了巨大的变化。"传统文化主导下发展起

---

① 孙中山：《三民主义》，岳麓书社 2000 年版，第 58 页。

② 蔡元培：《蔡元培全集》卷二，中华书局 1984 年版，第 239 页。

来的以血缘、地缘、人情为纽带的小圈子诚信体系，由于缺乏法律制度和发达的商品经济作为支撑，必然难以适应当前社会的需求。"[①] 传统中国是一个相对封闭、市场经济很不发达的熟人社会。如果说，传统社会的诚信仅仅是道德范畴，那么现代诚信已不再是一个单纯的道德规范，而成为一项重要的法律原则与规范制度，是道德准则的法律化。因此，现代社会更需要外在的制度来协调正常的社会秩序。所以，试图以"新的诚信观"推进当时社会的信用制度化，建立社会诚信机制，就成为民国后期政府的重要职能之一。

（6）新中国成立到改革开放时期——政治化的集体主义诚信观

在新中国成立后的计划经济时期，由于以为人民服务为核心、集体主义为原则的社会主义道德观念深入人心，诚信是全国人民自觉信守的道德观念。当时，大公无私、"毫不利己，专门利人"的"共产主义道德"在短期内形成了崭新的政治秩序，规范了公民的言行举止，整合了社会大众的民心所向。1978 年改革开放之前，我们曾推崇单一的政治道德和刚性纪律约束。但是，由于当时的时代需求，这种道德信仰过于重视集体主义利益，相对忽视了个人的合理利益，在社会生活领域，出现了比较强烈的"集体主义诚信观"，个人诚信观念基本上是服从、服务于这种"集体主义诚信观"，而且更多地体现为政治诚信观的外在形态，使这一时期的社会形成了比较统一稳定的诚信价值观。

文化大革命开始后，在社会生活领域，政治原则支配了人们日常生活的各个方面。在"文革"时期，传统文化的道德中心主义转移为政治中心主义，道德成为政治附属品，诚信观念出现了异化的倾向。这一阶段以阶级斗争为纲、造反有理的政治信息和革命理念成为社会主流的价值观，中国传统的道德诚信观念在一定程度上遭到了抑制。这一时期，政治挂帅影响了人们的生活和工作，特别是引导了人们的诚信价值观和社会道德观，虽然在普通民众的生活中，对道德诚信的传统认知仍然具有普遍的意义，但社会生活政治化的倾向，使当时的诚信观念也趋向于政治化。

---

① 景枫：《社会诚信研究》，中国社会科学出版社 2005 年版，第 25 页。

（7）改革开放后——转型重塑的当代诚信观

改革开放以来，我国处于一个由计划经济向市场经济的过渡阶段，在这个过渡阶段，诚信需求的种类和数量、广度和深度都大大增加，人们对诚信的理解也更加多元化。我国传统的价值诚信是以传统文化特别是儒教伦理为精神支柱的，而儒教理论从近代以来不断地遭到消减，新中国成立后的多次运动特别是"文化大革命"消弱了民众的儒教伦理，从而使诚信丧失了传统理论基础。所以，当市场经济对诚信的需求越来越大时，诚信观念却在人们的思想深处日益淡化，从总体上来说还不能满足当前社会发展的需求。

十一届三中全会拉开了改革开放的序幕，在很大程度上激活了生产关系中人的要素。但是，一部分财富积聚在一些文化水平不高、道德水平较低却敢于"吃螃蟹"的人手中，假冒伪劣商品、营私舞弊、侵吞国有资产等失信行径充斥公众生活，矿难事故、食品安全问题等失范现象屡见不鲜。在由封闭到开放的社会转型期，由于中国的社会经济发展同发达国家存在一定差距，使得原本应该以历史形态更替的农业文明、工业文明、后工业文明在中国社会呈现共时性特征，不同文明时代的价值观交织并存，道德标准亦呈现多元化趋势，这是造成道德状况不佳、诚信观缺失的社会历史原因。20世纪的80年代和90年代，随着经济体制的改革，经济实现了快速发展，人们的物质生活极大地丰富，社会文明程度也有所提高。但是，"名利价值观"对社会和人们的思想产生了极大的影响，社会对经济利益的追逐，人们对名利的向往，使传统的诚信价值观严重异化，甚至出现了多元诚信观的倾向，社会诚信面临严峻挑战，重塑当代社会的诚信观成为一项复杂、紧迫和艰巨的任务。

进入21世纪以来，国家高度注重诚信建设。2001年9月20日，中共中央颁发了《公民道德建设实施纲要》，提出"以为人民服务为核心、以集体主义为原则、以诚实守信为重点，广泛开展社会公德、职业道德和家庭美德教育，倡导爱国守法、明礼诚信、团结友善、勤俭自强、敬业奉献的基本道德规范"，首次将"明礼诚信"列为我国公民的大众化道德规范。2005年以来，中国共产党提出以构建民主法治、公平正义、诚信友爱、充满活力、安定有序、人与自然和谐相处的和谐社会为目标，致力于提升政府公信力和司法公信力。2006 年 3 月 4 日，胡锦涛同志在第十届政协第四次会议上提出了"八荣八耻"的社会主义荣辱观。2011 年十七届六中全会审议通过的《中共中央关于深化文化体制改革、推动社会主义文化大发展大繁荣若干重大问题的决定》，强调把诚信建设摆在突出位置，大力推进政务诚信、商务诚信、社会诚信和司法公信建设，可见诚信观念正处于重大的战略机遇期和调整期。党的十八大召开，使我国的诚信建设进入了一个新的历史时期。十八大报告提出了"富强、民主、文明、和谐，自由、平等、公正、法治，爱国、敬业、诚信、友善"二十四字的社会主义核心价值观和诚信理念，提出了在社会各个领域要强化诚信建设和诚信观的培育，要坚持社会主义核心价值观为指导，加强政务诚信、商务诚信、社会诚信和司法公信建设；要坚持依法治国和以德治国相结合，加强社会公德、职业道德、家庭美德、个人品德的教育，弘扬中华传统美德，弘扬时代新风；要推进公民道德建设工程，弘扬真善美，贬斥假恶丑，引导人们自觉履行法定义务、社会责任、家庭责任，培育知荣辱、讲正气、作奉献、促和谐的良好风尚。社会主义核心价值观的提出，使我们找到了建设社会伦理道德体系的基本目标，明确了道德伦理和制度伦理现代转型的前进方向，在这一旗帜的指引下，中国社会开始了构建中国特色社会主义现代诚信观的探索和实践。

2. 西方诚信观的历史发展与演变

诚信是人类最悠久的道德观念之一，在最初的人类交往实践活动中，产生了信守诺言、不说谎的交往规则。世界各大宗教都把"不说谎"作为最基本的道德规范。西方的诚信观念起源于古希腊时期，早期希腊神话中已有许多关于诚信美德的描述，作为城邦公民的道德，渗透在智慧、勇敢、节制、正义的"四主德"中。罗马法学家把"契约精神"嵌入古希腊诚信观念，以主体的诚信弥补法律的不足。中世纪的基督教诚信观是古希腊诚信美德、罗马法契约诚信以及希伯来民族与上帝誓约理念的综合。路德宗教改革之后，诚信被纳入新教伦理的重要范畴，成为推动资本主义产生的重要精神元素。现代意义上的西方诚信观念是与西方信用制度联系在一起的。根据《牛津法律大辞典》的解释："信用（credit），指在得到或提供货物或服务后并不立即而是允诺在将来付给报酬的做法。"诚信不仅是个人的道德，更是市场经济运行的游戏规则。

（1）古希腊罗马的诚信观念

西方诚信观念起源于古希腊。早期的诚信观念显然是与商品交换联系在一起的，被看作是交换正义的一项重要原则，并由此奠定了西方诚信的基本含义。古罗马时期，古罗马法学家把诚信观念植入罗马法的契约精神，契约诚信理念也成为接通古希腊诚信观念与现代契约论的一个重要环节，对后世民法的制定产生了深远影响。

早期古希腊神话中已有关于诚信观念的描述。普罗米修斯创造了人类，但是欺骗了宙斯，由此给人类带来诸多灾难。在《荷马史诗》中，信守承诺也是英雄们具备的美德。在某种意义上说，特洛伊战争就是因为特洛伊的王子帕里斯不讲信义引起的。在城邦中，诚信无疑是公民最重要的德性之一，众所周知的苏格拉底之死就是最典型的案例。诚信意识在古希腊时期是十分强烈的。在《柏拉图对话集》的《克力同篇》中记载了苏格拉底信守诺言的故事。苏格拉底被不公正地判处死刑后，他的朋友克力同来见他，告诉他死刑即将执行，为他安排了一个逃往国外的机会，劝他越狱逃走。但苏格拉底不同意这样做，他认为作为雅典人，有承认和遵守雅典法律的责任义务，所以不逃走。苏格拉底的行为，体现出强烈的道德色彩，表明了一个道德原则，即任何人都必须信守诺言。古希腊著名史学家修昔底德在其史学名著《伯罗奔尼撒战争史》中说："如果双方没有诚实的信念，没有其他方面的某些共同的心理状态的话，人与人之间绝对不可能有坚强的友谊，国与国之间也不可能建立真正的联盟，因为思想不同的人行动也不会一致的。"苏格拉底在逃走和死亡面前，选择了慨然赴死，体现的是忠于城邦公民承诺的信义。

在《尼各马可伦理学》中，亚里士多德从三个层面讨论诚信。一是把诚实看作与自夸对立的一种具体德性。他认为："自夸的人是表现得自己具有某些受人称赞的品质，实际上却并不具有或具有得不那么多；自贬的人是表现得自己不具有他实际上具有的品质，或者贬低他具有的程度；有适度品质的人则是诚实的，对于自己，他在语言上、行为上都实事求是，既不夸大也不缩小"，"虚伪是可谴责的，诚实则是高尚的。"①二是把诚信看作是公正德性的一部分。"我们要说的，不是守约的或涉及公正与不公正的那些事务上的诚实（因为适用于这些事务的是另外一种德性）"②。在涉及事务具体是非的判断上，诚实与否表现出一个人是否公正。比如作伪证，既是典型的不诚信行为，也是不公正的行为。三是经济交往中的诚实守信原则。亚里士多德认为，在商品交换活动中，"我们决不能在他们开始交易之后再定出一个比例，否则两个极端中得的过多的人就占得了两种优势。相反，应当在他们还占有他们各自的产品时定出这个比例。这样，他们才能够成为平等的，才能相互联系起来"③。在这里，亚氏强调的是回报的公正。要实现公平交易，必须遵循等价和信用原则，按照约定的比例进行。显然，这样的规定已经接近现代意义上的信用观念。

总的来看，古希腊的诚信观念仍处于萌芽阶段，诚信观念通过城邦公民的德性体现出来。但这一时期，由于商业交往活动和城邦政治活动的开展，信守承诺、遵守契约的信用原则成为诚信所具有的含义。这种含义随着古希腊辩证法的传播在古罗马法中得以发扬和光大。

古罗马是在希腊文明基础上建立的。但与希腊人不同，罗马人对于哲学沉思并无太大兴趣，他们关心的只是行动的正当性，完备的法学和法律制度是罗马人对世界的贡献。在罗马法中，诚信是最重要的法理原则。据统计，"在法律拉丁文中，'诚信'被大量使用，在优士丁尼《法学阶梯》中有38处；在《法典》中约有117处；在《学说汇纂》中约有462处"④。"在罗马法中，诚信原则不仅体现在实体法中，也体现在程序法中，产生了一种新的诉讼形式，即'诚信诉讼'，这类诉讼指在程式书中，大法官于原告请

---

① ［古希腊］亚里士多德：《尼各马可伦理学》，廖申白译，商务印书馆2003年版，第119页。
② ［古希腊］亚里士多德：《尼各马可伦理学》，廖申白译，商务印书馆2003年版，第120页。
③ ［古希腊］亚里士多德：《尼各马可伦理学》，廖申白译，商务印书馆2003年版，第144—145页。
④ 徐国栋：《客观诚信与主观诚信的对立统一问题》，《中国社会科学》2001年第6期。

求一项后批注'依诚信'字样的诉讼。承审员在审理时可按诚信和公平的原则，根据案情作出平衡的判决，不必严守法规，拘泥形式。故原告如有欺诈、胁迫等事情，被告如有可原宥的错误，虽程式书中未列有抗辩，承审员也有权减免被告的责任。"① 由此可见，古罗马法理与发达的诚信文化是分不开的。实际上，在罗马帝国时代，由于商品经济的高度发达，古罗马法学家已经意识到，再完备的立法都无法覆盖经济生活的所有领域。因此，为确保商品经济活动的正常进行，就必然要求通过主观诚信来弥补法律的不足。这就要求"借助当事人的诚实、善意和合作精神来履行契约"。为此，诚信作为一种高贵的道德品质被强调。西塞罗曾经这样说道："他们应该像崇拜神一样崇拜那些一直被视为天堂居民者和那些因他们的优点而为天堂所接收者……以及赋予人类的并使之得以进入天堂所必须的那些品质：智识、美德、虔诚、诚信。"②

　　罗马法中的契约诚信理念对后世产生了深远影响，成为接通古希腊诚信观念与现代契约论的一个重要环节。我们可以从许多近代启蒙思想家那里发现罗马法的痕迹。孟德斯鸠曾说："柏拉图的法律是根据拉栖代孟③ 的法制而拟定的。在拉栖代孟的法制里，官吏的命令完全是绝对的；那里，耻辱是最大的不幸，懦弱是最大的罪恶。罗马法放弃了一切美丽的观念，它只是一种财产的法律。"④ 他所制定的分权原则，是基于对罗马法深入研究的结果。格劳修斯认为，守约是人的本性，人们订立契约就产生民法，"有约必践，有害必偿，有罪必罚"这是最基本的正义原则。1907 年制定的瑞士民法典第二条规定："任何人都必须诚实、信用地行使其权利并履行其义务。"这一规定被广泛采纳，成为各国法律体系中的一项重要原则，被学者称为"帝王条款"。

① 姜素红、曾惠燕：《古罗马法和唐律有关诚信规定之比较》，《时代法学》2005 年第 6 期。
② [古罗马] 西塞罗：《国家篇 法律篇》，沈叔平、苏莉译，商务印书馆 1999 年版，第 193 页。
③ 即斯巴达，参见《论法的精神》译名对照表，第 514 页。
④ [法]孟德斯鸠：《论法的精神》（下册），张雁深译，商务印书馆 1963 年版，第 332 页。

（2）中世纪基督教的诚信观念

中世纪一般被认为是"黑暗时代"，但事实上，现代意义上的许多观念正是在经院哲学的烦琐论证中获得了逻辑上的合法性。中世纪诚信观念综合罗马法的契约精神与基督教救赎道德，从而使诚信具有浓厚的道德形而上学的色彩。也就是说，在基督教这里，诚信不仅是出于世俗交往的原则，更是履行上帝旨意的要求。路德宗教改革的口号是"因信称义"，作为资本主义精神渊薮的新教伦理，更是把诚信作为天职观念的重要组成部分，由此奠定了近代西方资本主义诚信观的基础。

中世纪的诚信观念首先体现在基督教经典《圣经》中，《圣经》分为"旧约"和"新约"。所谓"约"，就是约定，"旧约"被视为犹太民族与上帝耶和华的一种契约。《旧约·篇言》中说"行事诚实的，为上帝所喜悦"。摩西十戒第九条是"戒做假见证陷害人"。在基督教中，"诚信"也是做人基本的品德，"我们都是神殿之中的儿女，圣经中神的话语就是我们的行为标尺。爱神的人，更应该牢记诚信"。《新约·马太福音》说"不可背誓，所起的誓，总要向主谨守"。《圣经》上的这些记载经过宗教哲学家的论证，与古希腊罗马契约诚信观念相结合，最终形成了比较完备的基督教诚信观。

以奥古斯丁为代表的教父哲学认为，正是亚当受了撒旦的诱惑，违背了与上帝的誓约，才使亚当的子孙通过遗传获得了"原罪"，这就奠定了诚信在整个教父哲学中的基础性地位。既然"原罪"来自于"不守信"，那么做一个诚实守信的人，是实现救赎的重要途径。因此，早期基督教虽然蔑视古希腊明智、勇敢甚至正义的德性，但却把诚信上升到神学意识形态范畴。在教父哲学之后，经院哲学家托马斯·阿奎那将圣经、教父的教义和亚里士多德的著述综合起来，从多方面阐发其诚信思想。他认为，诚信不仅是对上帝的承诺，也是世俗的道德准则，"为了达到高于公正价格的价格出卖物品的特殊目的而进行的欺诈是完全有罪的"。他在书中还专门罗列了有关物品本质、数量、质量的三种商业欺骗行为。阿奎那关于商业信用的思想随着教士们的传经布道，在基督教世界产生了广泛影响。既然诚实信用反映的是上帝的旨意，那么不管任何人，在任何情况下都应该遵循诚信原则行事。在此意义上，诚信成为基督教世界的共同价值观。

　　在基督教发展后期，由于教会过多介入世俗生活导致了教会的堕落，也由此引发了著名的"宗教改革"。15世纪马丁·路德的宗教改革以"因信称义"为旗帜，特别强调"信"的作用，提出"义人因信称义，而与善行无关"的观念。也就是说，对上帝的信仰不需要通过外在媒介，禁欲主义的苦修也不是上帝应允的唯一生活方式，认真做好世俗生活的每一件事情，在现实生活中完成上帝赋予的责任和义务，即是对上帝"恩典"的最好回报。他用"天职"一词把宗教活动和世俗经济生活联系起来，使日常生活具有了宗教意义。这样，在新教这里，诚实信用不仅是"为上帝所喜悦"，也是为了在经商中获利。富兰克林的名言"守信的人是别人钱袋的主人"成为清教徒的信条，"诚实乃是最精明的行为"成为清教徒信奉的格言。17世纪英国著名的清教徒牧师查德·巴克斯特在其《基督徒守则》中指出："商业中存在竞争是无法避免的，但竞争中不能放弃诚实信用这种美德。"他应该是"自己在平等、公正和诚实的地位上使对方满意而感到高兴"。事实上，正如韦伯的研究所揭示的，资本主义在欧洲的兴起，与新教伦理倡导"诚实""信用"的价值理念有直接关系。

　　（3）近代西方资本主义的诚信观念

　　近代西方资本主义诚信观念产生和表现于商业关系和契约关系之中，植根于西方悠久的市场经济文化。一方面，新教伦理所倡导的诚信理念促进了资本主义经济的发展；另一方面，资本主义的经济交往活动催生了新的信用观念。这两个方面相互作用，再加上近代启蒙思想家的论证，西方资本主义诚信观念逐步完善，形成了资本主义诚信观。这些诚信观是塑造西方信用观的重要思想源泉。被世人称为"经济学之父"的英国18世纪著名经济学家、伦理学家亚当·斯密是古典政治经济学和苏格兰道德哲学的代表人物，其伦理学著作《道德情操论》和经济学著作《国富论》是影响资本主义发展的奠基之作，对西方经济和信用思想的发展产生了巨大影响。亚当·斯密把经济和伦理视为同一事物的两个方面，他指出："与其说仁慈是社会存在的基础，还不如说信用、诚信、正义是这种基础，不义的行为（盗窃、欺诈、杀人、限制他人自由）的盛行，必然会摧毁这个社会的基础。仁慈犹如美化建筑物的装饰品，而不是支撑建筑物的地基，而信用、诚信、正义则犹如支撑整个大厦的重要支柱，如果这根支柱松动的话，那么，人类社会这个大厦就会顷刻之间土崩瓦解。"①

西方近代的诚信观念与市场经济发展是互相促进的。一方面，市场经济的发展促成了西方信用观的演进。另一方面，西方信用观作为市场经济发展的文化前提之一，为市场经济的生产过程提供了不可缺少的条件，成为"促使资本主义生产方式发展到它所能达到的最高和最后形式的动力"②。恩格斯在《英国工人阶级状况》序言中也说："现代政治经济总的规律之一就是资本主义生产越发展，它就越不能采用作为它早期阶段特征的那些小的哄骗和欺诈手段。的确，这些狡猾手腕在大市场上已经不合算了，那里时间就是金钱，那里商业道德必然发展到一定的水平。"③美国经济学家米尔顿·费里德曼也认为，诚信观念降低了交易成本，从而使交易顺利进行、市场顺利运作、市场经济效率得以维持。现代社会学家迪尔凯姆、韦伯等人认为，信任是社会组织的润滑剂和黏合剂，是促进社会发展的精神动力。德国社会学家卢曼提出，信任是简化社会复杂性的机制之一，有强化认识、降低风险、促进行动的功能。美国著名学者福山指出，信任是一种比物质资本和人力资本更重要的社会资本，它对提高经济竞争力和推动社会现代化起着巨大作用。当代经济学家熊彼特认为，信用是扩张资本、实现创新、繁荣经济的重要手段。

（4）现代意义上的西方诚信观念

现代意义上的西方诚信观念是根植于西方悠久诚信文化传统，与近代资本主义发展过程中形成的信用观一脉相承。随着资本主义市场经济的发展完善，西方经济生活中的信用观念得到进一步强化。反过来，这种信用观念又成为市场经济发展的文化前提，成为"促使资本主义生产方式发展到它所能达到的最高和最后形式的动力"④，这一"最高和最后形式"的最重要表现，就是信用观念超越单纯的经济交往活动，渗透到社会生活的各个领域、各个

---

① ［英］亚当·斯密：《道德情操论》，蒋自强等译，商务印书馆1997年版，第106页。
② 马克思：《资本论》第3卷，人民出版社1975年版，第685页。
③ 《马克思恩格斯文集》第1卷，人民出版社2009年版，第366页。
④ 马克思：《资本论》第3卷，人民出版社1975年版，第685页。

层面，成为被普遍接受的价值观念和各种制度安排的重要原则。与此同时，关于诚信问题的研究，也越来越突破道德形而上学层面的讨论，呈现出"科学化"趋势，除伦理学外，经济学、社会学、社会心理学等领域的学者都对诚信问题进行了深入分析。

在经济学领域，关于诚信的研究主要围绕"信用"展开。亚当·斯密、大卫·李嘉图的信用媒介理论主要就银行信用是媒介资本还是创造资本展开了争论。凯恩斯的信用扩张理论和现代货币学派米尔顿·弗里德曼的反信用扩张理论主要是在信用扩张政策是否有效的问题上各执己见。经济史学家熊彼特的创新理论则认为，创新的主体是企业家，而企业家的精神是推动创新的重要资源，信用制度是实现创新的重要条件。而以诺斯、刘易斯等为代表的新制度经济学认为，市场经济需要正式制度和非正式制度支持，由于正式制度的"有限理性"和执行成本过高，使得制度不能完全执行，而诚信观念作为一种大多数市场行为者所具有的"共同意识"充当着"非正式制度"的职能，有利于形成一种非正式的良性市场秩序。除此之外，现代意义上的西方诚信理论还就信用风险度量进行了深入研究。

在社会学领域的讨论以"信任"为关键词。西美尔、迪尔凯姆、韦伯等社会学家注意到，在由传统社会向现代社会转型的过程中，人与人之间的关系发生了深刻变化，由此导致整个社会秩序由"机械团结"向"有机团结"的深刻转换，维系和支撑传统社会的"共同意识"也逐渐"崩塌"。在传统社会中，支撑诚信作为一种"共同意识"而主要存在于熟人社会、礼俗秩序，而现代社会中，每一个社会个体（单元）是独立的、陌生的，无数独立个体在"分工"、"交换"、"互动"中形成一种有机秩序，因而传统的"共同意识"已经丧失了存在的物质基础。事实上，早期资本主义发展过程中出现的尔虞我诈、唯利是图、相互倾轧就是失去传统"共同意识"束缚后社会呈现出的一种"原始状态"。对于这一点，西美尔有着很清醒的认识，他在《货币哲学》中说："离开了人们之间的一般性信任，社会自身将变成一盘散沙。"① 因而，社会学家都把"信任"看作是维系社会良好秩序的基础，认为"信赖是

---

① ［德］西美尔：《货币哲学》，陈戎女等译，华夏出版社2002年版，第111页。

在社会之内最重要的综合力量之一"①。

总的来看，西方的信用建立在以相互承诺、互相信赖、信守诺言为内涵的契约伦理基础之上，并在长期交换中形成重诺言、重信用、守时间的习俗，进而上升为经济伦理。但这些研究带有明显的唯心主义和形而上学色彩。真正对资本主义信用本质进行深刻揭示的是马克思。

3. 马克思主义诚信观

马克思主义经典作家在研究人类历史发展规律和人类精神领域问题时，多角度、多层面地涉及了诚信问题。虽然马克思、恩格斯没有论述诚信问题的专门篇章，但是，他们关于资本主义信用制度、无产阶级政党的信仰问题等的论述，实际上为我们深刻理解诚信问题提供了科学的方法论基础和非常丰富的思想资源。

第一，政治诚信观。马克思主义是关于无产阶级和全人类解放事业的学说。在创立唯物史观和科学社会主义学说的过程中，马克思、恩格斯借鉴吸收了人类历史上一切有益的精神成果，其中也包括西方古典思想家和启蒙运动以来资产阶级思想家对于诚信问题的一系列论证，特别是在论及无产阶级政党的历史使命和政治信仰过程中，系统阐发了他们的政治诚信思想。对科学社会主义理论的坚定信仰是马克思主义政治诚信思想的基础，对共产主义事业的坚定信念是马克思主义政治诚信思想的精髓，对无产阶级政党、社会主义祖国和人民根本利益的无限忠诚是马克思主义政治诚信思想的核心，对革命同志的无比信任是马克思主义政治诚信思想的重要内容。

第二，经济诚信观。经济诚信观是马克思主义诚信观的重要内容。马克思主义经济诚信观也叫信用观，是基于深刻研究市场经济规律而形成的科学理论。马克思认为："信用，在它的最简单的表现上，是一种适当的或不适当的信任，它使一个人把一定的资本额，以货币形式或以估计为一定货币价值的商品形式，委托给另一个人，这个资本额到期后一定要偿还。"②可见，从伦理学视角看，信用就是一种信任。如果当事人是讲诚信的，那么

① ［德］西美尔：《社会学》，林荣远译，华夏出版社2002年版，第251页。

② 《马克思恩格斯文集》第7卷，人民出版社2009年版，第452页。

这种信任就是适当的；如果当事人是不讲诚信的，那么这种信任就是不适当的。在马克思看来，信用对资本主义经济发展起着积极作用。首先，信用有利于扩大资本数量。信用为单个或联合的资本家在一定界限内提供了一种支配别人财产的绝对权力，促进了大资本吞并中小资本，加速了资本的集中。其次，信用有利于股份公司的产生与发展。马克思认为，信用制度是股份公司形成的主要基础。如果没有信用制度，股份公司就不可能发展起来。最后，信用有利于缩短流通时间。

马克思、恩格斯用其睿智头脑和实际行动共同建构了一个内涵丰富的、属于无产阶级、属于共产主义社会的诚信思想体系，这是无产阶级诚信思想的理论基础，是建设社会主义精神文明、构建社会主义和谐社会的思想基础。在新时期、新形势下，我们必须坚持以马克思主义诚信思想为指导，把马克思主义诚信思想与中国实际紧密结合，不断推进马克思主义诚信观的中国化。

第二节　大学诚信制度

一、制度

制度是一个非常宽泛的概念，关于制度的定义可以说是五花八门，大到我们常说的社会制度、经济制度、政治制度和文化制度，小到一个单位的工作制度、管理制度、财务制度和报销制度，都是一种制度，但前者和后者的含义根本不同。在一般意义上，制度指的是大家共同遵守的办事规程或行动准则。但在不同学科领域，制度具有不同的内涵。根据《布莱克维尔政治学百科全书》的解释，"制度"在政治学、社会学中既包含"机制"的含义，也表示规范化、定型化了的行为方式，且往往这两个方面交织在一起。① 在"机构"这个意义上，我们说的人民代表大会制度、政治协商制度，既是一种组织机构，也是一套程序规则。

---

① 参见《布莱克维尔政治学百科全书》，中国政法大学出版社 1992 年版，第 359 页。

在经济学中，制度被理解为管束、支配人们经济交往活动的一套行为规则、程序。① 制度经济学家诺斯认为"制度是个社会的游戏规则，更规范地讲，它们是为人们的相互关系而人为设定的一些制约"，他将制度分为三种类型，即正式规则、非正式规则和这些规则的执行机制。正式制度是指通过某种组织而形成的正式规章、规则、法则等，非正式制度是指风俗习惯、伦理道德、信念信仰等社会行为规范。② 韦伯在《经济与社会》中指出，制度经历了由个人习惯，到集体的习俗、惯例，再到道德规范、法律制度这样一个发展过程。这既是一个由非正式制度向正式制度发展的过程，也是一个由个体制度向"社会"制度发展的过程。在《新教伦理与资本主义精神》中，他通过对西欧中世纪社会结构变化（政教分离、分封体制以及城邦制度兴起）的考察，认为精神因素尤其是价值观念对制度演化具有巨大的作用。哈耶克在《法律、立法与自由》中，将制度分成内部制度或规则与外部制度或规则。在他看来，内部规则是指社会在长期的文化进化过程中自发形成的规则。它是"在它们所描述的客观情势中适用于无数未来事例和平等适用于所有人的普遍的正当行为规则，而不论个人在特定情形中遵循此规则所会导致的后果。这些规则经由使每个人或有组织的群体能够知道他们在追求他们目的时可以动用什么手段进而能够防止不同人的行动发生冲突而界分出确获保障的个人领域。这些规则一般被认为是'抽象的'和独立于个人目的的。它们导致了一平等抽象的和目标独立的自生自发秩序或内部秩序的型构。"③ 外部规则是指那些根据组织或治理者的意志制定的规则，它"乃意指那种只适用于特定之人或服务于统治者的目的的规则。尽管这种规则仍具有各种程度的一般性，而且也指向各种各样的特定事例，但是它们仍将在不知不觉中从一般意义上的规则转变为特定的命令。它们是运作一个组织或外部秩序所必要的工具"。④

---

① 参见〔美〕诺斯：《经济史中的结构与变迁》，三联书店 1997 年版，第 225 页。

② 参见〔美〕诺斯：《经济史中的结构与变迁》，三联书店 1997 年版，第 373—375 页。

③ Hayek, *New Studies in Philosophy*, *Politics*, *Economics and the History of Ideas*, Routledge & Kegan Paul, 1978, p.77.

④ Hayek, *New Studies in Philosophy*, *Politics*, *Economics and the History of Ideas*, Routledge & Kegan Paul, 1978, p.77.

　　不管制度如何产生，也不论对制度的理解有多少分歧，制度所具有的共性特征却是各门学科公认的。一是普遍性特征。即制度对某一共同体内所有成员都是普遍有效的，制度是一般的，不针对具体的个人与情境，而是适用于共同体内所有成员和共同体的所有情况。二是强制性特征。制度以某种强制力维护其权威。制度是一个共同体所共有的规则或规范，隐含着某种对违规的惩罚，并依靠某种惩罚而得以贯彻，否则将是无效的。制度的惩罚性决定和保证了制度的有效性。三是稳定性特征。制度作为一种规则，一种社会交往行为模式，具有相对稳定的形态，对于社会交往行为具有规范与引导作用。本书所说的制度，主要是指一种对于共同体成员具有普遍约束力的规范系统。这种规范系统对于共同体内所有成员具有普遍约束力，体现了共同体的价值目标，对人们的行为具有外在约束作用和内在引导作用。

二、大学诚信制度

　　目前，我国正在不同程度地进行现代诚信制度各个层面的建构，有的部分和层面的建设须加大力度和加快速度。特别是作为担纲百年树人重任、为社会主义事业培养合格建设者和可靠接班人的大学，更要加强诚信制度建设，使诚信成为大学自律的行为准则，成为广大师生员工永恒的价值追求和行为规范。

（一）大学诚信制度的内涵

　　大学诚信制度是指高等学校大学制度体系中一种办事规程或行动准则的制度规范体系，其目的是为了使大学师生在教学、管理、服务、学术和生活中遵循诚实守信的原则，自觉节制和规范自己的行为，实现大学的教育功能，完成为社会主义培养合格建设者和可靠接班人的根本目标。从宏观层面看，它是一个制度体系；从微观层面看，它可以细分为许多制度子系统，如大学学术诚信制度、大学管理诚信制度、大学教师诚信制度、大学生诚信制度等。在我们的研究中，对大学诚信制度的探讨，主要依托于大学生这个研究对象展开，故在本书中界定的大学诚信制度，是特指微观层面的大学生诚信制度。从这个角度出发，我们所提出的大学诚信制度的基本内涵，是特指要求大学生在学习、研究、政治参与、日常生活中共同遵守的一种"诚实守信"的办事规程或行动准则。

从内容上看，我们要构建的大学诚信制度包括结构性诚信制度和技术性诚信制度，结构性诚信制度和技术性诚信制度相辅相成，密不可分。没有结构性诚信制度，技术性诚信制度不能得到有效实施；没有技术性诚信制度，结构性诚信制度就没有具体制度安排的依托。大学诚信制度体系的构建，要坚持结构性制度和技术性制度的有机统一。

所谓结构性诚信制度（见图1-2-1）主要确定"为什么（why）"的规定性问题，是指我们做事情的流程、程序以及逻辑结构，也就是要构建大学诚信制度体系中哪些结构的制度，来保证大学诚信制度系统的逻辑性特征，并通过这些结构性诚信制度的实施，实现大学诚信制度系统内部的耦合状态，发挥好诚信制度系统的整体功能。事实上，在很多情况下，大学并不缺乏对学生诚信的原则性规定和制度性规范，但在诚信实践过程中，往往会出现制度无法执行或者制度执行变形、走样的情况，其原因就在于大学诚信制度系统中结构性诚信制度之间缺乏严密的逻辑性规定，也凸显了建立结构性诚信制度的价值和意义。笔者认为，大学诚信制度系统必须包括结构性诚信制度的内容，具体包括诚信荣誉教育制度、诚信守则规约制度、诚信档案管理制度、诚信评级评价制度、诚信处理程序制度和诚信监督保障制度。

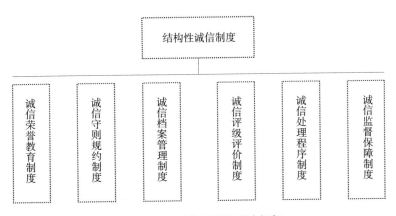

图1-2-1　结构性诚信制度框架

所谓技术性诚信制度（见图2-2-2）主要确定"是什么（what）"的操作性问题，是指我们要做的事情以及事情的具体内容，也就是要构建哪些诚信制度安排，以保证体现出大学诚信制度系统的整体性特征，并通过这些技术性诚信制度安排的实施，实现大学诚信制度系统内部的协调状态，发挥好诚信制度系统的整体功能。我们在注重架构结构性诚信制度的同时，更要注重技术性诚信制度的设计，顶层结构设计必须与具体制度安排相互衔接，各项具体制度安排之间必须相互协调，才能使大学诚信制度系统中的各子系统真正达到非冲突的耦合状态，实现大学诚信制度的有机统一，使诚信制度的实践具体化并具有可操作性，从而有效增强大学诚信制度的持久渗透力和有效示范性。笔者认为，大学诚信制度系统也应该包括技术性诚信制度的内容，具体包括学习诚信制度安排、生活诚信制度安排、网络诚信制度安排以及政治诚信制度安排。

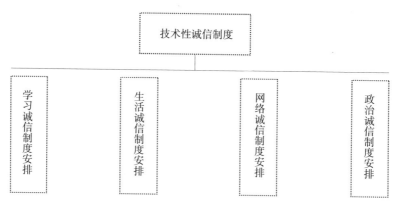

图2-2-2　技术性诚信制度框架

任何一个制度系统，都不是由单一的结构组成，大学诚信制度系统也不例外。采用结构性和技术性两个维度，对大学诚信制度系统进行设计和建构，是因为从这两个维度出发建立的结构制度体系和技术制度安排能够相互契合、相互影响、互为补充，共同形成一个完整而又合理的诚信制度系统，为大学诚信建设提供坚实的制度保障。也可以使我们一方面从制度的逻辑性特征入手，探索建构结构性的诚信制度；另一方面从制度的衔接性特征入手，探索建构技术性的诚信制度。当我们把结构性诚信制度与技术性诚信制度有机地统一在一个制度系统中，大学诚信制度系统就能形成内部制度的耦合状态，从而保证这个制度系统的结构最稳定、功能最齐全、效用最大化。

（二）大学诚信制度的要素

完整健全的现代大学诚信制度系统是一个科学的体系，有着复合的内在结构，其中包括信守诺言的知识和行为能力、社会理性和评判准则、诚信体制分层与整合等。

1.制度规约主体——具有信守诺言的知识和行为能力。作为制度运作主体和规约主体，大学生必须具有承守诺言和实现诺言的知识和行为能力。承诺是提出任务并建立服务协作关系的重要人格行为，实现诺言是人格行为实现的最终目的，也是检验诚信程度和行为主体实力的最重要依据。

2.制度评价标准——遵循社会理性和评判准则。大学诚信制度以社会公平正义和平等自由为基准，而不是以大学生个人意志为评判标准。诚信是大学生老老实实地学习探究和遵守客观规律、彻底摈弃主观主义态度、批判绝对主体的僵化思维和行动。社会理性和公正的评判是非标准是一个有生机活力的现代知识社会最重要的标志之一，它们以社会知识的创新和引领发展为方向，符合人类普遍发展的根本利益。

3.制度运行机制——诚信实施的运行机制分层与整合。大学诚信制度的运行机制主要包括：教育引导机制、激励惩罚机制、心理疏导机制、文化培育机制和规范制约机制，是五个层面机制互动的有机系统。这五个机制是相互影响相互制约的，教育引导机制是诚信制度运行的基础，激励惩罚机制是诚信制度运行的手段，心理疏导机制是诚信制度运行的重要支撑，文化培育机制是诚信制度运行的核心，规范制约机制是诚信制度运行的目的。

目前，我国正在进行不同程度、各个层面的现代诚信制度建设，有些领域和层面的诚信制度正在加快建设的力度和速度。2014年1月16日，李克强总理主持召开国务院常务会议，原则通过了《社会信用体系建设规划纲要（2014—2020年）》，加快了社会信用体系建设的步伐，我国的社会诚信制度体系建设进入了一个全面蓬勃发展的新时期。作为担纲百年树人重任、为社会主义事业培养合格建设者和可靠接班人的高等教育，理应加快大学诚信制度建设，使诚信制度成为高校自律的行为准则，成为广大师生自觉遵守的行为规范和永恒的价值追求，成为我国由"教育大国"向"教育强国"发展迈进的应有之义。

第三节　大学诚信制度的价值

中国传统文化对诚信在修身养性、建功立业乃至治国安邦等方面的深远意义屡有论述。随着社会的转型发展、社会主义市场经济的逐渐成熟和世界经济的全球化趋势，高校诚信问题日益凸显。近年来，高校十分重视学生的诚信教育，然而收效甚微。从实践上看，大多数学校仍然停留在"软性制度"为主导的阶段，以简单的说教手段为主，缺乏相应的制度系统和有效的运行机制。大学生是否讲诚信，教育的作用很重要，但系统的诚信制度建设更为重要。大学诚信制度建设对学生发展、大学精神、教育使命和社会诚信具有重要的价值。

一、大学诚信制度与学生发展

思想道德素质特别是诚信素质是人才质量的核心要素。正如法国学者蒙田所说："真诚是美德的首要和基本的部分，它制约着其他一切美德，没有真诚这种美德，任何美德都将不是真实的，或者都将不是真正道德的。"

首先，通过大学诚信制度的激励和规约功能，使大学生诚信得以建立和巩固。"诚者，天之道也；诚之者，人之道也。"这是古人对人的本性、价值、使命提出的崇高要求，以此激发人们用"至诚"的标准来规范和要求自己。诚信既是一个国家的道德规范和文明基础，同时也是个人道德信誉和道德人格的象征和标志。诚信既是一个人道德修养内在的情操，也是一个人内在品质和外在行为的准则。诚信是一切道德的基础和根本。现代科学教育创始人、德国教育家洪堡先生指出：大学的真正成就是使大学生个人在道德与精神上得到完善。大学生只有以诚实守信为重点，加强自身修养，言必行、行必果，诚信做事、诚实做人，言行一致，表里如一，才能端正态度，踏踏实实，不断提高自身的思想道德素质、科学文化素质和身体素质。学校和社会要不断加强大学生诚实守信的自身修养，逐步引导人格提升，培养高尚情操，树立正确的世界观、人生观和价值观，培养其家庭责任感和社会责任感。大学生要在实践的熔炉中秉承脚踏实地、持之以恒的奋斗精神，增长见识，砥砺品质，强化本领，努力成为能负重任的栋梁之材。大学诚信制度的规范功能既表现在对学生的行为和社会交往的激励上，也表现在对违反规定的惩罚上。因此，制度的激励和规范功能使大学生诚信链条得以无限延伸。

其次，通过大学诚信制度的奖励和惩处功能，引导大学生坚守诚信。诚信是大学生实现理想信念的基础。"理想信念是人的心灵世界的核心。有无理想信念，有什么样的理想信念，决定了人生是高尚充实、碌碌无为，还是庸俗空虚。追求远大理想、树立坚定信念，是大学生健康成长、成就事业、开创未来的精神支柱和前进动力。"①一个没有良好诚信品质的人，不可能有高尚而坚定的理想信念。同样，追求理想需要有执着的信念，一种不服输的强大精神力量。一个不讲诚信的人，关键时刻不可能为崇高的理想信念作出牺牲。大学生只有养成诚实守信的良好品格，才能真正忠诚于祖国和民族的事业，才能真正实现理想和目标。

最后，通过大学诚信制度降低成本的功能，提高大学生的就业率。诚信是大学生走向社会的通行证。社会主义市场经济是信用经济，诚信是合作和竞争的黄金法则。在市场经济中，诚信是资本，是竞争力，是财富。市场经济的正常运行，需要每个人具备诚实守信的素质和自觉遵守契约的品质，共同维护诚信、公正的社会环境。我们努力构建的民主法治、公平正义、诚信友爱、充满活力、安定有序、人与自然和谐相处的和谐社会，也需要每个人具有民主法治的公民意识，自觉遵纪守法，相互信任，共同维护社会公平正义。可见，诚信是重要的社会道德规范，是每个人必须具备的素质，同时也是个人走向社会的通行证。没有诚信为本、操守为重的信用意识和观念素养，就无法被组织和社会接纳，无法把多年所学应用于实践，把目标计划付

---

① 《思想道德修养与法律基础》，高等教育出版社 2006 年版，第 21 页。

诸实施；没有"以诚实守信为荣，以见利忘义为耻"的荣辱观，就不能成为高素质人才，担起青年一代的重任，承担社会责任，履行历史使命。这样不仅提高了大学生首次就业创业的"成功率"，同时也减少了社会资源的浪费。

二、大学诚信制度与大学精神

大学是时代精神的象征，是社会良知的灯塔，也是人类的精神家园和民族文化的守护者。现代大学既体现着时代的风格，同时又承载着人类终极的价值追求。只要人类的文明延续，现代大学前进的步伐就不会停止。现代大学要通过学术性教学和创新性研究，全面培养塑造学生，传承和创造人类知识与文化，并引领和服务社会。众所周知，大学以培育人才、创造知识为己任，以服务社会、造福人类为使命。正因为大学有特殊的使命，所以大学必须要有独特的精神。"大学精神"是大学人在长期实践中形成并将继续发展且为大学人内心认同的价值体系，它不仅是大学自身存在和发展中形成的具有独特气质的文化形态和文明成果，也是科学精神的时代标志和具体凝练。面临知识经济的机遇和挑战，建设现代大学精神不仅是高等教育自身发展的需要，也是社会进步的需要。有人把"大学精神"的本质特征概括为创造精神、批判精神和社会关怀精神，这三种精神的倡导无疑都需要诚信做后盾。基于此，加强大学诚信制度的构建可以更好地倡导现代大学精神，完成现代大学使命。从大学满足社会需要的角度看，现代大学必须为履行自己的使命和职责确立以诚信为核心的大学精神。

一是大学诚信制度可以引领现代大学文化。大学之所以称之为大学，关键在于它的文化存在和精神存在。在中国特色社会主义的时代背景下，现代大学文化不仅要传承中国优秀传统文化，而且要培养祖国需要的四有新人，打造一流大学。陶行知说："千教万教，教人求真，千学万学，学做真人。"大学文化就是追求真理的文化，严谨求实的文化。所以，大学文化的核心价值要素就是诚信，它是大学精神的象征、本质的反映。在当今社会诚信危机凸显、大学文化精神衰微的情况下，打造以诚信为本的大学文化品牌，既是一种社会责任，也是一种社会荣誉。大学应该继承优良文化传统，结合自身发展历史和办学特色，借鉴国内外成功经验，把诚信贯穿于教学、科研、管理等工作环节，逐步形成有特色的现代大学文化。

二是大学诚信制度旨在守护现代大学精神。大学精神是大学理念的支柱和高度凝练，是经过一代又一代大学人在长期积淀中形成的共同理想、追求和信念，是大学文化的精髓和灵魂，是大学办出水平、办出特色的源泉和动力，是大学凝聚力、创造力和生命力的体现。上世纪中叶，蔡元培、竺可桢、蒋梦麟、梅贻琦、张伯苓等教育家在教育实践中孜孜以求，将大学精神发扬光大。蔡元培坚持"思想自由，兼容并包"的办学方针，实现"大学者，囊括大典，网罗重家之学府也"的目标。竺可桢的"求是精神"，影响了一代代浙大人。佛兰克斯纳认为"在保障大学的高水准方面，大学精神比任何设施、任何组织都更有效"。刘达则语："大学人应该做守护大学精神的忠实的'狗'。"正因为大学拥有了学术精神，大学才成为知识的源泉，学问的中心；正因为大学拥有了人文精神，大学才充满了正义与正气。"大学精神的本质特征可以概括为创造精神、批判精神和社会关怀精神，这三种精神的倡导无疑都需要诚信来做后盾。"① 在办学中开展诚信教育，尊重知识、尊重科学、尊重人才，维护大学的尊严。在大学诚信制度的构建中要坚守以诚信为核心的大学精神，勇于捍卫正义，敢于引领时代，使大学成为社会德性的捍卫者和引领者。

三、大学诚信制度与教育使命

教育的使命就是提高人的综合素质，包括知识的传授、德性的培养和能力的提升。萌发于欧洲 12 世纪和 13 世纪的现代高等教育，经过一千多年的发展，已经取得了卓越的成就，正在朝着普及化、终身化、信息化和国际化的方向迈进。我国大学只有一百多年的发展历程，但无论数量还是质量都取得了惊人的飞跃。真正的教育不仅追求效率和效益，更重要的是有坚定明确的价值追求和高度的责任感与使命感。高等教育的持续发展，不仅是高等

---

① 党志峰、李嘉莉：《诚信教育在现代大学中的价值》，《沧桑》2011 年第 2 期。

教育发展的内在渴求，也是社会发展的强烈需求，而支撑高等教育持续发展的重要支撑之一，就是以诚信为主的大学文化和大学精神，而大学诚信制度的构建可以确保教育使命的完成。

一是大学诚信制度可以确保教育使命的完成。从大学的发展历程，我们可以总结出高等教育的使命主要是两个方面即对高深知识进行传承、传播和探索以及服务社会。制度作为高等教育资源配置的根本性因素，充分发挥它的激励与规约的功能。大学诚信制度的安排确保了教育使命的顺利完成。

二是从国家层面提出政策，推动教育使命的完成。十八大报告中第一次提出了"推动高等教育内涵式发展"的总体要求，确立了新历史时期高等教育科学发展的方向。如果说过去我国大学是以外延式发展为主，那么今后则是以内涵式发展为主的价值取向。高等教育内涵式发展包括提高质量、优化结构、深化改革、促进公平，而支撑高等教育内涵发展的重要因素之一就是诚信。《国家中长期教育改革和发展规划纲要》中提出，提高质量是高等教育发展的核心任务，是建设高等教育强国的基本要求。立足诚信，以人才培养为中心，踏踏实实，立足实际，尊重规律，培养当代大学生的社会责任感、创新精神和实践能力，提高人才培养质量。坚守诚信，以改革创新为动力，深化教育教学改革，创新教学方法和手段，提高大学生的创新能力和水平，同时推动高等教育管理体制改革，为提高质量提供持续和稳定的保障。这些政策的提出大力推动了大学教育使命的完成。

四、大学诚信制度与社会诚信

中国社会科学院社会学研究所的社会心态蓝皮书《中国社会心态研究报告 2012—2013》显示：中国社会的总体信任进一步下降，人际不信任进一步扩大，从行业和部门来看，人们对商业和企业信任度最低；同时，不同阶层、群体间的不信任也在加深和固化。所以在高校开展诚信问题研究和诚信教育实践，不仅可以培养高素质的诚信人才、促进社会诚信体系的建设，而且能引领社会诚信文化的发展。

一是为社会培养具有诚信品质的高素质人才。大学生作为社会文明的传播者和创造者，作为思想道德和文明行为的示范者和引导者，无疑对社会主义精神文明建设发挥着非常重要的作用。然而，大学生群体的诚信状况不容乐观。因此，研究大学生诚信现状，探究大学生失信原因，探索大学生诚信教育机制，加强大学生的诚信素养和诚信行为养成，是大学思想政治教育工作者必须面对和思考的问题。"人之所以立，德者为其先。所以大学里首先是要教会学生如何做人，而做人必须先立德，立德必须以诚为本，以信立身。"①诚信度的高低标志着一个人思想道德素质的优劣，而思想道德素质特别是诚信素质是人才评价的核心要素。要在高校中开展诚信研究，在学校教育和管理中贯穿诚信教育，逐步加强诚信自律意识和诚信自觉行为，培养大学生对他人和社会的责任感，树立正确的世界观、人生观和价值观，引导其人格提升和培养高尚的情操。有诚信品质的高素质人才走向社会各行各业，自觉遵守诚信规则，自觉履行诚信义务，以身作则践行诚信，就会用诚信的魅力感召社会，有利于整个社会诚信风尚的形成。

二是促进社会诚信体系形成。大学生诚信制度建设是使大学生树立诚信意识，规范自身行为，加强自我教育、自我管理和自我约束能力的重要保证。应通过分析和研究大学生思想政治教育的规律和特点，结合大学生自身，建立一套行之有效的诚信教育机制，诚信管理制度和诚信教育的评估、检测、监督、反馈系统。总之，大学生诚信制度是围绕大学生思想政治教育展开的一系列科学合理的制度构建。现代社会诚信体系是包括现代诚信文化、有效的产权制度、民主政体、健全的法制及社会信用服务组织等在内的一个广泛的社会系统。其中，诚信观念和诚信文化是基础，产权制度是核心，民主政体和法律制度是保障，社会信用服务组织是工具。总的来说，社会诚信体系建设实际上就是把与诚信建设有关的社会文化、制度、工具等资源有效整合的过程。大学生诚信制度是培养诚信意识、挖掘弘扬诚信文化、构建诚信制度的建设过程。大学诚信文化对社会形成了很好的引导、引领和辐射功能，大学诚信制度为构建社会信用体系提供了有益借鉴。所以，在大

---

① 张多来、周晓阳：《和谐社会视野中大学生诚信建设研究》，安徽人民出版社 2010 年版，第 76 页。

学开展诚信制度研究，可以有效促进社会诚信体系的形成，通过教育、奖励和惩罚等手段，引导和规范社会成员的价值取向。

三是促进社会诚信文化发展。随着高等教育的发展，大学在一个国家的社会进步、经济发展和文化建设中所发挥的引领作用愈来愈强大，引领文化同培养人才一样，是大学与生俱来的功能。文化对于政治和经济也具有巨大的推动作用，而大学文化教育对经济活动的推动作用不仅体现在科技层面，也体现在人文社会科学层面，使现代科学技术朝着更加有利于人类而不是损害人类的方向发展。我国大学继承和弘扬中国传统文化的合理成分，创建了中国特色学术体系，发挥了人才培养和思想引领作用，始终处于社会文化发展的潮头，在社会的文化发展中是无可替代的。"高校不仅传承我国传统诚信文化的合理成分、吸收和传播世界各民族关于诚信的新思想和新文化，还以高度的社会责任感，对社会上的不诚信进行抨击，扩大诚信文化的引导、引领和辐射功能，引导先进诚信文化的发展，从而提高社会诚信文化的发展水平。"[1]我们要建设的是一个民主法制、公平正义、诚信友爱、充满活力、安定有序、人与自然和谐相处的社会，这表明和谐社会的一个重要特征是诚信友爱。和谐社会的实质是社会关系的和谐，其中人际关系的和谐是关键，而诚信是维护社会关系和谐和人际关系和谐的基础。所以，加强大学诚信制度构建，在社会中倡导和普及诚信意识和诚信文化，有利于形成诚信友爱、互帮互助的和谐美好社会。

---

① 刘美玲、马学思：《高校诚信文化的社会功能》，《沧桑》2011年第2期。

第二章 理论基础：大学诚信制度的多重视角

　　大学诚信制度研究的理论基础，我们拟从马克思主义发展理论视角、伦理学视角、思想政治教育视角、政治学视角和制度经济学视角五个方面进行分析。

　　从马克思主义发展理论视角出发，强调个性与环境，是构建大学诚信制度的发展理论基础。马克思主义基本原理告诉我们，实现人的解放和人的自由全面发展，是人类社会进步的最高价值追求。诚信不仅能够促进个人全面发展，更重要的是能够为推动人类社会全面发展提供不竭动力，从个性发展和环境塑造两个方面真正促进人的自由全面发展。因此，我们尝试从马克思主义发展理论视角分析大学诚信制度。

　　从伦理学视角出发，强调利益与责任，是构建大学诚信制度的伦理理论基础。道德是中国传统文化的基础，而诚信作为道德伦理体系的核心范畴，始终贯穿于政治、经济、文化和社会生活各个领域。因此，考虑到诚信的伦理范畴归属和道德属性，我们将尝试从伦理学视角进行分析和解读。

　　从思想政治教育视角出发，强调教育与规范，是构建大学诚信制度的思想教育理论基础。大学思想政治教育既要引导学生正确认识和准确把握社会发展客观规律，也要引导学生认识和把握自身价值，找准主动适应和改造外部世界的思想和行为支点。诚信教育是大学思想政治教育的重要内容，诚信制度是大学思想政治教育制度体系的一个组成部分，诚实守信是大学思想政治教育的一个重要目标。因此，我们尝试从思想政治教育视角进行分析。

　　从政治学视角出发，强调权利与义务，是构建大学诚信制度的政治理论基础。"人天生是政治动物",人的本质属性是社会关系的总和。这就是说,无论政治生活和政治活动,还是诚信范畴的相关行为,主体参与者都是人。因此,以人作为行为主体的大学诚信与政治生活密不可分。如果我们从政治学的角度来解析大学诚信这一命题的实质与内涵,就会发现大学诚信不仅是一个学术命题,而且也是一个政治命题。因此,我们必须尝试从政治学视角进行分析。

从制度经济学视角出发,强调内生与强制,是构建大学诚信制度的制度理论基础。与道德等软约束力量相比,制度对于诚信价值观构建的支撑作用更为有力、更加有效。大学制度建设是一项打基础、立根本、管长远的重要工作,它既关系到"怎样办好大学"的根本性问题,也关系到能否实现办学目标的发展问题。当前大学诚信缺失等诚信问题在很大程度上与诚信制度供给不足有关,制度在大学教育改革和发展中的核心作用已经越来越受到重视。因此,从制度经济学视角进行分析,也是深化教育体制改革、全面建设大学诚信制度的内在要求。

第一节　个性与环境

实现人的全面发展是马克思主义的终极价值目标,在马克思主义学科体系中占据了十分重要的地位。关于人的发展问题,苏格拉底、康德、黑格尔等都对其进行了系统客观的研究。马克思在继承前人思想的基础上,从揭示人的发展本质出发,深入探讨人的发展规律,站在历史唯物主义高度,提出了人的全面发展这一科学理论。我们以马列主义、毛泽东思想为指导,确立了党的教育方针,结合中国高等教育的改革发展实际,把人的全面发展作为高校思想政治教育的最高培养目标。

马克思指出,人的全面发展就是"人以一种全面的方式,就是说,作为一个完整的人,占有自己的全面的本质"①,这是马克思关于人的全面发展

---

① 《马克思恩格斯文集》第1卷,人民出版社2009年版,第123页。

的阐释。这里所指出的"占有自己的全面的本质"，既包括人的需要、人的个性、人的素质、人的能力等内在本质，也包括人的社会关系、人发展所需的社会环境等外在条件。国内学界对马克思关于人的全面发展理论的研究和探讨呈现出百花齐放的局面。部分学者认为，人的全面发展理论专门论述人的劳动能力发展，其内涵是指人的脑力和体力的和谐充分发展。著名美学家李泽厚在 20 世纪就曾预言，"教育学（人的全面培养）将成为下一个世纪的核心学科。中国的马克思主义者在论述两个文明建设中，把美学——教育学即探讨人的全面成长、个性潜能的全面发挥作为中心之一"。对个体发展而言，人的全面发展包括五方面内容。一是人的需要的全面发展。人的需要不仅包含人的自然属性需要，而且还包含人在社会实践活动中产生的精神属性、社会属性的需要，人的全面发展就是物质需要、精神需要、社会需要统一发展的渐进过程，人不仅能够在实现物质需要的过程中提升自己的政治价值和经济价值，更要在实现更高层次需要的过程中，不断深化并实现自身的道德价值和文化价值。二是人的个性的全面发展。人的个性的全面发展是指人的个性在各个方面能够得到最大程度的发挥，个人能够在发展过程中按照自己的兴趣、理想、意愿相对自由地发展自己，并在合理范围内充分发挥个人的独特性，实施创造性的活动。但是，个人独特性和自主性的发挥并不是绝对的。从马克思把个性叫作"自由个性"可以看出，自觉是自由的前提，只有将自觉作为个性全面发展的前提，自由才能在个性全面发展中保持长久性的发展动力。三是人的素质的全面发展。人的素质发展包括人的德、智、体、美、劳等综合素质的发展。其中，德是指人的道德品质，是人的素质中首要也是最重要的组成要素，以此为基础综合其他素质的提高，共同促进人的全面发展。四是人的能力的全面发展。马克思认为，"任何人的职责、使命、任务就是全面地发展自己的一切能力"[①]。个人能力的全面发展是个人创造物质价值、精神价值、社会价值等能力的全面发展，包含了提高自身的思想觉悟与道德修养、智力与体力、现实适应能力、创新与实践能力，在实践过程中还要充分发挥自身的最大潜能，不断提高实现自我价值的能力。五是

---

① 《马克思恩格斯全集》第 3 卷，人民出版社 1960 年版，第 330 页。

人的社会关系的全面发展。马克思认为："社会关系实际上决定着一个人能够发展到什么程度"①。人的全面发展要求个人与他人、个人与社会、个人与自然建立的关系不仅是普遍的，还应是全面的，要在建立普遍物质关系的基础上，不断发展政治法律、伦理道德、思想文化等其他较高层次的社会关系。只有在丰富全面的社会关系中，不断提高适应和调整各种社会关系的能力，才能使自身得到真正自由而全面的发展。此外，我们必须认识到，马克思关于人的发展的理论，不能局限于个体人的发展，还要跃升为人类的发展和"社会全体成员的普遍发展"。人是社会中的人，个人与社会相互统一，才能实现个人与社会的和谐统一发展。

诚信有着广泛而深刻的内涵。"诚"，主要是指诚实不欺，真实不妄，忠于自己，诚以待人，是一种道德品质的体现。"信"，主要指信守诺言，说到做到，要求在人际交往中履行诺言，承担责任，是一种行为规范的体现。由此，我们得出，诚信兼具制度和道德的双重属性，它既是一种道德品质，通过自省自律来提升人的素质；同时又是一种制度规范，通过刚性要求来约束人的行为，无论对于个人的全面发展，还是整个社会的全面发展，诚信都具有十分重要的作用。诚信对个人全面发展的影响，可以集中体现在推动个人需要、个人个性、个人素质、个人能力、个人社会关系的发展。其一，诚信能够促进个人需要的实现。人的需要处于不断变化之中，逐渐由低级向高级过渡，由片面向全面发展，"已经得到满足的每一个需要本身、满足需要的活动和已经获得的为满足需要而用的工具又引起新的需要"②。诚信是个人对良好道德品质的追求，是实现个人精神需要的必备道德原则。只有当个人具备诚信品质时才能满足自身长久的物质需要和精神需要。反之，当诚信缺失比较严重时，最终会影响到人的物质需要和社会需要等基本需要的满足。因此，大学诚信是促进大学生满足并实现自身长期的物质需要、精神需要和社会需要的必要条件。其二，诚信能够促进个人个性的发挥。当代大学生更加注重自身独特性和主体性的发展，但是过分的独特和自主并不符合社会发展

---

① 《马克思恩格斯全集》第3卷，人民出版社1960年版，第295页。
② 《马克思恩格斯全集》第1卷，人民出版社1995年版，第79页。

的客观要求。当大学生诚信缺失时，自觉意识薄弱，个性的过度发挥就演变为自我膨胀，可能对他人造成困扰或侵犯。在个体个性的成长过程中，必须用诚信原则约束自己，使个性发展与社会要求有机协调和统一，以保障个体的自主性和独立性特质，能够在社会基本规则的范围内生成合理的结构，保证个人个性得到持续有效、合理全面的发挥。其三，诚信能够促进个人素质的提高。道德素质是个体最重要的素质，而诚信是道德素质的必备要义。通过坚守诚信价值，并逐渐将其内化为人的品德修养，可以使人具备高尚的道德品质，从而增强个体的道德自信，对身心健康起到保障和促进作用。其四，诚信能够促进个人能力的提升。人的能力不仅包括智能、体能，还包括德能，① 即思想政治觉悟与道德修养能力。这种道德能力，是衡量其他能力能否正向发展的准标。诚信作为道德品质的核心精神，通过提高人的"德性"素质来提高人的德能，进而提高个人的综合能力。在社会生活中，大学生如果能够做到诚实守信，在得到他人尊重与信任的同时，自身的思想觉悟与道德修养能力也会在潜移默化中得到提升，从而为全面发展提供前提条件。其五，诚信能够促进个人社会关系的发展。社会关系是个人外在社会维度的体现，人的社会属性要求每一个人只有在得到社会认可的基础上，才可能实现自己的人生价值。大学生在社会交往中秉持诚信原则，有利于维持良好的人际关系并不断拓展社会关系范围，进而延伸道德修养、精神文化、社会交往等较高层次的社会关系，实现自身与他人在物质与精神上的高度契合，并且通过这种良性的社会交往反馈，自觉提升个人的素质能力，真正促进个人的自由全面发展。

　　人的全面发展是个人发展和人类发展的统一，人类社会的全面发展是人类历史演进的最高理想和价值目标。诚信不仅能够促进和保障个人的全面发展，更重要的是为推动人类社会的全面发展提供不竭动力。首先，诚信促进个人全面发展，为社会全面发展奠定坚固基石。人类社会是由个体构成的，个体的自由全面发展是人类社会全面发展的基本前提。诚信能够促进个人的全面发展，并在此基础上，凝聚共同价值观，不断推动众多个体的共同

---

① 参见王朝晖：《诚信与人的全面发展》，《宁夏党校学报》2007 年第 1 期。

发展，汇聚成群，发挥合力，推动整个社会的发展进步。其次，诚信促进新型社会关系的形成，为社会全面发展营造良好的环境。人类社会是社会关系的总和，个体的一切活动都处在错综复杂的社会关系网之中，并存在各自的利益需求。诚信能够对人们的交往行为及各自的权利义务进行有效的规范和约束，实现对正当利益的保障，形成平等自由的新型社会关系，为社会全面发展创造良好的发展环境。再次，诚信促进和谐社会建设，为社会全面发展提供重要保障。胡锦涛同志指出："实现社会和谐，建设美好社会，始终是人类孜孜以求的一个社会理想……我们所要建设的社会主义和谐社会，是民主法治、公平正义、诚信友爱、充满活力、安定有序、人与自然和谐相处的社会。"① 只有形成整体的诚信价值观，建构以诚信为基础的和谐社会，社会才能和谐统一，保障人类社会的可持续与可协调发展，最终推进社会整体的全面发展。

第二节　利益与责任

在西方的传统文化中，诚信属于古老的伦理学范畴。纵观伦理学的发展历史，对诚信的理解基本上有三个维度。一是德性主义的维度，以亚里士多德为代表，把诚信看作一种美德；二是义务论的维度，以康德为代表，把诚信看作一种责任；三是功利主义的维度，以边沁、密尔等为代表，把诚信看作一种"合理化"选择。大学诚信制度所讨论的，并非"什么是诚信"的问题，正如现代西方伦理学家麦金泰尔在追问"何为正义"时所表明的，以上三种诚信观仅代表了西方文化传统中三种"互竞的合理性"。虽然德性论、义务论、功利论对诚信的理解都不具有普遍的解释力，但这些理论为我们理解诚信制度提供了伦理学范畴的多元化视角。与此同时，大学诚信制度所讨论的，也并非制度伦理问题。虽然我们承认制度伦理所包含的价值诉求应该

---

① 《胡锦涛在省部级主要领导干部提高构建和谐社会能力专题研讨班开班式上的讲话》，《光明日报》2005 年 2 月 20 日。

包括诚信，但从最根本上说，制度的根本价值诉求应该是公正。因此，从伦理学角度看大学诚信制度，只有两个方面：即如何把诚信这个伦理范畴转化为制度范畴，通过发挥诚信制度"激励＋规约"的功能，在鼓励和推进人的诚信价值追求的同时，引导和培育人们的诚信观念和意识；如何把诚信制度系统建立在严密的逻辑基础上，通过发挥诚信制度的规约功能，约束和规范人的诚信行为。在后者的意义上，我们的讨论与韦伯关于法律制度的任务基本一致，他说："法学的观察，更确切地说，法律教条式的观察，给自己一个任务：要研究人们遵守法律原则的正确的意向，法律原则的内容作为一种制度，而制度应是任何一定圈子里的行为准则，所以要研究人们服从它的事实以及服从它的方式。"①

关于第一个方面的问题，即如何把伦理诚信范畴转化为制度诚信范畴，从伦理学角度看，就是如何把诚信道德的隐性约束力转化为诚信制度的显性引导力。众所周知，道德是通过内心信念、社会舆论、风俗习惯来维系的一种行为规范。诚信既然是一种道德理念，那么也一定是一种行为规范，在人类现实生活中既发挥着潜在的规范制约作用，又发挥着实在的教育引导作用。世界上各大宗教都把"不说谎"作为基本的信条，如基督教的"十诫"、佛教的"五戒"（不杀生、不偷盗、不邪淫、不妄语）、中国儒教的"五常"（仁、义、礼、智、信）等。应该说，虽然世界上存在诸多不同的文化传统，但无论在何种文化传统中，诚信都是作为基本价值理念出现的。由于诚信原则渗透在人的全部社会生活中，不可能对每一个具体行为都进行制度性的规定，因此作为道德规范的诚信，主要还是依靠个体的自觉执行的。那么，这是否意味着诚信原则不可能制度化呢？事实上，虽然我们不可能在人的所有社会生活中都对诚信要求作出具体的规定，但我们可以通过诚信制度的刚性影响，把诚信原则确立为社会价值的风向标，教育和引导社会大众追问诚信、追寻诚信、崇尚诚信、践行诚信。比如在经济活动中，诚信原则是一种必须遵行的"游戏规则"，在很多国家的经济活动立法中，对不遵守合同约定、价格欺诈、假冒伪劣等不诚信行为，都制定了强制措施，形成了西方信

---

① ［德］马克斯·韦伯：《经济与社会》，林荣远译，商务印书馆 1997 年版，第 345 页。

用制度。在此基础上，通过诚信价值观的引导，西方社会逐步确立了全社会普遍的"诚信原则"，诚实守信成为西方社会有序发展的一个最重要的基础。就大学诚信制度而言，我们一方面可以通过大学诚信荣誉教育制度，在育人教育层面教导学生树立诚信为本的意识和理念，培养他们成为具有良好诚信内质的优秀人才；另一方面，通过在大学建立诚信制度体系，把诚信原则上升到制度层面，发挥大学诚信制度的引导和辐射作用，在大学教学、科研、学习、就业、生活等具体领域，培育诚信理念，弘扬诚信精神，强化诚信示范，在更好地规范教师和学生的行为方式的基础上，引导师生不断遵循诚信规则，不断实践诚信，使大学诚信成为社会诚信的生发地和辐射源。

关于第二个方面的问题，即如何把诚信制度系统建立在严密的逻辑基础上，通过诚信制度约束规范人的诚信行为，从伦理学角度看，实质上这是如何通过诚信制度的刚性作用，使大学生把外化的诚信规约内化为诚信理念，实现诚信规范的内化问题，也就是如何把外在的诚信规范转化为一种诚信习惯，进而成为内心的诚信信念，约束和规范自己的诚信行为。在这一问题上，中国和西方的路径有所不同。在中国传统道德修养论中，虽然我们也强调"没有规矩，不成方圆"，强调一种习惯的养成是长期遵循某种规则的结果，但更多的还是将道德主体的自省和反思看作是提升个人道德境界的途径。而西方人更多的是强调制度对所有人的普遍约束。罗尔斯在《正义论》中这样说："现在我要把一个制度理解为一种公开的规范体系，这一体系确定职务和地位及它们的权利、义务、豁免等。这些规范指定某些行为类型为能允许的，另一些则为被禁止的，并在违反出现时，给出某些惩罚和保护措施。"① 在这里，罗尔斯确定了制度的三个基本特点：一是制度必须是公开的；二是制度以权利与义务为内容；三是制度是由一系列约束性规定组成的。那么，在此意义上，我们可以找到构建大学诚信制度的三个要素：一是具有公开透明、为大学范围内所有对象知晓的规范体系；二是必须包含权利和义务两方面内容；三是必须包含一系列允许和禁止性的规定，并具有相应的奖惩

---

① ［美］约翰·罗尔斯：《正义论》，何怀宏等译，中国社会科学出版社1988年版，第54页。

措施。毫无疑问，诚信作为一种道德观念，是人们社会活动正常进行的底线原则。在某种程度上，康德把它作为人对于他者的完全责任，即出于绝对命令的责任是有道理的。但是，现实中人的行为动机却是复杂的，并不能完全按照绝对命令来行事。因此，在一些特殊的领域，我们有必要把这种底线原则上升为明确的制度规范。如果说，任何人在任何情况下都必须遵循某一原则只是一种理想化状态，那么至少部分人在某一些情况下必须遵循某一原则却是现实的。大学诚信制度之所以必要，不仅在于诚信原则本身的绝对性，更重要的是把这一原则归于实践的现实性。这里，我们用恩格斯曾经说过的一句话——"一步实际行动胜过一打纲领"——来得出我们的结论：一打倡议也比不上一个明确的规定。大学诚信，需要制度作保证。

第三节　教育与规范

思想政治工作是中国共产党的优良传统和政治优势。大学生思想政治教育是指在中国共产党的领导下，高等学校通过政治理论教育和社会实践等途径，提高大学生的思想素养和理论水平，把他们培养成为社会主义事业的建设者和接班人的教育实践活动。诚信教育是大学生思想政治教育工作的重要内容，加强大学生诚信教育建设，特别是诚信制度建设，需要发挥大学生思想政治教育的作用，引导大学生树立正确的世界观、人生观、价值观和道德观，树立诚信意识，践行诚信行为，做诚信之人。

诚信教育是思想政治教育的重要内容，可以培养学生健全的人格，推进学生政治诚信、学术诚信、生活诚信和为人诚信的综合素质，实现他们的全面发展。思想政治教育的根本任务是用马列主义、毛泽东思想、邓小平理论和"三个代表"重要思想教育广大学生，培养和造就有理想、有道德、有文化、有纪律的社会主义新人。我们的思想政治教育直接作用于大学的思想育人和精神育人，提高学生的思想道德素质，塑造学生健全的个体人格，使学生养成高尚的诚信精神和健康良好的心理品质，促进学生的全面发展。思想政治教育在其发展过程中始终回应"培养什么样的人、如何培养人"这一命题，并根据不同时代主题和大学生群体的差异性予以转换。学生要成为社会主义的建设者和接班人，做人的品质是其中最基础、最深层的一种内在自觉，而诚信是其中最为重要的一个支撑，诚信教育是现代大学思想政治教育的一个最重要的内容。加强大学生诚信制度建设，就是要培养学生恪守诚信的思想意识、诚信精神品质和诚信行为习惯，逐渐把诚信内化为他们立身处世的根本准则和高尚的人生追求。古语有："马先顺而求良，人先信而求能。"大学生只有意识到诚信的重要意义和价值，诚实做人，诚信做事，才能不断提高思想道德素质和科学文化素质，锻炼个人品德，成为社会需要的人才，从而实现大学生思想政治教育的根本任务和价值追求。可以看出，思想政治教育和诚信教育具有一致的价值追求和目标要求，那就是在寻求做人准则的基础上实现全面发展。所以，作为大学诚信制度建设的重要依托，思想政治教育的内容、方法和技巧对大学生诚信教育具有重要的借鉴价值。

大学诚信制度可以推动学生的诚信行为养成，能够激励和约束学生的诚信行为。《中共中央国务院关于进一步加强和改进大学生思想政治教育的意见》中指出，思想政治教育活动要求坚持教育与管理相结合，把思想政治教育融于学校管理之中，建立长效工作机制，使自律与他律、激励与约束有机地结合起来，有效地引导大学生的思想和行为。可见，内化与外化、教育与管理构成了思想政治教育学的两个基本范畴。思想政治教育的首要目的是培养受教育者良好的道德品质和行为规范。然而，由于主流道德价值观念所运用的传统"说教"、"灌输"方式，难以应对多元道德价值观念的质问，德育"规劝"的柔弱性，也不足以抵挡市场经济条件下各种物质欲望对学生的冲击，加之大多学校没有整体性的诚信制度体系设计，缺乏切实可行的制度对德育进行有效规范，于是在学生意识中产生了对思想政治教育的抵触情绪，德育内容的滞后性特征和德育制度的非具象化特点，也影响了思想政治教育的有效性。诚信意识是学生成为社会有用人才的基础，诚信素质是学生适应社会要求的根基，诚信教育是思想政治教育的一个核心内容，对诚信制度的呼唤也是学生的期盼，在我们的实证调研分析中，这一点得到了充分的验证。在这种情况下，学生诚信道德人格养成的制度环境就成为加强诚信教育、建立诚信制度的重要条件，如何通过凸显诚信教育在思想政治教育中的地位，如何通过诚信制度构建推进大学思想政治教育，为大学思想政治教育的现实困境寻找到一条可能的路径，就成为大学思想政治教育改革发展的强烈诉求。同时，在培育以诚信教育为重要载体的大学思想政治教育新的教育路径的基础上，通过强化诚信教育，把学生诚信意识的培养融入到大学思想政治教育工作中，也是建立大学诚信制度的一个重要方面。因此，我们探讨思想政治教育和诚信制度的关系，不仅是大学思想政治教育提高发展的需要使然，更是社会转型时期加强大学诚信教育、培养诚信人才的现实可能。

　　大学诚信制度在诚信教育和思想政治教育中体现的是激励功能与规约功能的有机统一。制度的约束功能主要体现在对行为主体活动的规范，即明确哪些行为是允许的，哪些行为是禁止的，要求行为主体在享受权利的同时履行相应义务。"制度的激励功能是指能使人们在社会活动中形成一定的竞争与合作关系。竞争由人们的求利动机而引起，可以激发人的主体性，发挥创造才能；合作则使人们在社会活动中形成良性的互动关系，促进社会整体利益的实现。竞争是合作中的竞争，合作是竞争中的合作，竞争与合作的对立统一关系应充分地反映在制度的激励机制中。"[①]诚信制度的约束功能和激励功能均指向人的诚信品德和诚信行为，是对学生诚信思想、诚信品德、诚信行为的调节和控制，也是在诚信问题上帮助学生完成合理的知行转化。从思想政治教育原理理解，学生的知行转化需要经历由外到内、由内到外两个内生步骤和发展层级。因此，在思想政治教育和诚信教育中，要完成诚信教育的任务，达到诚信教育的效果，首先是受教者把诚信的价值准则、观念意识和行为规范等社会要求转化为自身的内在意识，完成由外到内的转化；而后再把个人诚信意识和思想动机转化为诚信的外在行为和行为习惯，实现由内到外的转化。实现这两个转化是思想政治教育的两个阶段，同时也是把诚信制度的规约功能和激励功能与思想政治教育的引导功能和教化功能整合在一起的必然趋势。

　　大学诚信制度能够实现制度功能与思想政治教育的教化功能的有机统一。制度有"约束、激励、预期、整合"四大功能。制度的约束功能可分解

---

① 刘超良：《制度德育论》，湖北教育出版社 2007 年版，第 30 页。

为限制和保障两方面的子功能，既保障主体权利，又要求其履行义务，防止权利和义务脱节。制度的激励功能能使人在社会活动中形成一定的竞争合作关系，促进社会整体利益的实现。制度在其执行过程中体现出非人格化的特征，是公开、透明和平等的，不因个体或其他组织的干预而随意改变。制度的这种合理性和稳定性催生了制度的预期性，行为主体能够在合理稳定的制度环境下预期自己行动的结果，进而确定行动的目标和计划。制度的这些功能最后都指向制度的整合功能，即把社会各行为主体的价值、利益和观点等引导并集纳到一定社会意识和行为框架中，发挥整体效用。以约束、激励、预期和整合等功能要素为基础维度坐标，以政治、经济、学习、生活、网络等行为要素为横向维度坐标，以诚信荣誉教育制度、守则规约制度、档案管理制度、评级评价制度、处理程序制度、监督保障制度等制度要素为纵向维度坐标。由此，我们可以构建起功能、行为、制度三位一体的完整的大学诚信制度系统。这个诚信制度体系具有稳定性、连续性和可操作性，不因组织变革或人为因素等影响而中断或终止，三个维度的各坐标要素在功能上相互补充、相互促进，实现整体效果。完善的制度体系辅以良性的运行机制，能够使大学生快速树立诚信意识，准确践行诚信观念，从而成为全面发展的社会主义建设者和接班人。这样的大学诚信制度建设，能够充实思想政治教育学科体系，既体现了思想政治教育的价值诉求，也是思想政治教育学科发展的应有之义。

第四节　权利与义务

西方政治思想史告诉我们，"人天生是政治动物"，人的本质属性是社会关系的总和，也就是说，政治生活和政治活动都离不开人的参与。我们研究的大学诚信问题，对象主体也是人。这种主体的统一性导致大学诚信与学生政治生活息息相关、密不可分。从政治学角度解析大学诚信这一命题的实质与内涵，我们发现大学诚信不仅是一个纯学术命题，更是一个特定内涵意义上的政治命题。

　　大学诚信制度可以体现学生政治权利和义务的对等性。马克思主义要求我们保证每一个人的自由全面发展，保障每个人的生存和发展权利。但是，如果作为个体的人以孤立的方式和手段去实现这个目标，代价会很高。霍布斯在《利维坦》中阐述了这样一种场景："在没有合作的世界里，最凶猛的个体能够活得更长久，但是他无法保证不被其他同类攻击。"这就告诉我们，如果人能够以"合作"的方式去实现个体的基本权利，那么这些基本权利就会相对轻松地获得，并得到长久维护。在以共赢为目标的合作中，个人会把自身一部分权利按照一定契约委托给某些组织或集团，并授予这些组织相应的权力，在被委托组织或集团那里获得实现个人权利的承诺。权利与义务的对等性导致二者相对分离，又相互牵制，受委托组织在权利增加的同时义务也相应地增多。在这种关系下，为了实现组织成员的利益和目标，组织必须尽最大努力去实现其整体的预定目标。对于大学而言，学生和学校之间就是个人与组织的关系。大学诚信制度建设通过对学生与学校权利义务的明确，能够使学生和学校各取所需，形成自觉维护另一方权利与利益的思想共识和行为选择，从而实现规范学生诚信行为、培养学生诚信意识的目标。随着社会的不断发展，权力主体和权力客体之间会由不平衡向平衡转变，即权利与义务实现对等。转型社会民主法治的内在要求也更加凸显了权利与义务的平衡状态，即权力主体与客体之间的履约程度，以此来判断是否实现了诚信目标。大学生作为社会公民，本身隶属于某个团体或组织（学校、学院或班级等），不仅享有民主和自由的公民权利，同时也必须履行公民的责任，承担遵守法律的义务。如果大学生只想享受权利而不想履行义务和责任，就一定会出现道德失范与诚信缺失的现象。在社会转型发展的情况下，原有的法律和道德观念面临调整，而新的利益规制机制却不能及时完成建构，权利与义务的对等性就成为大学诚信研究的题中之义。如何避免学生在权利诉求上超出现实的法律规定和道德伦理的底线，防止大学生因权利观"越位"而利用其他非合法组织实现和维护自身权利，成为大学诚信研究的一个重要方面。

　　大学诚信制度可以体现政治文化传承与政治社会化。诚信主要考察的是主体的思想与行为，只要主体与政治环境发生关系，参与社会化的政治生活，其思想和行为就涉及诚信问题。当前社会正处于转型期，培养个体诚信的道德操守，注重诚信制度建设，对于社会可持续发展和大学健康稳定运行都具有重要意义。大学生的诚信程度关系社会、政治、文化的传承，更关系到政治社会化程度，是影响整个社会政治体系运行的大问题。在社会政治、经济环境等因素的综合影响下，大学生在政治社会化过程中逐渐对国家政治制度、政治发展、政治文化、相关政策等社会政治生活各方面形成认知，产生相应的行为。研究大学诚信，目标是要实现政治文化的传承和政治社会化的发展。因此，研究的理论基础必然与政治文化和政治社会化密切相关。美国政治学家阿尔蒙德（Almond, Gabriel Abraham）认为："政治社会化是政治文化形成并为此改变的过程。"王惠岩认为："政治社会化即是政治文化传播的过程，政治教育培训过程，是一定的统治阶级为了维护其政治统治，通过一定的渠道将其政治文化传授给其社会成员的过程。"可见，政治社会化是研究大学诚信的重要基础。从学生个体层面讲，诚信使其获得了适应社会政治人格的过程；从政治文化层面讲，诚信是维持政治体系、改变政治文化的重要手段；从政治体系层面来讲，诚信是影响政治体系正常维持与运转的关键因素。这三个结论将大学诚信作为政治文化的教育和传承过程，同时也作为大学生通过学习获取社会成员必备的政治知识、政治情感、政治态度及政治行为的过程。这两种过程强调的都是"互动"，即通过大学生与社会的相互作用，经由高等教育把大学生培养成为合格的"政治人"。因此，政治文化的传承与政治社会化是研究大学诚信的理论基础。

大学诚信制度可以破解政治难题与构建政治文明。从政治文明的角度看，人类政治文明的发展过程，就是人类不断进行社会实践和构建美好生活的一系列环节的整合。公共资源具有稀缺性，由于先天因素和现实原因，资源分配中存在的不公平和不均衡导致人类政治生活不可避免地存在矛盾和冲突，人会为了获取自身利益采取一定合法或非法手段进行维护。因此，如何倡导人们运用和谐社会中的"善"来维护自身利益、保持社会稳定和实现人类社会可持续发展就成为政治生活的主题。换言之，政治文明发展的目标是人类在政治生活中为了破解难题和摆脱困境，制定符合历史发展规律和社会进步的制度和政策，旨在维护人的利益和政治发展秩序。大学作为凝聚知识分子的桥梁纽带，是思想政治建设的主阵地，是高素质技术人才培养的主阵地和摇篮。因此，作为思想政治教育的重要内容，诚信是实现政治文明进步的关键环节；开展大学诚信建设，是实现政治发展的重要基础。古希腊哲学家柏拉图曾说，"知识即美德"，他希望通过"正义"来构建一套政治秩序和国家制度，主张通过良好的教育来改善人的趋利属性和不良行为，最终构建充满活力、安定有序、公平正义的大同世界。后来，亚里士多德也使用了"善"的概念，认为国家是由个体构成的，整个社会道德也是由每个个体决定或影响的。所以，可以通过"个人的善推及社会的善"，最后由"社会的善推及国家的善"，从而达到至善国家和城邦。我们所研究的大学诚信实质上也是一种"善"，它的价值在于对主体的自律性和对客体的他律性。自律与他律对社会政治行为有重要的整合作用，对政治交往具有增效作用。如果社会的权力主体和权力客体都具备诚信意识，诚信观念就能在全社会公民中形成广泛共识，并成功指导人们提升政治意识、开展政治活动、参与政治生活，那么这样的国家人与人之间的关系必然是和谐安定的。因此，作为一种"善"的大学诚信，在政治文明演进和发展过程中发挥着重要作用，以"善治"的政治学视角开展大学诚信研究分析，破解政治困境，构建政治文明，无疑是研究大学诚信问题的更高使命。

第五节　内生与强制

21世纪是制度经济学繁荣发展的时代，它为导引经济事务的具体制度安排提供了理论观点，并为改变这种制度安排提供了理论依据。新制度经济学的研究及其理论运用，涉及社会经济的一切领域，形成了一个开放庞大的理论体系，已经成为经济社会发展和进步的主流经济理论。

从制度经济学的研究对象、理论假设看，制度经济学分析框架与大学诚信制度研究思路具有相关性。制度经济学的研究对象是人与人之间因利益冲突而产生的可供选择的、有效的、合理的制度，这种制度既包括历史规律的沿袭和自发演进，也包括强制性制度或诱致性制度，还包括人为设计而成的内生性制度或人为性制度。制度经济学是对人类制度的描述和解释，注重从实际问题出发，主张通过对事实的详细考察寻求解决问题的答案。新制度经济学是以人类选择的合理性这一基本假设为基础的，这种假设基于现实生活中人的基本行为。这些假设包含三个方面：人既有利己主义的一面，也有利他主义的一面；人的理性是有限的；人既有机会主义行为倾向，也有讲诚信的一面。从新制度经济学的研究对象、研究方法、基本假设等内容可以看出，大学诚信制度作为一种制度范式，必然受到这种研究体例的影响。大学诚信制度无论受到现实条件和客观环境的制约，还是受到人这个能动主体的影响，从本质意义上讲，基本上没有脱离新制度经济学关于人的假设仍然符合现在的关于人的基本判断。

从制度经济学的制度变迁理论看，制度经济学分析框架与大学诚信制度演进研究具有一致性。制度经济学的制度变迁理论，是制度经济学的一个重要内容。其代表人物诺斯认为："技术的革新固然为经济增长注入了活力，但人们如果没有制度创新和制度变迁的冲动，并通过一系列制度（包括产权制度、法律制度等）构建把技术创新的成果巩固下来，那么人类社会长期经济增长和社会发展是不可设想的。"① 也就是说，在决定一个国家经济增长和社会发展方面，制度具有决定性作用。现代大学诚信制度在现实中既存在制度供给不均衡、路径依赖、制度失灵等情况，也存在制度吸收不够、制度移植艰难等基本问题。借鉴制度变迁理论，可以在梳理大学诚信制度发展和变迁的基础上，吸收这些理论进行大学诚信制度规范、大学诚信制度设计和大学诚信制度创新，合理地进行大学诚信制度安排，调整大学诚信制度结构，建构适应新时期大学发展的大学诚信制度体系。制度经济学的制度变迁理论内容和范畴，与现代大学诚信制度变迁有较为紧密的关联，既为研究大学诚信制度演进提供了理论范式，也推动和促进了现代大学诚信制度的建构和发展。

从制度经济学的其他理论看，制度经济学的分析框架对大学诚信制度理论问题研究具有借鉴意义。关于制度经济学的交易费用理论，是 1937 年科斯在《企业的性质》一文中提出的，是制度经济学最基本的概念。科斯认为，"交易费用应包括度量、界定和保障产权的费用，发现交易对象和交

---

① MBA 智库百科。

易价格的费用，讨价还价、订立合同的费用，督促契约条款严格履行的费用等"。从大学诚信制度来看，选择守信或失信行为，均存在现实的交易成本和费用，在选择守信或失信时既取决于自身趋利避害的本能，也受制于环境和对自身与他人合理预期的博弈平衡，更震慑于制度安排的内在限制和强力约束。关于制度经济学的产权制度理论，制度经济学家认为，产权是一种权利，是一种社会关系，是规定人们相互行为关系的一种规则，并且是社会的基础性规则。产权实质上是一套激励与约束机制，它包含三个方面的含义：一是权利应让与那些能够最具生产性地使用权利并且有激励他们这样使用动力的人；二是产权界定的明确性以及权利的可转让性；三是有效的产权保护，即合约各方可通过行使退出权保护自己的权益，以及法律制度能通过惩罚一切破坏现有产权关系的行为和由此产生的威慑力量来实现对产权的保护。产权边界越明确，交易界区就越清晰，交易主体的收益预期就越明确。当交易者发现采取损人利己机会主义行为的成本大于收益时，则会主动选择对自己和合作方均有利的诚信行为。现代大学诚信的主体作为理性主体，必然要在产权制度的范畴内考虑交易成本问题，选择最有利和最理性的方式来实现自己的行为目标。关于制度经济学的制度安排理论，我国经济学家林毅夫认为，制度安排是指管束特定行动和关系的一套行为规则，其含义基本等同于制度。诺斯将制度分为正式制度和非正式制度两种类型，正式制度包括宪法、法令、产权，非正式制度包括道德约束、禁忌、习惯、传统和行为规则。理论上，制度形成包括自发演进和人为安排两种基本模式。现代大学诚信制度是一个复杂的制度体系，既有随着现代大学历史演进自发形成的基本规范，也包含适应新时期、新阶段大学根本任务而人为划定的制度内容，同时还包括正式制度和非正式制度两方面内容。

　　经济学是一个涵盖社会各方面发展的资源配置范畴，其制度研究学说也包含和影响大学这个行为主体，因此制度经济学的制度理论适用于大学制度研究，当然也适用于大学诚信制度建设。从整体上看，将现代大学诚信制度放在新制度经济学的框架内进行分析和探究，借鉴和参考制度经济学的分析方法，是适当的，也是可行的，将大学诚信制度置于新制度经济学框架内进行考量和分析，具有积极的理论意义和现实的借鉴意义。

第三章 历史脉络：大学诚信
制度的发展与演变

博古可以通今，观西利于借鉴。清晰梳理中国大学和西方大学诚信制度的发展演进历程，对建设我国当代大学诚信制度具有一定的参考价值。中国是一个文明古国，在灿若星海的中国教育文化中，我们发现对德行和诚信的要求贯穿始终。反观西方大学的发展历史，我们可以看到，在蓬勃发展的西方教育中，诚信同样被作为办学育人的要旨。在当今对诚信的呼唤下，中西大学立纲建制，制度逐步完善，以彼时为鉴，以彼国为鉴，"古为今用，洋为中用"，才会少些弯路，多些经验。

第一节 中国大学诚信制度的历史演变

迄今为止，在世界人类文明发展史上，很少有哪一个民族和国家能够像中华民族这样，在同一块土地上繁衍生息、延续不断，长达五千年之久。中国教育的历史和中华民族的历史融为一体，经历并创造了原始人类文明、奴隶制文明、封建制度文明、近代资本主义文明和现在的社会主义文明。伴随着这五大文明成长的除了学科体系的完善，还有办学制度的健全，其中，诚信精髓贯穿始终，并呈现出由粗到细、由弱到强的趋势。

一、远古至秦汉诚信教育思想的演进

中国是世界上具有悠久历史的文明国度，中国教育发展的起点，可追溯至远古的原始社会。随着生产力的发展，物质产品出现剩余，体脑分工的局面初步形成，学校应运而生，担负起培养人的社会责任。进入奴隶社会之后，学校教育蒙上了阶级的色彩，官师一体，政教不分，"学在官府"显赫一时。春秋末期，诸侯争霸，周室衰微，"学在官府"穷途末路，私学广建。转而进入封建社会，经历了"百家争鸣"、"焚书坑儒"，儒学的统治地位在汉武帝时得以巩固，延续两千余年。纵观这一时期，无论是原始社会的学校教育，或是奴隶社会的"学在官府"，或是春秋"养士"之风盛行，或是战国的"百家争鸣"，抑或是汉代的"独尊儒术"，无不显示出对德行和诚信精神的要求。而且不同时期教育领域对诚信思想的推进，主要是从伦理道德的教育制度和选贤任能的选官制度上体现出来的。

（一）先秦教育折射诚信观念

先秦指的是从远古的原始社会到秦始皇统一之前这一漫长的历史时期，大致经历夏、商、周三个阶段，又可细分为上古、夏、商、西周、春秋和战国几个阶段。该时期诚信教育思想可以通过学校教育的基本内容和选官制度的基本要求体现出来。

1. 上古时期诚信思想的体现

上古时期学校教育体现诚信思想。古代文献中有一词"成均"①，被认为是传说中五帝时代的"大学"。成均以乐教为主，不同于生产生活过程中的

---

① 按照古代字书的解释，"成均"的本意是指平坦、宽阔的场地，并且是经过人加工的，很可能是指原始氏族部落居住区内的广场。这类广场在适于耕稼的农民部落地区较为普遍，在夏秋收获季节用于打场或堆积收获物，同时，也是全体氏族成员聚会、娱乐、举行某种规模较大的宗教祭祀活动，或向氏族成员宣告氏族首领教令的场所。相传，成均以乐教为主，古籍有关成均之学的记载，多成书于后世，故成均之学的有无，还需查考各类记载，印证于考古发现。

教育形式，而是一种独立形态的教育，被称为"我国古代学校的萌芽"。此外，远古时代的"学校"是开展社会教化的主要工具，是引导上古先民步入文明开化时代的重要途径。到了原始社会末期，我国有了学校的萌芽，关于"庠"①的记载逐渐增多。"庠"作为一种养老兼教育机构，其主要教育内容为孝。《礼记·礼运篇》云："大道之行也，天下为公，选贤与能，讲信修睦。故人不独亲其亲，不独子其子，使老有所终，壮有所用，幼有所长。"而庠就是这种氏族部落共同抚养儿童、赡养老人的场所。上古时期的学校教育虽然没有明确提出对诚信建设的要求，但是，先民的文明开化与尊老爱幼的美德教育都离不开诚信精神的支撑。

上古时期选贤任能体现诚信思想。在我国，通过一定形式的选拔、考核以发现、培养和任用人才的做法早在先秦就已出现。在没有阶级、没有剥削的原始社会，由于生产力水平极其低下，人们只有依靠群体的力量才能勉强生存，这种群体的基本组织形式是部落和部落联盟。这种部落的首领通过议事会民主选举产生，这些氏族、部落的首领或者是德高望重、能团结众人的长者，或是热心于公益事业而又善于组织氏族成员的强者，即所谓的贤者、能者。在实践中进行考察，三考以决定绌陟，是原始社会末期就已初步形成的一种对人的能力、品德、技能的综合考察制度。选贤任能是这一阶段选官制度的首要原则，选出的诚实可靠的领导者，也让诚信、为民观念深入人心。

2. 夏、商诚信思想的体现

夏、商学校教育体现诚信思想。夏代生产发展，剩余产品出现，私有制产生，社会开始进入奴隶社会。先秦文献中，有关夏代学校的记载并不多。②《孟子·滕文公上》说："设为庠序学校以教之。庠者，养也。校者，

---

① 庠，本意指饲养家畜的地方，后来又变为储存谷物之处，故又名"米廪"，在原始社会中由老人负此责任，并附带教育儿童和青年，后又发展为养老之所，并负一部分教育责任。"庠"虽被称为教育机构，但并不能算是一种真正的学校，而只能说是一种带有教育作用的养老机构。

② 夏朝已经具备了产生学校的各种条件。但是，由于有关夏朝学校的记载迄今还未能得到地下出土文物的直接证实，因而也就不能得出十分肯定的结论，而只能根据先秦文献作出某些较为合理的推论。

教也。序者，射也。夏曰校，殷曰序，周曰庠。学则三代共之，皆所以明人伦也。"可见，夏代学校已经有了育人的职能，主要是开展养老敬老的教育。到了商代，历史活动已有较多文物、典籍可证，除了"庠"、"序"、"学"等学校名称外，还出现了"瞽宗"①这种学校形式。"庠"沿袭了传统的教学内容，是继续向各阶层人实施孝悌教化的一种手段；"序"在保留军事训练的习俗下，增添了新的教育内容，更加强调品德培养。甲骨文中对"大学"的记载，虽仅一例，却十分重要，记载中提到大学有祭祀学礼的职能。此外，商代便出现了"事教"的老师，并以"三德"对弟子的"三行"进行教化，父师教育之责，尤以"德"、"礼"为重。

　　夏、商选贤任能体现了有限的诚信思想。夏、商是我国的奴隶制社会时期，奴隶主贵族为维持其统治，逐步建立并不断完善其统治机构和统治制度。从拥有奴隶主最高权力的国君到大小奴隶主贵族的官职和种种特权都实行世袭制。该时期，有些贤明之君往往沿袭上古做法，选贤举能，把出身下级的贵族、平民甚至奴隶，但确有真才实学或治国治军的能人吸收到自己的阵营里来，有时还授以高官委以重任。尽管是极个别的现象，但选贤任能的传统还是存在的。此外，地方也有向朝廷推荐人才的责任。但总的来说，夏商两代官制世袭，在一定程度上打击了贤能之士的积极性，不利于诚信思想的传播与扩散。

　　3. 西周诚信思想的体现

　　西周学校教育体现诚信思想。西周是中国古代教育发展的一个重要时期，在继承夏商教育传统的基础上，形成了独具特色的教育模式。西周时期我国奴隶制度的发展进入鼎盛时期，该时期最主要的特征就是宗法制，学校教育被奴隶主阶级掌握，"学在官府"的局面形成，学校教育往往与社会教化合为一体。西周大学要求学习的主要内容是"六艺"，包含六门课程——礼、乐、射、御、书、数，其中"礼"是西周的立国之本，包含了从政治制

① "瞽宗"是商代的一种学校名称，有三个特征：其一，以礼乐教育为主，传授有关宗教祭奠方面的礼仪知识；其二，依附于宗庙之侧，是宗庙的组成部分；其三，教育中虽也包含道德因素，但未分解出纯粹意义上的伦理道德教育，只在于强化顺从天命和先祖意旨的观念行为。

度、经济、军事到社会生活一切方面的法律和道德规范，是大学最重要的课程，西周统治者认为"周礼"源于天命，遵守礼制即"敬德"，只有"敬德"，才能"保民"，才能巩固统治。① 从西周地方官学（乡学）的教育内容来看，与地方行政长官的职责大体相同，不外乎六礼、七教、八政、乡三物。其中"乡三物"即"六德"（知、仁、圣、义、忠、和）、"六行"（孝、友、睦、姻、任、恤）、"六艺"（礼、乐、射、御、书、数）。西周大学教育中强调"乐"和"礼"密切配合，乐修内，礼修外，"乐"教包含乐德、乐语和乐舞三项内容，西周立国推行"德治"，乐德也以德为重，所谓"德成而上，艺成而下"，乐德之教的"德"既包含政治宗教思想的教育，也包含人伦道德的教育。② 明确的诚信教育虽仍未提出，但是从教育的内容可以看出，对品德培养已经表现出了足够的重视，其中，孝、忠、义等都为诚信的内核。

西周初步建立选贤任能制度，体现了一定的诚信思想。西周的选贤制度包括招生与入学、考核与奖惩、视察和监督等分年定期对学生的道行和艺能进行考核，优秀者可以参加选拔官员，不合格者则要上报周王并接受教诲。周王还会定期视学，一方面征求治国之道，另一方面是对贵族成员进行孝悌教育。另外，西周还通过"乡兴贤能"来选拔低级官吏，被选拔者必须通过一定形式的考试或考查，地方官吏向上级直至诸侯、天子推荐符合标准的人才。《周礼·地官·大夫》载，乡大夫之职："正月之吉，受教法于司徒，退而颁之于其乡吏，使各以教其所治，以考其德行，察其道艺"，"三年则大比，考其德行道艺，而兴贤者能者"。这就是说乡大夫的职责之一就是每三年要在他们所管辖的地方，考核乡人的品德和技艺。这里把"德行"和"道艺"作为选贤的标准，足以看出当时对道德诚信的重视程度，西周统治者把教育、道德从属于政治，同时又使政治带有教育、道德的性质，合政治、教育、道德于一体。从某种程度上说，诚信制度已初具系统化。

---

① 参见李国钧：《中国教育制度通史》第一卷，山东教育出版社 2004 年版，第 76—77 页。

② 参见李国钧：《中国教育制度通史》第一卷，山东教育出版社 2004 年版，第 79 页。

4.春秋时期诚信思想的体现

春秋时期学校教育体现诚信思想。春秋时期是社会大动荡的时代，也是教育剧变的时代。随着宗法制社会形态的解体，"学在官府"走向穷途末路，"帝术下私人"，私学兴起。春秋诸子提出人性说，强调至善成仁、平等性的人道原则，强调社会各阶层在追求物欲合理性的同时，必须有一种理性的克制。这种仁、礼虽然具有明显的阶级内容，但在自我约束、自我反省、自我节制的要求方面，却在一定程度上显示了某种平等性。而自我约束、自我反省和自我节制本身就是"内诚于心"的体现。此外，教学过程中注重对学生诚信意识的培养。如孔子教学中严格要求学生要有老老实实的学习态度，"知之为知之，不知为不知，是知也。"而"知之"和"不知"的核心便是能否诚信治学。在儒家思想中，诚信被看作是"立国之基、为人之本、交友之道"。在《论语》中，孔子虽未明言"诚"，但他对信的强调实际上已将"诚"的基本内涵表达出来。对于"信"这个字，根据资料的搜集和查阅，在《论语》中总共出现了38次，可见，儒家已经把"信"放在治国的重要位置，体现了孔子一生所主张的诚信道德价值。又如在墨家的教义中，墨子要求墨家弟子自觉地严守墨家教义，反对为禄背义，不齿苟且偷生忘义的市侩作风，墨子对坚持墨家教义的要求是言行一致，这本身就体现了墨子治学的诚信思想。百家争鸣、私学兴起，为学术发展和言论自由提供了广阔的空间，也使得道德的培育在一定程度上褪去了阶级色彩，为培育真正有道德、诚实守信的有志之士提供了土壤。

春秋时期选贤任能体现诚信思想。在春秋战国这一"古今一大变革之会"的数百年中，一些励精图治、雄心勃勃的国君逐渐地认识到人才的重要性，血缘并不能决定一个人才智的高低，于是他们争相招揽贤才，组织决策智囊团。他们主要通过招贤察能、举荐考核、奖励军功、养士等途径，把出身并不高贵的大批有识之士吸收到政治机构中来。李悝、吴起、孙膑、邹忌、伍员、文种、范蠡等杰出人才虽然各人经历相异，入仕的途径不一，但几乎都是在察能后受到重用并得到升迁的。百家诸子之中的许多学者都发出过"察能授官"、"尚贤"的强烈呼吁，如荀子提出"论德定次，察能而授官"，使各种贤能之士各得其位。李悝变法推行"食有劳而禄有功"，"使有能而赏必行，罚必当"，主张把无才无德而占据官位者罢免掉，用这些人的俸禄招来四方的贤能之人。

5. 战国时期诚信思想的体现

战国时期学校教育体现诚信思想。战国时期最著名的学校大约就是齐国的稷下学宫。稷下学宫采取的是学术自由、兼容并包、择其善者而从之的政策，故此，齐王鼓励学者们积极探索，大胆阐述自己的理论主张，对时政可以任意批评乃至抨击，只要议论合理，齐王便加以采纳，即使议论不合己意，也并不加罪。稷下学宫的师生在学宫内"不治而议论"，既无政事上的烦劳，又无物质上的后顾之忧，一心一意传道授业。他们坚信自己的理论主张，保持思想的独立性和人格的尊严，毫无奴颜媚骨，绝不迎合齐王的喜恶而发表投机性言论。兼容并包、学术自由的宽松环境不仅促进了该时期的学术文化的发展，也为诚信精神的培养提供了较好的社会环境。稷下学者"富贵不能淫、贫贱不能移、威武不能屈"的品质和"不治而议论"的环境有利于诚信精神的生根发芽。

战国时期选贤任能未能很好地体现诚信思想。到了战国时期，长期兼并战争的结果，先后出现"战国七雄"。在社会经济关系不断分化集中的过程中，士阶层获得了新的发展，"举贤"作为一个政治原则在地主阶级新政权中上升为主导地位，统治者从巩固自己的政治权力需要出发，争先"招贤纳士"。而纳士是有一定标准的，或是慕名而交之，或是确有才学而不得志者，或是通古今、学高者，由于不需要严格的考核，不免鱼龙混杂，鸡鸣狗盗、滥竽充数者不乏其人。相对宽松的选士制度在创造诚信氛围的同时，也将不诚信的行为带了进来。

（二）秦汉诚信制度

经历了秦嬴的"以法为教、以吏为师"，汉代通过"罢黜百家，独尊儒术"将教育制度引向正轨。秦汉时代，以德行和诚信为标准的选拔征召官吏制度顺应历史发展而出现并日臻完善。该时期，除了在教育内容的设置上推进诚信外，选贤任能也逐步规范，主要有察举和征辟两种方式。

西汉武帝之后，官学成为古代重要的教育组织。随着儒学逐渐成为统治中国封建社会的思想，儒学典籍也成了官学的必修课程，《诗》、《书》、《礼》、《易》、《乐》被纳入道德教育体系。把儒学经典作为官学教材，是灌输诚信思想最有效、最直接的途径。儒家学说非常注重道德修养的培养，在《论语》中，以论"诚"、"信"者居多。儒家典籍作为官学的必修课，学子在熟读儒家著作的同时，自然而然地接受了诚信教育，并养成诚实守信的品格。

在考试内容的设置上，官学教育将儒家经典列入考试内容，以强化儒家思想对学子的熏陶作用，成为官学诚信教育的一项重要的制度化做法。这既是儒家经典作为教学内容的社会必然要求，又是通过考试使诚信规范在学生心目中反复强化并成为人生道德支柱的重要途径。

秦汉时期的选贤任能主要通过征辟和察举方式。征辟是由皇帝或官府直接聘请名士任官，这些名士均是所谓志行高洁、博学多才或某一方面技艺卓绝超群者，一般无需考核即被授予高官。所谓察举就是由皇帝下诏令三公九卿、地方郡守等高级官员，根据一定的标准，给朝廷推荐那些品德高尚、才干出众的平民或下级官吏，再由朝廷直接任官或统一参加某种形式的考核而择优录用。两者均体现出了较高的对德行的要求。云梦秦简中的《为吏之道》，据秦简整理小组考证，就是当时供学习做吏的人使用的教材。该书相当具体地阐述了官吏的道德行为规范，要求官吏"必精洁正直，慎谨坚固，审悉毋（无）私，微密纤察，安静勿苛，审当赏罚"①，即做到正直、廉洁、出以公心、谨慎、沉稳、治事得当，还提出了一些道德修养及为人处事的原则。汉代察举选士制度开设了常科和特科，常科以孝廉为重点，特科以贤良、方正为重点。虽然察举科目较多，但选士标准尤为注重个人德行方面。《汉宫仪》归纳了四科内容："一曰德行高妙，志节清白；二曰学通行修，经中博士；三曰明达法令，足以决疑，能按章覆问，文中御史；四曰刚毅多略，遭事不惑，明足以决，才任三辅令。皆有孝悌廉公之行。"②由此可见，取士可侧重德行、学识、明法、决断等能力，但孝悌和廉洁则是对所有候选士人

---

① 　参见李国钧：《中国教育制度通史》第一卷，山东教育出版社 2004 年版，第 202 页。

② 　《后汉书·百官志》注引。

的基本要求。察举制与两汉的教育制度相互联系，相互促进，密切结合。举荐的贤良需要有一定的文学才识，孝廉之举注重德操品行，察举制可谓秦汉诚信制度的一种，以诚信为评判基准来选拔官吏，以此来达到优化统治的目的。

察举制从初建到完善，在取士上发挥了重大的作用，然而也存在着一些问题，出现了失信行为，不利于诚信观念的形成。察举之权掌握在极少数达官贵戚之手，又缺乏必要的监督制度作保证，察举不实、所举非人之事常有发生，进而因利禄诱人而导致营私舞弊之风盛行，致贿赂公行。为升官而作弊弄假，只求功名富贵，不顾礼义廉耻也不乏其人。

二、魏晋南北朝至隋唐的诚信制度

魏晋南北朝是中国古代的大分裂时期，四百年中，统一的时间不足四分之一，政权短命，内忧外患是该时期的最大特点。跌宕的岁月里，官学教育呈现出"时兴时废、若有若无"的景况，而玄学和佛学的引入却丰富了教育的内容，民族大融合的局面也加速了少数民族汉化的过程。大割据之后迎来了隋王朝短命的统一和唐朝的繁盛，儒学再次回归正统地位，新儒学得以发展，并显现出与政治制度紧密契合的特点。与此同时，立圣人之教的教学法则和礼制教育得以强化，对人德行的考量始终摆在重要位置。

（一）魏晋南北朝诚信制度

魏晋南北朝时期除西晋短暂的统一外，绝大部分时间分裂割据，政权林立，更迭频繁，呈现南北对峙局面。此阶段，为了在动荡中生存，各政权紧锣密鼓地选贤纳士。从东汉末年混战时期曹操的"唯才是举"到魏晋南北朝的选士制度，对人才的培养和选拔逐渐步入正轨，对诚信的要求在九品中正制中可见一斑。

九品中正制，是指各州、郡的中正官按九等来品评本地人士，并以其品状上报朝廷，作为吏部授官的重要依据的一种选士制度。其操作办法，是在各州设立大中正，各郡设立小中正。中正官依据管辖区域内的人物的品行，按一、二、三、四、五、六、七、八、九等定品。在九品中正制规定中正官掌管一个地区内的士人的选举与品评。中正官的主要职责是选拔、品评州郡内的士人，品评人物必须有客观的标准，以防止滥举。吏部选拔官吏，要先向中正官征询被选任者的家室、行状、品级，行状是根据被选任者的言行表现、道德才干经考察后所做的评语，但随着门阀世族权力的扩大，九品中正制失去了选拔士人的价值，成为门阀世族把持仕途的工具。

（二）隋唐诚信制度

隋朝结束了魏晋南北朝以来四百年分裂的局面，实现了统一，是中国封建社会处于上升的时期。这一时期建立了国子监教育制度、较为完善的中央教育体系以及选贤任能的科举制度，教育事业取得了阶段性的发展。隋朝虽然短命，然其创立的教育制度却影响了之后一千多年的封建社会。唐代在延续隋代教育制度的同时有所创新。在中国封建教育史上，唐代是第一个将道德教育内容制度化的王朝。唐代的科举考试还打破了"下品无世族，上品无寒门"的局面，针对科举考试中的舞弊行为给予惩处，以制度形式对诚信行为作出规范。

唐王朝适应封建统治的需要，一面推崇儒家学说，一面又尊道、礼佛，实行儒、佛、道并用政策，纵观隋唐的文教政策，以"崇圣尊儒"为主导，兼采佛、道。在唐代的教育制度中，道德教育是一门非常重要的课程，所有受教育者都必须修习此课。《孝经》和《论语》是这门课程的基本教材，也是必考科目。教育内容的道德导向作为一项规范备受统治者推崇。

唐代科举制中的舞弊行为，可谓花样翻新，名目繁多，诸如"行卷"、"求知已"、"关节"、"还往"、"无名子"、"书策"、"枪替"等，不一而论。考试制度越是缜密，舞弊行为也就越加猖獗，作弊的花样也就越多越新。这是由封建社会条件下官本位的权力体系与人才竞争机制之间不可调和的矛盾造成的。随着科举制度的不断完善，对学生报考资格的要求也越来越严格，唐宪宗元和二年（807年）下诏规定："举人曾为官司科罚，曾任州县小吏，虽有辞艺，长吏不得举送，违者举送官停任，考试官贬黜"。开成元年（836年），中书门下奏请凡参加科举考试的人，须有五人相保，如有"缺孝悌之行，资朋党之势，迹由邪经，言涉多端"者，都不准就试。另外唐律还明文规定："诸贡举非其人及贡举而不贡者，一人徒一年，二人加一等，罪止徒三年"，"若考校、课试，而不以实而选官乖于举状，以故不称职者，减一等"。为确保举贡公正，有的皇帝微服私访，多方听取意见，有的则亲临考场，不许举人称门生于私门等，都是为了防止"因出私门，不复知有主人"现象的发生。此外，制度化的殿试、糊名之法皆创自唐代，该时期还规定考试期间实行锁院制，考场设治安巡查人员，士子须经过严格搜身、盘查，以防夹带和弄虚作假。

唐代在办学制度上也极为严格，对学生的日常行为进行了较为严苛的规范。唐代学制规定有田假和授衣假，学生于假期可归家省亲，但必须按时返校。凡开学满 30 天而未报道者，或因请事假超过 100 天者，及直系亲属有病而请假侍候满 200 天者，皆除其名，令其退学。此外规定，学生在校期间有无故喧哗、打架斗殴、悖慢师长的行为也要受到严厉制裁，请假不实、无故离校、请假超期也要受到惩罚。

三、宋至元时期科举考试和书院的诚信制度

宋代以后，学校教育的公正性大大提高。自隋朝起建立的科举制在此时发展到巅峰，为寒门弟子接受教育和踏入仕途开辟了很好的途径。与此同时，理学和其他学派的思想家都对教育目标和价值进行了探索，推动了中国古代教育制度的理论化和系统化，其中最引人注目的就是书院的蓬勃兴起及相关制度的建立。在这一背景下的诚信制度构建也发生了很大的变化，理学家对诚信精神的推崇达到了新的高度，认为诚信是天道，讲诚信的人就可以称之为圣人了。科举制度发展到此时也出现了很多新变化，尤其是对考生诚信品德的重视为科举制增添了新的活力。

（一）科举考试的诚信制度

科举制度历经了开创、发展之后，自宋朝开始至元朝进入了一个承上启下的完善和扩充时期。其中尤以宋朝时期的考试的内容、形式、对考生和

考官的要求最为繁多，也创建了肃清考风、防止舞弊的新制度。

首先，就考试内容来说，学校在平时的教学中非常重视学生诚信品德的培养。在考试中不断强化经学的地位，且更加重视考察个人的道德修养和品行，"提倡以德立身、以德立国"①。其中，"德"就包括服膺、守约、允蹈、笃信、果行等一系列诚信品行。对品学兼优的太学生实行"免解试、免省试和入官方面的优惠待遇"②，以鼓励学生的诚信德行。从中可以明显地看出宋代科举制对考生德行的重视程度以及对诚信笃行品质的提倡。

其次，就考试形式来说，预防舞弊措施也是对诚信制度的一种保障。殿试制度由皇帝亲自测试，防止了下级考试中请托作弊的现象，保障了考试的公平竞争。唱名及第制度使得被录取的人成了"天子门生"，收回了取士大权。而糊名、誊录考试的办法也使科举考试做到了形式上的公平与客观，对防止考生作弊也起到了关键的作用。别试制度则回避了亲嫌，杜绝了考官与考生的舞弊行为。锁院制度更是防止了考官与无关人员的接触，避免了泄题及失信行为的发生。

再次，就考试中对考生和考官的要求来说，是限制最多也最为严厉的诚信倡导和保障。在考生方面，世家子弟的特权已被限制，下层官僚子弟和平民子弟通过担保可以进入国子监学习，由此入仕之路向寒门子弟拓宽；太学生日常出勤和德行表现被记录在案，作为以后委官任职的参考；在入学和考试资格审查中，举考生要提供"家状、保状"，"士子同试要有结保"，考生"本身品行有亏"及"假户冒名"者不能参加科举考试，这就在入口程序上排除了弄虚作假及失信者。在考官方面，差选的首要条件是"必须具有相应的学识和公正的立场"，不得徇私舞弊、受贿，否则以贪赃枉法罪加以处置；废除自荐制度后，"所有报考制举的考生必须获得一定级别的政府官员的推荐"。因此对官员的选拔和设置成为力保诚信的重要途径。

此外，宋代还逐步增设了封弥、誊录、对读、监门、巡铺等官职"施

---

① 李国钧：《中国教育制度通史》第三卷，山东教育出版社 2004 年版，第 40 页。
② 李国钧：《中国教育制度通史》第三卷，山东教育出版社 2004 年版，第 157 页。

行权知贡举制度",考官由临时差遣知举官担任,"考官便回归原职,与科举省试的日常事务并没有固定的联系。"这样在很大程度上有效制止了考官的徇私舞弊,为科举考试中的诚信提供了制度基础。

到了金代,仍然沿袭宋代的各项制度,但比较突出的有两点:一是建立了独立的监督制度——考场监检制度,由监检官监督考试过程,调军队直接巡查。二是规定参加考试的士子穿上统一的官制衣服防止夹带,这就让所有士子都站在公正、公平的平台上参加考试,杜绝了作弊行为,在这一点上是优于宋代科举制的。[1]

到了元代,元代科举实施时间较短,但也制定了严格的科场条例和禁罚措施,尤其是对考试夹带的行为严惩不贷。每名考生都由一名军官看守,与考试官有亲信关系者应当主动回避,违者就取消下次考试资格。这种严密的考试制度对于当时的诚信制度建设起到了威慑和规范作用。

(二)书院的诚信制度

理学的发展、官学的衰落和科举制的腐败为宋代书院的发展提供了动力,其作为独立的民间学术机构和文化教育机构,倡导不附利禄、明辨通达的学风,弥补了官学的不足,且尤以白鹿洞书院为代表的书院学规有对诚信品德的显著要求。

始建于唐代的白鹿洞书院起初是作为私人读书修行之所,从五代始授徒讲学,发展至南宋时由朱熹主持修建并为书院制定学规,代表了南宋大多数书院的教育宗旨和办学目标。学规先立"五教之目",再立"为学之序"、"修身之要"、"处事之要"、"接物之要",其中有"朋友有信"、"言忠信,行笃敬"[2] 等诚信戒条,教育学生万事之先为诚,修身之首为信,首次将诚信品德以制度性的条文确立下来。

建康时期,明道书院制定的学规章程标志着书院管理体制的完善和成

---

① 参见李国钧:《中国教育制度通史》第三卷,山东教育出版社 2004 年版,第 461 页。
② 李国钧:《中国教育制度通史》第三卷,山东教育出版社 2004 年版,第 249 页。

熟，同时也象征着我国古代诚信制度的进一步发展。如对学生的业绩考核规定："诸生德业修否，置簿书之，掌于直学，参考黜陟。"①对学生的德行进行评定，以作奖惩的重要根据之一。

宋至元时期科举制和书院的发展为诚信精神的推广及诚信制度的建设提供了良好的教育环境。至此，我国古代诚信制度正式建立起来。

四、明代的诚信制度

1368 年，明太祖朱元璋建立了明朝，结束了元末以来的动乱。明太祖在即位以后总结了历代封建王朝的经验，实行了一系列新的政策。而建立招揽人才的书院和科举制度便是其中一项。"朱元璋以及明代的其他皇帝，在有关教育的各项命令中，都特别强调学生的道德品质的养成。"②在漫长的封建社会历史长河中，历代帝王为了巩固和加强其专制封建统治，无不对各级官吏的选拔格外重视。明代处在封建社会由盛到衰的转变时期，各级官吏的选拔和录用，既承袭前代旧制，又结合社会实际对原有制度加以改革，使其拥有了自己的方式和特点。因此不论是书院建设还是科举制度，诚信都是非常重要的制度和考核内容。

（一）明代专政下儒学中的诚信制度

明朝自朱元璋建立以来，特别推崇儒学尤其钟爱程朱理学。朱元璋以太牢祀孔子于国学，推崇儒学建国，对于想要进入儒学的学生首先要读过四书，而且对学生的要求和管理也都十分严格。"1369 年，即洪武二年明太祖令天下府、州、县各建儒学并且亲自制定了天下的儒学教学和管理制度，进入儒学不但需要满足关于年龄、学历的要求，更重要的是看中学生的品德。成化三年（1467 年），在礼部尚书姚夔的建议下，令各学置立三等簿，凡生员德行优秀、文章艺业富赡并善于治事的，列上等簿；有德行而劣于经艺，

---

① 李国钧：《中国教育制度通史》第三卷，山东教育出版社 2004 年版，第 250 页。
② 李国钧：《中国教育制度通史》第四卷，山东教育出版社 2004 年版，第 36 页。

或有经艺而短于治事，列二等簿；经义、治事虽优长，但德行有缺的，则列三等簿。每一段时间，根据学生的表现和考试成绩，登记在册。非列于上等簿的学生，不得参加科举和岁贡。"①从学生的分簿可以看得出，最高的设置即第一要求便是德行优秀，对学生的严要求实际也是为明朝的专政培养德才兼备的优秀官员，以辅助国家的建设，促进国家的发展。

学生进入儒学后需要接受儒学管理，而在管理制度上也同样对学生的道德和行为提出了诚信要求。"明代对儒学学生的管理比较集中的表现在《卧碑》中，在其第二条和第三条便有明确关于学生应该首先讲究道德和诚信的规定。条例中指出如果自己的父母'欲行为非'，生员应当加以劝阻。（所谓'为非'，其实是指其行为违反了一般的道德评价，乃至触犯了国家的有关法律和法规。）这样的管理制度实质是更加强化了进入儒学是学生的自身塑造，明代重视儒学，推崇忠孝之说，因此选贤任能上首先要有高尚的道德，而在进入儒学的管理上不仅重视其在儒学的行为，同时还约束其在家庭生活中的行为，只有在生活中能自己保证正直并且能够指引家人的道德方向的人，才是真的做到了儒学的要求。同时，明代的政治在吸取前朝的经验教训之下，对于入选儒学的学生在关心朝政上也是要求严格的，生员在学期间不能直接介入国家的政治事务，明中央政府之所以作这样的规定，其实是试图通过封闭的学校教育为国家培养出清廉的官吏。而这些规定其实是试图无视接受教育的人本身的素质不齐，忽略社会各方面因素对教育效果的影响，而去培养一批道德高尚、不食人间烟火的官员。"②

儒学承担着为国家输出人才的重要责任，因此学生的选择和管理都是高标准、严要求的。而学生在儒学的学习上不是单一的，还要经历严格的考试。首先在考试制度上十分缜密，为保证学生考试的公平性，有很多考试政策保证考试诚信。春秋季考，为防止作弊，会派官员 2 人巡风，2 人看门。考试全部结束后，陆续将试卷送祭酒座前，当场弥封。试卷次日发博士、助教、学正、学录等官分看，拟定上中下等第，再送两厢详定出榜。凡上榜

---

① 李国钧：《中国教育制度通史》第四卷，山东教育出版社 2004 年版，第 220 页。

② 李国钧：《中国教育制度通史》第四卷，山东教育出版社 2004 年版，第 215 页。

者，可以获得一定的奖赏。若纰缪不通文理以及违反规则的，则予以处罚。这样严厉的制度不仅要求学生学术精湛，更要求学生懂得严格遵守规定，拒绝作弊，在道德和制度的双重约束下，要做到诚实对待学习和考试，只有经历得了考验的学生才是合格的学生。

当然儒学不是仅仅对学生有严厉的要求，对教师的选拔和聘用也很严苛，教学老师需要有深厚的教学功底和高尚的道德情操，学校考试的监考老师也要接受高要求，由严格的规章制度约束教师行为。考试时的监丞要严格遵守相应的管理事项，例如："凡监生有过而处以扑责、桎锁、罚旷、压拨等，登记于《集愆册》上。犯错的学生，还需由绳愆厅礼生带到祭酒、司业处表示感谢；季试生员，收卷立号簿，编号、弥封。出榜日，同两堂拆卷，对号填榜；参与祭祀，并纠察学生行为。"① 对于犯错的学生会根据其犯错的具体情况给予相应的惩罚，相当于今天的大学对学生犯错尤其是考试作弊事件的处理过程，学校的处理大多是从警告开始，然后是记过、谈话、劝退等过程，会给学生一个认识错误和改正错误的机会，让学生认识到诚信不仅是一种美德，更是学习和生活中需要遵守的规章制度。当一个学生经过多次教导和惩罚都不能戒掉其陋习时，学校会认为这样的学生是没有资格在这里继续学习的，便会开除，而对于那些不仅道德高尚又考试出众的学生也会给予极大的鼓励。这样的奖惩是学校规章制度的公平性的体现，也为明朝专政选拔更优秀的人才起到了至关重要的作用。

除了太学和儒学外，明代还有其他的教育类型作为教育的实践活动，有的是正规的学校，也有的是其他机构形式，比如武学、宗学、四夷馆以及医学院及医学的教学活动。其中，"武学的基本建筑由明伦堂和居仁、由义、崇礼、弘智、敦信、劝忠6斋构成。这种建筑，本身也就体现了武学的教学组织形式"② 和诚信的要求。

明朝在经历了前朝的动荡之后，为了维护其专政统治选拔了优秀的人才。虽然在明朝中期以后其政治统治日益腐朽，但与此同时，明朝也相继涌

---

① 李国钧：《中国教育制度通史》第四卷，山东教育出版社2004年版，第93—94页。

② 李国钧：《中国教育制度通史》第四卷，山东教育出版社2004年版，第425—426页。

现出了一大批在儒学熏陶下的刚直不阿之士，如于谦、海瑞、方孝孺、吕坤、宋濂、俞大猷、戚继光等，他们为维护明朝的政权统治呕心沥血，极尽忠诚，对明朝政治统治起着重要的支撑作用。

（二）明代科举考试的诚信制度

明朝自建国以来就重视儒学，对进入儒学的学生和教师都严格要求，因此在沿袭了旧时代选官制度的同时，明朝的科举和学校的关系也较之以前更加紧密。明朝的学校，除了国子学、府州县学以外，还有宗学、社学、武学等，但是学校不是促使学生德、智、体、美全面发展的场所，而是成了诸多学子步入仕途的重要场所和途径。而科举制发展到明代已经是非常成熟了，大体上分为文举和武举两类考试，招不同的人才。科举选官制度中对于参加考试的考生除了要求他有广博的知识外，对于考生的道德品格也有严格的要求。

科举考试主要包括乡试、会试和殿试，考试过程要求和体现着公平。科举考试在为国家选拔优秀人才的同时，也在影响着国家的教育决策，而整个科举制度在沿袭前朝的制度的同时，在明代得到了空前的发展，国家对教育制度的制定和考核也十分严格，从考试过程到考试制度都严格要求，国家需要保证考试的公平性，而考生必须保证考试的诚实性。比如，在乡试考试中，就严格规定了考务工作中的基本步骤中，有印卷、编号、入场、考试、纳卷、弥封、誊录与对读、阅卷、录取和发榜等十一个考试步骤。在会试考试方面更是对考生的考试行为，做了详细的规定。如鉴于一些举人往往利用黄昏题目未完给烛的机会作弊的现象，成化二年规定：就试当日，考生四更搜身进场，黎明时散给试题，到申时文稿未完者，则扶出考场。到黄昏时，只有那些有一篇、半篇文稿未能誊正者，方给予蜡烛。嘉靖十年更提出了限定给烛一支的规定。成化二年规定，考试入场，必须严加搜检，方才放入。考试时，必须写完两篇以上，方准上厕所，并必须立即回到自己的号房。担任巡绰、搜检、看守的官军，只在在营的官军中差拨。原来已经差过的，不许再差。嘉靖十年还规定对所差拨的军官，由礼部委官进行搜检，如无其他挟带，方许入院。嘉靖十年规定，举人按照事先编定的号码进入号房，并根据考生所习经书的不同相间入坐。① 同时，明代实行南北卷制度，分卷是根据各地人才现状以及政治安排而对录取人数的区分。分卷制度在后来依旧得到沿用，这样使得在录取时候不会出现"一边倒"的情况，以保证其录取的公平性。不难看出，不论是儒学、太学还是其他的教育机构，对于学生的道德要求都是极高的，同时关于学生的考试制度也极其严格，从各个方面要求学生在考试中遵守诚信。这些规定，都是为了防范考官、考生或其他工作人员作弊而制定的，其严密程度，并不比后代的考试制度逊色。

（三）明代办学制度中的诚信要求

明代的办学形式趋于简单化，国子监已由唐、宋朝的中央学校管理机构转化为比较单一的教育机构。明朝国子监官员可以分为核心管理人员（祭酒、司业、监丞）、教学人员（博士、助教、学正、学录）、教辅人员和后勤人员（典薄、典籍、掌馔）三大部分。其中司业除了协助祭酒处理国子监一般事务以外，还需要对六堂学生的学业等方面进行宏观控制。同时还有"六堂馆"，指六堂之下再分 32 班，"率性、修道二堂各四班，诚心、正义、崇志、广业四堂各六班"②。可以看出，明朝对于学生的学业和道德教育十分重视，诚心、德育、志向等都是学习内容，并且有专门人员进行监督，这些都对明朝教育起着举足轻重的作用。在教学内容的设置上，明朝除了推崇程朱理学之外，还编写其他书籍约束人们的思想。在严格要求学生行为的同时，还教育学生"以孝悌忠信、礼义廉耻为先，隆师亲友，养成忠厚之心"③，最终成为国家需要的人才。例如：洪武年间的《存心录》、《祖训骆》、《孟子节要》、《孝慈录》、《道德经注》、《明集礼》，永乐年间的《古今列女传》、《劝善书》、《永乐大典》，成化年间的《文华大训》，嘉靖年间的《大礼集议》等，这些著作不仅对人们的思想进行了束缚，更是对人们生活中诚信、礼仪、善道、道德的引导，这些书籍中的部分内容还被直接引入到科举考试中。

---

① 参见李国钧：《中国教育制度通史》第四卷，山东教育出版社 2004 年版，第 483—484 页。

② 李国钧：《中国教育制度通史》第四卷，山东教育出版社 2004 年版，第 90 页。

③ 李国钧：《中国教育制度通史》第四卷，山东教育出版社 2004 年版，第 153 页。

五、清代书院和科举考试中的诚信制度

中国古代教育发展到这一时期，也已经走到了其历史的最后阶段。该时期的教育制度，集传统教育制度之大成，达到高度完备的程度，同时又带有封建末期腐朽僵化的特征，显露出盛极而衰的趋势。而此时的诚信制度无论在书院还是在科举考试中都可谓是中国传统诚信制度历史变迁发展的巅峰时期。

（一）鸦片战争之前清代书院中的诚信制度

作为中国封建社会的最后历史阶段，清朝在政治上进一步加强了高度集中的君主专制统治，把封建皇权推到顶峰，对汉族和各族人民实行高压与笼络兼用的政策。在经济上，战乱后经过数代的休养生息，农业、手工业和商业得到较快发展。康雍乾时期之所以被后人称之为"盛世"，正是由于当时的社会经济得到了恢复，并由此走向繁荣。然而，透过经济繁荣的表象，社会深层的矛盾也日益凸显并激化。清朝中期，由于土地兼并加剧，吏治败坏，军队腐化，整个社会面临严峻的危机。清承明制，依然将书院作为清代诚信教育最重要的实践基地之一。学规是书院总的准则和规章制度，具体包括办学宗旨、山长的聘用、学生的录取、教学内容、学习方法、考试形式、奖惩方法、经费管理等书院所有办学原则和规则。这些学规对学生和教师都起到了一定的约束和规范作用，它是书院诚信制度的重要载体。

1. 以道德修养为主的教学考察制度

清代书院的诚信制度主要是通过德育体现出来的。书院的德育往往与知识教育、人生教育、学风教育等相结合，构成对学生的全面要求。"除部分单纯考课式和博习经史的书院外，其他书院力求在科举考试和知识教育、道德素养等方面做好协调工作，做到既习举业，又不忘学经史和道德修养。"① 如在理学书院制定的相关学规中，常常将修养融入为学的过程之中，并尤其重视道德修养，强调培养符合儒家道德规范的人才。此外，书院考试

---

① 李国钧：《中国教育制度通史》第五卷，山东教育出版社 2004 年版，第 233 页。

还将德行考核和学业考核一同纳入考试范围，德行考核注重对学生道德品质、日常行为举止等进行检查，查看学生是否符合标准，当时书院对学生德行的要求较高。归根结底，重视德育的目的是力求学生德、智全面发展，这一要求表明清朝将诚信教育置于与智育同等重要的地位，强调学生个人素质的培养。这是诚信教育制度化的主要路径，同时也是当时书院教学中值得肯定的特点和优点之一。

2. 书院严格的学生管理制度

书院在生活管理、教学管理上有着严格的规定，并且监规禁例条目众多，这些规定对学生的日常行为起到了规范和约束的作用，并日益成为制度性的规定，为日后学生管理方面的诚信制度建设和发展提供了依据和保障。值得一提的是，豫章书院学规有"立志向"、"明义利"、"立诚信"、"敦实行"、"培仁心"、"严克治"、"重师友"、"立课程"、"读经史"、"正文体"十项规定。这十项学规是传统诚信制度发展变迁过程中的一次质的飞跃，它首次明确将诚信写入学规，标志着传统诚信教育不再局限于形式而是有了制度上的保障。同时，在请假制度方面则规定"各班生员凡是一应事物，先于本堂教官处禀知，令堂长率领赴堂禀复"，即使上厕所，都带持牌放行。有的书院在录取考试前，还必须通过德行方面的考察："当先采访学行，而后考察文艺"，"今诚能博访人士，察其孝弟有学、廉洁过人者，通经好古、秀异有才者，以礼为罗，一体加以甄试，考核而进退之，庶几旌淑拔尤，十得七八，无榛兰并植之患。"这一要求，严格而有科学性，在当时是较为先进的。此外，书院根据在考试过程中常见的抄袭、代作等作弊行为以及冒领膏火等问题，也制定出相应的规则。如鳌峰书院："雷同文字，剿袭雷同四句以上，并行扣除全篇；全股剿袭雷同者，扣除外，监院仍具详大宪，永不准再行投考，以示惩儆"。粤秀书院："代作文字、冒领膏火，最为恶习，嗣后无论院内院外生童，凡遇支领膏火，俱令本生亲自赴领。如未经谒见山长、监院者，将该生膏火扣留，不准给领。监院如有通同冒领情弊，严行参办。"[①] 由

---

① 以上引文均见李国钧：《中国教育制度通史》第五卷，山东教育出版社 2004 年版，第 239—240 页。

此可以看出，清代书院无论在学规上还是在诚信教育上都达到了空前的水平，在传统诚信制度的历史发展过程中发挥了重要的作用。这些既已成文的规则较前代而言有了明显的进步，无论是道德修养考察还是学生日常行为规范都是诚信制度建设的重要环节，对现代大学诚信制度建设有重要的借鉴意义和价值。

（二）清代科举考试中的诚信制度

科举考试中的诚信制度自形成以来不断升级，至清朝达到了最高峰。科举考试中的诚信制度贯彻在成绩面前人人平等的原则，并且答卷情况的好坏决定了成绩的高低，这不仅给所有读书人提供了一个公平竞争的机会，更在原有基础上完善了考试制度、规范了考试原则。这种诚信考试的观念在明代已达成了广泛的共识，清代得以进一步加强。历朝历代中，清朝的科举舞弊最为严重，因而清政府的统治也在科举舞弊中出现危机。为了巩固清王朝的统治，统治者运用各种形式和手段严厉打击科举舞弊行为，不但为防止舞弊制定了相当严密的政策，还在前人的基础上不断改进和完善反弊措施。正因如此，清政府在维护自身利益的同时在客观上也将传统诚信制度推向了巅峰，为日后大学考试诚信制度的建设提供了依据。这些措施主要有：对考官实行严格管理、对考生进行严厉搜查、对准考制度进行严格遵守、对试卷进行认真审阅、对复试磨勘进行审慎执行、对舞弊人员进行严肃惩戒。

1. 对考官实行严格管理的制度

清朝不仅对考生行为有着一定的规范，对考官也实行严格的管理。清朝规定："各省乡试考官必须在任命五日内起行，且不许辞客和带家属。考官赴任途中，不许游山玩水，不许与外界交际。考官在乡试期间被封闭在贡院内，断绝与外间的往来，一日三餐及所需物品的进出必须经过检查。会试考官在接到任命以后，立即住进贡院，不允许回自己家。入住以后，门外张贴'回避'两字，并加封条。"① 此外，统治者还规定："乡、会试入场官员之子弟及同族，除支分派远散居各省各府籍贯迥异者，毋庸回避外，其余虽分

① 李国钧：《中国教育制度通史》第五卷，山东教育出版社2004年版，第359页。

居外省外府在五服以内，及服制虽远聚族一处之各本族，并外祖父翁婿甥舅，妻之嫡兄弟、妻之姊妹，夫妻之胞侄、嫡姊妹之夫、嫡姑之夫、嫡姑之子、舅之子、母姨之子、女之子、妻之祖孙、女之夫、本身儿女、姻亲，皆令回避，不得与试。"① 严格管理考官使漏题等不法行为大大减少。从对考官的严格管理制度中可以发现，此时的诚信教育不单是对学生的要求，而且延伸到了对教育实施者的考察，以求从教育主体上来保证科举制度的公正性，这是一种极大的进步同时也为当今大学诚信制度建设提供了一种思路。

　　2. 对考生进行严厉搜查的制度

　　为了防止考生在科举考试时夹带作弊，清朝作出如下规定："士子服式，帽用单层毡，大小衫袍褂俱用单层。皮衣去里，毡衣去里，褌裤绸布皮毡听用，止许单层。袜用单毡，鞋用薄底，坐具用毡片。其马褥、厚褥概不许带入。至士子考具：卷袋不许装里，砚台不许过厚，笔管镂空，水注用磁，木炭止须长二寸，蜡台用锡，止须单盘，柱必空心通底。糕饼、饽饽各要切开。此外字圈、风炉、茶铫等物，在所必需，无可疑者，俱准带入。至考篮一项，如京闱用柳筐，柄粗体实，每易藏奸。今议或竹或柳，应照南式考篮，编成玲珑格眼，底面如一，以便搜检。至褌裤既用单层，务令各士子开襟解袜，以杜亵衣怀挟之弊。"② 此外，清廷还有如下规定："凡夹带被发现者，于贡院前枷号示众一个月，期满后再问罪发落。检查的兵役只要查出一个夹带小抄准备作弊的考生就奖励白银一两。搜检时，考生开襟解袜，从排成两行的兵役中间鱼贯而入，两个兵役搜检一个考生。"③ 对考生进行严厉搜查的规定为考生的行为设定了一定的框架，从而在一定程度上使夹带行为得到收敛，其严厉程度堪称科举考试之最，这也从侧面反映出当时考试中对学生的诚信品德要求之高，很大程度上防止了夹带舞弊行为，体现出科举考试的公平性和公正性。

---

① （清）福长安等纂：《钦定工部则例》，清嘉庆三年（1798）刻本。

② （清）福长安等纂：《钦定工部则例》，清嘉庆三年（1798）刻本。

③ 转引自葛鹏：《清朝科举反舞弊的措施及效果》，《赤峰学院学报》（汉文哲学社会科学版）2013 年第 3 期。

3. 对准考制度进行严格遵守的制度

清朝的官员必须通过科举考试来产生。因此，清廷本着培养未来官员品行和严格科举准入制度的目的，建立了严密的准考制度，防止考生舞弊，推动科举考试取人的真实性。由于童试是地方官学的入门考试，所以，严密的准考制度首先体现在对童生的准考资格的认定和鉴别上。童生报名，必须诚实。要真实填写姓名、籍贯及家庭三代真实履历。童生报考，须有保人。"以同考 5 人互相结保，另须有 1 名廪生出结识任，担任"自保"，防止顶冒等舞弊行为"① 此外，考试时还须有 1 名指派的"派保"，使"派保"与"自保"之间相互监督，防止私下勾结，致滋弊端。若查出弄虚作假的行为，童生的考试资格就会被取消，并对相关人员进行严厉惩罚。清朝明确规定："童生考试有冒籍、顶替、假捏姓名、身遭刑犯，及出身不正，如门子、长随、番役、小马、皂隶、马快、步快、禁卒、仵作、弓兵之子孙，倡优、奴隶、乐户、丐户、胥户、吹手，凡不应应试者混入，认保、派保、互结之童，互相觉察。容隐者，五人连坐，廪保黜革治罪。"② 对准考制度进行严格遵守的规定极大地遏制了考生的冒籍跨考的心态和行为，贯彻执行了平均取士的策略，使诚信考试真正地落到了实处，保障了考试的公平性，也为现今大学诚信制度体系中关于守则规约制度的建立提供了借鉴。

4. 对试卷进行认真审阅和对复试磨勘进行审慎执行的制度

清朝非常重视科举考试后的收卷、校卷、封卷和阅卷工作，建立了一套严格的制度，用以规范官员和考生。比如，设立外帘试卷处理规则和内帘阅卷规则。在试卷预处理方面，设立外帘场所，主要是依托受卷所收回考生试卷，依托弥封所对考生试卷进行分类和弥封印号，依托誊录所把各生试卷的墨卷誊入朱卷，依托对读所对试卷进行朱卷与墨卷的校对。在试卷阅卷方面，设立内帘场所，依托同考官遍阅试卷，寻找佳卷，推荐给考官；依托内监试监督阅卷，防止通同舞弊；依托正副考官批阅荐卷，搜阅落卷，决定去取。通过这些制度举措，力图使科举考试达到公正阅卷、制约监督、治

---

① 李国钧：《中国教育制度通史》第五卷，山东教育出版社 2004 年版，第 168 页。

② 昆冈等：《钦定大清会典》，上海古籍出版社 1995 年版。

理弊窦、公平录取的目标。康熙七年时规定："会试及顺天乡试，正副主考、同考入闱，各归本房，不许私访聚谈。至阅卷时，同考官各以荐卷置中间案上，御史验明内无私通小帖，方送主考收阅。如有情弊，即行纠参。如同考内有暗通关节，而主考姑容取中，听御史题参。若同考不将佳卷呈荐，或将荒谬之卷妄荐者，主考会同御史核实题参……各房落卷，皆令同考官批出不中缘由，开榜后，礼部、顺天府出示，于十日内令本生领取原卷阅看，不许藏匿勒索。如同考官妄抹佳文，本生即赴部具呈验实纠参。"①

复试制度是清廷监督乡试及会试的一种防弊制度，在清朝科举考试制度中原来并无定例，只是在科举考试中发生了舞弊事件或产生舞弊嫌疑时，才临时决定采取此类方法，而且方法也不确定。有时是乡试发榜后赴省复试，有时是乡试单独复试，但主要是在会试后殿试前举行复试。一直到嘉庆时期才将复试制度固定下来，成为定制。自1843年道光年间以后，始在从乡试到会试的考试中建立了严格的复试制度。复试制度的基本目的，是对考生考卷进行文义鉴对、笔迹核对，防止考生冒名顶替。

磨勘制度是对科举考试中各个环节的全面检查，顺治二年正式开始实行。在1645年的科举考试中，建立了磨勘制，并确定了基本原则："首严弊幸，次检瑕疵。此外字句偶疵，念系风檐寸晷，不妨宽贷。"②从这里我们可以看出，磨勘制着重是检查科举考试中的出题、阅卷、答卷等问题。在出题方面，磨勘制主要检查考官的出题违例与否；在阅卷方面，磨勘制主要审核考官批阅试卷违例与否；在答卷方面，磨勘制主要核查考生试卷与中式要求符合与否。"字句可疑，文体不正，举人除名。若干卷以上，考官及同考革职或逮问。不及若干卷，夺俸或降调。其校阅草率，雷同滥恶，杂然并登，及试卷不谙禁例，字句疵蒙谬额，题字错落，真草不全，誊录错误，内、外帘官、举子议罚有差。禁令之密，前所未有也。"③

对试卷进行认真审阅和严格复试过程的规定保障了考生的合法权益，能

① 昆冈等：《钦定大清会典事例》，中华书局1991年版。
② 《清会典事例》卷三五八《礼部·贡举·磨勘处分》。
③ 赵尔巽等：《清史稿》，中华书局1977年版。

真正选拔出国家需要的人才，同时也大大降低了发生疏忽或遗漏的几率，而磨勘则是对考试的再次保障，使不诚信行为降到最低，这些方法看似繁琐，但却为当今大学诚信制度体系中的监督保障制度的构建提供了可行思路。

5. 对舞弊人员进行严肃惩戒的制度

清朝的科举舞弊现象严重，案件时有发生，相比前朝而言，处罚人数增多，刑罚更加严厉。"顺治十四年丁酉，顺天同考官李振邺、张我朴受科臣陆贻吉、博士蔡元禧、进士项绍芳贿，中田耜、邬作霖举人。给事中任克溥奏劾，鞫实。诏骈戮七人于市，家产籍没，戍其父母兄弟妻子于边。考官庶子曹本荣、中允宋之绳失察降官。江南主考侍讲方犹、检讨钱开宗，贿通关节，江宁书肆刊万金传奇记诋之。言官交章论劾，刑部审实。世祖大怒，犹、开宗及同考叶楚槐等十七人俱弃市，妻子家产籍没。"① 对舞弊人员进行严肃惩戒的制度对考生及考官产生了相当大的震慑作用，舞弊行为也在一定时期内大大减少。这对当今大学诚信制度的建设有重要的借鉴意义，只有建立完善的奖惩机制才能有效地保障大学诚信制度的健康运行，这是构建大学诚信制度的关键环节。

（三）鸦片战争之后晚清的大学诚信制度

从 1840 年鸦片战争以后至 1911 年辛亥革命以前的大学诚信制度，虽然历时仅数十年，但在中国教育制度史上却发挥了极为重要的作用，这一时期是中国大学诚信制度从书院走向学堂、从传统走向近代的重要转型期。

鸦片战争致使我国沦为半封建半殖民地社会，本已举步维艰的清政府在列强的炮火下更是千疮百孔，本已不堪一击的清王朝在西方恶势力的挑衅下摇摇欲坠。与此同时进入我国的不止西方的尖船利炮，还有西方先进的教育思想。紧要关头，各界仁人志士纷纷站出来，救亡图存，兴办实业，开设学堂，复兴中华。一时间，在西学东渐与封建桎梏的双重作用下，各类新式学堂在我国广为修建，在培育人才的同时，大学教育制度初具模型，虽然诚信制度建设还不甚完备，但是对学生道德的考察在高校教育中却占有极其重

---

① 赵尔巽等：《清史稿》，中华书局 1977 年版。

要的地位。"清末学堂，大体分为洋务派学堂、维新派学堂和资产阶级新式学堂三类。洋务派学堂创办于 19 世纪 60 年代至 90 年代，共约 30 余所，其中以 1862 年设立的京师同文馆为最早。维新派学堂创办于 19 世纪 90 年代维新运动期间，共约 19 所，以万木草堂和时务学堂最为有名。资产阶级新式学堂则创办于 20 世纪初年，以 1904 年 1 月 13 日（光绪二十九年十一月二十六日）清廷颁布《奏定学堂章程》为标志，资产阶级新式学堂在全国各地自小学至大学陆续开办起来。"① 清末大学建立了较为严谨的教学制度，开办大学时坚持严格的招生条件、加强学风建设、完善教学内容、严密考试考核，力求在招生、平时和考试各环节保证教学质量，促进大学诚信制度的建立和完善。

1. 严格招生准入制度

清末招生考试较为严格，考前考生须出具绅士亲笔信或官印文为凭证，且查看考生三代履历、籍贯年貌，要求考生身家清白，不奉异教。此外，还要求考生品行端谨。在洋务派主办的地方方言馆的招考中，就有"候选者必须填写年貌、籍贯、三代履历，赴监院报名注册，经上海道面试，择时文通顺者录用"的规定；江南水师学堂也有"所有报名应考学生，均须填写籍贯年貌三代，并须经西医检查身体，气体结壮、身无隐疾，家长出具甘结及绅士保结，声明家身清白，并非寄籍外国，亦不崇奉异教"② 等的规定；天津水师学堂章程中规定了"由绅士认保报名，并将年岁籍贯三代开报入册，届时由天津道或海关道面试"③；维新派兴办的时务学堂招生时要求"报考学生，距省近的府县，由绅士保送，须持亲笔信为凭；距省远的府县，由官绅保送，须持府县官印文为凭……学生须填写三代籍贯及平时所读书目，以备核查。"资产阶级新式高等学堂初办时，虽难觅合格生源，然其仍不放松对道德的要求。其中各高等实业学堂主要是招录已毕业于官立、公立、私立中学堂的毕业生。凡中学毕业生持有本毕业学堂监督的保结，

---

①　谢青：《中国考试制度史》，黄山书社 1995 年版，第 451 页。

②　谢青：《中国考试制度史》，黄山书社 1995 年版，第 463 页。

③　谢青：《中国考试制度史》，黄山书社 1995 年版，第 460 页。

证明其品行端谨、学历优等、身体强壮者，可不经考试而入学。其他自行投考者需具有下列条件：十八岁以上、身体强健、品行端谨、学历与中学同等者，经报考学校入学考试，成绩合格，始准入学。又如《京师大学堂章程》入学条件第五条规定：凡应考学生须身家清白、体质强实、并无疾病嗜好。严格的招生准入制度把好了大学诚信制度的第一关，在招生环节严格要求学生家事清白、品行端正，充分了解学生三代履历，甚至入学时学生还须出具人品考定凭单，经过数月考查，成绩或品行不合格者予以剔退，这在很大程度上保证了学生的质量，使得不道德、不诚信者难以迈进高等学校的门槛。

2. 建立学风纠建制度

清末许多大学建立了学风治理制度，对校园学风建设提出了较为细致严苛的规定，不仅规定了对逃学旷课行为的惩罚，也制定了相关的学生考勤、请假、课堂纪律维护的规程。洋务派的军事学堂对学生管理严格，其中江南水师学堂规定："学生在学习期间，不准自行请假，不准应童子试。"天津武备学堂严格学生考勤，如果学生托病及借故不上课，则记过一次。天津医学堂有如下规定："诸生晨起，自春分至芒种，白露至立冬限七点钟，芒种至白露限六点钟，立冬至春分限八点钟，即须齐起盥洗，整齐衣履，静候传号赴堂学习，不得迟误。"[1] "学生卧室晚上10点一律熄灯，夜不归寝者酌情处治；学生上课要对号入座，端坐静听；设考勤簿一册，严格记录学生上课情况；若生病请假，应报告监督，并请医官验明，才可归卧室调养……江南储材学堂设立《学行记》一册，写上诸生姓名，由汉文教习随时体验学业之勤惰，行为之敬肆，分别优劣，加以考语，月抄送总办察阅，优者记之，遇有小过罚赡，准予抵销，劣者汇俟季考剔退。"[2] 京师大学堂规定："学生每日必须以6小时在讲堂，由教习督课，以4小时归斋自课。其在讲堂之6小时，读中文书、西文书时间各为一半。除休沐日外，每日课肄时间不得短少。学生上斋堂，须向教习一揖，然后就坐，退亦如之；学生座位皆贴有名

---

① 李国钧：《中国教育制度通史》第六卷，山东教育出版社2004年版，第126页。

② 李国钧：《中国教育制度通史》第六卷，山东教育出版社2004年版，第126页。

条，对号入座……对学生到课情况，认真稽查，专立一簿册，由教习掌管，学生每日到教习处画到。迟到（'逾课者'）记过，屡犯则斥退。在每月3天例假外，如学生家有要事，可以酌情给假，但因事乞假，不得专以学生口说为凭，须由家长声明事由，如家长不在京，则由同斋诸生作保。例假之外逾10日以上记大过；无故旷课3日以上，例假外逾2日以上皆犯过。"[1] 我国历史上第一部大学章程——《山东大学堂章程》也有规定：考取学生入堂后，应责成监督、教习详查该生心术、品行，是否不逾范围；材质口音，是否能有成就。于三个月后，查明据实呈报总办、总教习严加考察，以定去留。其有心术不正、品行不端者，材质口音虽优，亦不留堂肄业。《奏定学堂章程》中对违规学生做了较为严苛的规定：对犯规被责退的学生，一律不准通过改姓名、改学籍的方式到其他学堂上学。情节较轻的犯规学生，在一年内如果悔改，经考察合格后，仍然可以通过考试进入本省学堂，以审查学生自我悔改的效果。情节严重的犯规学生，则永久取消其进入学堂的资格。而且，学务大臣应给各省发出通知，对被各省学堂责退的学生，应把学生的姓名和籍贯呈报给本省学务处，由督抚核实后将本省、外省各学堂的被责退的学生备案留存。一旦发现有更改姓名、学籍的学生混入外省学堂，必然严惩不贷。学风纠建制度的确立，不只在于纠正学生中的不道德、逾规矩，更在于建立良好的大学生规约守则，帮助其树立健康良好的生活习惯与诚实无欺的优良作风。对学生学习、生活中最常出现的考勤、请假及课堂纪律的维护均作出了规定，并给予记过处分，使得学生不敢逾矩。寓建于纠，促使学生在日常学习和生活中紧守学生规则，认真履行学生义务。全面严苛的学风纠建制度促进了大学生道德和诚信行为的养成。

3. 完善德育渗透制度

清末学堂将德育纳入学生学习范畴，加强德育建设，对其进行德、智、体全方位的教育，促使优良道德的养成与人才的全方面发展。如由洋务派兴建的江南储才学堂明确指出："本学堂培养人才，固以学业为急，而尤重德行。盖德才兼全者始成大器。"要求学生入学后，开始应力戒"纨绔气"、"寒

---

[1] 李国钧：《中国教育制度通史》第六卷，山东教育出版社2004年版，第252—253页。

酸气"、"市井气",随着学业、年龄的增长,则应力戒"名士气"、"学究气"、"江湖气"。①维新派康有为亲自制定了《长兴学记》作为万木草堂学规,以"志于道"、"据于德"、"依于仁"、"游于艺"四言为纲,糅合了中外古今教育的优点,注意对学生进行德、智、体诸方面的教育。在德育方面,康有为对学生提出格物、历节、慎独、养心、习礼、检摄威仪、敦行孝悌、崇尚任恤等传统的思想道德修养内容。同样,在清政府创办的京师大学堂,也设立了较为严苛的《京师大学堂章程》,规定教育以伦常道德和德育培育为先。《奏定学堂章程》中规定各学堂对学生的考核,在各门课程之外,还应设立对品行的考察课程,所得分数与各门课程一起计入总得分。品行考核的内容包括:言语、容止、行礼、作事、交际、出游六项,注重在日常学习和生活中的随时随地考察,依得分排出名次。课堂表现中的考察由教员执行,住宿中的考察由监学和检察官执行。不仅将学生的品行表现置于首要地位,在选择教员时,也选择那些品行端正的教员,以对学生起到良好的表率作用。德育渗透制度的完善体现了清末大学对学生德行建设的重视与培养全面发展人才的办学思路。耳濡目染的教化与耳提面命的教习,促进了大学生良好品德的养成与内化,有利于其德行的培养和诚信观念的养成。

4. 缜密考试防弊制度

清末学堂对于学生的考试作弊行为进行了严格的戒备,制定了一系列对今天仍有很强借鉴意义的考试防作弊与规范考场纪律制度,从考前座位安排到考中交头接耳、谨遵考试时间,至考试结尾收卷工作均做了较为细致的规定,大大减少了学生作弊行为的发生,遏制了考场作弊等不诚信行为的蔓延。如由于京馆在考试时出现了通融抄录等舞弊行为,总理衙门多次令同文馆抓好考风。为此,京师同文馆采取了以下措施:"增派监考人员,月课、季考,除本教习外,责成正副提调轮班监视。岁考加派司官八员,会同正副提调等轮班监考。编列坐号:每逢岁试,先期编列坐号,印于卷面上,考试时,学生各坐各号,不准搬移越位,使打通关节企图作弊者幻想破灭。强调按时与考按时交卷……考试点名后,限一刻工夫准其补点,如过一刻即不准

———
① 李国钧:《中国教育制度通史》第六卷,山东教育出版社2004年版,第125页。

入场。规定了对作弊者惩治办法：对作弊者，倘查出夹带，立即逐出场外，不准入考；再犯者，罚一月膏火以示薄惩；'代枪'者，初犯罚一个月膏火，再犯罚三个月膏火，如仍不改，立即除名；'被枪'与'代枪'者同罚。"① 在光绪二十四年（1898 年）续增同文馆条规八条中规定："提调务当实力稽查，严防枪替，其有不遵约束者，立即回堂，照章办理。"②

　　对于清末出现的集体舞弊行为，清廷给出了较为严厉的惩罚。"光绪三十四年，山东高等学堂毕业考试后，按照《奏定各学堂考试章程》规定，学校应将各科讲义、教科书、学生笔记毕业考试试卷送学部核查以定学生身份。学部发现算学试卷解析几何第三题有 13 份错误尽属相同；日语试卷所有更改，增减之处也大致相同；中文译英文各卷也雷同。学部决定调核该校 16 名毕业生到京复试，除 2 名已出洋，1 人病假外，13 名学生经考试平均分数不及六十分，英语一门分数多者不过二十分。为此，学部未能准其毕业，令该生等回原堂补习二年，重新考试，以定身份。"③ 为严格学业成绩考核，京师大学堂在执行校内临时考试、学期考试和学年考试时，还制定了《大学堂考试条规》十四条，此"条规"的制订和执行，对严格考试制度，杜绝作弊现象，健全校内考试制度，都有深远影响。

　　系统完善的考试防弊制度针对学生考试中可能出现的多种舞弊现象进行了规定，不仅有利于当时考试制度的系统化，也在很大程度上规避了考试中交头接耳、抄袭舞弊、替考违纪等行为的发生，对我国今天各种考试考场规则的制定更是具有很强的借鉴意义，成为大学诚信制度建设中最为完善且系统的一项制度安排。

六、中华民国时期的大学诚信制度

　　中华民国时期是指从 1912 年清王朝灭亡到 1949 年新中国成立的一段

---

① 　谢青：《中国考试制度史》，黄山书社 1995 年版，第 458 页。
② 　顾明远：《中国教育大系——历代教育制度考》下卷，湖北教育出版社 1994 年版，第 1802 页。
③ 　谢青：《中国考试制度史》，黄山书社 1995 年版，第 485 页。

历史时期，虽历时仅有 38 年，却是我国历史上不可复制、意义深远的 38 年。"中华民国教育史是中国教育发展史上一个极其重要的发展阶段。这一历史阶段，正值中国封建主义教育向资本主义教育发展的转折时期，又是中国传统的旧教育走向新教育的过渡时期，也是中国教育与西方教育相融合时期。"[1] 该时期的教育可以由 1927 年的国共分裂而分为三个阶段，即中华民国总统时期、1927—1949 年国民党时期和 1927—1949 年共产党时期，大学诚信制度建设在各阶段均有不同程度的发展。

（一）中华民国总统时期：稳步推进，继承发展

1912—1927 年，为中华民国总统时期，是中国历史上关键的十六年，亦是政权更迭动荡的十六年。1911 年 10 月 10 日，孙中山领导的辛亥革命，推翻了清王朝二百多年的封建统治，并于 1912 年建立起资产阶级民主共和国。同年 4 月，经南北议和，袁世凯攫取了辛亥革命成果，成立了北京政府。"百日皇帝"袁世凯下台不久，全国又经历了军阀割据，连年战乱，黎元洪、冯国璋、徐世昌、周自齐、高凌霨、曹锟、黄郛、段祺瑞、胡惟德、颜惠庆、杜锡圭、顾维钧、张作霖等轮番上阵。虽历经割据动荡，然中华民国仍继承并发展了清末开眼看世界以来所建立的大学诸项制度。

有别于清末的"通才"教育，民国时期的大学宗旨中"教授高深学术"贯穿始终，《大学令》强调"养成硕学闳材"，针对《专门学校令》规定的"养成专门人才"而言，前者体现的是一种"全才"思想。按照蔡元培的思想，"这种人才不仅需要有健壮的体魄、近代科学知识，而且必须具有高尚的品德和情操，换言之，也就是德、智、体、美诸方面全面而和谐发展的共和国的建设者和捍卫者"，这番通俗的解释完全体现了当时"注重道德教育，以实利教育、军国民教育辅之，更以美感教育完成其道德"的教育宗旨。[2] 在以德为先的教育宗旨下，对高校学员在选才、考查及考核时均进行了较为严格的

---

① 熊民安：《中华民国教育史》，重庆出版社 1990 年版，第 9 页。

② 参见夏兰：《民国时期现代大学制度演变研究》，复旦大学博士学位论文，2012 年，第 62—63 页。

规定，力求在招生、平时和考试各环节保证教学质量，促进大学诚信制度的构建与完善。

1. 严格招生准入制度

该时期，各高校招生时都要求学生品行端谨，并将此作为招生要求的第一条，写入招生章程。各类学校在招生规定中均写明：学生入学资格为身体健全、品行端正，此外还要求学生具备妥实保证人出具保证书方可入学。甚至在清华学院派遣庚款留学学生时，也提出学生应品行端谨，行为卑污、侵蚀公款等有诚信污点者亦不得应考文官。严格的招生准入制度把好了大学诚信制度的第一关，中华民国在招生准入上延用清末高校招生对大学生的招考条件，使其得以巩固，并大范围推广，招生条件中首推品行端正者，纯洁了大学生队伍，将品行不端之人直接排除在大学生队伍之外，通过严格的准入制度，规范了大学生行为，培养了其德行，促进了其包括诚信意识在内的良好习惯的养成。这也在很大层面上保证了学生的质量，使得不道德、不诚信者难以进入高等学校的门槛。

2. 创建操行考查制度

中华民国时期大学教育将学生操行纳入考察范畴，并记入考试成绩，学生操行好坏直接关系其毕业状况。比如作为"壬子癸丑学制"的一个组成部分的《学生操行成绩考查规程》和《学生学业成绩考查规程》，就对学生操行成绩考查作出了严格规定。原文如下：

《学生操行成绩考查规程》

第一条 各级学校校长、教员或学监，应随时审察学生之操行，默记于册。

第二条 各学级主任教员或学监，于每学期内以平时审察所得，注于操行一览表。其它教员，并以所审察者告于学级主任教员，汇注于表，送校长核定。

第三条 学生操行之成绩，以甲乙丙丁四等评定之。

第四条 学生每学年之操行成绩，列丙等以上者为及格，到甲等者，校长得以褒奖状。

第五条　学生升级及毕业时，应以操行成绩与学业成绩参酌定之。凡学业成绩未及格，其分数相差不及十分之一，而操行成绩列乙等以上者，得升级或毕业；学业成绩仅能及格，而操行成绩列丁等者，得停止其升级或毕业，但须经教员会之评议，由校长决定之。

第六条　考查操行之要点如下：

——关于心性者，为气质、智力、感情、意志等项。

——关于行为者，为容仪、动作、言语等项。

以上各条项目由校长规定之。

第七条　专门以上学校，其考查操行规程，得由校长酌察本校情形，特别规定之。①

在中华民国时期，作为考查学生操行的教育制度，《学生操行成绩考查规程》可谓是"前无古人，后无来者"，在内忧外患、人才紧缺的时代背景下，将学生操行置于学业之上的治学理念亦是壮举。惜才更重德，使得大学生们在巨大的机会成本面前，不敢也不愿有逾矩之举。规程的制定对于大学生道德体系和行为规范的养成起到了一定的保障作用。然而对学生操行的过分重视，在一定程度上影响了学生学业的发展与进步。

3. 沿用考试防弊制度

中华民国的考试制度很大程度上借鉴并沿用了清末较为详尽的考试制度，严格规定了考试前、中、后的各项应知事项，例如，考试对号入座、期满交卷、考中不得交头接耳、记录舞弊人员信息以备案，将违背试验规则的成绩视为无效或减其分数，将平时成绩很大比重地记入学生成绩且采用多种考查方式等。系统完善的考试防弊制度针对学生考试中可能出现的多种舞弊现象进行了规定，不仅有利于考试制度的系统化，也在很大程度上规避了考试中交头接耳、抄袭舞弊、替考违纪等行为的发生，还对考场失信行为进行了诸如宣布无效或减分的规定，这对我国今天的考试、考场规则的制定具有很强的借鉴意义，成为大学生诚信制度建设中最为完善、系统的一项制度。此

---

① 谢青：《中国考试制度史》，黄山书社 1995 年版，第 508 页。

外，对平时成绩的重视也使得学生无法只靠突击或作弊赢得成绩，使学生将功课做在平时，很大程度上培养了学生的诚信意识，减少了失信风险。

4. 施行爱国训政制度

中华民国时期的教育通过宪政和训政的思路来得以体现，爱国和互助合作成为开展教育的重要部分。孙中山曾一度把爱国教育置于思想品德教育的突出地位，并广泛开展军事体育教育；袁世凯也曾于 1915 年 1 月 22 日颁布教育要旨，重点传输了爱国思想。又如 1926 年中华教育改进社年会中提出以养成爱国国民为宗旨，开展国耻教育，培养爱国志操，"国借人而成立，人借国而保护，未有国能无人而强，人能离国而立者"[①]。爱国训政教育是近代以来教育制度的一大亮点，爱国举措作为一项政治诚信行为被广为传播，国家兴亡匹夫有责，爱国训政教育的开展有利于大学生诚信意识的养成和内化，对我们现如今的爱国教育的开展具有很强的指导和借鉴意义。

（二）1927—1949 年国民党时期：素质至上，实用为准

1927—1949 年的国民党时期，又为三民主义教育时期。1927 年以蒋介石为代表的国民党右翼在北伐战争的胜利途中，发动了反革命政变，篡夺了革命的胜利果实，并于 4 月 18 日成立南京国民政府。从此国民党在中国展开了与共产党的政权争夺战，加之 1937 年日军大规模侵华运动的开展，国民党一时陷入内忧外虑。但是这一时期仍未放松教育，期间不断探索适合我国的教育体制，诚信制度此时获得了一定程度的发展。九一八事变后，民族矛盾上升为主要矛盾，为了准备抵抗日本帝国主义的侵略、保卫中华民族，作为高等学校急需造就更多的实用科学人才，"由于抗战时期财政困难，高校的增设与扩充，不能按部就班，徐图发展，教育部把提高素质放在首要位置。"[②] 抗战胜利至国民党退至台湾期间，其统治日趋瓦解，三民主义教育制度最终为新民主主义教育制度所取代。

---

① 顾明远：《中国教育大系——历代教育制度考》下卷，湖北教育出版社 1994 年版，第 2157 页。

② 谢青：《中国考试制度史》，黄山书社 1995 年版，第 580 页。

1. 完善考试考核制度

南京国民政府统治时期颁布了《典试法》，对阅卷、试场、监场等规则均作出明确规定，且首次对学生毕业论文的写作作出规定。针对大学生毕业论文的写作与设计，规定教员对考试中有疑问的环节可以进行纠察，例如对毕业论文或者译书认为有疑问的，要举行口试等，这在之前各历史时期是不曾出现的。此时考试防弊制度的设计已经突破了考场范畴，不仅出现在日常考试的考场中，还渗透到了毕业论文的规范写作中。严格的考试防弊制度设计使得大学生考试时不敢违也不能违，防止了学生不诚信、不道德行为的发生。

2. 开展学风建设制度

国民党重视对学生的平时教育，1940年制定执行的《专科以上学校学生学业成绩考核办法要点》中规定了将学生平时的听讲笔录、读书札记、练习实习实验报告等作为平时成绩，纳入到学生考评中。1941年11月29日，教育部公布并施行的《专科以上学校学生学籍规则》中对行为不端的学生也提出了进行记过或开除的相关规定。对于边疆学生假冒学籍、伪造学历、冒名顶替的学生予以开除，并由其学校向保证人追缴在校一切费用及补助费。这些体现了国民党政府对学生平时素质的锻造，学风建设的深入化。学风建设制度的确立，不只在于纠正学生中的不道德、逾规矩的行为，更在于建立良好的大学生规约守则，帮助其树立健康良好的生活习惯与诚实无欺的优良作风。对学生学习、生活中最常出现的一些逾规矩、不诚信行为进行了规定，并给予记过处分，使得学生不敢逾矩。全面严苛的学风纠建制度促进了大学生道德和诚信行为的养成。

3. 建设学生档案管理制度

国民党统治下的高等院校为学生建立了学生学籍簿、出席簿、请假簿、操行考查簿、奖惩登记簿、学业成绩表、身体检查表等档案，切实记录其日常生活的点点滴滴，使其能够把工作做在平时，注意个人自身的修养，养成诚信的良好行为习惯。为学生建立完善全面的生活学习档案，将其日行夜举记录进学生档案，个人档案跟随一生，有助于其规范生活的养成与坚持，在很大程度上促进了学生诚信观念的培养，对当今大学生诚信档案的建设具有很大的指导与借鉴意义。

（三）1927—1949 年共产党时期：强调爱国，贴近基层

1927—1949 年的共产党时期，又为新民主主义教育时期，该时期包括十年土地革命、八年抗日战争以及三年解放战争。作为新民主主义开端的五四运动将"德先生"和"赛先生"引进我国，同时也带来了马克思主义，新思潮的进入极大地冲击了半封建半殖民地的旧制度。之后，通过"农村包围城市，武装夺取政权"，中国共产党逐渐认识到，面对内忧外患，只有依靠广大人民群众，大力发展教育，培育人才才是出路。"该时期的教育制度是以马克思主义教育思想在中国的传播以及早期共产主义者和中国共产党人的教育实践活动为基础，在苏区初步建立起来的。"[①]该时期的教育涉及范围广、准入门槛低，只要爱国拥党，均可接受教育。革命根据地和解放区组织的招生入学制度在设计上更多地体现了树立并培养学生的政治意识，打造服务国家和人民、忠于国家忠于党、有强烈责任感和使命感的学生队伍。此外，还在学生中进行关于考试性质的辩论，使学生更为深刻地认识到教育的目的是习得知识，而非考试；还在教学内容上对学生的德育建设及爱国主义教育进行了规定。

1. 革新招生准入制度

革命根据地和解放区大学在招生时首先要求学生爱国，重视学生政治素质，并且致力于培养热爱祖国忠于党的学生。该阶段不分贫富扩大招生范围，要求学生不论出身，只要一心爱国爱党，坚决抗日，艰苦朴素，不怕牺牲即可入学。受时代背景所限，革命根据地和解放区大学在招生上显现出很强的时代特征，注重学生的爱国意识与革命精神，并致力于培养爱国爱党的学生，对学生的政治诚信提出了较高的要求。事实证明，该时期学生的政治社会化程度很高，爱国爱党意识空前崛起。

2. 推进德育渗透制度

在大学进行有关考试的性质和使命的讨论，使学生深刻体会到考试不是学习的目的，而是必要手段，认识到考试作弊即使取得高分也是无用的，从根源上防止了舞弊现象的大量发生。例如在延安大学教育系开展的辩论

---

① 李国钧：《中国教育制度通史》第七卷，山东教育出版社 2004 年版，第 259 页。

中，得出考试只是手段、教育才是目的的结论。此外，还开展大学生政治教育，意在培养爱国爱党之士。革命根据地和解放区的大学更注重学生的政治诚信意识，相比成绩而言更重视学生的学习能力，使得学生在学习时没有过高的课业压力，也不必为升级毕业而不择手段。对学习过程而非结果的重视，在很大程度上减少了作弊违章行为的发生，对于我们今天提倡的全面发展、素质教育有很强的指导意义。此外，对学生进行政治知识的灌输，有利于大学生政治社会化的实现，有利于国家对政治人才的培养，有利于学生对主流价值观的认可，有利于国家的稳定团结和兴旺发达。

中国传统教育与西方新式教育共同作用于我国近代教育，使得其在吸收、引进外国先进办学制度的同时，糅合了我国传统文化中的道德培养的内容。该时期，在中西对冲作用下，逐渐形成了适合我国情况的教育体系，建成了促进我国教育发展的办学制度，特别是在大学诚信制度建设方面逐渐出现了制度萌芽，其中严格完善的考试考场制度、评级评价制度、入学毕业制度等，都对我国后来的大学诚信建设具有重要参考价值，促进了大学诚信制度体系的构建和完善。

七、新中国成立以后的大学诚信制度

新中国成立以来，我国大学诚信制度建设同我国高等教育体制改革是同步的，大体上可以划分为 1949—1965 年、1966—1976 年、1977—1998 年和 1999 年至今四个阶段。在每个阶段，大学生学习诚信、人际交往诚信、经济诚信、就业诚信和政治诚信制度建设的侧重点均有所不同，呈现出不同的特点。①

（一）1949—1965 年的大学诚信制度

中华人民共和国成立初期，国家的教育工作继承和发扬了新民主主义革命时期的教育方针，并根据当时情况进行了一些调整和修改。中国人民

---

① 参见黄蓉生：《当代大学生诚信制度建设及加强大学生思想政治工作研究》，经济科学出版社 2013 年版，第 80 页。

政治协商会议通过的《共同纲领》的第五章文化教育政策第一条明确规定：
"中华人民共和国的文化教育为民族的、科学的、大众的文化教育。"这一时
期文化教育中心是提高人民文化水平，肃清封建的、买办的、法西斯主义的
思想。针对这一方针，对青年学生特别提出了新要求，在《共同纲领》第
四十二条到四十九条中还补充规定："提倡爱祖国、爱人民、爱科学，有计
划有步骤地改造旧的教育制度、教育内容和教育教学方法，给知识分子以
革命的政治教育。"这些规定精辟地概括了建国初期教育的性质和任务。同
时，为了保证有效地开展大学生的政治思想教育工作，国家要求高校设立专
门的政治辅导处等政治工作机构来加强对学生的思想政治教育。1950 年 10
月 4 日，教育部出台的《关于全国高等学校暑期政治课教学讨论会情况及下
学期政治课应注意事项的通报》明确指出："要发扬五爱教育。提倡爱祖国、
爱人民、爱科学、爱劳动、爱公共财物公德教育，要在政治课中着重地加以
阐明"，"高等学校进行思想政治教育，必须着重用系统的理论知识联系思想
实际，实事求是解决问题，借以提高学生的思想政治水平。"1951 年 9 月 10
日，《教育部关于华北区各高等学校 1951 年度上学期进行"辩证唯物论与历
史唯物论"等课教学工作的指示》指出："应着重讲授系统的马克思列宁主义、
毛泽东思想，尽可能地联系中国革命实际、建设实际和学生的思想实际，防
止教条主义的偏向。"1952 年 10 月教育部发出了《关于在高等学校要重点
试行政治工作制度的指示》，明确指出"为了加强大学生的政治领导，以及
改进政治思想教育水平，全国各大高等学校应该建立政治辅导员制度，而且
规定要在高等学校设立政治辅导处"，这就是将高等学校党委领导下的管理
寓于服务之中的思想政治工作，标志着我国高等学校政治辅导员制度的正式
建立。

　　中央人民政府对于学生的学习学业以及就业方面的诚信也有所规定。
1953 年 5 月 23 日，中央人民政府高等教育部《关于华东区高等学校处理
学生学籍问题的若干规定》指出："新生入学后，如发现其系在校肄业（包
括休学生）或在高等学校毕业，或在职青年未办离职手续，以及采用伪
造涂改证件，冒名顶替蒙混报考入学者，必须严格处理，除一律取消其
学籍外，并退回原校或原单位或所在区，区人民政府依情节轻重给予处

分。"1955 年 8 月 22 日，中华人民共和国高等教育部《关于执行全国高等学校（不包括高等师范学校）一般学生人民助学金实施办法的指示》中指出："学生申请人民助学金，应本着实事求是的精神，如有虚报情况，假造证件，骗取人民助学金的，经查明后，除停发其助学金外，学校并得视情节轻重，给予适当的批评或处分。"中央人民政府政务院《关于 1954 年暑期全国高等学校毕业生统筹分配工作的指示》中指出："各有关教育部门及高等学校应根据国家过渡时期总任务的精神，教育毕业生服从国家建设计划，愉快地服从分配。"在这些政策指导下，1949 年到 1956 年社会主义改造后一段时期，我国教育事业得到健康发展，中国的教育事业迎来了一个高峰期。

1956 年社会主义改造后，中共八大明确提出了"向科学进军"的口号。1957 年 2 月 27 日，毛泽东在《关于正确处理人民内部矛盾的问题》讲话中指出："无论是知识分子还是青年学生，不仅要学习科学文化知识，还要学习马克思主义，没有正确的政治观点，就等于没有灵魂"，"思政工作，党应该管，团应该管，政府应该管，学校更应该管。"这段话强调"有社会主义觉悟"和"有文化"的统一，也是政治与业务、红与专的统一，要特别注重学生的思想政治教育，这一方针对于我国近几十年来的教育工作产生了深远影响。1957 年 4 月，教育部发布的《关于全国高等学校 1957 年招考新生的规定》中规定："报考青年应该对国家忠诚老实，不得有伪造证件或者虚假报学历、经历以及隐瞒政治历史等错误行为，否则一经查出，应即取消考试录取资格。"可见，国家正在逐步重视大学生的诚信问题，但是其目的是由当时国家所处的形势决定的。

1949 年到 1965 年这一时期我国高等教育刚刚起步，并且我国当时处于计划经济时代，大学诚信问题还不是很突出。虽然国家提出了一系列教育方针，相继制定了各项规章制度，但对大学诚信方面的专门规定相对较少。这一阶段主要是要求各大高校应加强大学生思想政治教育，消除或减少资产阶级思想、封建主义思想等其他思想的影响，净化人民的思想，倡导爱国，大力加强思想政治理论学习，灌输科学的、民族的和大众的文化思想，提倡用科学的历史方法与观点来研究和解释历史、政治、经济和文化现象。

（二）1966—1976 年的大学诚信制度

文化大革命时期是我国高等教育遭受重创和挫折的困难期，十年的"文化大革命"使我国高等教育遭到严重破坏，一度停滞不前。这一时期基本继承了 1957 年以及 1958 年提出的教育方针，没有再提出新的教育方针。高等教育系统、高等教育管理基本处于无政府状态，不论是领导机构、学术权威，还是优秀教师都不同程度遭到重创，教学质量更是无从谈起。在上一时期建立的大学诚信制度也被逐一废除，成为中国历史上大学诚信制度建设的断代期，这场浩劫也为我国以后恢复、改革、发展高等教育留下了深刻的历史教训。1976 年，长达十年的文化大革命结束，社会各个领域开始拨乱反正，教育事业也在徘徊中开始拨乱反正和继续前行。

（三）1977—1998 年的大学诚信制度

这一时期是我国高等教育恢复和起步的时期。这一时期的大学诚信制度建设，主要体现在党和国家对大学思想政治工作和学生政治诚信素质的重视和相关制度的恢复、重建方面。1977 年邓小平复出后，高度重视恢复高考工作。由于之前高考实行的"群众推荐、领导批准和学校复审"相结合的办法，学生的文化程度和生源质量得不到保证，极大地影响了高等教育的质量。在邓小平的关注下，教育部印发了《关于 1977 年高等学校招生工作的意见》和《关于高等学校招收研究生的规定》，规定："政治审查主要看本人表现，实行分段择优录取的办法。"这对于学生的思想政治素质和高效的教育质量起到了关键作用。1978 年十一届三中全会召开，重新完整地阐释了文革前党的教育方针，开始提出新的教育方针和教育工作重点。1978 年全国教育工作会议上，邓小平对毛泽东的教育方针进行了阐释："把毛泽东提出的培养德智体全面发展、有社会主义觉悟的有文化的劳动者的方针贯彻到底。"毫无疑问，学校应该把坚定正确的政治方向放在第一位，学校把大量的课时用于思想政治教育，学生把坚定理想信念和坚定的政治方向放在第一位，不仅不排斥学习科学文化，相反地学生的政治觉悟会更高，重视大学生的政治诚信和思想诚信建设成为当时的一个重要内容。1979 年，教育部政治理论教育司（后改为政治思想教育司）重新建立，负责全国各学校的思想政治教育及诚信教育工作，逐步恢复了对高校马克思主义理论教育的指导。1979 年 5 月，教育部《关于一九七九年高等学校招生工作的意见》中指出："大学生录取的政审工作要看本人政治表现，要坚决贯彻执行党的政策。考生所在单位应实事求是地鉴定考生的政治表现、思想素质和道德品质。"1979 年 6 月，教育部《关于高等学校录取新生政治审查工作的意见》中明确规定："高等学校录取的新生必须政治立场坚定，坚决拥护中国共产党的领导，热爱祖国，遵守社会主义国家的法律。"1980 年 4 月，教育部、共青团中央《关于加强高等学校学生思想政治工作的意见》中指出："决不能把思想政治工作和教学与科研对立起来，要加强学校的思想政治工作，自觉抵制各种剥削阶级思想的侵蚀，树立正确的政治方向；要加强和改进马列主义、毛泽东思想的理论教育、加强革命理想教育、加强共产主义道德教育，把大家的思想统一到党中央的一系列重大决策上来。"1980 年 12 月 25 日召开的中央工作会议上，邓小平明确强调："要加强各级学校的政治教育、形势教育、思想教育，包括人生观教育、道德教育。"

随着改革开放的逐步深入，我国高等教育体制改革的逐步进行，国家对于大学生诚信制度建设也逐步发展起来，主要表现在大学生录取时的政审工作和在读期间的考试规定以及学业结业规定等。1983 年邓小平提出了"三个面向"，即教育要面向现代化、面向世界、面向未来，这成为 80 年代中期教育工作的指导思想。在其精神指引下，中央制定了一系列教育改革的文件和方针，这些方针的一个共同要点是：教育要面向现代化，只讲传播科学知识、培养科技人才还是不够的，必须同时加大对学生的思想政治教育，防止资产阶级自由化以及其他与社会主义格格不入的腐朽思想的侵袭，革命的理想、共产主义的道德要常抓不懈。在 80 年代初期到 90 年代初期，国家对于学生的就业诚信有所提及，并作出了有关规定。如 1986 年《国家教委关于整顿一九八五年普通高等学校违反规定招收体育运动员问题的通知》（[86] 教学字 009 号）第四条第二款指出："毕业生拒不回到计划分配单位的，按不服从分配处理。"但更多的是对学习诚信和政治诚信的关注和重视，建立了《全日制普通高等学校学生学籍管理办法》、《一九八四年普通高等学校招生规定》和《中共中央关于政治体制改革的决定》等涉及诚信要求的一系列制度。

　　如 1983 年教育部颁布的《全日制普通高等学校学生学籍管理办法》第十二条规定："凡擅自缺考或考试作弊者，该课程成绩以零分计，并不准正常补考。如确实有悔改表现的，经教务部门批准，在毕业前可给一次补考机会。考试作弊情节严重的，应给以纪律处分"。第十三条规定："学生无故缺课，累计超过某门课程教学时数 1/3 者，不得参加本课程的考核，并视其具体情况决定是否给以补考机会"。第三十一条规定："一学期旷课超过 50 学时和在校学习期间擅自结婚而未办退学手续的学生，亦作退学处理。"对大学生考试不诚信行为及其处理做了明确的界定和严格的处罚规定。第四十条规定："有下列情形之一的学生，学校可酌情给予勒令退学或开除学籍的处分：一是反对四项基本原则，有明显反对中国共产党的领导、反对社会主义的言论和行为者，以及组织和煽动闹事，扰乱社会秩序、破坏安定团结而坚持不改者；二是违反国家政策法令，触犯国家刑律的各种犯罪分子。"1984年教育部发出的《普通高等学校招生规定》则对参加高考报名录取的学生诚信条件进行了严格规定："上一年已被高等学校录取而不报到以及因舞弊被取消报考资格或入学资格的考生不能报考"，同时还规定："对监守自盗、营私舞弊者，应从严处理。考生舞弊者，应取消其参加统考资格，下一年度也不准报考，已入学者取消其入学资格。"

　　1985 年《中共中央关于政治体制改革的决定》提出了新时期第一个表述明确的教育方针：一是教育必须为社会主义建设服务；二是社会主义现代化建设的任务，要求我们不仅要使用和努力提高现有人才，而且要全面提高全党对教育工作方针的认识；三是所有这些人才都应该有理想、有道德、有文化、有纪律，热爱社会主义祖国和社会主义事业。《决定》提出了新时期"四有"人才的培养目标和道德诚信的要求，对后来大学的教育改革发展、教育培养方向以及大学思想政治教育和诚信教育工作具有积极意义。

　　如果说 20 世纪 80 年代我国教育事业还处于探索阶段的话，那么 20 世纪 90 年代教育事业改革则进入了一个新的历史时期，其标志就是邓小平南巡讲话和党的十四大的召开。1993 年，中共中央国务院印发《中国教育改革和发展纲要》提出：必须坚持教育的社会主义方向、坚持党的基本路线。《纲要》把一些重要的关系放到教育改革的基本原理里面，使教育方针更加简练。1994 年，我国改革开放和社会主义现代化建设事业进入了一个新的发展阶段。《中共中央关于进一步加强和改进学校德育工作的若干意见》中提到："现在和今后学校培养出来的学生，他们的思想道德和科学文化素质如何，关系到我国社会主义现代化建设战略目标能否实现，必须站在历史的高度，以战略的眼光来认识新时期学校德育工作的重要性。"

针对 90 年代以后我国诚信问题愈加突出的现状，国家对大学的诚信教育工作愈加重视，特别是在学生学习诚信、经济诚信和就业诚信方面，出台了一些详细的制度规定。1996 年 5 月 2 日，国家教委在《关于严格高等学校考试管理及有关问题的通知》（教学〔1996〕10 号）指出："依照《普通高等学校学生管理规定》，凡擅自缺考或考试作弊的学生，该课程成绩以零分计，不准正常补考，如确实有悔改表现的，经教务部门批准，在毕业前可给一次补考机会；考试作弊的，应予以纪律处分。对于作弊手段恶劣，性质严重的要予以勒令退学或开除学籍。教师和学校有关工作人员在试题命制、考试监考、试卷评改等方面，违反纪律的，更要严肃处理。"对于大学生就业诚信问题，国家连续下发了关于做好全国普通高等学校毕业生就业工作的相关意见，对大学生求职就业中的诚信问题进行了专门指导。1994 年和 1995年，国家教委两次下发《关于做好全国普通高校毕业生和毕业研究生就业工作的通知和意见》，规定："任何单位和部门组织跨省区、跨部门的毕业生招聘会、市场等活动，均须报国家教委批准。毕业生参加上述活动，应经学校同意并持有学校的推荐表或协议书。否则，所签协议无效"，"凡属国家定向或委托培养的毕业生，违反协议不去定向地区或委培单位工作的，高等学校可按协议规定对其收取违约金和部分教育补偿费；凡毕业生违反就业协议，高等学校可按协议规定对其收取违约金，如果因用人单位违约的，则由用人单位将违约金交付给高校及学生本人。"

总之，1977 年到 1998 年这一时期，对大学诚信制度的探索还停留在宏观层面，而且大学诚信制度建设更多地体现在对学生思想政治教育的要求中，值得高兴的是，国家从具体实践操作层面对大学学习诚信、经济诚信和就业诚信制度等进行了一些单项制度的建构，我国大学诚信制度建设开始进入了稳步发展的时期。

（四）1999 年至今的大学诚信制度

这一时期是我国高等教育快速发展的时期。在新的历史征程上，我国大学思想政治教育工作更加注重理念、内容与方法的创新，突出学生的理想信念教育、以爱国主义为核心的民族精神和以改革创新为核心的时代精神教育，注重发展网络思想政治教育。进入 21 世纪以来，大学诚信制度建设的主要任务是完善各项规章制度，使规章制度的各方面更加具有针对性和可操作性，以改革求发展，以创新彰显价值，大学诚信制度建设呈现出新的发展局面。

在诚信道德建设方面：2001 年 9 月 20 日，中共中央颁发了《公民道德建设实施纲要》，首次将"明礼诚信"列为基本道德规范。后期出台的一系列关于高校的政策和法规大都以此为基础，要求认真贯彻《公民道德建设实施纲要》，以诚实守信为重点，广泛开展社会公德、职业道德和家庭美德教育。胡锦涛同志在 2005 年的"全国加强和改进大学生思想政治教育工作会议"上，明确提出："各级党委和政府都要充分认识新形势下进一步加强和改进大学生思想政治教育工作的重要性和紧迫性，增强历史责任感和使命感，坚定信心，狠抓落实，切实把大学生思想政治教育工作提高到一个新的水平。"胡锦涛同志在 2006 年 3 月 4 日第十届政协第四次会议上提出"八荣八耻"的社会主义荣辱观，第六条为"以诚实守信为荣，以见利忘义为耻"，全面阐述了树立正确价值观的具体要求，明确是非、善恶、美丑的界限。2012 年 11 月 8 日，党的十八大提出了"富强、民主、文明、和谐，自由、平等、公正、法治，爱国、敬业、诚信、友善"二十四字的社会主义核心价值观，并提出了要加强政务诚信、商务诚信、社会诚信和司法公信建设的社会诚信建设任务。

在学生学习和学术诚信制度建设方面：主要是以规定的形式要求学生诚实应考，坚决杜绝作弊现象。这一时期，关于学习、考试和学术诚信制度建设方面的一系列规定通过有关学术座谈会和相关通知、意见相继发出，作用于高等教育领域。如 2002 年 2 月 27 日，教育部关于《关于加强学术道德建设的若干意见》指出："要采取切实措施端正学术风气，加强学术道德建设，建立学术惩戒力度，加强学历和学位证书管理。"2004 年 5 月 19 日，教育部发布的《国家教育考试违规处理办法》对考试违纪行为、考试作弊行为和各种行为的处理方法都进行了认定。其中第五条至第十二条的具体内容为：

"第五条　考生不遵守考场纪律，不服从考试工作人员的安排与要求，有下列行为之一的，应当认定为考试违纪：（1）携带规定以外的物品进入考场或者未放在指定位置的；（2）未在规定的座位参加考试的；（3）考试开始信号发出前答题或者考试结束信号发出后继续答题的；（4）在考试过程中旁窥、交头接耳、互打暗号或者手势的；（5）在考场或者教育考试机构禁止的范围内，喧哗、吸烟或者实施其他影响考场秩序的行为的；（6）未经考试工作人员同意在考试过程中擅自离开考场的；（7）将试卷、答卷（含答题卡、答题纸等，下同）、草稿纸等考试用纸带出考场的；（8）用规定以外的笔或者纸答题或者在试卷规定以外的地方书写姓名、考号或者以其他方式在答卷上标记信息的；（9）其他违反考场规则但尚未构成作弊的行为。

第六条　考生违背考试公平、公正原则，在考试过程中有下列行为之一的，应当认定为考试作弊：（1）携带与考试内容相关的材料或者存储与考试内容相关资料的电子设备参加考试的；（2）抄袭或者协助他人抄袭试题答案或者与考试内容相关的资料的；（3）抢夺、窃取他人试卷、答卷或者胁迫他人为自己抄袭提供方便的；（4）携带具有发送或者接收信息功能的设备的；（5）由他人冒名代替参加考试的；（6）故意销毁试卷、答卷或者考试材料的；（7）在答卷上填写与本人身份不符的姓名、考号等信息的；（8）传、接物品或者交换试卷、答卷、草稿纸的；（9）其他以不正当手段获得或者试图获得试题答案、考试成绩的行为。

第七条　教育考试机构、考试工作人员在考试过程中或者在考试结束后发现下列行为之一的，应当认定相关的考生实施了考试作弊行为：（1）通过伪造证件、证明、档案及其他材料获得考试资格、加分资格和考试成绩的；（2）评卷过程中被认定为答案雷同的；（3）考场纪律混乱、考试秩序失控，出现大面积考试作弊现象的；（4）考试工作人员协助实施作弊行为，事后查实的；（5）其他应认定为作弊的行为。

第八条　考生及其他人员应当自觉维护考试秩序，服从考试工作人员的管理，不得有下列扰乱考试秩序的行为：（1）故意扰乱考点、考场、评卷场所等考试工作场所秩序；（2）拒绝、妨碍考试工作人员履行管理职责；

（3）威胁、侮辱、诽谤、诬陷或者以其他方式侵害考试工作人员、其他考生合法权益的行为；（4）故意损坏考场设施设备；（5）其他扰乱考试管理秩序的行为。

第九条 考生有第五条所列考试违纪行为之一的，取消该科目的考试成绩。考生有第六条、第七条所列考试作弊行为之一的，其所报名参加考试的各阶段、各科成绩无效；参加高等教育自学考试的，当次考试各科成绩无效。有下列情形之一的，可以视情节轻重，同时给予暂停参加该项考试1至3年的处理；情节特别严重的，可以同时给予暂停参加各种国家教育考试1至3年的处理：（1）组织团伙作弊的；（2）向考场外发送、传递试题信息的；（3）使用相关设备接收信息实施作弊的；（4）伪造、变造身份证、准考证及其他证明材料，由他人代替或者代替考生参加考试的。参加高等教育自学考试的考生有前款严重作弊行为的，也可以给予延迟毕业时间1至3年的处理，延迟期间考试成绩无效。

第十条 考生有第八条所列行为之一的，应当终止其继续参加本科目考试，其当次报名参加考试的各科成绩无效；考生及其他人员的行为违反《中华人民共和国治安管理处罚法》的，由公安机关进行处理；构成犯罪的，由司法机关依法追究刑事责任。

第十一条 考生以作弊行为获得的考试成绩并由此取得相应的学位证书、学历证书及其他学业证书、资格资质证书或者入学资格的，由证书颁发机关宣布证书无效，责令收回证书或者予以没收；已经被录取或者入学的，由录取学校取消录取资格或者其学籍。

第十二条 在校学生、在职教师有下列情形之一的，教育考试机构应当通报其所在学校，由学校根据有关规定严肃处理，直至开除学籍或者予以解聘：（1）代替考生或者由他人代替参加考试的；（2）组织团伙作弊的；（3）为作弊组织者提供试题信息、答案及相应设备等参与团伙作弊行为的。"

在2005年3月教育部颁布的《普通高等学校学生管理规定》规定："新生入学后，学校在三个月内按照国家招生规定对其进行复查。复查合格者予以注册，取得学籍。复查不合格者，由学校区别情况，予以处理，直至取消入学资格。凡属弄虚作假、徇私舞弊取得学籍者，一经查实，学校应当取消其学籍。情节恶劣的，应当请有关部门查究。"尤其是 2005 年 5 月 23 日，教育部发出的《关于普通高等学校招生全国统一考试前深入开展诚信考试专题教育的通知》指出："各级教育行政部门、招生考试机构要认真组织所有考生签订《诚信考试承诺书》的工作，促使考生学习、知晓并自觉遵守有关考试纪律要求。要结合本地实际创造性地开展有重点、有针对性的诚信考试教育活动，务求取得实效。考生参加国家教育统一考试的诚信状况将记入考生的电子档案，并在录取时提供给有关高等学校，作为学校是否录取考生的重要依据之一。"2006 年 5 月 10 日，教育部下发的《关于树立社会主义荣辱观进一步加强学术道德建设的意见》指出：各级教育部门、高等学校、教育科研机构要把学术道德建设作为事关全局的大事来抓，要把学术道德建设摆在更加突出的位置。2009 年 10 月 31 日，科技部等十部门联合发布的《关于加强我国科研诚信建设的意见》指出："推进科研诚信建设，要坚持教育引导、制度规范、监督约束并重的原则，惩防结合、标本兼治"，"推进科研诚信法制和规范建设、完善科研诚信相关的管理制度、加强科研诚信教育，提升科学道德素养、完善监督和惩戒机制，遏制科研不端行为、加强组织领导，共同营造科研诚信环境。"

在诚信惩罚制度方面：2009 年 3 月 15 日，教育部在北京召开高校学术风气建设座谈会，强调建立教育、制度、监督相结合的惩防学术不端行为工作体系。4 月 19 日，教育部颁发《关于严肃处理高等学校学术不端行为的通知》。《通知》对高等学校的学术不端行为进行了类别界定并明确了严肃处理的态度。类别界定中共列举了七类行为：（1）抄袭、剽窃、侵吞他人学术成果；（2）篡改他人学术成果；（3）伪造或者篡改数据、文献，捏造事实；（4）伪造注释；（5）未参加创作，在他人学术成果上署名；（6）未经他人许可，不当使用他人署名；（7）其他学术不端行为。《通知》确定了高等学校对学校学术不端行为的直接责任，以及查处学术不端行为的原则、方针和建立惩处机制的要求，即各高等学校对本校有关机构或者个人的学术不端行为的查处负有直接责任，要遵循客观、公正、合法的原则，坚持标本兼治、综合治理、惩防并举、注重预防的方针，依照国家法律法规和有关规定，建立健全对学术不端行为的惩处机制。同时要求高等学校要建立健全处理学术不端行为的工作机构，充分发挥专家的作用，加强惩处行为的权威性、科学性。

2012 年 11 月 13 日，教育部发布《学位论文作假行为处理办法》（教育部 34 号令），要求从 2013 年 1 月 1 日起施行。《学位论文作假行为处理办法》规定："大学生向学位授予单位申请学士学位所提交的本科毕业论文若出现购买（出售或者组织买卖）学位论文、由他人代写（为他人代写或者组织代写）学位论文、剽窃他人作品和学术成果、伪造数据及其他严重学位论文作假行为的，学位授予单位可以取消其学位申请资格；已经获得学位的，学位授予单位可以依法撤销其学位，并注销学位证书；属于在读学生的，所在学校或者学位授予单位可以给予开除学籍处分。"

在诚信教育制度方面：加强大学生思想政治教育，以理想信念教育为核心，以爱国主义教育为重点，牢固树立社会主义核心价值观。如在 2000 年 6 月召开的中央思想政治工作会议上，江泽民同志指出："思想政治工作是一门科学，要针对改革和建设过程中出现的新情况、新问题，不断加强和改进学校的思想政治工作和政治课教育。"

2004 年中共中央、国务院下发的《关于进一步加强和改进大学生思想政治教育的意见》和 2005 年 3 月教育部颁布的《普通高等学校学生管理规定》都明确要求：高校学生应认真学习马列主义、毛泽东思想和中国特色社会主义理论，在党的领导下坚持走中国特色社会主义道路，牢固树立爱国主义思想，坚定实现中华民族伟大复兴的共同理想和信念。2006 年 5 月 19 日，中央文明委下发的《关于深入学习实践社会主义荣辱观，大力加强思想道德建设的意见》指出："树立社会主义荣辱观，加强思想道德建设，既是一项长期的战略任务，是精神文明建设的基础性工程，也是当前一项重要而紧迫的工作。要在前一段工作的基础上，进一步加强领导，明确要求，制定措施，狠抓落实，不断深化社会主义荣辱观学习实践活动，大力推进思想道德建设。"2011 年 10 月 15 日，党的十七届六中全会审议通过的《中共中央关于深化文化体制改革、推动社会主义文化大发展大繁荣若干重大问题的决定》又强调指出："把诚信建设摆在突出位置，大力推进政务诚信、商务诚信、社会诚信和司法公信建设，抓紧建立健全覆盖全社会的征信系统，加大对失信行为惩戒力度，在全社会广泛形成守信光荣、失信可耻的氛围"。

在树立诚信理念方面：2001 年 11 月 22 日，团中央、教育部向社会正式发布《全国青少年网络文明公约》并倡议：要善于网上学习，不浏览不良信息。要诚实友好交流，不辱骂欺诈他人。要增强自护意识，不随意约会网友。要维护网络安全，不破坏网络秩序。要有益身心健康，不沉溺虚拟时空。要树立良好榜样，不违反行为准则。这对于共建网络诚信，加强网络道德教育，促进教育事业发展意义重大，这可以与校风、校纪建设紧密结合起来，推动大学诚信制度的建立和完善。

在就业诚信制度方面：在学生和用人单位之间进行双向选择的前提下，规定学生要严格遵守与用人单位的协议规定，不得随意毁约。在学生求职过程中，不得向用人单位提供虚假的个人简历和个人信息。早在 1999 年，国家已先后颁发了《普通高等学校本、专科学生实行贷款制度实行办法》、《中国人民银行、教育部、财政部关于国家助学贷款的管理规定（试行）》（1999年 5 月）、《中国工商银行国家助学贷款试行办法》（教财厅［1999］8 号）等文件，这些文件明确规定大学生申请助学贷款必须具备"诚实守信"的条件。相关办法规定申请贷款学生必须如实提供以下材料："本人身份证及复印件的有效身份证明和书面同意借款的证明；提供家庭有关人员收入证明，或其他渠道取得收入的证明材料；经办银行要求提供的其他材料"，"借款人有下列行为之一，贷款人可停止发放贷款，要求借款人和保证人偿还贷款本息，或依法处分抵押物、质物，清偿贷款本息；借款人未按合同规定的用途使用贷款的；借款人未按计划偿还贷款本息的；对违约不能如期归还贷款者，则由担保人承担全部还款的责任，并缴纳一定数额的违约金等。"2007 年 5 月 9 日，教育部等下发的《关于教育部直属师范大学师范生免费教育实施办法（试行）的通知》规定："免费师范毕业生未按协议从事中小学教育工作的，要按规定退还已享受的免费教育费用并缴纳违约金。省级教育行政部门负责履约管理，并建立免费师范生的诚信档案。"2011 年 10 月，教育部《关于做好 2012 年全国普通高等学校毕业生就业工作的通知》要求："引导和规范学生及用人单位诚信签约。高校不准以各种方式强迫毕业生签订就业协议和劳动合同，不准将毕业证书、学位证书发放与就业签约挂钩，不准劝导毕业生签订虚假协议，不准将顶岗实习材料作为就业证明材料。"

在经济诚信制度方面：随着社会转型发展，经济诚信问题日益突出，国家先后出台多项政策，用以解决经济失信问题，这些政策主要是强调学生要严格执行助学贷款的相关规定和办法，在国家助学贷款的借贷和还贷过程中要做到诚实守信，不提供虚假材料，不恶意拖欠贷款，严格按照合同按时还款。2000 年，中国人民银行等部门下发的《关于助学贷款管理补充意见的通知》的第二条第四款和第五款规定："在校大学生申请信用助学贷款须具备以下条件：提供入学通知书或学生证、具有永久居留身份证、学习认真、品德优良"，"信用助学贷款应依法签订贷款合同，合同中应明确借款人的身份证号码、有效联系方式。"2004 年 6 月 8 日，教育部、财政部等《关于进一步完善国家助学贷款工作的若干意见》规定："国家助学贷款管理中心要以已建立的国家助学贷款学生个人信息查询系统为依托，进一步完善对借款学生的信息管理，对借款学生的基本信息、贷款和还款情况等及时进行记录，加强对借款学生的贷后跟踪管理，接受经办银行对借款学生有关信息的查询；并将经办银行提供的违约借款学生名单在新闻媒体及全国高等学校毕业生学历查询系统网站公布。"2007 年，财政部制定的《国家助学奖学金管理办法》的第六条规定："国家助学金的基本申请条件：1. 热爱社会主义祖国，拥护中国共产党的领导；2. 遵守宪法和法律，遵守学校规章制度；3. 诚实守信，道德品质优良。"

综上所述，进入 21 世纪，大学诚信制度建设主要是以社会主义核心价值体系来引领大学诚信制度的构建和完善，无论是学习诚信、生活诚信还是政治诚信制度建设，国家的建设力度都在逐步加大和加强。尤其是党的十七大、十八大以来，党中央从中国特色社会主义事业长远发展的战略全局出发，高度重视高校思想政治建设，采取切实有效的措施加强高校思想政治工作。中央多次召开加强和改进大学生思想政治教育工作会议、座谈会，对大学思想政治教育工作作出了一系列重要决策和部署。中宣部、教育部多次召开高校思想政治教育工作会议，对大学诚信制度建设如何加强、加强什么和怎么加强提出明确要求。大学诚信制度建设坚持在改革中探索、在继承中创新、在实践中发展，这对于开创新阶段我国现代大学制度建设的新局面，具有重大的现实意义。

第二节　外国大学诚信制度的历史演变及启示

一、古希腊时期的教育诚信制度

（一）古希腊时期诚信教育思想的形成与发展

古希腊是西方文明的摇篮，也是西方教育思想的发源地，在西方教育中起着主导的作用。早期希腊神话中已有许多关于诚信美德的描述，作为城邦公民的基本品德渗透在智慧、勇敢、节制、正义的"四主德"中。这一时期，处于萌芽阶段的诚信教育随着道德教育的发展轨迹潜移默化地形成并发展着。

古希腊诚信教育思想，是古希腊物质文明和精神文明共同繁荣的产物，它萌芽于当时发达的奴隶制经济，正是建立在奴隶制基础上的社会劳动分工和奴隶创造的大量剩余产品，才使奴隶主贵族得以脱离生产劳动而有闲暇专事文化教育活动，这为诚信教育思想的形成奠定了基础。与此同时，希腊神话、艺术哲学和自然科学的发展，以及大胆的教育实践活动，也为诚信教育思想的形成提供了强大的精神动力。

古希腊时期，以奴隶制城邦国家为主要特征，其道德教育是为维护城邦政治制度服务的。诚信教育思想，正是在这种对德育高度重视的国家教育政策下逐渐凸显并得以萌发，"为了维护城邦的利益，培养献身于城邦的公民被视为头等大事，各城邦都十分重视对未来一代进行公民教育"①。其教育尤以斯巴达式学校和雅典式学校为典型代表。斯巴达推行"尚武"的教育政策，其目的是培养合格的公民和能够献身于国家的军人，特别是要具有爱国主义、服从法律和忠于国家的品德。而雅典城邦的道德教育，不仅强调对国

---

① 朱晓宏：《公民教育》，教育科学出版社 2003 年版，第 4 页。

家的忠贞，更注重学生个体身心的协调发展，尤其重视从小培养良好的品德，实现德、智、体、美的全面发展。此时的诚信教育思想，在单一的强调爱国主义精神的政治诚信要求下得到了多方面的扩展，而学校便成为了发展和传递诚信观念的主要阵地。斯巴达时期的国家教育场和埃弗比教育机构以及雅典时期的埃弗比高级学校是重视道德教育、传播诚信思想的典范。在古风时代末期产生的毕达哥拉斯学院被黑格尔称为"第一个公共教师"，这标志着希腊最早的高等教育机构的诞生。古典时代的希腊学校具有承前启后的作用，它对前代学校推陈出新，创办了几所重要的高等学府，如相继出现的伊索克拉底修辞学园、柏拉图的阿卡德米学园、亚里士多德的吕克昂学园等高等学院教育机构，都为校园诚信教育提供了发展与实践的基地。在希腊时期，社会环境的巨变导致人们的世界观和人生观发生了巨变，这时的哲学家不再关心自然和宇宙的本源问题，转而寻求摆脱痛苦，追求个人幸福的途径，这种明显带有个人主义的思想大大影响了学校教育。因此，此时的学校诚信教育思想也只是古典时期的延续，并未得到质的发展。该时期产生的两所影响较大的学校——伊壁鸠鲁学校和斯多葛学校，它们的轮廓大体与古典时期的柏拉图学园和吕克昂学园类似，但是，值得欣慰的是，伊壁鸠鲁学校把希腊传统的四美德——正义、节制、勇敢、智慧首次纳入伦理体系，并使之成为人们的道德生活准则，以文字性的规定明确了其所属的理论体系。

古希腊学校中的诚信教育思想是一个从萌芽到形成再到发展的过程，如果说古风时代两个城邦式学校中的道德教育是学校诚信教育思想的萌芽，那么古典时代相继出现的几所高等学院，就成为诚信教育的主阵地，这标志着学校诚信教育思想的形成，对后来大学诚信制度的发展产生了深远的影响。

（二）古希腊时期诚信教育的主要特征及启示

1.诚信教育寓于道德教育之中

古希腊时期，由于历史条件的限制，诚信教育仅初见雏形，它主要通过道德教育体现出来，成为该时期的典型特征。早在古风时代，两个具有代表性的城邦式学校在培养学生基本技能的同时，就已开始重视德育。之后出现的毕达哥拉斯学园、伊索克拉底修辞学园、柏拉图的阿卡德米学园、亚里士多德的吕克昂学园等高等学院，无一不是将道德教育作为必修课，通过道德教育来规范学生的言行，培养良好的个人品质，强调对国家的忠诚。该时期虽然由于历史条件的限制，并未真正提出大学诚信教育，但是我们可以从多种形式的德育中，找到大学诚信教育的雏形。

2. 诚信教育呈现多元性特点

古希腊的学校教育政策非常注重个人品德的培养，通过丰富多彩的教育方法向学生灌输诚信教育观念，从而使其内化为学生的道德品质。早在古风时代，两个城邦的高等学校就采用多种途径和方式进行诚信教育，如通过音乐抑制内心的欲望，通过体育训练勇敢的品质，通过游戏培养正义的品格。这些不同形式的道德教育，实质上都是以培育诚信精神、塑造诚信文化为教育目的，这在当时不仅有利于统治阶级更好地管理城邦，而且潜移默化地为日后大学诚信制度的形成和发展奠定了坚实的基础。苏格拉底认为，教育的任务就是培养人们具有智慧、正义、勇敢、节制这四种美德，"守法即正义"，正义的本质含义就是遵守城邦的法律，做一个诚信的公民。这一思想对诚信教育思想的形成起到了巨大的推进作用，对后世有着深远的影响。柏拉图继承了这一思想并强调："用体育来训练身体，用音乐来陶冶心灵。"而他所说的音乐教育的内容包括文学、诗歌、故事、神话等，他主张学习音乐的目的在于培养美德。他的学园中开设的算术、几何、天文、音乐等四门课程，不仅体现了全面教育的原则，更是在实践中时时处处将诚信教育贯穿于其他教育当中并置于重要地位。古希腊最伟大的思想家亚里士多德，在全面教育理论和实践上也作出了突出贡献。他把人的灵魂分为三部分，主张应当对人进行体育、德育、智育三个方面的教育，并提出与此相适应的德、智、体、美全面发展的教育方针。可见，古希腊的诚信教育思想，重在强调人的全面发展，通过多元的教育途径来实现教育目的。这启示我们在重视知识教育的同时，不能忽视诚信教育对于学生全面发展的重要性，在很大程度上，诚信教育是其他教育的基础和保障。

3. 诚信教育注重个人品质的培养

古希腊最早在西欧奠立了一种人文精神教育传统。古希腊民族是一个热爱智慧的民族，它不仅孜孜追求各种具体的知识，而且更深入地探究事物的本原，探究人的本性，逐步确立起人作为理性主体在文化中的中心地位。公元前393年，由伊索克拉底创办的修辞学校，道德教育在学校中占据一席之位，伊索克拉底要把学生培养成具有良好品德的演说家。他认为雄辩术不单纯是一种技巧，还包含一定的德性，一个优秀的演说家必须具有高尚的道德。他对学生说："名声好的人所说的话，比操行可疑的人所说的话，具有更大的说服力，而且，生活实例所形成的论点，比言词所提供的论点更有分量。因此，一个人越是想说服其听众，他就越是热衷于争取名声好，争取受到公民同胞们的尊敬。"可见，此时的高等教育中，诚信教育对学生个人品质的要求已经有了质的变化，不再是之前的模糊概念，而是被明确地提了出来，强调学生个人的诚信度在其人生道路上具有不可忽视的影响力，这对当今大学诚信制度的建设和发展具有重大意义。

4. 重视哲学教育，强调诚信教育方法的科学性

苏格拉底作为道德哲学的创始人，在古希腊第一次提出了要用理性和思维去寻找普遍道德，作为古希腊哲学的分水岭，他将古希腊哲学引导到了对人的心灵的关注方面，倡导哲学通过关注道德问题、心灵问题和知识问题，来"认识自己"，通过对心灵问题进行思考来追求德行，这就把哲学的研究领域从对自然等外界事物的关注扩展到了对人的自身等人生内在本质的思考，对哲学的发展起到了至关重要的推动作用。正像罗马哲学家西塞罗所说的，"苏格拉底把哲学从天上召唤下去，寓于城邦之中，甚至引进家庭，并迫使它成为探究生活和道德、善与恶所必需"[①]。柏拉图承继了苏格拉底的衣钵，注重从寻求"一般"方法出发，开始探讨"永恒不变"世界和"变化无常"世界的关系，从方法论的角度发展了哲学研究。柏拉图创建的雅典学园——阿卡德米学园的一切教育活动，都是围绕如何通过有效的方法来学习理性的知识并获得真理。他强调：学园要把辩证法（哲学）作为最高的学科，因为辩证法是各门学科的塔尖，没有其他学科能驾乎其上，那些将成为理想国统

---

① Cicero. Tusculan Disputation[M]. Trans. King，J. E. Cambride Ma.；Harvard University Press，1996. V.4. pp.10-11.

治者的人，必须专心学习这门学科，因为这门学科能使他们科学地运用辩证法这个武器。亚里士多德创办的吕克昂学园也把哲学列入自由学科中，把哲学作为唯一自由的学术加以探求。这些思想家，将哲学作为最基本、最重要的学科知识加以强化，在早期希腊的教育体系中凸显哲学教育的地位，为包含诚信教育在内的诸多教育提供了一种有效的教育方法。这也启示我们在加强高校诚信教育的同时，要注意方式方法，善于运用科学的教育方式帮助学生树立诚信观念，提高诚信意识，使诚信教育更加完善、更加有效。

5. 诚信教育思想活跃

古希腊时期的诚信教育思想异常活跃。如苏格拉底认为，教育的任务就是培养人们具有智慧、正义、勇敢、节制等四种美德，而人的德行是教育的结果。苏格拉底那个著名的"美德即知识"的思想，实质上是强调美德同知识一样也是需要教育的，这个思想对当时诚信教育的形成起到了推波助澜的作用。同样，古希腊时期另一位著名的哲学家柏拉图也十分重视学道德教育，主张通过让幼儿听故事逐渐形成自我克制和勇敢等美德。他还要求把组织幼儿的游戏与道德结合起来，养成服从的美德以及守纪律的习惯，主张学习音乐的目的在于培养理性、勇敢、公正等美德。这个思想为现今诚信教育的实现途径提供了一种综合的教育思路。亚里士多德在吸取前人教育思想的基础上，又系统地论述和实践了对儿童施行德、智、体、美全面和谐发展的教育思想，强调诚信教育应当与其他教育一样处于平等的地位。如果说高等学院是大学诚信教育思想形成的实践基地，那么这些教育思想则是大学诚信教育思想从萌芽到形成的有力助推器。

（三）古希腊时期大学诚信制度初见雏形

1. 政治诚信制度

早在古风时代，斯巴达式的国家教育场就十分重视对学生的爱国主义教育，要求具有团结、服从、尚武、吃苦、禁欲和牺牲的精神，特别是要有服从领导、忠于国家的品德。表面上看，这是一种道德教育，但实质上却是一种政治诚信教育，虽然在当时只是被当作一种道德化的政治目标，尚未形成制度，但是这种政治诚信观念已经成为国家对公民的基本道德要求。正如古希腊伟大的哲学家柏拉图所认为的："城邦以正义为原则，每个人都必须在国家里面执行一种最适合于他天性的职务，那就是正义"，强调公民个人的诚信对国家发展的重要性。

2. 生活诚信制度

生活诚信制度首先萌芽于毕达哥拉斯学园。入园者在学园中，过着一种完全合乎规律的生活，每天睡眠、起床、工作、吃饭、休息都有规定的时间，而且每天早晨起床后及晚上睡觉前都要进行反思。入园者还要接受具有神秘主义的戒律："不要用刀子拨火，不要使天平倾斜，不要坐在斗上，不要吃心，不要与人共抬一件重东西，要经常把行李卷好，不要在指环上面刻神像，要把锅在灰上留的痕迹抹去，不要用火把揩拭座位，不要朝太阳小便，不要在大路上行走，不要轻率地与人握手，房间里不要有燕子，不要养脚爪有钩的鸟"等戒律。这些戒律看似是一种对学生日常行为的规范约束，但实质上这已是生活诚信制度的雏形，为现今大学生活诚信制度的建立与完善提供了一种思路。在之后的希腊化时代，生活诚信制度有了质的发展。伊壁鸠鲁学校把希腊传统的四美德——正义、节制、勇敢、智慧正式纳入伦理体系，使之成为人们道德生活的准则。这在诚信教育的历史发展长河中是一件值得记载的大事迹，因为这标志着生活诚信制度第一次被明确地提出来，并且有了所属的理论体系和文字性的规定。

由此可以看出，在古希腊时期，教育对经济以及社会发展所发挥的作用已显得尤为重要。上述这些高等学院以及历史上具有影响力的思想家，无论在其教育内容、教育方法还是教育思想上，都非常重视诚信教育。由于古希腊还处于人类文明历史的早期，其诚信教育也只是初见雏形，还具有零散性和不系统性，尚不成体系。但正是因此，才使之在诚信教育发展的历史长河中，经过不断探索、演进和创造，从而形成了至今大学仍在构建和完善的诚信制度，这些方法至今仍闪耀着熠熠光辉，对丰富和改进我们当前的大学诚信制度建设发挥着重要作用。当然，古希腊的诚信教育仍然有很大的局限性，主要是因为教育带有明显的阶级性。因此，对于古希腊的诚信教育应当"取其精华，去其糟粕"，既应当吸取其积极意义的一面，为我所用，又应当抛弃其消极的一面。

二、中世纪大学诚信制度

（一）中世纪大学诚信制度的产生与发展

按照西方史学的划分，中世纪是自公元5世纪西罗马帝国灭亡（476年）至公元15、16世纪西欧文艺复兴时期约一千年左右的时间。由于在这段时期，整个西方社会都被愚昧无知的教会所控制，人们的肉体和灵魂均被长期禁锢，所以人们往往称这段时期为"黑暗时代"。然而，这一看似黑暗的历史时期，却在西方文明史中起着承上启下的作用，并神奇地孕育了现代高等教育机构的雏形——中世纪大学。

在中世纪早期，罗马文明被摧毁殆尽，由于教会对教育具有垄断权，所以教育的任务也主要由教会承担。当时，欧洲各地学校的主要类型有：修道院学校、大教堂学校、宫廷学校、私人学校、市立学校、行会学校等，①这些类型的学校或是由教会直接控制，或是要受到教会的间接干预，但无一例外的是，这些学校都被深深地打上了宗教的烙印。到了11世纪，欧洲封建制度得到进一步巩固和发展，社会趋于稳定，农业和手工业得到迅速发展，大量城市涌现，新兴城市及国家间的联系日益加强，再加上经院哲学自身不断发展和东方文化迅速传播，使得当时的政治、经济、文化环境都发生了重大变化。这样，原有的教育形态已经无法满足日益增长的社会需求，由此中世纪大学应运而生。

在中世纪大学中，较早建立并具有重要影响的是以研究医学而著称的意大利的萨莱诺大学、以研究法学而著称的意大利的波隆那大学以及素负盛名的法国巴黎大学。之后，英国著名的牛津大学和剑桥大学也相继建立。到公元1600年时，大学总数已达105所。②中世纪大学的产生和发展，为近现代大学打下了坚实的基础，大大推动了人类社会文明的进步。

---

① 参见孙华程：《城市与教堂——制度视野下欧洲中世纪大学的发生与演进》，博士学位论文，西南大学，2011年，第25—26页。

② 参见滕大春：《外国教育通史》第二卷，山东教育出版社1995年版，第134页。

中世纪大学的主要特征包括两个方面：一是两种组织形式。在所有的中世纪大学中，无论是早期的萨莱诺大学，还是后来蓬勃发展起来的学科研习所，大致可以按照组织形式的不同将其分为两类：一类是学生大学，这类大学以学生为主导，教师只处于从属地位。以波隆那大学为例，该校以研究法学著称，由于学习法律的学生大多年龄比较大且办事能力强，所以就由学生来出任校长，负责选聘教授，并对学费数额、学期时限等进行日常管理；另一类是教师大学，这类大学以巴黎大学为代表，教师在学校中拥有绝对的权威，因为在主要研究神学的学校中，准备充任神职的学生普遍比较年幼，而教会又神圣不可亵渎，因此，往往任命教师为校长，并下设不同学科的主任和教师，掌握学校校务。二是享有多种特权。随着中世纪大学的不断发展，教皇主教越来越多地出于大学之门，因此，大学在当时享有十分崇高的地位，大学及大学师生都享有诸多特权：（1）自治权。这是保证大学能够摆脱权力附庸，真正发挥大学作用的前提。自治权一方面体现在大学可以实行自我管理，包括制定内部章程，处理校内事务等，另一方面也指司法自治，如学校可以设立特别法庭，当外人与学生发生诉讼时，均由大学生来审理。（2）免于赋税及劳役权。中世纪大学的师生普遍可以获得教士身份，他们不仅会被免除各种赋税、劳役，还会得到些许优惠，甚至与大学相关的其他人，如敲钟人都享有这种特权。（3）参政权。大学教师可以参与大学的行政管理，最主要的是可以颁发执教权，即给学生颁发教师证书，而使其可以到各地任教。（4）罢教权和迁徙权。当大学师生与城市当局或教会发生冲突，或大学相关工作受到干扰时，可以进行罢教或罢课，如果事情得不到解决就可以自行迁校。著名的剑桥大学正是因为师生的问题没有得到解决而从牛津大学迁徙分离出的。

（二）中世纪大学的诚信制度及现实启示

1. 诚信入学制度

中世纪大学的学生在申请入学时，并不像现代大学一样，需要经过严格的入学考试，他们可以根据自己的兴趣爱好或自身需要，自由地云游求学。入学没有国界和语言限制，也没有固定的入学时间限制。中世纪大学在接收学生时，不会考虑他们来自哪里，不会考虑他们家境是否富裕，不会考虑他们身体是否健康，但是对于学生能否入学的最低要求就是入学者的宗教信仰和道德品行。由此可见，中世纪大学在入学时就对学生的道德品行作出了刚性规定，学生的道德品行是中世纪大学衡量一个学生能否达到入学条件的重要标准，即便是对宗教信仰的考察，也多是检验学生对宗教政治信仰的诚信度，这种政治诚信与道德诚信"二合一"的入学标准，事实上成为中世纪大学诚信制度建设的起点。这启示我们：在现代大学中，除了把考试成绩作为入学标尺外，还应把学生的道德品质，包括诚信品质纳入到学生入学的参考标准体系中，这样才能促进学生道德品质与智力的全面发展，提高他们的综合素质。

2. 诚信宣誓制度

巴黎大学是教师大学的典型代表，在巴黎大学的组织建构中，宣誓效忠制度是诚信制度的重要体现，对大学的正常运作产生着十分重要的作用。宣誓制度要求无论学位获得者"将去哪个国家"，皆须宣誓"遵守教师团体自由、诚实之习俗"。如文学院主事拥有召集会议、敦促执行大学政令以及宣判违规者"违誓罪"的权力。主事人在大学教师团中具有十分重要的地位，主事人的意见渐渐成为教师团的行动准则。由此，效忠主事人制度成为维系大学章程的基石。再如，在博洛尼亚大学中，学生公会要求所有社团成员皆须宣誓忠于组织章程，并按照学生公会执政人的命令管理教师，要求他们必须准时开始和结束讲课等。对于违规的社团成员，公会执政人有权对违规成员进行物质或精神处罚，从而实现对大学的自主治理。这启示我们：在现代大学中，可以制定宣誓制度来激发大学生的诚信情感，通过宣誓活动，逐渐将诚信品质的要求内化于心。

3. 诚信教学制度

中世纪大学的教学，一般包括以下程序：一是在课前要概括原文梗概及主要思想。二是要用简要语言叙述和诵读原文，教师在诵读时要迁就学生笔记，速度较慢；学生会要求教师不得无故缺席、要准时上下课；要求教师在讲课时不得遗漏重要和困难的部分等。三是要复述本课所学习的主要内容，进行加深和巩固。四是要进行辩论。辩论既包括教师与学生之间的辩论，也包括学生之间的辩论和教师之间的辩论。辩论的主要目的是要追求真知，通过灵活的教学方式，来促进教师和学生对某一问题进行探讨和分析，追求真理，使学生真正掌握所授知识和技能，不自欺，亦不欺人。中世纪的教学制度虽然并不完善，但是其教学程序比较完整，教学方式比较灵活，尤其是要求教师的教学过程要遵循教育规律，有利于学生求真求实，有利于教学活动贴近学生实际，目的在于帮助学生崇尚真理，把握真知。这启示我们：在现代大学教育中，不仅要注重教学的内容和质量，更应注重教学的方法和内涵，让学生在轻松的教学环境和多样的教学方式中获得真知，这本身就是对诚信的一种坚守。

4. 诚信考试制度

中世纪大学对考试的具体组织形式作出了明确规定。虽然对于当时的学生来说，入学并不十分困难，但是考试仍然是一件比较困难的事情。不仅考试过程十分严格，而且要求考生宣誓要遵守考试规则。中世纪大学为授予学位而设的考试名目繁多，变化较快，且持续时间很长。学士、硕士和博士的考试都需要分为不同的几个阶段，有初试、资格考试和公开考试等。考试时由主考官主持，其他几名教师进行陪同，并进行秘密投票来决定是否通过了考试，防止舞弊和包庇。中世纪大学的考试形式和考试过程都体现出了公平、公正的诚信要求，是诚信考试制度的充分体现。这启示我们：在现代大学考试中要鼓励学生在考试前进行宣誓，要严格遵守考试规则；秘密投票的考试方式值得借鉴，可以充分保证考试的公正性；合理安排考试阶段，通过适时、适量次数的考试来准确衡量学生的真实水平。

5. 诚信学位制度

中世纪大学的学位制度已经逐步实现正规化，具备了严格的制度性程序和要求。学生修毕课程，凡学习 3 至 7 年后，考试及格可得到"硕士"（Master）、"博士"（Doctor）或教授的学位。硕士考试不公开，合格者发给证书，取得教学资格。博士考试公开举行，有隆重的仪式。至于学士，起初只是一种获得教授证书候补者的资格，并不是学位称号，后来才逐渐演变为一种独立的学位。但是学位的获得需要通过多重考试，并得到教授许可的候选人才能获得，获取学位的程序是十分复杂的。学生在修完"三艺"和"四艺"之后，通过考试分别获得"学士"和"硕士"学位，然后才有资格选学一个专门的学科，毕业后方能获得博士学位。因此，当时有很多人只是获得了学士学位就坚持不下去了，很少人能坚持到获得硕士、博士学位。这种严格的学位制度很好地解决了任人唯亲、滥发学位的状况，能够很好地维护大学的品格和荣耀。在现代社会，我们应该进一步严格学位制度，保证学生的真实能力与所获学位相符，维护好大学的社会地位和大学生的荣誉。

6. 诚信管理制度

学舍管理是中世纪大学一种重要的管理方式。在学舍出现以后，学生开始尝试一种规范的道德生活和学术生活。各学舍都有自己的章程，拥有独立的学舍管理官员，学生的大部分时间被统一到一种规范的学习和训练之中，他们被要求遵守学舍的章程和各项规定，遵守学舍禁止性的戒律和禁令，接受学舍的处罚，甚至包括弥撒、布道和忏悔等精神世界的约束等。在管理方面，有分明的奖惩管理制度，主张通过激发学生的责任感、荣誉感和对批评、惩罚、出丑的恐惧来加强管理，对优胜者颁发荣誉标志或给予领导地位，颁发奖金或给半日假期。同时，学校还加强对学生的监督管理，如频繁采用密保侦查制度，鼓励学生相互监督，及时向校方检举同学中的不轨行为和思想，以便校方及时掌握和控制。中世纪大学的学舍管理制度、奖惩制度和监督管理制度，能够很好地控制学生的思想和行为，同时，在严格管理制度的约束下，也可以依托管理载体，对学生进行生活诚信教育，并逐步成为大学诚信生活和管理制度的初级形态。

三、近现代大学诚信制度

各国因其自然环境、历史背景、宗教信仰的不同，在教育制度的设计上各有千秋。然而，在差异的背后，我们总是会发现一些共通的内容，例如对大学诚信制度的建设。考察近现代西方国家的大学诚信制度的演进轨迹和发展状况，对于我国开展大学诚信教育、完善大学诚信制度设计、培养具有诚信精神的大学生具有重要的借鉴意义。本节主要分析美国、英国、德国、俄国、日本及新加坡在大学诚信制度建设上的有效举措及其带给我们的启示。

（一）美国

美国拥有 4000 多所大学，是世界上高等教育最发达的国家之一。多数美国大学都将学术诚信看作是校园学术生命的基础，在对学生的培养过程中，重视对学生学术诚信素养的培养，并在长期实践中形成了一整套科学化、规范化、系统化并且富有特色和行之有效的学术诚信制度体系。

1. 以荣誉制度为核心的诚信教育制度

在美国大学的诚信制度建设中，最具特色的是荣誉制度（honor system）。"从 1779 年威廉玛丽学院第一个建立学生荣誉制度开始，美国的荣誉制度已有 200 多年的历史"[1]。此后，这一制度逐渐在美国各大学普及，成为美国大学学生学术诚信教育（Academic Integrity Education）的一大景观。通过多年的实践证明，荣誉制度是推进大学学术诚信建设最有效的策略之一。

荣誉制度（honor system）是一种通过学生宣誓和承诺保证在学习、考试以及学术活动中不说谎、作弊、盗窃和学术欺骗的制度。这一制度始创于威廉玛利亚学院（College of William and Mary）。[2] 从 1817 年开始，威廉玛利亚学院让学生在无人监督的情况下考试，开创了美国大学"荣誉制度"的先河。1842 年，弗吉尼亚大学的 Henry St.George Tucker 教授鼓励他的学生在考卷上签署一份诚信声明，开创了弗吉尼亚大学荣誉准则制度的先河。之后，各大学都效仿弗吉尼亚大学的做法，纷纷建立了学生学术荣誉制度，在长期的历史发展过程中，美国学校形成了传统荣誉制度与新荣誉制度两种模式。

（1）传统荣誉制度

传统荣誉制度普遍应用于美国大学早期，是一种学术诚信宣誓或承诺

---

[1] 高新战、刘培蕾：《美国高校荣誉规章制度及启示》，《教育学术月刊》2009 年第 11 期。关于美国大学最早设立荣誉制度的问题有两种说法：一种认为是威廉玛利亚学院，一种认为是弗吉尼亚大学。经过笔者对有关文献的反复比较认为，最早设立"荣誉准则"和让学生在无人监督的情况下参加考试（1817）的大学是威廉玛丽学院，而第一个让学生签署考试诚信承诺的学校是弗吉尼亚大学（1842）。

[2] 在威廉玛利亚大学主页上介绍该校历史传统中有如下的话：William & Mary is famous for its firsts：the first U.S. institution with a Royal Charter，the first Greek-letter society (Phi Beta Kappa，founded in 1776)，the first student honor code and the first law school in America. http://www.wm.edu/about/history/index.php。

制度。唐纳德·麦凯布（Donald McCabe）等认为，这一制度通常包括以下几个因素：无人监考的考试；学生在某次考试或任务中没有作弊而签署的承诺书；荣誉委员会（peer honor board）（成员主体由学生构成，由一名学生担任主席，并且委员会的组成和修改都参考学生意见）①。传统式荣誉制度一般采用宣誓或书面保证的形式，通过典礼或仪式的方式开展，至今还有不少大学保留着这个传统。如范德堡大学（Vanderbilt University），在每届新生开学时就有一个独特的荣誉法则的标语签署仪式；哈佛大学学生人手一册的《哈佛学习生活指南》上用加大加粗的字体印有："独立思想是美国学界的最高价值"；斯坦福大学的"荣誉规则"是学生们在 1921 年订立的，至今沿用。

（2）新荣誉制度

新荣誉制度是在传统荣誉制度上发展起来的。这一制度不再采用宣誓或书面保证的形式，而是更加注重培养维护学术诚信的群体责任感。与传统荣誉制度相比，这一制度有两个显著特点：一是通过一些机制（例如，诚信集会、参与演讲、诚信研讨会）明确地传达给学生学术诚信是学校主要的传统，如"加利福尼亚大学为研究生开设的《怎样当好一名科学家》等类似课程，以师生对话、答辩、讨论等方式进行，活跃课堂气氛的同时取得预期效果"②。宾夕法尼亚大学每年都要举行"学术诚信周"活动，活动期间让学生签署诚信保证书，在校园中张贴诚信标语、发放诚信传单等。③ 二是在司法或听证会中，以及在向其他学生宣传诚信准则的目的、主要构成、执行手段等中，都强调学生的主体地位。

（3）两种荣誉制度的异同

不管是传统荣誉制度还是新荣誉制度，其基本内容都包括以下几个方

---

① Donald McCabe, Linda Klebe Trevino, KennethD. Butterfield. *Honor Codes and Other contextual influences on academic integrity*: *a replication and extension to modified honor code settings. Research in Higher Education*，2002，pp.357-378.

② 江新华：《美国大学防剽窃教育的主要特点及其启示》，《比较教育研究》2004 年第 7 期。

③ 参见刘召、羊许益：《美国高校学术诚信教育的主要途径及其启示》，《淮南师范学院学报》2007 年第 3 期。

面：一是荣誉誓言，如威廉玛丽学院（College of William and Mary）从 1779 年开始，要求每名进入威廉玛丽学院的学生，在学校礼堂的大厅背诵荣誉承诺："作为威廉玛丽学院的成员，我以我的荣誉起誓，在我的学术生涯和人生当中，不欺诈，不撒谎以及不偷窃。我了解这样的行为会违犯荣誉准则并且破坏社区对我的信任"。二是明确学术不诚信的行为，主要包括对剽窃、抄袭、伪造和篡改以及其他学术不诚信行为等的界定，旨在让学生明确哪些行为是属于学术不端行为。三是对于学术违规行为的处理措施和程序，处理程序包括报告、调查、申述、审判、处理等一系列司法环节。在通常情况下，一旦有人举报，荣誉委员会便会成立相应的调查小组，如举报被确认属实，根据违规行为的性质、严重程度及学生的认错态度等，学校会作出综合判断，严重者会面临休学或退学的处罚。

　　从源头上看，美国高校中最早的荣誉制度，并非仅仅来自于某种现实的需求（如防止学生作弊），而是更大程度上来自于学校的荣誉感以及对于自己和学生的一种身份区别。1688 年为纪念英国光荣革命后共同主政的威廉三世与玛丽二世，威廉玛利亚学院建立，曾有三位美国总统毕业于该学校：托马斯·杰斐逊，詹姆斯·门罗，约翰·泰勒，另外还有四位联邦高等法院大法官。学校本身的贵族血统，使她对自己的学生有着荣誉的要求，而对学生来说，能够在这样的一所学校学习，本身就是一种荣誉。在美国传统文化语境中，荣誉一词有两层含义：第一是指"灵魂高贵、高尚，不屑于做龌龊的事情"；第二是指"名誉"，做与身份相配之事。它关乎个人品德——做一个灵魂高尚的人，也关乎学生分内责任——真正获得知识。所以，对于这些学校的学生来说，考试作弊之类的事情，绝对是为人不齿的。

　　许多研究表明，在美国高等教育发展史上，学生舞弊现象在一些高校一直存在。杜克大学学术诚信研究中心一项对美国大学学术诚信的调查显示："27% 的学生承认他们经常和十分经常地伪造实验数据，41% 的学生声称在作业中有剽窃行为，30% 的学生说他们在考试时作弊。"[1] 另外，该调查还表明："从互联网上复制资料而不注明出处的行为，从 1999—2000 学年的

---

[1]　王诺：《你签署"诚信誓言"了吗?》，《世界博览》2003 年 6 月 9 日。

10%上升到2001—2002学年的41%"①。可见，如何克服学生的学术不诚信行为，一直是困扰许多美国大学的难题之一，也造成了长期以来学校和教师与高校学生之间的长期博弈。正如 Horowitz 所说："如果舞弊对于赢得这场战斗是必要的，学生们就认为学术不端并非可耻之事"。正是在教师和学生之间长期的博弈中，教育学者和管理部门逐步认识到，与其采取"学生规则"、"纪律"或"惩罚条例"之类的处罚手段，不如调动学生自己的积极性，激发起学生的荣誉感，让学生自己意识到作弊是可耻的行为，使学生自己与自己战斗。因而这种荣誉制度被借用过来，成为一种保障学生诚信行为的重要制度。从心理学上看，一个人越受信任、越受尊重，就越会有荣誉心。如果教师把学生当贼来提防，并不能减少学生的违规行为。只有尊重学生，唤起学生的荣誉感，才能使学生自觉地不作弊、不欺骗、不剽窃，而不是被动地害怕被发现、被揭露。所以，荣誉制度的核心是对学生的充分信任和激励。

值得注意的是，荣誉心虽然是个人的操守和分内职责，但却与个人所处的群体环境相关。荣誉制度能够发挥作用的前提是它对待每一个人都是平等、公正的，而且能够切实地执行。特别是教师，既要信任学生，更要公正地对待所有的学生，如果学生认为这些规定只是形式上的，或者因人而异，就会对规则失去信任。所以，和所有的道德环境一样，学校的荣誉制度是需要每个人去呵护的。但我们也不可否认，这种荣誉制度虽然不能解决所有学生的学术不端问题，但它在培养校园的诚信文化，营造校园诚信环境中的作用却是不可代替的。

2. 标准化的学术规范制度

美国学术诚信制度建设的另一个特色是学术规范的标准化。遵守学术规范，依照学术规范的要求开展学术活动，是对学者的最基本要求。一般认为，学术规范有广义和狭义的两种含义，广义的学术规范是包括了学术道德规范、法律规范和技术规范在内的规范系统。狭义的学术规范特指学术技术规范，主要是关于学术研究活动的具体规则，如引文的出处、参考文献的要求、研究成果说明等。本书中所涉及的学术规范概念大部分是从广义方面而

---

① 之贤：《直面学术欺诈》，http://www.gxdlb.com，2003 年 7 月 11 日。

言的，此节主要讲的是狭义的学术规范。

美国是一个学术大国，也是学术强国。美国学术研究活动的繁荣，建立在严谨的规范研究基础上，在长期的历史发展过程中，美国学术界形成了标准化的学术规范模式，为推进美国的学术创新，避免学术泡沫，防止学术不端行为奠定了基础。当前，美国人文社会科学领域的学术研究主要遵循两个标准：一是被称为"出版与研究界圣经"的《芝加哥手册》(*The Chicago Manual of Style*)，二是美国现代语言学会 (Modern Language Association) 编订的《MLA 手册》。

（1）《芝加哥手册》

芝加哥手册全称是《芝加哥手册——写作、编辑和出版指南》(*The Chicago Manual of Style：The Essential guild for writer and publishers*)，该手册最早由芝加哥大学出版社的一批资深编辑撰写，1906 年出版后，在采纳出版社和读者反馈意见的基础上不断补充修订，目前已经出版了 15 版，是美国学术界和出版界普遍采用的经典格式。芝加哥手册几乎囊括了学术写作和编辑出版的所有细节，主要内容包括：①对手稿的一般要求，如手稿的章节划分、文字处理以及版权许可等；②体例，详细列举了标点使用、词的拼写、人名地名以及专有名词、数字、引文、外文、图片及文字说明、图表、计算、缩写、注释、征引书目以及索引等；③出版格式，主要针对出版社，包括版面设计、字体、印刷和装帧等。以该手册为基础，芝加哥大学出版社还出版了专门针对大学本科、硕士、博士撰写课程论文和学位论文使用的专门手册。

（2）《MLA 手册》

《MLA 手册》(*MLAStyle Manual and Guide to Scholarly Publishing*) 是美国现代语言学会出版的以大学生、研究生为主要对象的格式标准版本。1951 年，由当时美国现代语言学会负责人 William Parker 编辑出版，在此基础上的修订版出版于 1985 年，再版于 1998 年。《MLA 手册》与《芝加哥手册》格式内容基本相同，仅在注引标准方面存在细微差别，如著作、文章出版日期的顺序和正文中注引格式等。

不管是《芝加哥手册》还是《MLA 手册》，都高度强调引文的合法性和注释的规范性。在合法性上则强调必须严格区分作者本人思想与引用他人的观点，不管是直接引用和间接引用，都必须做到"无一字无出处"；在规范性上要求作者必须做到与注释标准毫厘不差，不能有丝毫疏忽，以维护学术道德和学术诚信。

应该说，以《芝加哥手册》和《MLA 手册》为代表的标准化学术规范体系，从技术操作层面为研究生进行学术研究活动提供了规范的指南，也为防止学术剽窃、抄袭等不诚信行为设置了可供操作的工具。美国的许多出版社、学术杂志期刊都依据这些标准化的规范来审定稿件，不符合规范标准的稿件不能刊发，从而有力地保障了学术活动的正常进行，维护了学术研究的诚信原则。

3. 多方参与的学术诚信保障制度

美国大学中的学术诚信制度，是整个社会诚信制度的一个部分，这一制度的有效性，是通过多方面力量来保障的。

（1）社会诚信教育体制为学术诚信制度提供了基础

美国学校的诚信制度根植于美国社会深厚的诚信文化土壤。历史地看，美国是一个典型的新教国家，新教伦理中的诚信观念以及市场经济对信用的要求对美国文化有深刻影响。早在两百年前，富兰克林就曾说"讲信用的人是别人口袋的主人"。美国的家庭教育、中小学教育都非常重视对学生诚信品质的培养。在家庭教育和幼儿园教育中，家长和老师常常通过寓言、故事等形式潜在地引导学生的诚信意识，在学校德育课程中，有关诚实守信教育的内容占有相当重要的位置，"如在《公民》教育课中就提出要培养个体必要的道德品质，这些道德包括诚实守信、自律、实现自我等等"①。大部分中小学都常年开展"诚信周"活动，从而形成了完善的社会诚信教育机制，这为大学诚信制度建设奠定了良好的基础。

（2）设立专门机构保障学术诚信制度

美国高校一般都建立专门机构监督执行学术诚信制度，如华盛顿大学的学术诚信委员会和学术诚信实施小组、杜克大学的学术委员会、马萨诸塞

---

① 陈立思：《当代世界的思想政治教育》，中国人民大学出版社 1999 年版，第 92—93 页。

大学的检察官办公室等。这些机构主要负责监督学生遵守学术诚信守则情况、发现学生学术不端行为并及时处理、保存学生的诚信记录、制定调查和听证程序、监督学术诚信案件的审理等。其目标是提高学校的学术诚信水平，防止学生的学术不诚信行为，有的机构还定期向学校提供"学术不诚信"事件的报告，以便学校了解学生的学术诚信状况。

（3）政府部门对于学术诚信管理的介入

20 世纪 80 年代，美国设立"科研不端行为工作组"并出台了《关于不良研究行为联邦政策》。后来，白宫科技政策办公室专门成立了协调小组，推动相关措施的制定和落实。1992 年，美国国会通过《国家卫生研究所复兴法案》（National Institutes of Health Revitalization），1992 年 5 月，科学诚信办公室和科学诚信审查办公室合并为研究诚信办公室（ORI），隶属于卫生部助理部长办公室（Office of the Assistant Secretary for Health），是一个专门处理学术不端事件的政府机构。主要负责接受学术不端行为的举报、对学术不端行为的调查和监督，制订相关方针政策和具体措施。1993 年，克林顿总统签署国家卫生研究所复兴法案后，处理科研不端的责任转移到研究诚信办公室。

值得关注的是，美国科研诚信办公室近年来还致力于学术诚信的普及宣传工作。据《科学家》网站报道，2011 年，该办公室推出了一部针对学术不端的互动影片——《实验室：避免学术不端》（*The Lab：Avoiding Research Misconduct*）。该影片创造了科研诚信中的模拟场景，观众可在其中扮演角色，在遇到的一系列科研诚信问题上作出自己的选择，不同的选择会导致情节不同的发展，该影片可在 ORI 官方网站观看并参与互动。[①]

（4）各类科研团体的道德规范对学术诚信的推动

在美国，各类学术团体，如美国科学促进会（AAAS）、美国物理学会（APS）、美国化学学会（ACS）、美国微生物学会（ASM）等都在促进科研诚信方面具有不可低估的影响。这些学会大都制定了学术道德规范，对成员的学术诚信行为作出了明确要求。"美国科学促进会 1999 年开展的一项调

---

① 参见 http://ori.hhs.gov/TheLab/TheLab.shtml。

查显示，在作出有效答复的 46 家学术团体中，有 74% 的团体制定了道德规范"①。2000 年 4 月，美国科学促进会与美国研究诚信办公室共同赞助召开了"学术团体在促进研究诚信中的作用和行动"会议并发布了报告；2002 年修订后的美国物理学会《职业行为指南》明确提出"诚实是科学道德的基础"。《美国微生物学会行为准则》规定："学会会员不能有篡改、伪造或抄袭等科学不当行为"。总的来看，各学会的道德规范虽然具体条款存在差别，但对于学术诚信的要求却基本一致。

1992 年，美国学术诚信中心（CAI）成立。该中心隶属于杜克大学科南伦理项目，2007 年迁入 Clemson 大学，是一个由 200 多所高校及教育组织和 500 多名知名学者组成的全国性学术诚信保障联合会。中心主要通过主办会议、出版刊物等，帮助成员分享交流学术诚信方面的信息，致力于提供一个论坛，确认、肯定并促进学生学术诚信的道德标准。在具体操作层面，美国学术诚信中心主要通过学术诚信评估指导制度，对各高校的学术诚信政策、学术诚信标准的遵守、学生和教师对学术诚信的认知状况等进行评估，有力地促进了成员学校学术诚信氛围的形成。

4. 程序化的学术违规处理制度

受政治制度、法律传统及管理体制等因素的影响，美国高校学术诚信制度建设体现出"重程序"的特色。为了保证学生学术诚信制度的可操作性，美国各高校都制定了与联邦司法诉讼程序相类似的学术不端的处理程序，并且在处理学术不诚信案例时会引入权力制衡原则，调查权、判决权和监督权分别归属不同的部门，质询、调查、判决、申诉各阶段相互独立，互不干涉，显示出美国高校在诚信管理上的公正与公平性。

（1）对大学生学术不诚信行为的处理程序

美国大学对大学生学术不诚信行为的处理一般都能按照公开、公正的程序进行。主要分为以下几个阶段：

第一阶段：通知。当接到学生举报或教师怀疑学生存在学术不诚信的行

---

① 朱燕：《美国大学生学术不端防治研究》，博士学位论文，北京大学，2008 年，第 61 页。

为时，应在规定的时间内通知学生，并给学生一个合理解释的机会。教师根据学生违规的情节采取不同的处理策略。如果学生是初犯，并且情节不严重，教师可在权限范围内自行处理，但必须向学生书面告知处理意见，并上报学校诚信管理部门备案。受到指控的学生如果承认自己的违规行为，就必须接受处理决议。如果学生违规行为比较严重或者学生不同意教师的处理决议，教师就需要将案件上交研究生职业研究部主任，并召开荣誉委员会的听证会，按照诉讼程序来处理。在处理案件时，学术诚信委员会要向当事人告知应有的权利和义务，保证程序的合法性。

第二阶段：调查。对于提交学校学术诚信管理部门的案件，学校将组织专门的调查委员会进行调查。提交案件的任课教师要提供详细的书面支持材料。对于一般的案件，学校诚信委员会指定一名教师和一名研究生组成调查组，在规定时间内完成对案件的调查。调查完成后，将由研究生职业研究部主任通知学生事务部，召开听证会，对案件进行审理和裁决。

第三阶段：听证。学生事务部主任接到通知后，将组织听证委员会对案件进行听证审理。听证委员会一般由两位研究生和两位研究生教师共同组成，学生事务部主任则担任听证委员会主席和记录员。也有的学校如普林斯顿大学的听证委员会由五名学生和四名教师组成，分管的副校长作为听证委员会主席。召开听证会的时间和地点一旦确定，要求学生事务部必须在48小时之内以书面形式通知受指控学生，学生有权聘请一名顾问出席听证会。在听证过程中，听证会要求指控者、被指控者、证人陈述事实，进行辩论。最后由听证委员会投票决定该学生的违规行为是否成立，并根据情节决定处罚措施，最终裁决意见需要以听证会的多数意见为准。如果被控方认为案件审理不公，或者对裁决有意见，可以在听证会后48小时内向学校复审委员会提出申诉。复审委员会将遵循程序对案件进行复查，包括成立新的调查组、组织新的听证会等，并根据调查和听证结果，决定是否驳回学生的申诉。

（2）对学术不诚信行为的处理

美国大学对于研究生的学术不诚信行为制定了严格的惩戒措施，根据学生违规情节的严重程度，分为警告、记过、留校察看、休学、开除等不同的处分方式。从而使学生对于学术违规行为的后果有清楚的预期，保证了学术诚信制度的有效性。

警告：警告是对情节比较轻微的学术违规行为采取的处罚措施，目的在于威慑学生以后不要再犯。一般情况是由教师写一封警告信给学生，并复制一份交由学校相关部门备案，违规者的行为将记录在学校保存直至毕业或注册期满，但不放在学生的档案中。如果违规者在接受警告处分期间再次违规，将面临"两罪并罚"的危险。

记过：记过是对学术违规行为比较严重的学生采取的处分措施，一般由教师把学生所犯错误记录下来，提供给学校诚信办公室，受到记过处分的学生，其学术违规行为将进入个人的档案。

留校察看：留校察看属于正式处罚的一种，接受这种处罚的学生在违规行为发生后和听证会期间允许留在学校，但要接受学校诚信管理委员会的特殊察看，其违规课程的成绩会因为违反研究生荣誉规范而被记为不及格，并在学生档案里永久记为"F"。在留校察看期间，学校要求学生为所在系或学校其他合适的单位提供一定期限的公益服务（一般不超过 50 小时）。如果学生按规定提供了所要求的公益服务，其违规行为记录将在毕业时或注册期满后被消除；否则，这一记录会永久记入学生档案。

休学：休学是对于违规情节比较严重的学生进行的处罚方式。休学分为两种：一种是不完全性休学，接受这种处罚的学生，可以完成发生学术违规行为学期内的课程，但作为处罚，在课程结束后要休学一段时间（不超过两个学期或一个学年）。另一种是完全性休学，接受这一处罚的学生不能完成当下的课程，而必须立即休学。休学时间也是不超过两个学期或一年，但学生在学期间的学分将全部丢失，而且其违规记录会被永久记录在学生档案中。休学期满后，学生需要注册，所有课程也要重新学习，并接受学校荣誉制度的考察。

开除：开除是对于学术违规学生最严厉的处罚，与接受休学处分的学生相同，接受这种惩罚的学生不允许完成当下的课程而必须马上离校，违规学期的所有学分全部丢失。违规的课程的成绩也记载在学生的成绩报告单上，并在该学期学生的档案里永久记为"F"。与休学不同的是，违规的学生将会永远失去在该大学重新注册的机会。"因违反研究生荣誉规范而被永久开除"的记录也将永远记载在该生的档案里。

可以看出，美国大学对于学生学术违规行为的惩戒措施是非常严厉的，而且学生接受的处罚根据违规情节的轻重，采取不同的处罚方式，每一种处罚方式都对应相应的违规行为，通过严格的程序来履行，保证了处罚的公正性和严肃性，避免了随意的处罚行为。

5. 美国大学学术诚信制度的主要特点

美国大学的学术诚信制度建设起步早，在长期发展过程中，各高校根据自身实际不断丰富完善，并与本校的文化传统相结合，形成了各具特色的学术诚信制度体系。总体上看，美国高校的学术诚信制度有以下特点。

（1）学术诚信制度嵌入整个社会诚信体系

美国大学学术诚信制度是美国学术诚信体系乃至整个社会诚信体系的一部分。在美国，包括宏观层面的联邦科研诚信基本政策、中观层面的高校、研究机构、团体学术诚信制度体系以及微观层面的针对具体人群的实施细则，构成了一个整体的制度安排。宏观层面，联邦政府《关于不良学术行为的联邦政策》对学术诚信的基本范畴、主要规范、运行程序等进行了规定，使学术诚信具有很高的法理地位。中观层面，各学校根据联邦政策和学校情况制定了各具特色的学术诚信制度和荣誉准则，将学术诚信纳入学校日常管理活动中。微观层面，学校又制定了关于研究生学术诚信的实施细则，对于学术诚信规范的内容进行了详细的阐释，通过具体的行为描述，告知学生哪些行为属于违规行为，应尽可能避免触犯，以及违规行为可能面临什么样的惩罚等。这种制度安排，使高校学术诚信的管理既具有国家层面的法理基础，又具有操作层面的执行力，容易落到实处。

（2）学术诚信制度建设中发挥学生主体作用

美国大学诚信制度建设注重发挥学生的主体作用，这主要表现在两个方面。一是在帮助学生确立学术诚信观念的过程中，不是将学生作为被教育的"客体"，而是让学生参与学术实践活动，培养他们的学术规范意识和学术诚信观念，特别是注重将学生视为学术共同体的一员，在与教师共同研究中，增强学术荣誉感和纪律观念，在"学术共同体"基础上建立"荣誉共同体"。二是在学术诚信管理和制度建设中，通过荣誉制度的方式，积极吸引学生参与到相关规范的制定以及对学术不端行为的处理程序中，使学生在自我管理的实践中增强自觉的诚信观念。

（3）学术诚信制度运行中注重程序公正

美国大学学术诚信制度的设计，体现了美国政治体制中的分权制衡原则，管理、审判、监督分属不同部门，形成了相互牵制的权力制约机制，有效地避免了权力的滥用，从制度层面保障了学生的合法权益。对待学术不端事件的处理，是严格按照美国的法律程序来进行的，除了个别情节轻微或者证据确凿、学生主动承认的案件外，大部分学术不诚信案件的处理都按照严格的司法程序来进行。既保证了学生权利，又使学术不端案件的处理成为进行诚信教育的生动案例，为保证学校良好的育人环境奠定了基础。

（4）学术诚信制度的功能以预防为主

虽然美国的学术诚信制度对违反制度的行为制定了严厉的惩罚措施，但制度设计的出发点却是教育学生，通过制度化的措施，帮助学生树立学术诚信的观念。因而这一制度的功能和落脚点，并不在于对违规者的严肃处理，而在于预防。美国高校的荣誉制度，充分体现了对学生的人格尊重，相信学生自己能管理好自己的理念。通过激发学生的荣誉感，代替了被规诫的耻辱感，使学生把诚信看作是一种荣誉，而不仅仅是把不诚信看作耻辱，充分体现了西方文化中视荣誉为生命的特色。

（二）英国

英国人讲诚信，不仅仅是因为英国有非常健全的信用制度和信用体系，更重要的是讲诚信已成为英国人的一种理念，成为他们一种自觉的行为。这与英国的教育制度和体系是密不可分的。面对社会不良现象和失信行为，英国通常会建立反欺诈调查小组，通过对欺诈事件进行调查和曝光，并辅之以必要的经济手段和刑事处罚方式，对失信行为作出惩戒。英国在鼓励诚实、惩戒欺诈的同时，还鼓励公众举报不诚信行为，致力于将"呼吁诚信、反对欺骗"作为一项社会工作来做。

英国的学校教育是从基督教传入英国时（约公元 6 世纪）开始的。经历了资产阶级革命、封建王朝复辟以及工业革命等发展演变过程，英国学校很好地保留了旧制度、创造了新制度，在教育领域形成了新旧制度共存、保守与创新结合的双重特点。英国学校关于诚信教育的开展就具有明显的传统与现代结合的色彩，不仅沿袭了绅士教育、宗教诚信教义、传统道德教育的文化内涵，而且结合新时期的特点，对学术界的诚信也作出了较为严苛的规定。

1. 历史悠久的英国诚信教育制度

第一，绅士文化与诚信精神。"绅士"产生于 17 世纪中期，由中世纪的"骑士"发展而来，后在英国日渐兴盛。绅士文化既是英国民族文化的延伸，又是不断融合外来文化、吸纳各阶层价值观的产物。"绅士教育"意在培养"有德行、有用、能干的人"，使他们有较强的社会责任、拥有务实进取的精神、推崇理性和诚信、重视个人声誉。自文艺复兴以来，绅士文化在英国教育领域发挥了巨大的作用，对包括高等教育在内的英国各级教育都产生了深刻影响，这种影响更多地体现在大学教学质量评估和学生诚信思想政治教育当中。此外，绅士文化对说谎、弄虚作假（狡猾）等行为持坚决的批评态度。

第二，宗教与大学诚信教育。宗教在西方社会生活中与教育、诚信教育有着千丝万缕的联系，已不是纯粹意义上的"宗教"，它在增强民族认同感、凝聚力和传播价值观念方面发挥着特殊的作用。西方宗教被视为进行思想教育的有效手段，其渗透作用不可忽视。在英国、德国、意大利和西班牙的所有学校里都设置了专门的宗教课程。1944 年英国发布了著名的"巴特勒教育法令"，奠定了现代英国教育改革的基础。但是法令却像英国革命一样，对在学校进行宗教教育的要求进行妥协。它否定不同教派的宗教教育要求，但却规定学校进行全国统一的宗教教育，即有义务实施集体礼拜和开设宗教科目。其中还特别规定学校有进行宗教教育的自由。这个法令反映了英国德育的保守性。

第三，英国学校德育的历史发展。英国是个老牌资本主义国家，最早实现资本主义工业化，有完整的资本主义制度，但不彻底的资本主义革命使它成为保留君主立宪制的发达国家，具有许多古老的文化和根深蒂固的传统习俗以及历史悠久的宗教体系。这些都对学校德育产生了深刻的影响。英国现代教育发生较早,学校德育源远流长,但是作为统一国家教育之后的现代学校德育却是在 1870 年颁布《初等教育法》之后才开始出现和形成的。1938 年英国基督教发起了"道德重振运动",力图使每家每户都成为"道德堡垒",使学生再接受诚实、纯洁、公正和爱人的教育。虽然 1944 年法令肯定了学校中的宗教教育,但 50 年代"非宗教道德教育"的兴起,导致了英国从 60 年代开始了学校德育世俗化的探索。其主要主张是把德育融入到学生的实践活动中,使其获得直接的道德体验。同时在大学成立道德研究机构,进行德育基本理论、道德准则等的研究工作。从 70 年代开始,英国建立了"社会道德委员会",开始制定全国统一的学校德育计划,从全社会教育层面开始了新的德育探索工作。

2. 国家层面的诚信制度

2006 年,英国科研诚信办公室成立,其前身为英国健康与生物医学科研诚信专家组。科研诚信办公室开展了许多工作,包括提出一些得到广泛接受的规范和指南,为各类机构和科研人员提供有关良好科研行为和调查处理科研不端行为举报方面的咨询意见。目前英国科研诚信办公室作为公益性慈善组织,得到英国许多研究型大学、英国国家健康研究所以及英国皇家学会等机构的资助。

2009 年,英国研究理事会、英国大学组织等机构共同成立了科研诚信前景工作组。该工作组在 2010 年完成的报告中分析了当时英国科研诚信建设的制度安排及有关方面的需求,提出在科研机构承担科研诚信建设主要责任的同时,应当在国家层面采取联合行动:通过建立一个全国性的咨询与支撑机构,以确保相关政策、规范和标准的一致性,并提出了有关机构设置、职责范围等方面的具体建议。

2012 年 7 月,英国研究理事会、英国大学组织等八个部门和单位签署的《维护科研诚信协约》正式对外公布。《维护科研诚信协约》旨在提供一个国家层面的关于良好科研行为及其治理的综合性框架,以使社会确信英国的科学研究始终坚持严谨与诚信方面的标准。英国大学在为《维护科研诚信协约》撰写的序言中指出,这是首次建立机制,使科研领域的主要利益相关方一起总结经验，以推进英国的科研诚信建设。《维护科研诚信协约》的规定大致有五个特点和五个要求。特点分别为：明确不同阶段科研诚信建设的重点；不断总结经验和发现问题，评估科研诚信建设进展；建立适当的调查处理举报程序；建立科研诚信建设的咨询与支撑部门；注重科研诚信环境建设。要求为：在所有科研环节坚持严谨与诚信方面的最高标准；确保开展的研究遵循适当的伦理、法律和专业框架以及相关的义务和标准；维护以良好治理、最佳实践和支持科研人员发展为基础的崇尚诚信的科研环境；采用透明、健全和公平的程序处理科研不端行为；共同加强科研诚信建设，定期且公开地评估开展工作。

3. 大学层面的诚信制度

第一，对学术欺骗的定义与处置。学术欺骗是诈骗的学术用语。学术欺骗可分为多种形式，比如剽窃是指抄袭他人作业作为自己的作业上交。共谋是指两个或两个以上的学生合做一份作业，然后作为一个学生的作业上交，或委托他人完成作业，并作为自己的作业上交；机器翻译是指用软件将自己或他人的文章翻译成另一种语言，同学们必须上交自己写出的文章，一份作业中部分内容为机器翻译也属于学术欺骗，未注明翻译也是不能接受的。引用和参考方式要注明原作者，不正确的引用有可能被视为学术欺骗。不遵守考试规定也属于学术欺骗。比如，手机放在桌上，即使没有使用，也会被当作学术欺骗。当然，私自携带笔记进入考场或抄袭他人答案也是禁止的，如果学生被怀疑有学术欺骗行为，评阅老师或监考老师会呈上一份书面报告给项目主管，但是学生上交的作业仍然会被正常评阅。一旦学术欺骗行为被认定成立，那么项目主管和主考老师会建议惩罚措施；如果不能认定是否成立，则将提交考试纪律委员会，由他们作出最终裁决。对学术欺骗的惩罚取决于学生的行为，通常学生会因为相应的惩罚而不能通过学业考核。如果有超过一次以上的学术欺骗行为，那么惩罚就会变得很严重，反复的学术欺骗可能导致最终被要求退出学术活动。

第二，对学术论文的严格要求。英国大学向来以治学态度严谨而著称，对学生的学术论文要求很严格，也是每个毕业生必须面对和攻克的难题。在开课之前，每位学生都会得到一本"防抄袭"指南，同时老师会用极其严肃的态度和大家讲解，甚至可以称得上是再三警告。英国大学对学术论文写作中的引用有着非常严格的规定和限制。英国建立了一个以网站为平台的论文防抄袭打假软件"turn it in"，这个软件集结了海量的已出版的文献、学术著作、期刊、商业数据库等，同时涵盖了所有公众可以查到的互联网上的存档文件，以及所有提交到这个网站上的学术论文。英国大多数大学，对论文扫描结果相似度不超过20%的视为顺利通过，如果超过20%，就要对具体情况进行了解，发现有问题就要对学生进行惩戒，甚至开除学籍，情节严重的可能还会被起诉。

第三，对学术腐败的严格惩戒。对学术腐败的严密监察和防范是英国跻身科技大国的一个重要原因。长期以来，英国进行学术监督和治理学术腐败依靠的是学术界的自律，并没有形成专门性的官方机构负责处理学术腐败等不当学术行为。除了学术界自律，英国的学术刊物等媒体在学术规范中也发挥着很重要的作用。在英国，对学术进行监督的媒介主体主要有研究机构、基金会等科研投资机构和学术杂志，这些机构往往通过自定的内部准则，调查学术腐败等不正当学术行为，并对其进行内部处理。学术腐败者，不但名誉扫地，其科研经费来源也将受到很大影响，这样的惩戒无异于釜底抽薪。尤其是近年来，学术刊物界对学术腐败等不当学术行为采取了较为强硬的态度，组建了由学术杂志编辑组成的出版道德委员会，专门针对一稿多投、不当署名、伪造和篡改数据、剽窃等一系列学术不当行为进行处罚，处罚措施主要包括去信申斥、拒绝再接受过错方提交的论文、公开不正当行为细节等。

（三）德国

德国高等教育一向以要求严、质量高著称于世。尽管德国大学的历史比英、法、意大利等国家短，但后来许多国家，包括美国、日本等都积极效仿德国大学制度，并从中学到了很多东西且延续至今。从文艺复兴到宗教改革，再到近现代德国，随着历史的发展，教育事业也随之发生着翻天覆地的变化，德国大学诚信制度也逐渐在德育和学校制度中得到体现并影响着世人。

1. 文艺复兴时期隐藏于德育中的诚信制度

文艺复兴是欧洲一次翻天覆地的思想变革，为冲破中世纪神学的束缚，建立了新型的学校和教育制度，提出了鲜明的人文主义教育理想，并力图培养具有高道德、高素质，既掌握丰富知识又有艺术修为的人才。文艺复兴下的德国更是注重学生的道德教育，修建学校、开设培养高素质人才的课程，并且要求学生在读期间阅读指定书目，以培养学生的道德修养。在学校制度中，读指定书目是每一个年级首要的任务。

威丁堡公国建立的学校制度，其建学宗旨在于"通过相互衔接的各级教育，把青年一直培养到具有教会和政府的职位所要求的文化程度"。因此在学校设立的课程中，语言和宗教以及道德教育是必修课程，这样的设计无疑是对德育的重视。同时学生从五年级开始，必须学习《论礼仪》和《伊索寓言》来提升道德情操，并要求学生要做到诚实、守信，认为这才是具有良好道德的第一体现。同时学生还要唱圣诗，以唱《圣灵降临》或《上帝的精灵降临》开始一天的课程，德国学校认为学生有好的修养和道德才能真正成为岗位上需要的人才。

2. 宗教改革时期德国大学的诚信制度

14、15 世纪的欧洲发生了重大的社会变革，随着社会生产力的提高，新兴资产阶级力量兴起。在新观念冲击下，产生了与旧的宗教观念截然不同的人生观，他们对教皇征税极为不满，逐渐形成了一股反封建宗教的政治力量。在这样的思想冲击下，德国的教育同样受到了极大的冲击，学校制度要求也发生了变化，一场教育改革顺势兴起。

宗教改革期间，国民教育在马丁·路德的倡导下提出信仰耶稣即可得救，并以此思想为基础进行教育改革。他认为人必须有信仰，信仰的依据便为圣经，人们若想得救则必须依靠信仰，同时提出要简化宗教仪式。当时的新教派在教育享受权利与义务方面有着自身的看法，他们认为在上帝面前都应享受权利与义务的平等性，每一个人都有同等接受教育的权利。在他所写的《论在德国建立学校》和《论送孩子上学的责任》中强调，每一个儿童不分性别和等级都应接受教育，树立新教理想，培养热爱生活和忠实的学生。他强调每一个学生都应该有一本圣经，并且学习圣经，而圣经则成为培养学生道德情操的首要教材。

1529 年，由路德、梅兰希顿和布根哈根制定的《教会条例》和 1581 年的《学校条例》都在不同层面对学校管理、教师以及学生管理制定了相应的规章制度。例如对学生的义务和举止言行、教仆和助教的职责、教授和助手的职责以及校长的职责和权限等都有详细的明文规定。由于正在兴起宗教改革，新旧思想碰撞激烈，学校中的很多规定是为了统一学生思想，使学生的行为品德符合新教思想。

宗教改革后，伦理教育仍以宗教教义为主要教育内容，并旨在培养和选拔上帝的选民。宗教教育不仅包含与日常生活息息相关的修行与锻炼、习俗与礼仪，还包括信仰、教义和神话等思想。宗教教育一方面直接阐释宗教伦理规范，另一方面又以学习教育为主要内容，间接制定各种伦理规范。宗教没有被认为是非理性的巫术，是因为它的各种规定、个人行为规范、社会秩序以及各种规则有一定的普遍适用性。宗教一方面与"祛除巫术"相联系，另一方面又离不开"伦理纲领"，并且这两者之间也是相互联系的。马丁·路德在用民族语言翻译《圣经》时，把"神召"翻译成"职业"、"天职"，这样"神的召唤"便有了对世俗日常行为的肯定，也就是说克己履行世俗职业的义务被提升为一个人道德行为的最高形式。这种伦理规范具有强制性和有效性，表现为：一方面，人神的对立关系使得教徒内心深处始终总是充满了紧张和焦虑，争取神的恩宠，达到救赎成了最主要的目标；另一方面，除了做好世俗工作之外，找不到别的救赎道路了，也只能在世俗中不断严格要求自己。由于宗教伦理和世俗伦理联系的密切性，宗教的发展促使人们形成了一种独有的精神气质，这就是一定意义上的救赎当先，用计算最小恶最大善的方法来做到对世俗工作的恪尽职守，最后产生了系统的生活方式以及讲究方法的思想特质。

3. 近代德国大学诚信制度

（1）17 世纪到 18 世纪德国大学诚信制度

17 世纪末到 18 世纪初，德国大学依旧被中世纪传统大学阴影所笼罩，神学争论仍然充斥于大学的讲坛。哈勒大学和哥廷根大学则一改旧大学的陋习，强调自由理性和独立思考，注重德育和宗教并存。德国大学的新发展起源于 1694 年创立的哈勒大学，它以思想自由和教育自由为基本原则。在虔信派支持下，他们强调宗教的主观方面，着重人类灵魂的拯救工作，讲求宗教生活方式，要求对基督教义进行实践。学校重视德育，将德育寓于宗教教育中，对学生在道德方面提出很高的要求，诚实、忠诚都是其对学生的培养要求。同时他们也注重道德实践，将对学生的严格要求和道德要求融入学术中，这成为推动哈勒大学成为当时德国最主要大学的重要因素。而哥廷根大学则注重在法学教育中的德育优先思想。18 世纪可以与哈勒大学相抗衡的便是哥廷根大学。到 18 世纪后半期，哥廷根大学很快便成为全德贵族阶级所赏识的学校，贵族青年都到那里学习法律和政治科学，同时学习礼貌和风度。法学的盛行带动了德育的发展，学生在学习法律期间进一步约束自己的行为，培养个人良好的道德。德国男士以绅士著称于世界，想必与重视道德、礼仪教育是分不开的。在此之后，德国所有大学都按照这两所大学进行改革，道德教育成为每一所大学的一项重要教育内容，深刻地影响了每一代德国人。

（2）19 世纪前期的德国大学诚信制度

19 世纪前期，德国大学的诚信制度和道德教育主要是依靠对圣经的学习完成的。这一时期的德国教育，不论是小学、中学还是大学都十分重视道德教育。在课程设计中，每一个年级都会有一定课时的宗教教育，主要学习圣经故事，以净化学生心灵，培养学生道德品质。学习和研究圣经中的戒律，实则是要求学生做人做事要诚信，否则将要受到神的惩罚。戒律如同人们内心的道德底线，越界便会受惩罚，因此在课程安排上，圣经学习往往处于首要位置。除了课堂学习圣经外，礼拜日家长还需要将孩子送去教师那里，由教师护送去教堂参加礼拜。重视道德不仅是对学生的要求，更是对教师招聘的要求。教师要求要能干、忠实、可靠，不仅学术知识夯实，更要有良好的品德能够在学生面前起到楷模作用；同时教师要遵守教师守则，对于违反守则的教师给予严厉惩罚。1810 年柏林大学建立，对于当时德国的教育事业是一个里程碑式的事件，柏林大学可以说是当时德国的聚贤之地，更是新型大学的典范。柏林大学最重要的原则是学术自由，但对于学术要求却越发严格。在柏林大学的诚信制度中，最突出的是建立了学生毕业考试制度。学校认为，大学教育首先不是传授知识和技能，而是必须培养学生的自我决定能力，唤醒学生的自我力量，因此教育的重点是对学生独立人格的自我负责能力的培养。严格的考试制度，需要学生自我诚实选课，传递自己真实的信息，独立参加考试，所有学生必须参加考试，并通过考试取得毕业证书，贵族子弟也不能例外。另外，教师的选择也要通过考试来进行，而且不允许教师从事第二职业。

（3）统一后的德国职业大学诚信制度

1871年德国统一后，德国教育中的民族沙文主义、军国主义倾向进一步强化，在各级学校课程中，渗透上述倾向的宗教、德育、历史等科目的地位不断提高。此时德国职业大学逐渐走上历史舞台，职业教育有了自己的体系和结构，并且对当时德国的发展起着重要的作用。在德国大概有30%的青年人上大学，那些最终没能上大学的年轻人大部分也会接受不同形式的教育，其中"双元制"职业培训占到了70%。"双元制"职业教育的整个培训过程主要是在企业以及国家的职业学校里进行，学生除了需要经过严格训练外，还要接受全国统一的结业考试。"双元制"职业教育考试特点是严格、公正，正是由于规范的考试制度，它的证书才有了很高的社会声誉，成为学生就业的最好通行证。职业教育的兴办和严格的考试制度保障，是德国严谨治学的重要体现。

4. 现代德国大学的诚信制度

现代德国大学主要分为两个重要时期，一个是纳粹德国时期的大学，另一个是联邦德国时期的大学。在这一时期，德国大学经历了由动荡到和平的转变，也是德国大学发展的重要时期。

（1）纳粹德国时期的大学诚信制度

德国的高等教育在纳粹统治期间，实行高度集权、整齐划一的管理，破坏了学术和教育的自由性，导致德国高等教育的全面倒退。对于高等教育与国家政权之间的关系而言，一方面专制政权影响了教育，反过来教育使得统治阶级思想意识强化。希特勒上台后，集权制得到充分肯定。纳粹主义的思想横行，高等教育领域内自由的大学传统彻底被清除，形成了一个党、一个领袖和一套思想的专制统治。这样一来，高等教育思想领域就被纳粹主义控制了。

大学诚信制度存在于奴化教育的思想下。纳粹统治者声称他们有一套新的高等教育理论，但实际上并不懂得真正的内涵所在。在希特勒看来，大学教育具有破坏性和腐蚀性。他认为智育是"生命的病变"。希特勒惧怕知识分子，他认为知识分子想法太多，会对他的统治造成威胁，于是反对智育。希特勒喜欢的仅仅是一个个忠实的追随者，随时准备战斗和牺牲的支持者。希特勒的教育部长卢斯特说："忠诚是一个纯洁的人最高尚的品质。人越聪明越有学识，他的忠诚度就会越低。"所以，培养武士和能够生产制造武器的技术人员才是纳粹高等教育的目的。除了各个大学和学院外，德国教育中的奴化思想也存在于各层次、各类型的学校中。希特勒对学术进行清除，最主要的目的就是为了培养忠实的人。

军事化教育下的德国大学诚信制度。受到纳粹思想的侵蚀，高校学生被安排参加各种军事训练活动，如行军锻炼、射击、间谍活动、地图识别。学生每年花费在集中营的时间有好几周，纳粹与高校教师合作，组织一些活动促进"军事化和崇高的教学"，道德教育被军事化替代，在许多教材上都会列举一些军事实例，给老师造成了压力，教学内容也变得混乱。由于学生对老师有很大的限制权力，旷课的发生让老师倍感无奈。

1935 年，除了特殊情况外，所有大学都必须进行半军事化的劳动服役，主要是进行军事训练以及向学生灌输纳粹思想。这是当时德国大学教育最重要的组成部分。纳粹种族主义、社会主义和政治理论等方面思想的学术课程是学生的必修课。课程名称也被更改，比如物理、化学、生物、医学、卫生学等被称为"战争物理学"、"战争生物学"、"战争医学"和"战争卫生学"等。

想要通过高等教育来奴化学生的思想和观念。希特勒想用种族主义思想来教化未来的"民族同志"，使德国高等学校为培养纳粹成员服务，必须保证全体成员是可靠的纳粹党成员，任何对民主和自由的幻想都是泡影，大多数教师变成了纳粹教育的牺牲者。

(2) 第二次世界大战后分裂时期的大学诚信制度

1945 年第二次世界大战结束，5 月 8 日希特勒投降。根据《克里米亚声明》和《波茨坦协定》规定，苏联、美国、英国和法国四国暂时分区占领德国，首都柏林也被四国分区管制。缘于东西方盟国的立场、目的和利益不同，之后分别成立了德意志联邦共和国（简称联邦德国或西德）和德意志民主共和国（简称民主德国或东德）。从这以后，德意志国家一分为二，在世界舞台上同时出现两个德国。历经战争的破坏，德国整个教育体系处于瘫痪状态，对于占领国如何重建战后德国，尤其是战后国家的教育和思想统一问题显得极其棘手。除了新建校舍外，建立符合自己统治思想的学校制度也是必须解决的问题。

在整个占领时期，占领军在德国的任务是一样的，粉碎军国主义，建立民主社会。但各占领军也要考虑本国的传统文化，按照本国的价值观来完成这个任务。随着时间的推移，英、美、法与苏联之间，对德国问题所持的态度表现出不可调和的矛盾。在这样的情况之下，学校德育工作和诚信制度建设尤其重要，并且两大阵营下的教育改革更是突出地表现出对德育和诚信不同价值观视角的重视。

苏联占领区（东德）：苏联人认为，经济基础决定上层建筑。因此，苏占区最先将主要的工业和土地进行了国有化改革，使得苏占区从资本主义社会转变为社会主义社会。1946年苏占区各州颁布了"德国学校民主化法律"。首先废除了双轨学制，大部分儿童接受十二年的综合中小学教育。其次是废除所有私立学校和教会学校，但是允许教会拥有必要的设施，以便在课后给儿童进行宗教教育，费用由教会自理。东德支持无神论，但又不能全部废除教会学校，德育工作仍然以教会为主要途径。从上述可以看出，苏联占领区教育重建的重点是建立综合学制，提高所有儿童的教育水准以培养具有高素质和优秀道德品质的社会主义接班人。

西方同盟占领区（西德）：西方支持者认为，外来的教育改革计划应该与德国人的努力方向相一致。英美法在整个占领期间，一共提出了三方面的改革计划：第一是把小学的修业年限延长，避免过早对儿童进行分化，第二是消除各类中学之间的明显界限，增加学生之间横向流动的机会。第三是以民主和自由为主线改革课程编制和课堂教学。综上所述，不难看出，西德教育改革更具有英美教育的影子，并且延续了过去德国严谨、忠诚的品质，同时更崇尚学术在诚信基础上的自由，也促进了德国大学教育制度的完善。

（3）联邦德国时期的大学诚信制度

现代德国科技和教育发展迅速，大学制度也趋于完善，不论是大学招生制度还是大学考试制度都不同程度地体现了当时德国严谨、高要求的特点。

德国大学招生及考试诚信制度。德国大学招生制度拥有自己的特点，这一特点也是欧洲国家大学招生的共同特点。①中学毕业考试代替大学入学考试。在德国学生通过考试可以得到很多证书，而这些证书大多具有双重作用，一方面标志着顺利结束了上一阶段的学业；另一方面标志着有资格进入下一阶段的学业学习。②对新生选择十分严格，由于实行"英才教育"方针，重视考试，在中学阶段就开始筛选优秀学生，淘汰不合格学生。正因此，德国大学新生质量一直保持较高水平。

德国大学学习主要分两个阶段：基础学习阶段和专业学习阶段。大学毕业考试也分两个阶段：第一个学习阶段结束后的毕业预备考试和第二个阶段结束后的毕业考试。预备考试是进行专业基础学习阶段所学各专业的基础考试；毕业考试则是由专业学习阶段所学过的各专业考试和毕业论文两部分构成。

毕业预备考试分考场试卷与书面作业和口试两部分。考试基础内容是各待考专业的指定教材范围。口试则要求学生应努力证明自己具有丰富的知识并能结合考试内容阐述自己的观点。口试过程有两个考官，一个考官进行提问，另一个主要负责监督，考官当场宣读考生成绩，之后才进行下一位考生的考试，以确保考试的公平、公正。

毕业考试主要分笔试和口试两部分。各门考试成绩和毕业论文成绩只要被评定为"合格"，毕业考试也就是合格。如果被评定为"不及格"，可以再考一次。毕业论文在导师给定题目下进行写作，如果学生不认同此题目可以进行一次修改，如果在最后因为自选题目而未能通过毕业论文的，则可以有一次重写毕业论文的机会。

毕业考试不仅在考试内容上体现出对学生诚信、真实的要求，对考试作弊行为更会进行严厉的惩罚。在考试过程中不能出现作弊等不诚信行为，一旦出现会直接影响毕业。如果考生在考试时作弊，但在颁发证书后被发现，则作弊学生的成绩将全部或者部分被做"不及格"处理。如果考生在不清楚准考条件下并且没有弄虚作假而获得考试机会，考试委员会会承认其考试成绩。如果考生蓄意捏造考试条件获得考试资格，最终考试委员会会给予

"考试无效"的裁决。如果考生在考试途中，没有正当理由而弃考，则进行"不及格"处理。如果考生在规定时间内未完成笔试，进行"不及格"处理。如果考生无故缺考或弃考，考官或监考员要立刻写书面报告交予考试委员会。若因病缺考需要开出医院证明，对于缺考和弃考学生的理由进行审核，考试委员会认为合理地将再给一次考试机会。如果有学生蓄意利用欺骗行为提高考试成绩，这样的成绩则被视为"不及格"。如果有考生影响甚至破坏考场秩序，考官和监考人员要禁止其继续该学科的考试，并将其考试成绩做"不及格"处理，情节严重者取消其参考其他科目的资格。如果学生通过考试作弊获得毕业证，那么毕业证书会收回。

与此同时，毕业考试的口试环节要求学生在短时间内口头证明自己在某一方面的专长。对考生而言，这样的考试增加了考试难度；对考官和监考老师来说，更能了解考生的真才实学，避免弄虚作假。如此严苛的考试制度，正体现出德国大学对学生的严格要求，以及大学诚信体系建设的需求。这样的考试制度为德国选拔了一批又一批的优秀人才。

德国大学学术诚信制度。在德国，马普学会是接受德国资助的一所全国性的学术机构，1911 年成立的威廉皇家学会是其前身。马普学会重视青年科学人员的素质培养，尤其是对他们的道德要求更是非常严格。因此，想要进入马普学会的科研人员在工作前接受道德培训、了解学术不端行为的定义就成为其必修课，同时还要求这些科研人员在相关文件上签字并承担相应责任。

《科学研究中的道德规范》报告是马普学会于 2000 年出版发行的。报告主要针对在科学研究发展中的出版和署名、道德规范、研究项目和计划、如何培养接班人以及利益冲突的处理等问题进行了详细阐述。其中在《关于处理涉嫌学术不端的规定》中，对于何为学术不端以及如何处理学术不端行为做了明确的规定，指出，"如果在重大的科研领域内有意或因大意做出了错误的陈述、损害了他人的著作权或者以其他某种方式妨碍他人研究活动，即可认定为学术不端"。而这一条例由于对学术界德育影响深远并起到了积极作用，已被大多数德国高校采用。

在《关于处理涉嫌学术不端的规定》中，对于何为科学研究中的不端行为做了重要阐释，强调科研人员不能修改以及伪造数据，杜绝出现欺诈、剽窃等行为，更不能强占他人（包括自己学生）的成果；同时进一步规定了针对学术不端行为的具体处罚措施，例如载入个人学术记录、解除职位等；此外条例还将一些不端行为与相关法律法规进行了对比。

除此之外，马普学会还认为，"提倡良好的科学实践，防止学术不端行为，比揪出少数已经出轨的人更重要"。条例要求学术科研中的原始记录不能有涂改，同时要进行 10 年以上的保存工作；对于引入他人成果之处要如实标出，主动承认；研究成果要在正式发表以后，方能向媒体公布等。如若违反了相关规定则需要承担相应的学术后果。例如：取消学位或教师授课资格、取消学术头衔等。

除马普学会以外，海德堡大学于 1998 年 11 月制定的《海德堡大学为保证良好的科研行为并处理科学不端行为的条例》也成为德国大学诚信制度建设的代表，并对学术不端做了明确规定。条例指出"科研不端行为"是"在科研中有意或粗心大意作出的虚假说明使他人的精神财产受到伤害或以不同方式故意破坏他人的研究工作"，比较突出的"科研不端行为"包括"虚假说明"、"对精神财产的伤害"。因此，不难看出，在德国这样一个严谨的国家，学术诚信问题、大学生诚信教育问题始终被摆在首要位置，这也为现代大学诚信制度建设提供了良好的榜样，并起到了积极的推动作用。

（四）俄国

经历了基辅罗斯的兴衰和鞑靼蒙古的侵犯，俄国在 17 世纪中后期通过合并和对外征战逐渐成熟壮大。强大后的俄国大力发展学校教育，与此同时，教育制度也逐步完善。俄国的高校诚信制度因各时期发展的差异呈现出了各自的特点，主要可以分为沙皇俄国、苏维埃俄国和苏联解体后的俄国（即新时期的俄国）三个阶段。

1. 沙皇俄国时期（1547—1917）大学德育思想的萌发

从鞑靼蒙古铁蹄下解放的俄国，为了巩固封建统治，取得英法德式的快速发展，实现欧化，展开了包括发展教育事业在内的一系列国家改革。沙皇彼得一世当政期间，加快了中央集权和国家改革的步伐，在教育制度的设计上模仿法德，大力发展学校教育；伊丽莎白·彼得罗夫娜当政期间，建立了俄国近代史上第一所大学——莫斯科大学（1755 年）；叶卡捷琳娜二世当政期间，参照奥地利教育体系建校，并制定多项学校章程来规范国民教育事业的发展；1861 年农奴制废除，各类教育法规和章程被修订。俄国重视教育立法，每次重大教育改革必以立法为先导。[①] 虽然教育体制设置受制于沙皇，但对高校学生诚信和德行的培养非常重视，这在该时期众多教育家的思想中均得以体现。

（1）重视师者的人格影响，培养优秀的教师队伍

俄国教育非常重视师者的道德影响。教育家乌申斯基重视德育，认为教育的目的是培养道德高尚的人，而这其中教师是非常关键的，他曾提出"在学校这个公共教育机构中，毫无疑问……最重要的是教师"，"学校精神不在别处，而是存在于广大教育者的性格当中"。1786 年的《俄罗斯帝国国民学校令》也对教师的日常生活和道德品质、社会交往等方面作出了严格的规定。教师是学生灵魂的引路人，在这一思想的指导下，师范学院得以发展，其目的在于培养道德高尚的教师，从而塑造品行高尚的学生。教育家穆拉维耶夫甚至提出"个人道德水平的改善是评价各种科学的标准"的论断，足以看出教师对学生德行培养的重大意义。

（2）开展德育课程，培养学生爱国情操，重视民族教育和爱国教育

俄国非常重视对学生的爱国教育。官方大力支持德育工作，提出"虔诚的宗教感情……对皇帝和国家的真诚的顺从和忠心，义务感，荣誉感，诚实感，尊敬长上等，不仅把它看作是一种形式上的条规，而且是要贯彻到学校日常生活中去的手段"[②]。俄高校也开展了一系列的道德哲学课程，1804 年章程中就明确规定道德和政治系为俄国大学的四系之一。此外，在教学内容和方式上，莫斯科大学的创建者罗蒙诺索夫鼓励俄语教学，他认为，大学教师用俄语授课可以使学生更容易理解教材内容，还可以使学生受到爱国主义教育，培养俄罗斯的爱国者。乌申斯基的整个教育理论中都贯穿了民族性原

---

① 参见曾天山：《外国教育管理发展史略》，教育科学出版社 1995 年版，第 71 页。

② 姜·朱琪：《苏联的教育：俄罗斯的，还是苏维埃的?》，《教育研究与实验》1982 年第 1 期。

则，他认为教育必须是民族的教育，他还特别强调祖国语言在人的成长中的中心地位，在调任斯莫尔尼贵族女子学院当学监时，他就要求校内不能用法语讲话，课堂上一律用俄语教学。爱国主义教育的开展，启迪了学生的政治诚信意识，为俄国培养了大批爱国人士。

（3）通过劳动的方式来培养学生的"内在纪律"

俄国重视对学生"内在纪律"的约束，并认为"内在纪律"的养成离不开人的劳动，致力于通过劳动教育来提升学生的道德水平。俄国教育家皮洛果夫认为教育就是要"发展内在的人性"，而且发展内在的人性先于专业教育。教育家乌申斯基也非常重视对学生的劳动教育，他认为劳动是使人在德、智、体上日臻完善的源泉，应培养学生尊重劳动、热爱劳动，并教育学生培养脑力劳动的习惯。车尔尼雪夫斯基也提出，只有当"真正意义上的人"在一般教育的过程中形成之后，才能进行专业化教育。马库谢维奇教授也曾明确提出了劳动是"道德发展的基础"的理念。劳动实践人类的美德，在劳动的过程中人类学会了分工与合作，也学会了守信与信赖他人，是培养诚信品质的重要途径。

（4）注重学生个人品行的培养

俄国非常重视对学生的教育，对学生的学业提出了严苛的要求。规定学生学完必要的学科后发给"学习证书"，若无此证书则不得获得结婚证，也不能在今后的公务活动中晋升职务。[①] 而学生毕业证书的获得与学生的品行紧密关联。如 1804 年章程和 1835 年章程均规定：大学毕业生不仅得到有"学习时间、教他的教授证明、品行证明"的毕业证（第 113 条），而且得到按官阶表授予终身贵族权利的官阶（第 99 条）。顺利完成学业，品行端正的大学生获得 14 级官阶。[②]1586 年第一所兄弟会学校不仅注重学生的学业，而且注重道德品质和身体健康。1701 年彼得一世建立的数学及航海学校对学生的管理十分严格，对缺课者要施行体罚或罚款，严重的要实行监禁、判刑。[③] 对

---

① 参见曾天山：《外国教育管理发展史略》，教育科学出版社 1995 年版，第 73 页。

② 石月：《试论俄国 1804 年大学章程》，博士学位论文，吉林大学，2007 年，第 47 页。

③ 参见滕大春：《外国教育通史》第三卷，山东教育出版社 1990 年版，第 426 页。

个人品行的重视体现了俄国培养全面发展人才的战略思想，对人类诚信品德的塑造形成了很强的规范和约束力。

该时期，俄国颁布了《国民学校章程》、《国民教育暂行条例》、《1804大学章程》、《大学附属学校章程》、《俄罗斯帝国大学普通章程》等一系列法规条文，用以发展壮大俄国教育事业，但是并未对大学生的诚信行为作出具体规定。由于阶级的局限性，对学生德行的培养以忠于宗教和沙皇为核心，以诚信为核心的道德标准体系尚未形成。

2. 苏维埃俄国时期（1917—1990）大学德育建设的稳步推进

1917 年 11 月 7 日（俄历 10 月 25 日），俄国无产阶级推翻了资产阶级临时政府，建立了苏维埃俄国中央政权。在接手俄国政权的同时，苏维埃俄国从沙皇俄国手中得到的还是一个积贫积弱的国家。苏维埃俄国时期的领导人在进行政治、经济、文化改革的过程中，十分重视年轻一代的教育问题。十月革命后，苏维埃政府组织建立了一整套的学校德育模式。这一德育模式在之后的七十多年间陆陆续续地由当局政府进行了些许改革，并沿用至苏联解体。[1] 该时期围绕学生诚信建设的制度虽未形成体系，但是思想政治教育机制却已发展得成熟而完备。

（1）德育工作以爱国主义和集体主义教育为核心

社会主义国家普遍重视对公民进行集体主义教育，重视加强对集体社会心理问题的研究。[2] 苏维埃俄国特别强调集体主义教育，强调社会主义劳动集体对个人的影响，因而非常重视班主任在培养学生集体主义精神中的作用。1919 年 2 月，列宁在《俄共（布）党纲草案》中提出，在无产阶级专政时期，学校的任务就是要"培养能够最终实现共产主义的一代人"，在青年的共产主义道德教育中，应该侧重培养他们的集体主义精神、自觉纪律和共产主义劳动态度。[3]《班主任服务规程》中明确了班主任有维护正常教学秩序、进行思想政治教育、促进学生的全面发展以及引导班级从群体向集体

---

① 苏振芳：《当代国外思想政治教育比较》，社会科学文献出版社 2009 年版，第 294 页。

② 参见曾天山：《外国教育管理发展史略》，教育科学出版社 1995 年版，第 436 页。

③ 参见滕大春：《外国教育通史》第五卷，山东教育出版社 1993 年版，第 12—13 页。

发展的职能。① 苏维埃政权对学校和教育事业的规定中也提到，学校的作用
是培养共产主义社会全面发展的成员。1943 年 8 月 5 日颁布的《学生守则》
中鼓励学生"孜孜不倦地和坚持不懈地掌握知识，以便成为有学识、有文化
的公民，并尽力地为苏维埃祖国服务"，还提出了师生遵守教学的常规以及
学生在校内外的礼貌行为。② 此外，该时期的许多教育家，如克鲁普斯卡娅
和凯洛夫等人，也主张对学生进行较为深刻而全面的集体主义教育和共产主
义理想教育。共产主义爱国教育为苏维埃俄国培养了一大批的爱国人士，这
些人在后来的卫国战争中发挥了重要的作用。

　　(2) 完善德育立法，发挥学校党团组织的引导作用

　　苏维埃俄国非常重视教育立法，通过法制和制度的形式对学生的道德
进行规范，并积极发挥学校党团组织在学生德育过程中的促进作用。十月
革命胜利后，苏维埃政权一方面颁布了有关高等教育的各种法令和命令；
另一方面派遣大量党的干部去高等学校任职，保证党对高等学校的领导
权。③1938 年 9 月 5 日，《高等学校标准规程》中规定高等学校的宗旨是"培
养能够掌握先进科学技术，以科学社会主义知识武装的愿意保卫苏维埃祖国
和忘我地忠实于共产主义建设事业的干部"④。在对学校党团组织作用的认识
上，要求"党团组织不仅组织学生开展各种兴趣小组活动，进行道德和公
民教育，而且还直接进行教学"⑤。苏维埃俄国从 20 世纪 50 年代到 70 年代，
先后制订了《德育工作大纲》（草案）、《标准德育工作大纲》、《学生德育标
准内容》等文件和有关制度，80 年代又修改制订了《高等学校学生共产主
义德育示范综合计划》，进一步明确了德育目标。⑥ 苏维埃俄国在学校教育
中设立了完备的组织，不仅拨出固定课时讲授思想政治理论课，同时还建立

①　参见曾天山：《外国教育管理发展史略》，教育科学出版社 1995 年版，第 298 页。

②　参见滕大春：《外国教育通史》第五卷，山东教育出版社 1993 年版，第 55 页。

③　参见滕大春：《外国教育通史》第五卷，山东教育出版社 1993 年版，第 36 页。

④　滕大春：《外国教育通史》第五卷，山东教育出版社 1993 年版，第 51 页。

⑤　曾天山：《外国教育管理发展史略》，教育科学出版社 1995 年版，第 280 页。

⑥　参见苏振芳：《当代国外思想政治教育比较》，社会科学文献出版社 2009 年版，第
　　295 页。

了党、团、工、青等组织协助国家完成对学生的思想教育工作。① 完善的德育立法和完备的德育组织建设为该时期大学生道德的培养提供了制度保障和组织保障，也为大学生诚信品德的养成提供了良好的氛围。

（3）增设政治性课程，培养学生爱国情感

苏维埃俄国不只要求学校进行俄语教学，还增设政治性课程，培养学生的爱国情感和集体主义观念。在 1929 年，苏维埃俄国教育人民委员部再度修订了学校教学大纲，提出单元设计教学大纲，主要增加了政治性教材，如关于国家工业化和农业集体化的实施问题，特别增加了关于阶级斗争以及进行国际主义和社会主义教育方面的内容。② 在德育途径和方法上，苏维埃俄国在各级学校都开设共产主义思想教育课程，在高等学校中除了将"苏共党史"、"马克思列宁主义哲学"、"政治经济学"、"科学共产主义理论"等作为必修课程外，还开设"苏联法律基础"、"马克思列宁主义伦理学"、"美学与美育"等选修课。同时还根据德育目标和内容要求在高校开设"社会主义政治与法律"、"共产主义道德"、"职业道德"、"苏联人民的职责"等 30 场常规性的专题讲座。③ 此外，苏维埃俄国还通过保证思想政治理论课的课时来巩固对学生爱国情感的培养。

（4）严格学生操行考察，德育工作逐渐具象

苏维埃俄国时期的德育工作对学生的德育培养进行了更为细致的规定，这从一系列的行为规则和操行守则中可以看出。例如在班主任的职责中就有规定，班主任要保存班级需要的有关文件，向学校管理部门提供学生考勤及操行情况，可见将学生的操行情况存档的做法并非今日之事。对负责教育教学工作的副校长（教导主任）的职责中也有规定，其任务为管理教育教学工作以及学生操行和学生成绩。又如《关于改进学校教学工作质量的措施》规定，在对毕业证书的考试中"操行优等和各门课程都获得 5 分的考生，奖以

---

① 参见苏振芳：《当代国外思想政治教育比较》，社会科学文献出版社 2009 年版，第 307 页。

② 参见藤大春：《外国教育通史》第五卷，山东教育出版社 1993 年版，第 34 页。

③ 参见苏振芳：《当代国外思想政治教育比较》，社会科学文献出版社 2009 年版，第 295 页。

金质奖章"；"操行优等和毕业证书考试时各门考试的课程都获得 5 分，而其余课程获得 4 分的不超过三门的学生，奖以银质奖章"。①1943 年制订的《学生守则》对学生的日常行为做了较为细致的规定，对学生操行的考察与毕业紧密相关，体现出学校对学生德行的重视。

（5）加强师范教育，重视师者的道德引领

在传道授业的同时，教师还肩负着对学生道德示范的作用。教师德行的培养和教师的重要作用历来被俄国教育界高度重视，认为教师应紧密同党的思想结合。教育家卢那察尔斯基认为教师应该体现人类的理想，成为国家最能干和最美好的人，他提到"教师确实能引起极大的变革和大规模的革命。这个革命就在于，人们将变得好一些，将造就出新型的、纯粹的、高尚的人。"革命导师列宁认为，为了使教师能够真正符合其崇高的地位，还必须有步骤地、坚持不懈地提高他们在政治思想、文化科学知识、道德品质以及专业训练等方面的素养。②"身正为师，德高为范"，教师不仅是人类心灵的工程师，还是学生成长的引路人。规范教师行为和发展师范教育是民族灵魂进步的重要力量。

（6）重视劳动在道德发展中的重要作用

苏维埃俄国时期的德育工作非常重视劳动教育作用的发挥。卢那察尔斯基作为劳动倡导者的典型代表，强调劳动教育和综合技术教育在培养和谐发展的人的过程中具有重大作用。他认为，劳动在苏维埃学校中是一门科目，使学生获得各种劳动知识和技能；劳动也是一种教育手段，使学生在集体劳动中培养良好的劳动习惯；劳动同时又是学生与人民共同活动的一个过程，使学生在劳动过程中认识到自己是伟大的合作力量的一个成员。③ 加里宁也一度认为苏维埃学校教育的任务就是培养具有五大品质（爱人民和劳动群众、诚实、勇敢、同志间团结、爱劳动）的一代新人。1918 年《统一劳动学校规程》和《统一劳动学校宣言》中对劳动在学校生活中的地位做了明

---

① 滕大春：《外国教育通史》第五卷，山东教育出版社 1993 年版，第 55 页。

② 参见滕大春：《外国教育通史》第五卷，山东教育出版社 1993 年版，第 19 页。

③ 参见滕大春：《外国教育通史》第五卷，山东教育出版社 1993 年版，第 75 页。

确规定，认为生产劳动应当是学校生活的基础。劳动在创造财富的同时，培养了学生吃苦耐劳、团结互信的精神，对大学生诚信品德的养成具有不可忽视的作用。

该时期区别于沙皇俄国时期的最显著标志就是注重对学生集体主义和共产主义的教育，而集体主义和共产主义的核心就是对国家、政党和人民的无限忠诚，这在很大程度上促进了苏维埃俄国大学生诚信品质的养成。但是，该时期思想政治的教条化也在一定程度上影响了大学生诚信品质的塑造。斯大林巩固了自己的领导地位和对他的个人崇拜之风盛行以后，对马克思恩格斯原著精髓的学习研究不仅日益退居次要地位，而且列宁主义也被日益歪曲成了各种学术批判的大棒，"反党"、"反列宁主义"的政治帽子满天飞，再进一步，斯大林的言论成了辨别一切真理的唯一标准。[①] 当真理变得模糊时，诚信品质的培养就会变得更难。

3. 新时期俄国（1990 年至今）的大学诚信制度建设

与该时期全球局势变化、东欧国家剧变和苏联解体相伴随的是：俄国在思想政治教育领域的巨大转折——由"大乱"走向"大治"。巨变后的俄国主要根据《俄联邦教育法》、《俄罗斯联邦教育学说》、《俄罗斯学校思想政治教育发展纲要（1999—2001）、（2002—2004）》、《俄罗斯公民精神道德发展与教育构想》、《俄国家青年政策》等相关法律法规，确立了当前俄国大学生精神道德教育的目标。各高校的诚信和道德教育主要从以下三个方面来进行：(1) 完善学校德育组织；(2) 加强德育活动；(3) 建立德育评估体系。

(1) 完善学校德育组织

建立校内的德育工作委员会是开展大学诚信道德建设的关键一步。现今，俄国的高校大多都建立了专门的德育工作委员会。德育工作委员会是根据校学术委员会的决定来设立的，其中的组成人员包含：①分管学校德育工作的副校长；②道德教育领域的专家；③教师代表；④学生代表。校内教学和课外活动中的德育工作都由德育工作委员会负责，主要工作内容有：制订

---

① 参见吴式颖：《俄国教育史——从教育现代化视角所作的考察》，人民教育出版社 2006 年版，第 430 页。

德育工作计划、制订学校德育工作发展的法规文件、组织实施并加以监督、协调各部门活动、对德育过程中出现的问题进行心理学分析研究、组织各级干部和教师的德育培训、开展各类德育活动、协助大学生自治机构和大学生委员会开展德育工作等。

建立大学生班级辅导员制度。俄国重视教师的身教言传，早在很久以前就采用了辅导员制度，这一制度沿用至今。班级辅导员制度的建立，有效地提升了学生适应新环境、融入新集体的能力，成功地化解了学生间的各类矛盾，在解决学生心理健康问题方面有着不可忽视的作用。从目前运行状况来看，班级辅导员制度建立的效果是十分明显的。这种师生直接对接和专门开展辅导，不但对学生在校期间完善品行、完成学业提供了有效支撑，而且为其日后诚信行为的养成提供了有益的启蒙，同时对于社会诚信风气的培养奠定了坚实基础。

组建大学生自治组织。所谓大学生自治组织，就是指学生在学校学习期间，学校将一部分的管理权力转交给学生，让学生通过自我的组织和管理来提升自己各方面能力的组织机构。这种机构的存在，是大学生实现独立、自我管理及自我服务的重要一步。自治组织通常包含各种兴趣爱好组织、班集体、宿舍、学院等。大学生自治组织的基本职能为：对日常教育教学等工作提出意见；组织学生参加各项社会实践活动以及举办各种知识竞赛等。大学自治组织的建立，提高了大学生自我组织的意识和能力，提升了学生的团队意识和荣誉感，发展了学生的自我组织协调能力，促进了学生世界观和人生观的形成。

（2）多方位探索德育实施路径

开设道德培育课程，加强大学生德育建设。首先，在做好日常教学的情况下，充分做好开展道德培育课程的前期准备工作，做好师资、硬件、软件等多方面的准备。其次，不断发展和完善教学内容，使学生在精神道德文明、个人认知、公民爱国教育、审美、道德知识和意识等方面学习正确的知识并且取得很大提高。这是目前俄国职业教育中道德教育的一项重要任务，俄罗斯教育界对此已达成共识。2006年俄联邦教育科学部国家青年政策和儿童教育与社会保护署向各高校提出了组织德育工作的要求，指出"德育不应是课外教学活动的独立部分，而必须成为教学活动的有机组成，并且综合于共同的教学和发展进程之中"。再次，加强第二课堂在培育大学生道德中的作用。《俄罗斯联邦教育法》开宗明义指出，"教育的人道主义性质、全人类共有价值、人的生命与健康、个性自由发展的优先性，培养公民觉悟及对祖国的热爱"[①]。俄国高校课外德育活动当前的主要任务是为学生个性的发展提供条件，促进人文环境在各大学的形成，使学生对传统文化和道德有比较深刻的认识，从而形成对本民族文化的认同。

重视劳动在培育大学生道德中的作用。在解体初期，俄罗斯在教育领域进行了大刀阔斧的改革，一些优秀的教育理念和实践被抛弃。近些年，随着社会的发展，俄罗斯教育界对此又有了新的认识，将一些优良的教育传统重新恢复成为集体共识。譬如，"大学生劳动队"，这种队伍的建立使大学生经受了多方面的锻炼，一方面经过共同的劳动体验，加深了彼此间的友谊，另一方面形成了团结向上的意识，从而在国家意识、集体意识、劳动意识之间建立了稳固的联系，将公民责任和国家利益联系了起来。

加大对学术不端行为的惩罚力度。2011年初，俄罗斯联邦政府批准《莫斯科大学章程修正案》。新章程规定，因个人迁徙、身体健康、违反校规校纪、成绩不合格等情况，学校将根据规定予以开除。具体情况如下：学年内"记过"处分两次或两次以上者，可能被开除；如果学生提交的学年论文或者毕业论文存在造假、相关学校文件造假、学业成绩造假等情况，也会受到开除处分。

(3) 确立德育工作评估体系

学校教育大纲的德育潜力。这项指标主要考察道德教育在课时总数中的比例是否符合国家要求，是否开设了德育等发展方向的选修课程，学校是否具备促进学生认知能力、职业动机和定位、职业道德品质、逻辑思维能力等发展方面的教材和教学方法，是否有合理且科学的教学计划等。

德育工作的结构及活动情况。在这个方面，职业教育机构中艺术、科学、体育和其他课外大学生教育机构的数量、规模及其成果，学校根据德育

---

① 王建平、荣光宗：《论俄罗斯高等教育政策的时代转型》，《国际与比较教育》2006年第5期。

基本方向所开展的教育活动，德育管理机构、大学生自治机构及其他组织的数量，学校的社会心理服务机构和学校所形成的社会文化环境的程度，开展德育活动的相关法规及指导性文件名录和德育计划等都是重要的评估指标。

德育教师及干部情况。这一项指标涉及多方面的内容，包括教师的组成情况，教师的学识、道德和教学水平，教师的统一培训情况，校外德育评审专家的情况，提升学校教育质量水平的制度措施和实施办法。

大学生受教育情况。评价的指标有两个，一个是大学生的个性发展情况，一个是社会发展有效性。主要包括了以下几个方面的内容：大学生自我认知、自我发现、自我完善、自我肯定的素质和能力；自我学习、自我教育、自我评价的能力，独立能力和自我调适的能力；对社会的责任意识、权利意识的认同和评价；对未来生活的计划、实施、推进的能力；对个人品德形成的情况，如诚信、知行合一、择善而从、恒心、团队合作意识、职业道德的坚持等多方面的能力；爱国爱岗、敬业奉献、助人为乐等多方面意识和习惯的养成等。

经过多年的有益探索，俄国学校德育工作的开展取得了很大成效，立法体系的健全和完善、合理而科学的组织机构建设、德育路径的多层次选择、德育评估体系的合理开展都是俄国德育模式的丰富经验，也为诚信制度的建立和完善打下了基础。但是，对于诚信品质的强调还是非常不足的，在对其整个教育发展史的研究上，我们很少能看到诚信制度的影子。诚信是做人、做学问的根本，完善健全的诚信制度设计对于整个大学文化的建设至关重要，在道德诚信和制度诚信建设这一问题上，俄国还有很长的路要走。

4. 俄国大学诚信制度发展对我国的启示

（1）坚持马克思主义的指导地位，坚持走中国特色社会主义道路

我国是社会主义国家，必须始终坚持马克思主义在意识形态中的指导地位，并用马克思主义及其中国化的丰硕成果引导青少年的思想道德成长。要高举中国特色社会主义伟大旗帜，以邓小平理论、"三个代表"重要思想、科学发展观为指导，以"富强、民主、文明、和谐、自由、平等、公正、法治、爱国、敬业、诚信、友善"作为我们发展的核心价值观，用发展的眼光破解发展难题。只有始终坚持中国特色社会主义道路，坚定"三个自信"，

才能真正坚持思想道德建设的社会主义方向，发展真正意义上的诚信品质。

（2）完善诚信立法，实现大学诚信建设制度化

俄国重立法，完善的法制对俄国大学生诚信意识的培养、良好道德习惯的养成具有重要的意义。在我国，完善诚信立法，加大失信惩戒力度，促使诚信建设由软制度向硬制度过渡，施行软硬结合，有利于我国诚信环境的营造，诚信观念的培植；现阶段宽严相济的治理理念、"胡萝卜加大棒"的治理手段，效果远好于简单的说教，能够使大学生由"不敢失信"到"不愿失信"，更有利于大学生诚信观念和行为的养成。

（3）开展劳动教育，发挥劳动在诚信培养中的作用

人是社会关系的总和，人的发展离不开人类劳动。许多美好的品质都能在劳动中得以体现，劳动不仅能创造财富，对人的全面发展也有着积极的作用。劳动可以培养劳动者间的关系，培养一个人对他人应有的正确态度，劳动过程中的分工与合作培养了人的互信精神，锻炼了人的诚信品质。通过劳动教育，大学生将会更为深刻地感受到诚信的精髓，亦能践行"以劳动托起中国梦"的成长健康之路。

（五）日本

日本作为当今世界发达的资本主义国家，非常注重学生的诚信教育。其中，关于诚信的教育几乎贯穿每个人的一生。明治维新以前，日本深受儒家思想文化的影响，派遣留学生、引进中国的汉学和儒学，并结合本国的武士道精神成为日本人民的精神支柱。明治维新以后，日本将中国的儒家学说与资本主义思想相结合，形成自己的诚信观念，并制定了相应的制度，使人们逐渐树立了"诚信就是一切道德行为的精髓"的观念。

1. 明治维新前诚信制度思想萌发

7世纪中期至19世纪中期是日本的封建社会时期。在这一时期，一方面，被称为"天照大神"的日本天皇和大封建贵族统领着日本的道德机器，"神道教"也深刻影响着日本人民的精神道德状况；另一方面，一些地方封建领主凭借自己的私人武装，不断扩充实力，形成了一些武士集团，并逐步建立了封建军事独裁的幕府统治。在幕府统治期间，日本社会形成了与以往

时期不同的道德规范——武士道。除此之外，儒教由中国的传入，为日本带来了崭新的文字与学问，它与神道教和武士道共同构成了明治维新前日本社会的精神支柱。

武士道就是支配武士精神生活的原理，它是武士所遵循的伦理道德规范体系的总称，包含众多道德条目。最初，武士阶层所遵循的伦理道德只是习惯性的，是源于武士日常生活中的风习。由于武士在经济上和政治上依附于幕府和大名，所以武士道精神要求"忠于主君，信佛敬祖，崇尚武勇，重恩义轻生死，甘愿为主君和本家利益而捐躯"。

各个时代的幕府开创者都重视对武士道精神的倡导。公元1232年，镰仓幕府制定了《贞永式目》，其中心思想是忠孝、贞节，其中特别强调忠孝，要求下级武士要绝对服从主君，为向主君尽忠甚至牺牲亲子之情、妻子之爱，保持不侍二君的节操。其他一些道德条目，如质实刚健、尚武勇敢、寡欲廉耻、严守约定、清廉洁白、尊重秩序等，这些道德要素所依据的基本原理是武士阶层的生活关系、人际关系。其中，严守约定的规定就是日本诚信制度的雏形，不但要求武士对主君要遵守约定，也要对其他人诚实守信。

汉学和儒学的传入，也对日本的道德教育产生了重要影响。秦汉时期"渡来人"将汉字带入日本，随后，儒学也传入日本。6世纪初至中叶，百济五经博士相继到日本讲学，带去了《礼》、《乐》、《书》、《论语》、《孝经》等儒家经典，并向宫廷中的贵族子弟教授汉字和五经典籍，即《诗》、《书》、《礼》、《易》、《春秋》，扩大了儒学传入日本的程度，对日本的伦理道德产生了深远的影响。在日本文化教育的建设上，圣德太子仿照中国，改进日本政治制度和文化教育制度，为日本文化的发展奠定了始基。公元603年，他颁布了《十二阶冠位制》，用德、仁、礼、信、义、智六个方面代替世袭氏姓制度，表示冠位的等级高低。他还派遣留学生到中国学习，从中国引入儒家思想和佛教，将中国法家、儒家、墨家及佛家思想糅合在一起，确定了日本教育发展的方向，为日后的改革奠定了初步的基础。奈良、平安时代的天皇都十分推崇儒学，江户时代的幕府更是把儒学作为官方的意识形态。儒学的传入给日本带来了中国早期的诚信观念，使日本的道德观念发生了质的变化。

2. 明治维新后建立的诚信制度

（1）明治维新至第二次世界大战期间诚信制度初现

19 世纪后半叶，日本发生了一次深刻的社会变革——明治维新。它使日本结束了 260 多年的封建幕府统治，走上了发展资本主义的道路，使日本由封建社会进入到了资本主义社会。从此开始到 20 世纪 40 年代期间，日本政府颁布了一系列的法规法令来完善高校的诚信制度。

1872 年 8 月 3 日，日本明治政府颁布了《学制令》。它是日本近代史上第一个重要的教育法令，是日本历史上第一次教育大改革的开端。在其颁布的同时，太政官发布了三项与《学令制》有关的布告。布告指出：人所以能立身、昌业，皆有赖于修身、开智和增长才艺。为此，"为人者不可不学，学又不可误其旨趣"；要做到"邑无不学之户，家无不学之人"。学习的内容不仅仅是学校的东西，也包括日常生活中的知识。其中，诚信方面的教育就是重要的内容之一。

学校教育的兴盛与发展，学生文化素质的高低，以及学校教育能否贯彻国家的政治方针、培养出诚实守信的学生等，在很大程度上取决于教员的素质和水平。在这个问题上，日本政府也是相当重视的。1881 年 6 月，日本文部省颁布了《小学教员须知》，提倡忠孝、爱国等伦理、道德准则，并对教员的修身、学识、授业方法作出严格规定。《须知》是日本近代关于小学教师资格的重要文件之一，其开头写道，"普通教育乃是为了预防危险之罪恶、减少刑罚，使邦国一般众庶成为良民……故身为教员者，当善察此意，使全国儿童以忠诚为本"，其中有一条要求"必须能讲授人伦之大道、职分之大义、爱国之主义，并在日常能为学生之楷模者"。此外，还要求"导人为良善比使之多识更为紧要，故而身为教员者应使学生格外致力于道德教育"。这是对于小学教师关于修身方面的要求，日本通过提高小学老师的道德素质来提升学生的道德品质，这就为高校的诚信教育奠定了良好的基础，有利于大学的诚信教育收到更好的教育效果。

1890 年日本政府以天皇的名义颁布了《教育敕语》，实际上具有教育基本法的地位和效力。"敕语"针对当时日本社会上崇尚西洋的思潮，提出要发扬忠、孝、仁、义的儒家伦理，并认为它不仅是国之精华，也是教育之渊源。"敕语"提倡和睦、诚信、恭俭、博爱的精神，其中心强调了传统伦理道德在发展教育乃至维护天皇制国体中的极端重要性。《教育敕语》中规定："尔臣民应孝父母，友兄弟，夫妇相和，朋友相信，恭俭持己，博爱及众，修学习业……一旦有缓急，则义勇奉公，以辅佐天壤无穷之皇运。"[①]它根据东方的家族主义伦理观与普鲁士的国家有机体说，又加上日本的纪元神话的修饰，"制造"了日本新的"三位一体"（儒家的伦理道德规范、日本的民族意识和军国主义思想）的伦理道德规范。由此可以看出，当时的日本政府就已经对国民进行了诚信教育。

整个近代时期，日本颁布了很多法律法规，明确提出了诚信的要求，为高校诚信制度的建立和完善提供了充分的保障。

（2）第二次世界大战后诚信制度的确立

从 20 世纪 40 年代至今，日本的高校诚信制度有了明显的完善和发展。不仅学校制定严格的规定，注重对学生的诚信教育，同时家庭、社会也积极地参与进来，形成学校、家庭、社会教育的合力，共同促进国民诚信观念的提高和高校诚信制度的建设。

第一，完善关于诚信的法律法规。1947 年，日本颁布了《学校教育法》，是日本高校管理制度的法律基础。其中第五章第五十二条规定："大学作为学术的中心，在广泛传授知识的同时，以深入教授及研究专门的学艺、发展智慧、培养道德和应用方面的能力为目的。"可见，日本对高校学生的要求不仅仅是学习知识、完成学业，而且还要不断提高自身的德育水平和诚信水平。

为不断完善日本的教育体系，日本进行了多次的教育改革。1987 年 8 月历史教育审议会通过了关于教育改革的第四次审议报告。在本次报告的改革具体方案中提到了对初等、中等教育的充实与改革，这些改革措施的出台为高校进行更好的诚信教育奠定了坚实的基础。这些措施包括：（1）改善教育内容——充实德育，改善道德教育内容；贯彻"基础、基本"与发展个性；重视培养创造能力、思维能力、判断能力和养成自我教育的能力。（2）改善

---

① 苏振芳：《当代国外思想政治教育比较》，社会科学文献出版社 2009 年版。

教育条件——努力减缩规模过大的学校，实行 40 人的班级制；设施设备要从培养人的品德与适应教学方法多样化的观点出发，进一步加以改善。通过这些措施，在初等、中等学校给予学生更多的道德教育，使学生养成良好的道德品德，在进入大学之后，学校的诚信教育就会收到更好的效果。

20 世纪 90 年代以后，日本政府提出了这样的道德教育目标"以教育基本法及学校教育法所规定的教育根本精神为基准，将尊重人的精神和对生命的敬畏观念贯彻于家庭、学校及社会的具体生活中，为创造有个性的文化及发展民主社会及国家而努力，进而培养对国际社会的和平作出贡献的具有自主性的日本人，以培养作为及时的道德情操为目的"。为此，"德育课应与各科及课外活动密切配合，通过有计划的、灵活的指导来对它加以补充、深化和统一，提高学生的道德判断能力，丰富他们的道德心灵，培养道德实践能力"。[1] 日本的初等、中等、高等的道德教育是一脉相承的：日本小学的道德教育目标是"以培养新生人和敬畏生命的观点作为基础，培养具有丰富的内心世界、坚忍不拔的精神，能为发展民主文明的国家和社会及主动为推进国际社会的和平作贡献、有主动性的日本人"[2]。其中心是"培养适合于 21 世纪的社会生活的道德意识"。日本初中学校的道德教育目标为"在学校、家庭以及社会的各个具体场合中充分发挥新生人的精神和对生命的敬畏，努力创造富有个性特点的文化，促进民主社会及国家的发展，培养学生具有道德性，打好作为一个能主动的为国际社会的和平作贡献这一主体性的日本人所必备的基础"[3]。日本高中关于道德教育的要求是"高中的道德教育要通过学校整体活动来进行，要启发学生自己探究，努力进行自我实现，自觉认识到自己已是国家、社会的成员之一，要具有与此相应的觉悟"[4]。日本大学的道德教育目标是："使学生认识到，为了成为判断力健全的公民，必须努力提高自己的政治教养。……要培养学生将来正确行使公民权利和履行公民义务的能力和态度。"这些道德教育的目标与具体措施培养了学生的道德意识和

---

①　苏振芳：《当代国外思想政治教育比较》，社会科学文献出版社 2009 年版。

②　苏振芳：《当代国外思想政治教育比较》，社会科学文献出版社 2009 年版。

③　苏振芳：《当代国外思想政治教育比较》，社会科学文献出版社 2009 年版。

④　苏振芳：《当代国外思想政治教育比较》，社会科学文献出版社 2009 年版。

诚信意识，为高等学校的诚信教育做好了铺垫。

近年来，日本不但颁布相应的法律规定鼓励大学生诚信，也对科学工作者不诚信的行为制定了相应的惩罚措施。2005年日本学术会议发表了一份《科学研究中不端行为的现状与对策报告》，此后日本政府和学术界开始对学术不端行为进行防治。2006年初，日本政府科学技术政策的最高决策机构——综合科学技术会议发布了《关于切实应对科研不端行为的意见》，并于2月设立了防止"科研不端行为特别委员会"，出台了《关于处理科研不端行为的指南》。《指南》要求科学工作者个人应正直、诚实、自律，在学术研究中不造假；对学术研究中出现的不正当行为迅速查明真相，及时公布结果；要求科学工作者自觉维护科学的尊严，要正直、诚实地进行科学研究并约束自己的行为，还要在专业间开展互相评价和监督等。

最近几年，日本的学术造假事件层出不穷。例如，2009年东京大学教授塞尔坎·阿尼里尔（Serkan Anilir）被发现伪造了一系列个人学术成就，其中包括谎称他是第一个参加NASA项目的土耳其人——他穿着宇航服的一张照片被发现是假的。2012年，麻醉学者藤井善龙（FujiiYoshitaka）因学术造假，有超过100篇论文被要求撤稿。2014年4月，诺贝尔生理学或医学奖得主京都大学的山中伸弥被曝出在他2000年发表的一篇论文中，有一处图片被发现有捏造数据的嫌疑。山中伸弥否认捏造数据，但能够证明清白的原始数据已经丢失。为此，他在新闻发布会上进行了公开道歉。此外，最近日本女科学家小保方晴子于2014年1月在英国权威学术期刊《自然》发表了具有突破性的干细胞研究论文，论文声称把体细胞放入弱酸性溶液中并施加刺激，能够成功培育出能分化为多种细胞的STAP"万能细胞"。论文发表后备受关注，然而，很快便有众多研究人员对论文提出了质疑。在舆论的压力下，理化学研究所2月中旬成立专门委员会调查论文材料的可信性。委员会于4月1日公布报告，认定小保方在研究过程中存在"捏造"和"篡改"图片行为。论文中的一张试验照片酷似小保方博士论文中的照片，这从根本上破坏了数据的可信度，属于"捏造"行为；另一张试验照片是合成照片，属于"篡改"行为。这位被称为"日本居里夫人"的女科学家不得不于4月9日召开新闻发布会，承认自己"疏忽大意、学业不精、不成熟"。目前，这件事情正在调查处理中。面对如此众多的学术造假事件，日本开始整肃科学界，准备在制度层面上设立一系列针对学术造假的防范与应对措施。

第二，开展丰富的学校诚信教育。日本的高校非常重视对学生的诚信教育，不仅直接体现在校训中，而且开设专门的课程，并积极开展实践活动。

校训。在日本，很多学校都将"诚实"二字写进校训中，以此来提醒、教育学生时刻都要诚信。比如，"诚实、勤勉、仁爱"；"自立、诚实、实行"；"诚实、品位和刚毅"。这些校训，都直接体现了做人要诚实，要以诚待人，让学生在日常的学习生活中更加注重自己的言行，做到诚实守信。

开设专门课程。在日本的各大高校里，道德实践课程是每个学生的必修科目。在文部省颁布的课目安排下，德育老师可以在方法上采用不同的方式方法进行教育，使德育的教学丰富多彩，如讲解、评论、阅读、看录像或唱歌、辩论交谈等。而且，学校还开设了一些独立课目，包括诚信、道德等相关内容。此外，日本学校还开设了一门伦理课，其主要内容就是诚实、奉献、善良、向上、谦让、名誉、正义等。政府组织推行的这些关于诚信教育的课程，具有绝对的权威。通过开设这样的课程，可以提高学生的道德品质，把他们培养成为合格优秀的公民。同时，还将诚信教育的内容渗透到其他学科的教学之中，让学生在无意识之中接受关于诚信的教育。

第三，开展诚信实践活动。日本的学校道德教育不仅仅依靠传统的思想品德课，而且还通过开展各种活动，将道德思想融入其中。梅原猛认为，应该进行心灵的教育、独立尊重的人格培养，把不撒谎作为最起码的道德原点。除此之外，学生还要接受学校"道德时间"的教育，强调人与自然、人与人、人与社会相和谐的道德观。日本还开展了类似我国"第二课堂"活动的特别活动，其内容包括课外学习活动、学生会活动、全校性的大型活动及假期和夏令营、冬令营活动等。日本的特别活动是日本德育中最具特色的一部分，已成为衡量德育工作的重要标准。

日本于2001年7月正式实施了学校改革教育法，其中明确规定了学生参加服务社会志愿活动的必要性。日本学校积极鼓励和引导学生参加社会活动，比如进入社区、工厂等，在社会中学习如何与人相处，体会在与人相处中应该遵守的道德规范，懂得要信守承诺、要互相信任。此外，学校还会对一些表现好的同学给予表彰奖励，与一些不诚信的同学及时沟通，并以此教育更多的学生，让学生懂得只有诚信才能得到人们的欣赏和认可。

第四，家庭、社会积极配合学校进行诚信教育。

家庭的诚信教育。福泽谕吉曾经说过，"无不生人上之人，也不生人下之人"。他的观点唤起了人们对教育的关注。人们受教育的程度成为决定国民地位的关键因素，因此，日本所有的父母都非常看重对孩子的教育，诚信方面的教育就是其中非常重要的一项内容。文部省在 1988 年 2 月的"加强道德教育全国大会"上，要求校长要发挥组织和领导作用，让家庭、学校和社区各自承担切实可行的教育任务。所以，日本建立了许多家长学校或专修学校的家政科，每个学校都讲授有关家庭教育的内容。日本父母经常教育孩子不许撒谎，他们把孩子当作朋友对待，告诉孩子怎么做是对的，怎么做会受到批评。当孩子出现不诚信的行为时，家长会像朋友一样，在非常轻松的气氛中对孩子进行耐心的教育，而不是一味地打骂。这样的诚信教育方式非常成功，为学校的诚信教育提供了有益的辅助，使孩子成为谦和、文明、礼让之人。

社会的诚信教育。学校的道德课程教育和家庭的诚信教育，都离不开社会为其提供良好的氛围。因此，日本开展了丰富多样的社区活动，并且取得了突出的效果。这些社区教育活动可以使孩子们了解自己居住地的历史、文化、环境等，从而培养他们热爱社区，继承和发扬优秀传统文化的热情。比如，在大学周边的社区中，都有图书馆等机构，学生在课余时可以在这些公益性场馆里看书学习，不断提高自己的诚信素养和道德水平。社区生活的多样性是学校无法相比的，它为学生提供了与各种各样的人交往的机会。例如为学生提供了大量的实习岗位，使学生在课余时间能够有充分的机会参与到实践中来，保证学校的诚信教育更加实用；新修各种公共设施和场所，组织各种志愿者活动等实践活动，让诚信教育渗透进生活的各个方面。

（六）新加坡

新加坡自 1965 年建国后，专心致力于经济建设，认为西方化可以解决国内的一切问题。可是，国家的迅速工业化和城市化虽使新加坡物质生活条件大为改善，但原有的社会道德和价值观念岌岌可危，新加坡面临全盘西化的危险。70 年代后，以李光耀为首的新加坡政府，在大力发展经济的同时，十分重视教育，并把屋荒、就业和教育并列为三大亟待解决的问题。李光耀从新加坡的历史出发，为避免文化和精神受到西方腐朽价值观的侵蚀，重拾思想道德建设，极力推崇以儒家伦理传统为核心的教育模式，倡导国家至上、社会文明、重家庭、孝父母、诚实、节俭等观念。新加坡的诚信教育目标是培养合格的"新加坡人"，主张"教育是为了生活"，因此尤其重视青少年的思想道德教育。

1. 新加坡大学诚信制度的主要内容

新加坡拥有较为健全的社会信用体系，政府部门专门成立了诚信推广委员会，设立多个小组委员会，强调培育诚信文化，推广诚信计划，把诚信计划纳入各级工作系统，在学生入学申请和大学课程中加入有关诚信理念的环节等。新加坡各大学积极响应政府号召，将诚信思想贯穿于学校课程和活动中，具体措施如下：

（1）儒家伦理教育

新加坡是将儒家思想与自己的国情有机结合而进行思想政治教育较成功的国家之一。为防止青少年过度受西化思想的侵害，新加坡的大学大力弘扬东方传统价值观，特别重视儒家思想对诚信教育的影响。新加坡是世界上率先把儒家伦理编成教材并在学校里开设儒家伦理课的国家。20 世纪 80 年代初，新加坡教育部专门组织编写了"儒家伦理"教材，特别把讲述儒家道德规范的课程作为必修课或选修课，如新加坡国立大学中文系开设了《中国文化史》《中国文明专题》《儒家思想专题》等课程。新加坡政府将儒学中的"忠、孝、仁、爱、礼、义、廉、耻"八德作为"治国之纲"，也将其作为新加坡人的行为准则和道德标准，力求使学生通过对儒家价值观中的效忠、孝顺、仁爱、谦虚、诚实、勤劳、节俭等品德的学习，养成良好的道德行为习惯，成为有学识、有风度、有修养、讲诚信的高素质的人才。经过改造充实后的"八德"思想被赋予了时代精神和新加坡人的理解，实现了东方内容与西方形式的有机结合，显示出新加坡自身文化和大学德育的特色，建立起了符合本国国情的意识形态和价值观念。

（2）诚信品格教育

诚信教育不仅关乎个人美德的养成，还与国家命运息息相关。新加坡大学的诚信教育之所以发展迅速，政府对公民道德教育的高度重视发挥了关键的作用。建国初期，政府在各级学校都开设了"好公民课"，对学生进行爱国主义、公民意识等方面的培养，以爱国、自强、自信、诚实、节俭、正直、勇敢、信守承诺等为个人发展目标。70年代以后，在强调发展经济的同时，在学生德育目标中突出"生活教育"。其主要目标：一是了解新加坡立国精神、信念、成就，培养效忠、爱国、尽责、守法观念，做个好公民；二是了解新加坡的历史沿革、地理环境、东西方的优良传统道德以及固有的文化价值，做身心健康与品质优良的国民；三是了解人生、社会、自然的互相关系，进而建立一个和谐合作的多民族国家。[①] 近年来，新加坡要求各学校都设置道德教育研究室，普遍重视培养学生爱国、诚实、勇敢、善良等良好品质，在学生升学时，德育课成绩要计入总成绩。新加坡的诚信教育目标在于培养合格的"新加坡人"，1991年在全国确立了"国家至上，社会为先；家庭为根，社会为本；关怀扶持，同舟共济；求同存异，协商共识；种族和谐，宗教宽容"的共同价值观，并且在共同价值观得到全社会广泛认同的基础上，树立了"敬业乐群、勤劳进取、廉洁奉公、讲求效率"的新加坡精神。

（3）宗教道德教育

新加坡是一个多种族、多宗教的国家，汇集了世界上的三大宗教和一些几乎绝迹的小宗教。新加坡实行宗教平等政策，在《共同价值观白皮书》中也倡导尊重他人的宗教信仰自由，政府主张政治与宗教分开。为避免因宗教的过度宣传而导致政治分裂，政府规定任何教派的教义宣传都要以促进社会、人民和谐共处为目的。国内的每一种宗教的教规都强调宗教道德的感化作用，宣传宗教的慈善友爱、忠诚待人、扶贫济困等人道主义思想，这从侧面对人的德行起到了一定的匡正作用，对改善社会不公、促进社会和谐有积极作用。从佛教、基督教、伊斯兰三大教派的教义上来看，诚实守信是它们

[①] 参见崔延强：《中外大学生诚信教育比较研究》，中央文献出版社2009年版，第88页。

最为崇奉的美德，关于"诚信"问题皆有不同的文字表述，穷其理义，却是殊途同归。例如，佛教讲"信为道源功德母"，要求出家人必须忠诚待人、讲信用、不妄语、不绮语，把诚实守信当作最起码的修行标准；基督教十诫之中要求爱主爱人或爱国爱教，而保证这一精神实现的重点，就要求无论是对天主、对他人还是对自己，都要一片忠心、一片真心，信实无欺；同样伊斯兰教的最高经典《古兰经》也强调穆斯林必须做一个诚实的人。新加坡政府充分利用这些宗教影响对青少年进行道德教育，在学校普遍开设宗教课程，把宗教知识的研读作为课堂教学内容，教师对学生的宗教道德教育侧重于知识的传输而非信仰的灌输，学生也无须祈祷、布道、礼拜等，这使青少年在了解宗教的同时，也树立了讲诚实、守信用、讲道德的价值观念。

（4）考试与学术制度

新加坡大学的考试制度非常严格，通过社会信用体系的监督来规范学生的考试行为。考试时不同学科的学生集中在一起，每个考场有一百到几百名考生，由数名教师监考，考生的考试卷上一律都填写学生证号码，如发现考生有作弊行为，一律取消考试资格，考试作弊一旦被记录下来，将会影响到学生以后的发展。同时，新加坡大学的学术态度比较严谨，虽未专设学术诚信管理机构，但在国家知识产权和审计等相关法律和法规中均有涉及学术不良行为及其处理规定。在《新加坡国立大学章程和规则》中，有如下导致纪律处分的学术违规、欺骗情形：①伪造或滥用学校文件或记录，包括与学位及其他学术资质相关的证书（不影响学校文件或记录的适用）；②在学生的学术成绩或经济奖励、学校的招生录取或与学校相关的其他方面，在校内或校外欺诈、撒谎、任何不守信用的行为，或者假冒他人的行为；③剽窃，在学术工作上给予或接受未经授权的帮助，或其他形式的学术欺骗等。以上情形均要得到相应程度的惩罚。

2.新加坡大学诚信制度的特点

（1）诚信教育由政府全面干预

新加坡政府对社会成员的诚信教育以及整个精神文明建设实行统一的指导、全面的干预，将精神文明建设同经济的发展、社会的进步乃至环境的改善联系起来，把精神文明建设当作全社会和全体社会成员的共同责任。政府充分利用大众传播媒体的导向作用，积极弘扬东方价值观，严厉禁止与主流政治文化格格不入的腐朽、反动的思想。同时制定了一系列诚信教育的方案和措施，在具体实施的环节中进行必要的管理和监督。

新加坡政府通过法治来保证和推进精神文明建设，规范公民的日常行为，使公民的行为朝着规范化和法制化的方向发展。在其他国家法典中均无可查询的内容，在新加坡法律中都一一作了规定，例如对随地吐痰、随地大小便、随地乱扔废物、破坏公共物品、乱涂乱画、公共场所抽烟、吐口香糖等的处罚，并严格执行。对于许多富有献身精神、诚实守信、助人为乐、尊老爱幼以及其他表现出高尚情操的行为，政府会以不同形式进行宣传与奖励。

新加坡政府在全社会有组织、有计划地开展各项群众运动，倡导东方价值观，构建新加坡精神，每年开展的全国性运动约有 20 多个，其中经常性的运动有讲礼貌运动、讲华语运动、防止犯罪运动、爱神运动、生产力运动、忠诚周、敬老周、睦邻周、国民意识周、守时运动等。[①] 新加坡政府以其廉正的作风、完备的立法、严格的执法等净化了社会风气，为学校的德育发展营造了一个良好的大环境。

（2）诚信教育在大学拥有立体的网络结构

新加坡大学的诚信教育自成一套体系，在这个体系中，每一个部分都有其不可替代的作用。最明显的特点就是将学校教育、家庭教育和社会教育三者纳入一个立体的诚信教育网络中，三者互相配合、相互影响，共同形成合力促进诚信教育的快速发展。

学校诚信教育方面，大学除专门开设德育课之外，还把传统文化中的孝亲、礼让、诚信、睦邻等道德价值观寓于各学科的教学中；教师发挥榜样示范功能，把积累下来的某些优良文化价值观和道德标准传递给学生，培养学生树立正确的道德观念。同时注重与学生的沟通，进行换位思考，而不是僵化地灌输和训导；学校还注重学生诚信道德养成的可操作性，开展丰富的课外辅导活动，如升降国旗仪式、尊老爱老活动、文明礼貌活动等，为学生

---

① 参见王瑞荪：《比较思想政治教育学》，高等教育出版社 2001 年版，第 231 页。

提供许多将诚信思想付诸实践的机会，实现学生的知行统一。

家庭诚信教育方面，针对西方思潮影响下家庭观念淡薄、离婚率高等问题，在新加坡"共同价值观"中提出"家庭为根"的内容。新加坡政府认识到家庭作为社会的基本单位，只有家庭稳固才能实现社会结构的稳固、国家凝聚力的增强。家长在传统文化和价值观方面对孩子的熏陶有利于孩子的身心健康成长。因此，重视和利用家庭教育是新加坡诚信教育的重要渠道之一。同时，特别重视家长和学校的联系，家长与学校的关系十分紧密，各学校都要求建立家长联谊会，家长要经常向学校反馈学生的诚信表现，学校也会及时作出回应。

社会诚信教育方面，新加坡政府借助新闻媒体的宣传优势，向学生宣传诚信观点，并指导其在受到危害时及时寻求法律的援助。同时，政府十分注重社区建设，把社区精神文明当作重要环节来抓，并鼓励学生参与社区服务活动。1990年新加坡教育部制定和推行了一项学生社区服务计划，旨在培养学生建立正确的价值观，从小养成服务精神。① 社区服务是对课堂教学的有益补充，学生在服务社会和与他人交往的过程中，可以养成良好的诚信意识和习惯，建立正确的价值观。

---

① 参见苏振芳：《当代国外思想政治教育比较》，社会科学文献出版社2009年版，第462页。

第四章 实证分析：大学诚信制度的现状与问题

——以山西高校大学生的诚信现状为例

大学生是高校德育的主体，更是未来社会精英的主体，其诚信水平是整个社会的晴雨表和风向标，并且大学生诚信贯穿在社会、学校、家庭等现实生活的方方面面，而这方方面面恰恰最能够说明大学生所具备的诚信品质之全面与真实的状况。要想建设良好的大学生诚信制度，就有必要对与大学生密切相关的诚信现状有一个客观、全面、准确的把握，从而有针对性地对大学诚信制度建设提供数据支持，更好地推进大学诚信制度建设，增强其实效性。

为了对当前大学生的诚信品质进行一个全面准确的了解，我们开展了"高校学生诚信调查"工作。本次调研我们以山西省范围内的 17 所高校学生为样本，共发放问卷 2240 份，回收有效问卷 2051 份，有效回收率 91.6%。调查问卷内容涉及了与大学生诚信密切相关的学习诚信、生活诚信、网络诚信、政治诚信四个方面。我们通过查阅相关文献、比较综合、统计分析的方法，将调查问卷的结果统计编码后输入计算机并用 SPSS（社会统计软件包）软件进行处理，并对各部分进行相关分析，对大学生诚信缺失现状进行了分析研究，以期从现象中找寻隐藏的规律，并对下一步的诚信制度建构提供参考依据和方向指引。

第一节　山西省高校学生学习诚信现状的实证分析

在学习诚信部分，问卷主要涉及以下几方面内容：大学生对学习中失信现象的价值判断及自身行为选择，情境主要是平时的作业与课程论文的写作、考试、学位论文写作等；学生对学习诚信制度与学习诚信教育的认知；对学校学习诚信制度构建的相关评价与建议。通过问卷调查了解到，在平常的学习中，很多"走捷径"的现象是大家习以为常的，大部分学校也并未在制度层面上对这些现象加以全面的约束。问卷结果反映了大学生学习诚信和学校学习诚信制度建设的现状、学生对制度建设是否有所了解以及他们的建议。

一、平时作业与课程论文写作中存在抄袭行为

在平时作业抄袭情况的调查中，选择"从来不"的同学约占20%，约10%的同学选择"经常"，而超过60%的同学"偶尔"会抄他人作业。可见，绝大部分同学抄过他人作业，抄作业的现象是普遍存在的(见表4-1-1)。"在平常的论文作业中，您是否有过抄袭论文的经历"，调查结论(见表4-1-2)：约30%的同学选择了"从来没有抄袭过论文"，70%的同学有过抄袭论文的经历，其中以"会在论文中抄袭一些，但绝不整篇抄袭"的现象最多。通过将两题目的频率对比分析可知，在平时的作业与课程论文写作中，抄袭的现象是普遍存在的，但大部分同学只是偶尔抄袭，或者是实在写不出来的情况下抄袭一部分。

表 4-1-1　关于是否抄过他人作业的调查

选项	经常	偶尔	从来不	未填
频数	205	1291	410	143
比重（%）	10	63	20	7

表 4-1-2 关于学生平常的论文作业中是否有过抄袭论文经历的调查

选项	为了应付作业常抄袭	如果写不出来，会抄袭	会抄袭一些，但不整篇抄	从来没有抄袭过	未填
频数	82	152	1168	566	82
比重（%）	4	7.4	57	27.6	4

"就您所知，大学生在做学位论文的过程中，是否存在抄袭行为"，统计结果见表 4-1-3：认为"不存在"的同学非常少，超过 40% 的同学选择"存在，但只是个别现象"，约 30% 的同学认为抄袭现象比较严重。可见，学位论文的抄袭也较为普遍。对"各种考试中有过作弊情况"的分析结果见表4-1-4，超过 50% 的同学从未在考试中作弊，略多于 40% 的同学偶尔会作弊，约 5% 的同学经常在考试中作弊。

表 4-1-3 关于毕业论文过程中是否存在抄袭行为的调查

选项	存在且较严重	存在但只是个别现象	不清楚	没有	未填
频数	609	873	519	30	37
比重（%）	29.7	42.6	25.3	0.6	1.8

表 4-1-4 关于在各种考试中是否有过作弊的调查

选项	经常	偶尔	从来不	未填
频数	96	826	1074	53
比重（%）	4.7	40.3	52.4	2.6

二、高校对学习失信行为的处罚力度不够

对平时作业与课程论文抄袭的处罚，统计结果见表4-1-5，通过观察可知，选择有处分（前两个选项）的同学占到了 50.6%，选择没有处分以及不清楚（后两个选项）的同学占到了 49.4%，两者基本持平。其中，略少于

30%的同学选择"有处罚，很严厉"。对学位论文写作抄袭的处罚，统计结果见表4-1-6；此题与上一题目的情况相似，选择有处分（第二、第三选项）的同学占到了51.4%，选择没有处分及不清楚（第一、第四选项）的同学共占到了45%，两者基本持平，前者略高于后者。最严厉的处罚是不授予学位，这一选项比例约为30%。

表 4-1-5　关于是否有学生因论文抄袭而受处分的调查

选项	有处罚，很严厉	有处罚但不严厉	没有处罚	不清楚	未填
频数	554	472	160	841	12
比重（%）	27.2	23.4	7.8	41	0.6

表 4-1-6　关于学校对抄袭学位论文处理的调查

选项	学校不会有任何处罚	给予一般的处罚，但是仍然授予学位	不会授予学位	不清楚	未填
频数	78	508	545	845	73
比重（%）	3.8	24.8	26.6	41.2	3.6

从以上分析看出，在平常的学习中，平时作业中的抄袭情况与学位论文抄袭情况都是普遍存在的，而考试作弊的同学则少得多。可见，对失信行为的处罚力度越大，失信行为就越少出现。而学校与学生对待各种学习任务态度上的不平衡，可能是直接影响处罚力度的因素。一方面，平时作业与课程论文是最被轻视的，学位论文也多因流于形式而不受重视；另一方面，对论文抄袭进行检查远比查处考试作弊复杂，对考试作弊的检查与处罚成本更低，更容易实现，所以在实践中这一制度的落实情况更可观。许多学校都有关于考试作弊处罚的明确规定，且多为学生所知晓。

三、对大学诚信制度和诚信教育感知度普遍较低

表4-1-7　关于学校是否颁布了学术诚信规范或学术道德规范文件的调查

选项	有	没有	不清楚	未填
频数	715	305	1004	27
比重（%）	34.9	14.9	49.0	1.3

表4-1-8　关于学校是否开设有学术诚信规范的课程或知识产权教育课程的调查

选项	有	没有	不清楚	未填
频数	607	708	704	24
比重（%）	29.6	34.5	34.3	1.6

以上两表考察学校是否设立了有关学术诚信的制度，或是否开展了相关教育课程，选项均设"没有"和"不清楚"选项。统计结果表明，这两个选项选择所占比例非常高。对比中可以看出，"没有"和"不清楚"两选项所占比例要远高于"有"这一选项。近一半的同学表示不清楚学校是否颁布了有关学术诚信规范或学术道德规范的文件。这可能是由于学校本身并没有相关规范性文件，所以学生选择"不清楚"；也可能学校颁布了相关文件，却并未在学生中进行广泛宣传，导致规定也只是流于形式。

表4-1-9　关于学校是否开展过系统的学术道德教育的调查

选项	一直进行着，效果很好	曾经进行过，效果不大	从没有过	不清楚
频数	386	673	240	724
比重（%）	19.1	33.3	11.9	35.8

从上表看出，开设了学术诚信规范课程、开展过系统的学术道德教育、老师经常就学术诚信与学生进行讨论的学校只占少数，仅有**19.1%**。在表

4-1-9 中，"不清楚"这一选项的比例较高，占到了 35.8%。有相当一部分同学选择了"曾经宣传过，效果不大，形式主义"，比例也占到 33.3%。

表 4-1-10   关于学校老师或导师是否就学术诚信有要求的调查

（本科）

选项	经常讨论	偶尔讨论	从没有过
频数	414	901	216
比重（%）	27.0	58.9	14.1

（硕士研究生）

选项	经常讨论	偶尔讨论	从没有过
频数	156	233	55
比重（%）	35.1	52.5	12.4

（博士研究生）

选项	经常讨论	偶尔讨论	从没有过
频数	7	9	4
比重（%）	35.0	45.0	20.0

值得注意的是，表 4-1-10 中学历不同的学生在本题选择上存在显著差异。参与调查的学生有本科生与研究生两种学历。说明平时学校老师在学术诚信方面对本科生与研究生的要求存在明显差异。据统计，本科生选择"经常讨论"、"偶尔讨论"、"从来没有"的比例依次为 27%、58.9%、14.1%；硕士生比例依次为 35.1%、52.5%、12.4%；博士生比例依次为 35.0%、45.0%、20.0%。每组数据曲线情况大致相当，选择"偶尔讨论"的最多，接下来是"经常讨论"和"从来没有"。对比两组数据可知，硕士生和博士生选择"经常讨论"的比例要高于本科生。本科生与硕士生、博士生学习内容与要求的不同，使得老师对其学术诚信的要求也不同，对硕士生和博士生的要求往往要比本科生严厉。

四、对诚信制度的自我认知和建议情况

"您认为学术诚信主要表现为"，频率统计如下："不剽窃别人的学术成果"，66.5%；"恪守学术规范"，47.9%；"独立思考研究"，45.5%；"在学术研究中要求真，求新"，53.3%；"在对待其他研究者及其成果上要讲诚信，信任他人，讲求信誉、信用"，46.7%。可以看出，"不剽窃别人的学术成果"的呼声最高，其次是"在学术研究中要求真，求新"，其他各项基本持平。学生思想中的学术诚信，大多体现为学术研究中的独立研究、实事求是。

"您认为大学生学习诚信制度主要包括哪些内容"，频率统计如下：有75.8%的同学认为大学生诚信制度包括"大学生考试诚信制度"；"大学生学术诚信制度"，74.9%；"大学生诚信奖励制度"，57.4%；"大学生诚信惩罚制度"，55%。

"您认为造成大学生学习不诚信的因素有哪些"，频率统计如下："社会大环境的负面影响"，66.5%；"网络信息工具的便利"，46%；"高校诚信教育的滞后"，40.8%；"长期应试教育体制的弊端"，64.4%；"高校校园文化诚信建设氛围不浓"，40.9%；"受身边同学或朋友影响，产生从众心理"，44.2%；"缺乏必要的诚信奖罚监督配套机制"，34%；"社会诚信立法滞后"，22.6%。只有22.6%的同学认为"社会诚信立法滞后"是造成大学生学习不诚信的因素之一。"社会大环境的负面影响"和"长期应试教育体制的弊端"则是选择人数最多的两个选项，都有超过一半的同学选择。可见在学生的意识中，学习中不诚信行为出现的原因，主要是社会大环境的影响和应试教育体制的弊端等外在条件和要素。但从调查分析对比中，我们似乎也感到了一种倾向，这就是作为高智本群体的大学生，在这个开放性问题上，隐性规避了其自身主体内在影响要素的选择和反思。

"您认为目前大学生学习诚信制度建设存在的主要问题有哪些"，频率统计如下："虽制定了考试舞弊处罚制度，但执行不力"，51.6%；"对一些学习上的不诚信行为的惩处制度不具体，操作性差"，65.6%；"学习诚信制度建设未能够与教学评估有机结合"，56.2%。惩处制度的不完善是学生所指

出的问题，可见在学生心目中，目前高校学习诚信制度缺失和构建的关注点基本集中在惩处制度上，而这一类制度还远远不够完善。

"您对大学生学习诚信制度建设有何建议"，频率统计如下："建立严格的学习诚信监督机制"，56.2%；"进一步完善学习诚信奖罚配套机制"，54.3%；"建立大学生学习诚信跟踪档案"，56.4%；"建立学习诚信测评管理体系"，50.5%；"加大学习诚信制度的可操作性，使学习诚信制度落到实处"，51.5%；"改进高校诚信教育，增强实效性，营造良好的诚信社会氛围"，51.7%。这一题目各选项被选中的比例基本相同，且均有超过一半的同学选择。其中"建立大学生学习诚信跟踪档案"和"建立严格的学习诚信监督机制"的呼声略高。大学生对高校学习诚信制度的落实及诚信教育的开展、学生个人诚信记录、良好的诚信社会氛围等都有所期待，这也应是诚信制度建设的发展方向。

综上所述，我们深刻地认识到，高校学生学习诚信问题形势严峻，不容乐观，反映出的问题是多方面的，既有学生自我放松、疏于自我管理的主观情况，更有学校诚信教育管理和宣传不到位或针对性不强的客观情况；既有学生对诚信的自我认知和主体需求，更有学校诚信制度不健全、执行不严格的现实状况；既有现实层面的考量问题，更有进一步加强制度建构的问题。

第二节　山西省高校学生生活诚信现状的实证分析

通过问卷调查以及与部分教育行政部门、思想政治理论课教师的座谈，对山西省高校学生生活诚信中人际交往、经济活动、升学求职问题进行分析。

一、山西省高校学生人际交往中失信行为滋生

在高校学生诚信调查中，针对人际交往诚信所设计的问题有两道题："你认为自己周围同学的诚信状况如何"是关于对周围同学的诚信状况的态

度调查；"当不诚信使你的利益遭受损失时，你会如何选择"是关于对失信行为损害利益时做法的调查。

调查结果显示：有61.6%的学生认为周围同学的诚信状况处于"较好"以上，有37.5%的学生认为周围同学的诚信状况处于"一般"和"差"的状态（见表4-2-1）。

有61.6%的学生选择"好"与"较好"，这就表明大多数学生对人际交往中的诚信认同度还是比较高的。诚信作为中华传统美德，不仅是当代大学生安身立命的重要道德原则，也是彰显大学生内在素质与品质的关键要素，山西省高校学生很大程度上已经具备了这样的道德品质。但是，我们从调查结果上看，山西省高校学生在人际交往中仍存在着诚信观念淡薄的问题，在经济社会转型期，高等教育中的诚信教育和制度建设更需加强。

表 4-2-1 关于周围同学的诚信状况的态度调查

选项	好	较好	一般	差	没感觉	未填
频数	347	917	659	71	38	19
比重（%）	16.9	44.7	32.1	3.5	1.9	0.9

关于对失信行为损害利益时做法的调查结果显示：有39.4%的大学生选择维护诚信，11.4%的大学生会选择向相关部门反映，他们不盲从、不畏惧，能够选择合适的途径来维权，做到讲诚信。而35.2%的大学生选择了无可奈何，这些大学生徘徊在诚信和利益之间，在正当利益不受到侵犯的情况下，他们会恪守诚信，践行诚信。当失信行为损害到自身的正当利益时，考虑到自身的控制能力和成本代价时，他们会感觉到无可奈何（见表4-2-2）。

表 4-2-2 关于对不诚信行为损害利益时的做法调查

选项	维护诚信	向相关部门反映	无奈	以其人之道还治其人之身	未填
频数	808	234	722	262	25
比重（%）	39.4	11.4	35.2	12.8	1.2

从以上问卷调查结果中我们可以得出结论：山西省高校学生的诚信品质总体上还是比较好的，并且在生活中能够很好地信守诚信诺言，以诚信待人，以诚信处事。但是，在山西省处于经济社会转型发展的关键时期，由于受到利益多元化和价值取向复杂化的影响，山西省高等教育中的诚信问题还是在一定程度上存在的。在高等教育面临全面改革和深化的关键时期，尽管国家和山西省对高等教育诚信问题已经给予高度重视并采取了许多有力的措施，制定和出台了相关的文件和法规，各个高校也对诚信教育环节、教育手段和教育规范进行了多方面的探索，但高等教育诚信的研究和建设任务仍然非常繁重，工作还急待延展和加强。

二、山西省高校学生经济活动中失信行为显现

在高校学生诚信调查中，经济活动诚信问题有两道题：关于申请助学金或困难补助行为的调查和关于毕业后归还助学贷款情况的调查。调查结果如下：

在对"如果您要申请学校的助学金或困难补助，您会对您的家庭情况如何描述"问题作答时，有57.1%的学生选择"如实说"，有10.1%的学生选择"大肆渲染"，有31.5%的学生选择"稍有渲染"（见表4-2-3）。

关于申请助学金或困难补助行为的调查结果见表4-2-3所示，有57.1%的学生会选择如实说明自己的情况，这就说明山西省大部分学生能够保持诚信态度，以一种坦然的心态去面对利益的分配，能够清晰判断自身的价值追求。但是，也有41.6%的学生为了自身利益而选择渲染，只是为了获得一定的助学补助或者困难补助。

表4-2-3　关于申请助学金或困难补助行为的调查

选项	如实说	大肆渲染	基本上照实说，稍微有点渲染	未填
频数	1170	208	646	26
比重（%）	57.1	10.1	31.5	1.3

在"您在学校就读期间申请了助学贷款，毕业后你会如何选择"题目中，有76%的大学生选择"节约生活开支，按期还清贷款"，说明绝大多数人在还贷方面诚信状况良好；有8%的大学生选择"如果没有强制归还措施，能拖就拖"；有11.7%的学生选择"视经济收入状况而定"；有2.2%的大学生选择"不打算还"（见表4-2-4）。

从表4-2-4我们可以得出结论：76%的学生会选择自觉按期偿还助学贷款，坚守诚信品德，恪守诚信行为，说明山西省高校绝大多数学生在经济活动方面是可以做到诚信的。但是，依然有近20%的学生在没有受到强制性的规定或者处罚措施时选择拖欠助学贷款，或者视自己的经济条件而确定是否偿还或者偿还时间，说明经济利益对部分学生的诚信观仍然会产生巨大的影响作用。但调查显示的仅有2.2%的学生会选择"不打算还"的数据，也令我们欣慰，至少说明山西高校学生的诚信主体自觉性很强，法规意识旗帜鲜明。

表4-2-4　关于毕业后归助学贷款情况的调查

选项	按期还清贷款	若无强制归还措施，能拖就拖	视经济收入状况而定	不打算还	未填
频数	1901	200	293	55	52
比重（%）	76	8	11.7	2.2	2.1

三、山西省高校学生就业诚信情况不容乐观

在对"如何看待大学生就业中的不诚信问题"的调查中，认为"形势所迫"的占48.6%；认为"学校和家长急功近利"的占22.6%；认为"用人单位条件苛刻"的占10.7%；认为"政策缺失（法律不完善、监管缺位）"的占15.8%（见表4-2-5）。数据表明：71.2%的大学生认为"形势所迫"和"学校和家长急功近利"是主要导致就业不诚信的原因，这就需要学校、家庭、社会三方扶持和鼓励大学生就业，为大学生就业创造良好的社会氛围；26.5%的大学生认为"用人单位条件苛刻"和"政策缺失"也是一方面原因，

这就需要企业和国家政策的倾斜，支持大学生就业，达到就业诚信的最终目的。另外，大学生自身能力不够，害怕失败，急于求成等原因也很重要。

表 4-2-5　关于如何看待大学生就业中的不诚信问题的调查

选项	形势所迫	学校和家长急功近利	用人单位条件苛刻	政策缺失	其他
频数	976	454	215	317	46
比重（%）	48.6	22.6	10.7	15.8	2.3

就业签约，任意违约。一些毕业生在择业的过程中"多手准备"，为了"保底"起见，遇到同意录用自己的单位就急于签约，不认真考虑工作是否适合自己。等到求职过程中遇到更好的工作岗位，就以各种理由和谎言骗取先前的用人单位和自己解约，或者是不通知用人单位就单方面违约，打乱了用人单位的招聘计划；有的为了骗取新的三方就业协议，对学校就业中心的老师谎称协议书丢失；还有的是在择业与升学之间徘徊不定，等拿到录取通知书时便毅然毁约，全然不顾用人单位的利益和学校声誉。

表 4-2-6　关于在准备考研的同时签约，考上研之后又毁约的调查

选项	会	不会	视情况而定
频数	260	1102	656
比重（%）	12.9	54.6	32.5

在我们的调查中，设计了这样一个问题："在考研和就业之间，您会不会准备考研的同时签约，考上研之后又毁约"，调查结果显示：54.6%的大学生表明不会那样做，32.5%的大学生选择"视情况而定"，12.9%的大学生选择会那样做（见表 4-2-6）。数据表明：有一半大学生（54.6%）的诚信立场坚定，但还有近 1/3 大学生的诚信素养不够，存在趋于自身利益追求的问题，有 12.9%的大学生会选择违约。

综上所述，我们深刻地认识到，学生生活诚信的各方面出现失信现象，既与学生以自我为中心追求自我利益忽视社会价值有关，也与学校教育管理和制度约束不严有紧密联系，更与社会不良风气渗透校园和学生有直接关

系。因此，推进大学诚信建设必须以教育管理为基础，以制度硬约束为保障，以社会诚信整体环境为依托，才能整体推进。

第三节　山西省高校学生网络诚信现状的实证分析

山西精神是"信义、坚韧、创新、图强"，信义作为山西精神的最主要方面，可见其对山西经济社会发展的重要价值。山西省正处于转型跨越发展的关键期，高校学生诚信水平高低对整个社会转型具有重要影响，而网络作为一种新型的社交媒介，越来越多地承载着社会交往活动。所以，对网络诚信的关注，对大学生网络诚信现状的梳理分析，也是抓住高校思想政治教育和诚信教育主阵地的有效契合点和切入点。

一、山西省高校学生网络诚信行为失范

随着信息化的推进和发展，山西省高校学生越来越受到网络的影响，生活方式和学习方式也在不断改变。由于网络的虚拟性特征，学生会受到道德规约乏力和制度约束漏洞的影响，网络失信行为日益频发，成为国家、社会和高校关注的重点问题。高校诚信调查问卷对"利用网络进行论文撰写的调查"（见表4-3-1）显示：有9.9%学生选择"论文全部由个人完成"；有73.0%的学生选择"从网上下载相关资料、文献作参考，大部分由自己来写"；有14.0%的学生选择"大量引用、拼凑下载资料，完成论文"；有3.1%的学生选择"直接下载一篇作为作业"。

由于网络资源的开放性，山西省高校学生为了自己的方便，会侵犯他人的知识产权，很多学生选择直接从网上下载资料，进行简单的修改，缺少独立思考的过程。还有部分学生甚至不加任何修改，直接剽窃网络上已经发表的文字、图片和影音等网络资源，这种行为导致了大学生网络行为失范，诚信缺失。

表 4-3-1　关于在平常的论文写作时的行为调查

选项	频数	比重（%）
全部由个人完成	200	9.9
从网上下载资料参考，由自己来写	1474	73.0
大量引用、拼凑下载资料，完成论文	283	14.0
直接下载一篇作为作业	62	3.1

二、山西省高校学生网络发布信息虚假

山西省高校诚信问卷调查结果显示，在网站注册时有 20.6% 的学生从来不填写自己的真实信息，只有 18.4% 的学生会选择"填写真实信息"，61% 的学生选择只在自己信任的网站上填写真实信息（见表 4-3-2）。这说明，山西省大部分学生会隐瞒自己的真实信息，可能是为了保护个人隐私，但是也不排除有部分学生利用虚假网络信息来欺骗他人的情况。与此同时，问卷关于是否会在网上发布"掺水"简历的调查结果显示：有 35.2% 的学生考虑到就业的压力会在网上发布"掺水"简历（见表 4-3-3），对用人单位造成干

表 4-3-2　关于网站注册时是否填写自己的真实信息的调查

选项	频数	比重（%）
会，从不担心个人信息被泄露	369	18.4
不会，从来不填写真实信息	413	20.6
只在自己信任的网站上填写	1224	61.0

表 4-3-3　关于是否会在网上发布"掺水"简历的调查

选项	频数	比重（%）
会，不"掺水"找不到工作	353	17.6
会的，若不这样做会吃亏的	354	17.6
不会，那样做有损道德品质	959	47.6
不会，不掺水也能找到工作	347	17.2

扰，从而为就业多寻找一个机会。关于在网络聊天和网络社区中如何交流的调查结果显示：有81.6%的学生在网络环境下有过说谎的经历（见表4-3-4）。由此可见，网络作为学生生活的一种特殊方式，在带来方便的同时，也会使学生形成网络失信行为。

表4-3-4　关于在网络聊天和网络社区中如何交流的调查

选项	频数	比重（%）
从不说谎	368	18.4
偶尔会说谎	1382	69.1
经常说谎但有时也说实话	219	10.9
从不说实话	33	1.6

综合以上三个问题的数据，我们可以感受到，大学生对网络信息平台的实际依存度，并不如我们想象的那样紧密，对网络信息平台的信任度也远非很强。正因如此，当发布自己的真实信息或网络交流时，他们并不在意自己的语言和行为是否诚信，大多数学生（81.6%和80%）会选择"有限诚信"的原则应对网络交往。而在自己简历发布上，近2/3学生选择"不会掺水"的行为，则从另一个侧面映射出大多数学生（64.8%）仍然具有比较正确的诚信意识。

三、山西省高校学生对网络与诚信关系的认知偏低

在本调查中，我们设计了4道题来分析网络对学生的影响、网络对学生诚信观的影响等关系。调查结果如下：

表4-3-5　关于网络对学生影响的调查

选项	频数	比重（%）
没什么影响，和在现实生活中差不多	240	11.9
有一点影响，它给我在学习、生活方面带来了方便和乐趣	1134	56.1
有很大的影响，网络已经成为我日常生活中的一部分	588	29.1
对网络有很大的依赖性，没有网络就无法正常学习和生活	61	3.0

表4-3-5是关于网络对学生是否产生影响的调查。数据显示：选择没什么影响的占11.9%，选择有一点影响的占56.1%，选择有很大影响的占29.1%，选择对网络有很大依赖的占3.0%。可见，认为网络对学生生活产生影响的占约88%，网络已日渐成为学生日常生活的一部分。因此，我们可以确定一个基本认知，就是网络生活方式在大学生中已基本形成。

表4-3-6　关于对网络诚信理解的调查

选项	频数	比重（%）
在网络上应该和现实生活中一样做到诚实守信	733	36.2
网络上有时可不诚信但不能伤害别人	965	47.6
网络是虚拟的世界，不一定要坦诚相对	283	14.0
无所谓	45	2.2

表4-3-6是关于学生网络诚信观的调查结果，数据显示，学生的网络诚信观初显端倪，但仍处于不清晰的意识阶段。在学生的选择中，认为无论在网络上还是现实生活中都应做到诚信的占36.2%，认为在网络上有时可以不诚信但不能伤害别人的占47.6%，认为网络是虚拟的不一定要坦诚相对的占14.0%，选择无所谓的占2.2%。有近61.6%的学生认为网络上可以不诚信，可见学生对于网络诚信的意识还是相对薄弱的，很大一部分学生并不愿意在网络上时时事事都做到诚实守信，而是相对有所保留。

表4-3-7　关于网络时代对人的诚信有怎样的影响的调查

选项	频数	比重（%）
正面影响＞负面影响	490	24.4
负面影响＞正面影响	619	30.8
因人而异	883	44.0
没有影响	16	0.8

关于网络对学生诚信是否产生影响，以及产生正向影响大，还是逆向影响大的问题，也是我们关注的一个问题。从调查数据（见表4-3-7）中可以看到，网络对学生诚信产生影响是不争的事实，仅有0.8%的学生选择了

"没有影响"。不过选择负面影响大于正面影响的比率（30.8%）高于选择正面影响大于负面影响的比率（24.4%），这个数据仍然让我们感到意外。这或许是"诚信"这个因素的影响，也或许是"网络虚拟性"这个因素的影响。但可以确定的是，学生对网络诚信的信任度不高这个因素，在这里起到了关键性的影响。

表4-3-8　关于对"红色网站"的认识和评价的调查

选项	频数	比重（%）
能够有效监督，引导大学生的网络诚信行为	849	42.5
只是表面功夫，起不到什么实际作用	708	35.4
说不清楚	442	22.1

红色网站是大学进行学生思想政治教育和诚信教育的一个网络平台，故我们设计了"对红色网站的认识和评价"这道题，调查了解学生心目中对红色网站的认知程度。但调查数据显示（见表4-3-8），学生对红色网站的认知度不理想。具体调查结果是：认为能够有效监督、引导大学生网络诚信行为的占42.5%，认为只是表面功夫起不到实际作用的占35.4%，其余是观点中立的学生。可见有57.5%的学生对于红色网站这种宣传网络诚信的社会媒介所发挥的作用并不认可。由此我们可知，红色网站在学生群体中的认可度不高，影响力不大，其教育引导功能也不强，还没有成为大学生思想政治教育和诚信教育的一个重要平台和阵地。

综上所述，我们深刻地认识到，网络对现代大学生和现代大学以及现代社会影响巨大，但网络虚拟性带来的双向性、隐蔽性和无序性特征，也对学生的网络诚信意识和行为产生了很大的影响，特别是网络生活方式在学生群体中的显现，使学生网络诚信行为成为衡量大学生整体诚信水平的一个重要标志，也因此促使我们要高度重视学生网络诚信意识和行为的教育引导，积极构建大学生网络诚信制度，进而推动大学诚信制度建设的步伐。

第四节　山西省高校学生政治诚信现状的实证分析

政治诚信关乎山西省学生政治社会化的实现程度。通过问卷，我们了解到山西省高校学生的政治诚信尚存在一些值得关注的问题，总结起来共有四个方面。

一、山西省高校学生主体政治信念稳定，但极少数学生处于摇摆不定状态

政治信念体现着大学生基本的政治价值判断和政治理想，是考量当代大学生政治诚信状况的一个重要指标。"对中国特色社会主义理论体系态度的调查"结果显示（见表4-4-1）：山西省有37.6%的学生认为自己能够自觉学习并且坚信国家的主流意识形态，高度认同中国特色社会主义理论体系，这表明山西省高校学生的政治理想与信念状况符合我国主流意识形态；而51.9%学生认为"为考试过关学习，基本认同"，即大部分学生表示通过思想政治理论的教育和学习，能够接受并且产生基本认同。从总体上看，对中国特色社会主义理论体系的基本认同感达到89.5%，表明山西省大学生的政治信念基本稳定，大学思想政治教育工作的成就比较明显。但是，非主流意识形态在学生中也同时存在，部分学生对传统价值观中的合理成分持怀疑态度，不可避免地出现了信仰动摇现象。甚至有极少部分学生对国家主导意识

表4-4-1　对中国特色社会主义理论体系的认同情况的调查

选项	频数	比重（%）
自觉学习并且坚信不疑	756	37.6
为考试过关学习，基本认同	1043	51.9
不想学习，更想学习西方文化	47	2.3
说不清楚	164	8.2

形态根本就不了解，更不想去学习它、相信它，对其存在较大的认同困难，更谈不上忠诚与否，这要引起我们的高度警觉。

二、山西省高校学生主体政治情感稳定，但部分学生处于困惑不解状态

　　政治情感体现着大学生对政治价值的一种主体认同，表现着他们对政治利益选择的基本态度，也是考量学生政治诚信状况的一个基本指标。"当个人利益与国家利益发生冲突时大学生的政治态度"（见表4-4-2）问卷调查结果显示：有52.6%的学生选择"忠诚地维护国家的利益和法律"，说明山西省大多数学生还是具有强烈的法制观念和政治认同的，他们会为了这种认同而坚守诚信道德；但是，也有近20%的学生选择"内心不愿意但有时会牺牲个人利益"，有6.1%的学生在面临国家利益和个人利益抉择时选择维护个人的利益；更值得高校关注的是有23%的学生会选择视情况而定，这就说明这些学生会随着社会的转型、文化的碰撞和利益结构的调整，政治情感和思想会不断变化，行为也会不断变化，甚至超越了诚信道德的范畴，而成为影响高校和社会和谐稳定的关键因素。

表4-4-2　当个人利益与国家利益发生冲突时大学生的态度调查

选项	频数	比重（%）
忠诚服从国家与法律	1062	52.6
内心不愿意但有时会牺牲个人利益	369	18.3
坚决维护个人利益	123	6.1
视情况而定	465	23.0

三、山西省高校学生主体政治行为稳定，但部分学生偏离义务自觉状态

　　政治行为是大学生政治素质的集中表现，体现着他们一定的政治成熟

度和政治理论素养，是考量学生政治诚信状况的一个显性指标。考虑到学生
对政治行为的敏感性，我们选择了政治参与的角度来考察学生的政治行为。
选举是公民政治参与的最重要方式，"对行使选举权利时候的态度"的调查
发现，山西省一部分学生的政治认知尚处于表面而未深入（见表4-4-3），
有68.8%的学生选择"认真了解候选人，慎重投票"；有15.3%学生选择
"选择熟悉但不一定合适的候选人"；有10.6%的学生选择"没必要认真考
虑，成本太大"；有5.3%学生选择"找借口有事，故意放弃选举"。根据这
个调查结果，可以看出，山西省高校学生在行使权利的时候很大程度上会
尽职尽责，忠诚于法律赋予的权利和义务，认真参与政治活动，恪守政治诚
信理念和行为。但是我们也发现，还有30%强的学生不能忠诚地行使政治
权利和履行政治义务，有时只会敷衍了事，政治参与意识淡薄，甚至放弃政
治参与的权利，有时可能还会出现与政治认知相悖的行为，政治评价相对功
利化。

表4-4-3　当代大学生在行使选举权利时候的政治态度调查

选项	频数	比重（%）
认真了解候选人，慎重投票	1406	68.8
选择熟悉但不一定合适的候选人	312	15.3
没必要认真考虑，成本太大	216	10.6
找借口有事，故意放弃选举	109	5.3

四、山西省高校学生主体政治价值稳定，但部分学生趋于自身利益追求

政治价值是政治行为的内心动机，既是学生对政治活动和政治现象作
出的价值判断，也是学生希望获得的具有意义的政治抉择。我们的调查聚焦
于学生对入党动机的选择，来考察学生的政治诚信状况。对"加入中国共产
党的取向与动机"（见表4-4-4）的调查显示：36.6%的学生选择"信仰共产
主义，提升政治思想境界"；有31.9%的学生选择"认同党的宗旨，追求政

治进步"；这两项相加，具有正确入党动机学生的比率达到 68.5%。有 23.9% 的学生选择"提升身份地位，就业时找一份好工作"；有 7.6% 学生选择"大家都认为入党好，于是跟着想加入"。调查结果表明：山西省高校学生政治诚信总体上还是比较好的，能坚信共产主义，提升精神境界，能够认同党的路线、方针和政策，主流是积极的且符合主流价值追求的。但是，在看到这些积极方面的同时，我们也发现一部分学生受到功利主义价值观的影响，为了自身的发展和就业等切身利益，往往会冠冕堂皇地想加入共产党，甚至有时存在盲目跟风心理而"随大流"，最终出现政治失信行为。

表 4-4-4　关于山西省高校学生加入中国共产党的动机的调查

选项	频数	比重（%）
信仰共产主义，提升政治思想境界	734	36.6
认同党的宗旨，追求政治进步	640	31.9
提升身份地位，找一份好工作	480	23.9
大家都认为入党好，于是能入就入	154	7.6

综上所述，我们深刻地认识到，学生的主流意识形态是好的，是积极向上的。但部分同学中存在的这四种现象，即政治信念处于摇摆不定状态，政治情感处于困惑不解状态，政治行为偏离义务自觉状态，政治价值趋于自身利益追求，值得我们高度关注，需要我们进行教育和引导，切实加强社会主义核心价值观教育，增强学生的"三个自信"为中国特色社会主义事业培养更多的合格建设者和可靠接班人。

第五节　大学诚信问题的制度归因分析

"诚信"经常表现为外在的行为，但作为一种主观意识活动，往往很难准确把握。从心理学的角度看，动机与行为之间有着极为复杂的关系。在设计问卷调查过程中，难免会出现一些不尽如人意的地方，虽然采取的是不记名问卷，但被调查者仍有可能有意识地回避问题，或采取"装好式"的态度来回答问题，有可能隐瞒真相和真实想法。这次诚信调查的内容涉及了一些与大学生诚信密切相关的问题，从调查的情况来看，主流是积极向上的，这同教育部发布的高校学生思想政治状况滚动调查"当前高校学生思想主流持续呈现积极、健康、向上的状态"的基本判断相吻合。但是我们也要看到学生诚信方面存在着不容忽视的问题，在一定层面折射出高校诚信教育和管理中存在的不足，同时还反映了高校诚信制度的缺失。下面我们从制度视角探析高校诚信现状的制度归因，以期对下一步的构建提供参考。

一、大学诚信制度的统一标准不到位

任何制度的建立都需要有一个统一标准，如果标准不一，在执行过程中就会出现有的按这一标准执行，有的按另一标准执行，力量分散，一盘散沙，从而使制度建设无从下手。我国当代大学诚信制度之所以建设难，其中一个很重要的原因就是在建设的过程中没有制定一个统一的标准。在本次课题组调研中，通过对学生主观性问题的分析得知，认为到目前为止国家没有统一的大学诚信制度标准，使大学诚信制度建设难度大的比例超过50%，占到了被调研者总人数的一半还多。在"您认为就业诚信应该包括哪些方面"的调查中，选择"简历提供自己的真实信息，包括所获荣誉、所得证书等"的有1460人，占总人数比例的72.2%；选择"面试时向用人单位反映自己的真实想法"的有1238人，占总人数比例的61.2%；选择"信守契约，不违约"的有1324人，占总人数比例的65.5%；选择"职业重新选择时及时通知已签约单位"的有991人，占总人数比例的49%；选择"上岗后不轻易跳槽"的有583人，占总人数比例的28.8%；选择"合同期内不擅自离职深造学习"的有559人，占总人数比例的27.6%；选择其他的有35人。做任何事情最怕的就是没有标准、没有目的，缺乏了标准和目的就会一事无成。由于没有受到相关部门的重视，大学诚信制度建设标准不一，执行部门不知道究竟按照什么标准行事，执行起来相当困难。另外，虽然制度建设十分关键，但制度的执行与监管也不容忽视，应派加大对不诚信行为的处罚力度。大学诚信制度的建设需要国家、社会、学校等各部门的协调配合，管理部门与执行部门必须齐心协力、紧密联系、相互配合，才能构建起有效的大学诚信制度。由于没有一个统一标准，因此增加了大学诚信制度建设的难度。比如，我们选择了"您认为大学诚信制度主要包括哪些内容"这个问题，来考查学生心目中的大学诚信制度内容范畴，学生选择的侧重点有很大不同。统计结果如下：有75.8%的同学认为大学诚信制度包括"大学考试诚信制度"；有74.9%的同学认为大学诚信制度包括"大学学术诚信制度"；有57.4%的同学认为大学诚信制度包括"大学诚信奖励制度"；有55%的同学认为大学诚信制度包括"大学诚信惩罚制度"。由此可见，制度界定不统一、制度边界不严密，成为大学诚信制度缺失或者执行不力的重要原因。制定统一标准，是大学诚信制度建设得以发展的重要保障。

二、大学诚信制度的外部环境不到位

当代大学生是在我国改革开放大潮中成长起来的，他们在接受传统文化教育的同时，也感受着市场经济的多种影响，一个很重要的表现就是社会诚信的缺失。我们一直在强调诚信的重要性，中国传统文化把诚信作为安身立命之本，但据调查显示：在大学生成长过程中，家庭、社会、学校都没能充分发挥好诚信教育的作用。我们在对"造成目前大学生不诚信现象的最主要原因"调查时，发现将原因归结为"社会风气"的占55.2%，认为由"缺少宣传和教育"导致的占15.5%，认为是"自我约束能力太差"造成的占21.4%，认可"家庭诚信教育不足"的占5.2%，选择"其他"原因的占1.1%。数据表明：55.2%的大学生认为目前大学生的不诚信主要是由社会风气导致的，这就需要加强诚信宣传和教育，使整个社会形成诚信的良好氛围。大学生也要加强自我约束，形成良好的诚信动力。家庭也不能在诚信教育方面偷懒，反而应该为后代树立正确的标杆，发挥榜样作用。我们对"你在学校就读期间申请了助学贷款，毕业后你会"一题的调查中，有77.4%的大学生选择"节约生活开支，按期还清贷款"，绝大多数人在还贷方面诚信状况良好；仍有8.2%的大学生选择"如果没有强制归还措施，能拖就拖"，有11.9%的大学生选择"视经济收入状况而定"，有2.3%的大学生选择"不打算还"。这就说明，外在的诚信制度环境对大学生的还贷诚信行为产生着很大的影响，如果没有制度形成的环境压力，当涉及个人切身利益的时候，学生就会选择不诚信行为。

三、大学诚信制度的宣传设计不到位

大学生诚信方面存在的问题和诚信教育制度的缺失有很大关系。虽然我们一直在强调诚信的重要性，但调查显示：目前，国家和许多高校已经部分地建立了大学诚信制度的各种制度安排，但是已经建立的大学诚信制度体系相对比较薄弱，还很不完善，呈现零碎化特点。例如，我们对学校是否设立了相关的学习诚信制度，或是否开展了相关教育活动进行考察。结果发现，近一半的同学表示不清楚学校是否颁布了有关学术诚信规范或学术道德规范的文件。这可能是由于学校本身并没有相关规范性文件，所以学生选择"不清楚"；也可能学校颁布了相关文件，却未在学生中进行广泛宣传，规定也只是流于形式。从中可以看出，当前我国大学诚信制度虽有建立，但没有形成体系，还很不完善，具体实施效果也不够理想，面临的问题还很多。

在考察大学生对自己学校政治诚信制度建立的了解程度时，当问到学校是否建立了政治诚信制度时，选择"建立了政治诚信制度且执行有力"的有 394 人，占到作答人数的 19.5%；选择"建立了一些政治诚信制度"的有 698 人，占到作答人数的 34.6%；选择"没有听说过什么政治诚信制度"的有 417 人，占到作答人数的 20.7%；选择"说不清楚"的有 504 人，占到作答人数的 25%。其中，选择没有听说政治诚信制度与说不清楚的合计占到 45.7%。可以看出，仅有不到二成的学生认为其学校建立了政治诚信制度且执行有力，有近一半的学生没有听说自己学校建立政治诚信制度或者对此事不清楚。可见，政治诚信制度的构建还很不完善或流于形式，未深入人心。构建完整的政治诚信制度体系并大力宣传和贯彻执行，将是诚信得以实现的重要途径和保障。

四、大学诚信制度的制度落实不到位

我国许多大学虽已部分地建立了大学诚信制度安排，但是这些制度缺乏可操作性，落实很不到位。我们对全省本科高校建立的大学诚信制度的执行情况作了考察，结果不尽如人意。比如在对"当前大学诚信制度建设存在的主要问题"的回答中，有1600多人认为制度在执行过程中大打折扣，占总人数的76%；有1011人认为学生在日常生活和学习中大多数不能自觉贯彻落实，约占到总调研人数的50%。对"你认为当前大学学习诚信制度建设存在的主要问题"的调查，统计结果显示：选择"虽制定了考试舞弊处罚制度，但执行不力"的占51.6%；选择"对一些学习上的不诚信行为的惩处制度不具体，操作性差"的占65.6%；选择"学习诚信制度建设未能够与教学评估有机结合"的占56.2%，题目所列出的三个选项都得到了学生的响应。从这些数据中我们可以看出，已建立的大学诚信制度缺乏可操作性，落实很不到位，而且大学生真正按所建立的制度自觉贯彻落实的并不多。制度本身的作用就在于操作和运用，如果仅仅停留在表面形式上，而没有可操作性、可执行性，这样的制度就等于没有效力。因此，这就要求我们要加强对大学诚信制度的建设力度和执行力度，尽快摸清楚我国已经建立的大学诚信制度的制定和执行情况，及时分析制度不力的原因，同时结合大学生的实际情况，完善大学诚信制度，使已经建立的大学诚信制度能真正地发挥实效。

五、大学诚信制度的监督机制不到位

监督和约束机制是大学诚信制度得以建立和顺利实施的必要保障，然而目前我国的大学诚信制度建设很大程度上缺乏相应的监督和约束机制。在传统社会，诚信是在相对封闭的环境、相对稳定的生产关系以及社会人员很少流动的社会背景下形成和建立起来的，诚信基本上是作为一种约定俗成的道德规范，而非正式的行为规范，人们往往将诚信建立在道德的基础上，主要靠传统的公序良俗去规范它，因此缺乏强制性、普适性和系统性。

　　随着市场经济体制的建立，改革开放步伐的加快，人的交际范围圈逐渐复杂，人与人之间的交流开始变得频繁，在这种关系中，约定俗成对人行为的约束功能十分有限，这就需要有与市场经济相匹配的各项规章制度及法律体系作为大学诚信得以维系的手段。可是目前我国许多大学却缺乏这种监督和约束机制，即使建立了部分诚信制度，但也是相对比较乏力。

　　比如我们调查学生对学习诚信监督机制的态度时，在所设计的问题"您对大学学习诚信制度建设有何建议"的选择上，统计结果如下：选择"建立严格的学习诚信监督机制"的大学生占到56.2%；"进一步完善学习诚信奖罚配套机制"的大学生占到54.3%；"建立大学生学习诚信跟踪档案"的大学生占到56.4%；"建立学习诚信测评管理体系"的大学生占到50.5%；"加大学习诚信制度的可操作性，使学习诚信制度落到实处"的大学生占到51.5%；"改进高校诚信教育增强实效性，营造良好的诚信社会氛围"的大学生占到51.7%。这一题目各选项被选中的比例基本持平，且均有逾半同学选择，其中"建立严格的学习诚信监督机制"的呼声略高。由于大学诚信监督机制不健全，学校缺乏强有力的监管制度与监管对策，当大学生失信行为发生时，部分学校没有给予及时相应的处罚，致使大学生放松警惕，不注意自己的诚信言行，不自觉遵守学校的各种诚信规范和准则；亦使大学诚信制度系统的功能和效率无法发挥，制度系统的监督和机制的建设任务成为当务之急。

第五章 顶层设计：大学诚信制度的构建逻辑

建立大学诚信制度是大学顺应时代科学发展的必然要求，也是现代大学制度建设的重要组成部分。大学诚信制度涵盖了大学学习、生活、网络、政治等内容，这些制度需要在继承发扬传统、借鉴中外经验的基础上，进行有机的整合和有效配置，使每一制度内部增强其有序性，各项制度安排之间相互协调，制度结构趋于优化和整体协调。

第一节 大学诚信制度构建的基本原则

实现当代大学生利益需求的梯次增进以及社会关系的变革优化，都需要新制度的支撑。建立当代大学诚信制度，实现大学与社会和谐发展，实质是与社会多维度、多层面互动共生的，以协调发展来促进人们的权利、利益、机会与价值的均衡提升。从制度关联视角准确把握大学诚信制度构建的原则，是提高大学诚信制度构建的针对性和实效性的前提。我们必须把握各制度之间的纵向联系和横向联系，用发展的眼光看待大学诚信制度的构建，注重规律性、把握客观性、认清矛盾普遍性、承认事物关联性。因此，必须实现纵向制度与横向制度的有机衔接，走渐进式发展道路，最终促进大学诚信制度的建立。

制度作为规范和约束人们行为的准则和规范，它的建立和发展是一个动态自发递进和人为强制设计的双向演进过程。制度的构建需要遵循一定的

原则，这些原则至少包括时代性、系统性、合法性、引领性、发展性五个基本原则

一、多元为基，突出时代性

前面我们梳理了中国大学诚信观的历史演进，并重点分析了新中国成立后大学诚信制度建设的发展轨迹和演变路径，同时以古希腊、中世纪、近代西方三个层面归纳了西方大学诚信制度的发展，这些内容为我们提供了中西不同地域和文化、中国历史变迁大背景下的大学诚信制度建设的历史借鉴和有益参考，成为现代大学诚信制度建设的一面镜子，也成为我们现代大学诚信制度建设的"大参考"。另外，我们也清醒地认识到，不同的地域、不同的文化、不同的时代，面对的发展形势、发展任务千差万别，必须充分考虑现实的发展境遇，有机结合当下的发展需求，体现时代性。在大学诚信制度构建中就是要适应时代要求，跟上时代节奏，反映时代需求。在制度建构的理念上，要把时代最先进的科学理念，特别是以人为本、民主法治、科学发展等这些人类共同的文明理念落实到位；在制度建构的内容上，要涵盖现代大学诚信教育管理的各个方面，特别是要重点包括大学学习、生活、网络、政治诚信等内容；在制度构建方法上，在借鉴传统方法的基础上，充分考虑和吸收政治、法律、道德、文化等方法，交叉使用，通力合作，同时要有效利用网络、微博、微信、论坛等新型交互手段，提升制度构建的针对性和实效性。

二、统筹安排，突出系统性

现代大学诚信制度是一个包括不同类型、不同层次、具有整体性的系统工程，有其自身的逻辑顺序和内在关系。我们要设计的大学诚信制度体系必须使制度整体统一、和谐一致，体现制度的整体性、结构性、有序性，以制度的系统协调促进大学这一大系统的有效发展。制度设计实际上就是顶层设计，要按照高校和师生发展的目标需求，使制度设计贴近高等教育、贴近

教师、贴近学生。坚持问计问求、统筹兼顾、全面推进，从社会和个人全面发展的战略高度，树立统筹兼顾的观念，从战略高度统筹安排、科学指导、稳步推进，以大学诚信制度为龙头，以"全面均衡发展"为价值标尺，从而加强制度的有效供给，实现制度供需平衡，处理好当代大学诚信制度构建中发展与稳定的关系。统筹安排制度设计，不断强化学生荣誉教育制度和诚信守则规约制度，提高育人质量和科学研究水平。要按照高等教育发展的要求，完善档案管理制度、评级评价制度、处理程序制度和监督保障制度，逐步实现当代大学诚信制度实施中的政策倾斜和平台建设，要通过政策扶持、加强管理、深化改革等途径，不断提高诚信制度的覆盖率和有效性。

三、政策引导，突出合法性

在法治社会中，一切行为和制度必须要有法律依据，必须在法律的框架内思考和构建。现代大学诚信制度体系是一个包含法律、政策、行政法规、部门规章以及公约守则的集合体，所包含的内容既要体现政策引导，更要遵守法律，体现合法性；在层级关系中，效力标准不同，下位法不得违反上位法，部门规章不得违反行政法规，规约守则更是人民共同意愿的表达。建立完备的大学诚信法律规范，是当代大学诚信制度走向成熟的一个重要标志。我国各地各大高校有关诚信建设的措施各种各样，在诚信标准与规范、失信处理与惩罚、诚信归档与衔接方面都缺乏统一的规定，发生纠纷时也缺乏公正的调解机制。其根本原因都是由于缺少统一的大学诚信法律法规进行规范。没有统一标准，制度就形同虚设，不能称之为制度。因此，我们要完善学生荣誉教育制度、诚信守则规约制度、档案管理制度、评级评价制度、处理程序制度和监督保障制度，统一建立和实施标准进而促进诚信制度的有序推进。只有实现大学诚信体制、诚信机制和诚信法制"三制"健全完善，才能保证高等教育事业健康发展。

四、注重文化，突出引领性

大学诚信制度区别于社会诚信制度，要体现出大学的特征，彰显大学的内涵和文化，突出大学在社会经济发展中的辐射和引领作用。因此在大学诚信制度构建中既要体现制度的刚性和执行力，也要充分体现大学文化的内在张力和激励引导，有温度，有柔美，有内涵，使制度的落实成为大学参与者的内心自觉和忠诚实践，在文化感染下、环境熏陶下推进大学诚信制度的建构和落实。同时大学诚信制度要对整个社会的诚信制度发挥引领作用，为社会诚信制度的建设提供参照和借鉴

五、以人为本，突出发展性

大学诚信制度的根本在于促进大学的发展，而大学的发展本质上是人的发展。马克思主义告诉我们，人具有自然属性和社会属性，人的自然属性决定人要追求自身的全面发展。因此，推进大学诚信制度建设要坚持以人为本，要启发人的思维，激发人的动力，引导人的行为，为人的发展提供可能空间。要把"以人为本"的价值理念作为大学诚信制度构建的内生变量，来平衡公平与效率的价值关联，从而建立并逐步完善制度。建立适应我国的大学诚信制度体系，必须考虑公平与效率的有机结合，确保所制定的诚信制度对每个学生都能产生正向激励作用，使学生在实现个人利益最大化的同时，也实现组织所制定的目标和具体要求。有些学生为了践行诚信往往会作出一些贡献或利益的牺牲，高校应该为他们践行诚信以后的损失提供一定的补偿，可以是物质上的补偿，也可以是一些精神上的奖励或补偿，即我们要发挥荣誉教育制度和档案管理制度的功能，如发放荣誉证书、公开表彰等，通过这样的诚信激励方式，营造良好的育人氛围，促进学生追求诚信品质，树立诚信品格，推进自身综合发展。

第二节　大学诚信制度构建的基本要求

大学诚信制度构建的基本要求需要从诚信理念的追溯和外国诚信制度的先进之处入手，要把大学自身诚信制度建设角度和社会诚信建设的大背景相契合，要体现制度的外在强制性与道德文化的内在熏陶性，也要凸显硬性制度的约束性与弹性制度的激励性，更重要的是制度构建必须要具有系统性、针对性和可操作性，从而使制度有效实施、起到效果。

一、要体现我国传统德性理念与国外诚信制度经验相结合

我国传统德性既有鲜明的时代性，又有普遍的价值性。梳理诚信理念的历史根源可以促使我们准确把握诚信教育思想的精髓，这是构建大学诚信制度的理论基础。我国有五千多年的历史文化和德性传统，诚信教育在我国道德建设中是非常重要且历史悠久的。我国传统德性理论认为"诚乃天之道"，以真为基本要求的诚，乃是真诚于善，诚信乃是真、善、美的高度统一，它是做人的根本。在中华文明发展的历史长河中，诚信始终是"修身、齐家、治国、平天下"的根本，"诚"和"信"始终是社会最高道德原则和基本行为规范。因此，大学诚信制度构建，要传承我国的传统文化，注重在制度设计时融入传统德性理念，为诚信制度注入传统德育的基因。

随着社会发生广泛变革、利益格局深刻调整、文化交流日益频繁，大学也正发生着深刻的变革。相对于我国而言，外国大学诚信制度安排比较成熟，信用体系比较完善，诚信制度设计比较科学有效，诚信价值观念被广泛地认同，"道德规范只有通过合法的立法程序作为法律规范，才能在法律意义上对成员具有约束力"[1]。因此，我们在构建大学诚信制度时，在把握我国国情、大学校情以及教育规律的同时，也要借鉴国外诚信制度建设的宝贵经

---

[1]　高兆明：《伦理学理论与方法》，人民出版社 2005 年版，第 57 页。

验，既要参照国外优秀大学的诚信制度，使其符合世界大学的标准，同时也要借鉴我国历史上的先进制度和优良传统，使大学制度合乎逻辑地生长于传统的德性和文化根基之中，并结合我国目前大学诚信制度实施现状和特征有所创新、有所发展，深入思考和完善大学诚信制度建设工作。

二、要体现大学诚信建设与社会诚信建设相融合

大学并不是孤立的，而是存在于一定的环境之中，大学环境与社会环境没有十分明显的界限。大学对社会的影响越来越大，与社会的关系也越来越紧密，大学已经从社会的边缘走入社会的中心，成为社会发展的重要基地。大学会受到周围社会环境的影响，与政治、经济、社会环境时刻发生着联系，学生的学习、生活、工作也受到环境的影响。从社会环境角度而言，经济的转型发展、文化的交流碰撞、利益格局的调整变化以及网络技术的发展，使得大学诚信制度建设的环境更加复杂。因此，大学诚信制度建设要与社会诚信建设有机统一、步调一致，要体现点面结合、大学局部与社会全局结合，把制度建设的眼光放在社会建设的层面。制度实施过程中，从诚信制度实施的目标、内容和方法等方面体现社会诚信制度建设的方向，着眼于时代的发展变化和当代社会对建设诚信社会的现实需求，以更加积极的姿态反映社会诚信建设的精神。

党的十八大明确提出，要加强政务诚信、商务诚信、社会诚信和司法公信建设。建构社会诚信体系，需要从道德、制度和法律等方面下功夫，但是最主要的是通过良好的制度安排来为社会诚信提供支撑和保障。[1] 诚信体现在社会生活的各个方面和领域，是一个具有系统性和全局性的大问题。大学诚信是社会诚信的重要组成部分，随着社会和高等教育的转型发展，制定大学诚信制度也要从社会变化的实际出发，通过理论创新和制度供给，不断完善社会诚信制度体系。大学诚信制度建设过程中，不仅要考虑适合大学本身的制度体系建设，也要与所处社会的诚信制度相吻合。要使大学诚信制度

---

① 参见廖小平：《诚信建设：诚信的文化阐释》，《光明日报》2013 年 3 月 22 日。

长效和稳定，就要根据制度生成的内在机制，立足社会诚信制度建设的大环境，准确把握时代和社会发展趋向，使其依托于社会实际发展和完善。诚信制度构建要以大学和社会为动态环境圈，与社会相适应，与文明相协调，体现大学特殊性与社会普适性相结合的特点。

三、要体现制度育人与文化育人相结合

当代大学生诚信制度建设，既要依靠道德力量的约束，也要遵循制度规范的强制，二者不可或缺。规范和整合学生诚信行为的主要渠道有两个：制度和道德。制度对于现代大学管理和学生教育是不可或缺的，一个制度正义的大学，并不是外在强加给师生一系列神圣的道德要求，而是在向公民提供最基本的道德要求的同时，通过公正的制度供给，使师生在日常生活和学习中提高自己的内在精神境界。

随着高等教育改革的不断深化，大学的办学自主权不断扩大。但是，我们应该明白，这种自主权并不是绝对的自主权，而是法律框架之下的自主权。大学在行使学生管理权时，必须有法律和制度的支撑。制度伦理学认为制度本身包含着一定的道德追求、道德原则和价值判断。[①] 因此，在构建大学诚信制度时，要根据一定的道德标准对制度进行评价和论证，从而建立符合德性的诚信制度；优化制度选择和制度安排，为学生的发展和人才质量的提升提供"善"的制度环境；以刚性的方式引导学生作出符合诚信规范的选择，并逐渐使诚信行为养成为习惯，内化为道德修养，促使学生产生自觉自律的内在动因，实现大学教育的目标和制度所追求的价值。

我们在注重制度建设与制度育人的同时，还要注重道德建设和文化育人。制度建设很重要，若没有制度，学生的行为就无法受到约束。但是，仅依托制度的作用是不够的，无法培养学生的自觉意识和道德品行。因此，大学诚信制度构建时，要突出文化建设，要重视大学制度文化的作用，以文化建设推动制度的有效实施。大学要推进人才培养模式的改革，就要坚持以文

---

① 参见方军：《制度伦理与制度创新》，中国社会科学出版社 1997 年版。

化育人理念带动学生的全面、健康发展，坚决反对"工具化、功利化"思维。通过制度文化建设，促进学生养成自觉规范的诚信行为，更重要的是在制度文化建设过程中形成一种共同的诚信价值取向和校园诚信氛围，随着时间的推移，就会形成一所大学独特的校风、优良的学风和教风，从而为大学诚信制度建设打下坚实的基础，夯实大学诚信制度建设的根基。

四、要体现规约性与激励性相结合

大学诚信制度供给，就是通过给大学提供一种结构合理、公正公平、诚实守信的制度体系，对学生的行为进行约束和规范，使大学确定一种基本的交往关系范型及基本的行为规范体系。在这种关系范型中，合乎诚信和社会良善的行为应该受到表扬和称赞，违背诚信的行为或者损害诚信道德的现象都应该受到惩罚。基于制度供给的引导作用机理，在进行诚信制度构建时要注意将制度的规约性与激励性相结合。

首先，要体现规约性。现代大学的规范整合，最基本的是制定一个基本关系框架，并通过这种基本关系框架为大学提供一个基本的行为范型，厘定一个基本的社会存在范式。它通过将大学文化中的精神、道德、制度、行为、规范和价值标准内化为个人自律意识和自律行为，使大学成员在同一规范内活动，进行自我管理和制约。大学诚信制度规约性存在的关键前提是，制度性约束要对所有大学师生有效。一项不能带来公共利益的制度是无效的，人群集合在一起一定要有正义与公平的环境和制度支撑，公共利益需要制度供给为社会生活创造动力。制度规约性使得大学师生的行为均受到约束，在公平、公正的制度约束下不能以"滚雪球式"的方式损害其他师生的切身利益。反之，如果没有制度规约性，就不能保障师生个人利益不受损害，进而没有人去遵守制度，制度的约束力也就荡然无存，制度就失去了应有的效果和构建的意义。

其次，要体现激励性。大学诚信制度在体现规约性的同时，也要体现激励性。制度的激励性既包括奖励也包括惩罚，制度安排本身就要体现一种激励机制，因为制度性安排首先就是一种权利—义务关系的安排。这种"制度性安排实际生活中所要指向的价值目标、价值体系与设想中的价值目标、价值体系应当一致，如果这种制度性安排不当，就会导致制度激励不当或者制度激励失灵"①。大学师生在价值上是可塑的，既有的人性内容是可以改变的，是可以向善的。所以，大学诚信制度激励性的核心是我们要通过适当的方法和机制，向诚信的特定方向强化或者改变师生既有的行为方式乃至价值理念。

五、要体现系统性与可操作性相结合

制度经济学理论认为，制度本身具有公共性、社会性和稀缺性等特征，作为制度设计的大学诚信制度本身并不是一项单一的制度，而是由诸多子制度和具体的制度安排组合而成的制度体系，大学诚信制度是一个系统性的综合工程。制度系统要素之间相互影响是制度系统存在和发挥作用的内在机制，同时也是制度系统不断完善的根本动力。制度系统是由诸多制度子系统以及具体的制度安排和设计等，按照各自的目的或功能组合而成的，且处于整体中的这些具体的诚信制度及安排间都相互促进并相互制约。作为一个系统，大学诚信制度是一个全方位多层次的系统结构，形成这一系统的各制度子系统结构性地连接在一起，各自发挥着各自的作用，并通过相互发生作用和影响来使制度得到最大限度发挥。因此，要坚持系统性和可操作性相结合，在制度构建和制度实施的具体过程中，要注重制度的内在生成机制，促进大学诚信制度的结构优化和整体协调，使制度具有系统性，增强其有序性。诚信制度安排之间只有做到相互协调，才能充分发挥制度系统的功能，同时促进既定资源量可以达到最优利用。

可操作性是大学诚信制度实施过程中，充分尊重师生的需要和愿望，立足大学诚信制度供给的实际情况，依据大学思想政治教育的总体目标，紧密结合大学诚信制度的目的、手段、内容等，科学制定大学诚信制度的基本

---

① 高兆明：《制度公正论—变革时期道德失范研究》，上海文艺出版社2001年版，第108页。

准则和行为规范，构建结构性和技术性的制度，使诚信制度供给机制、制度实施机制、制度建设的原则相一致，使制度具有针对性和可操作性，保证制度运转正常和有效实施。所以，大学制度设计要紧跟时代步伐，反映学生思想状况和特征，有效解决新时期大学诚信缺失问题。大学诚信现状是构建大学诚信制度的根本前提。对大学诚信教育、诚信制度建设方面进行贴近学生实际情况的摸底和调研，可以客观真实地反映大学诚信教育和诚信制度的需求变化，准确把握学生思想政治教育的内在规律性，分析现状、查明问题、总结成因、建章立制。只有准确把握诚信客观实际，才能探索出最优的方式，加强制度供给，防止制度内容空套、形式泛化等问题，实现诚信制度建设的目标。例如，随着毕业生就业问题的日益严峻，就业、择业中的弄虚作假行为逐渐增多，因此，我们要构建的大学诚信制度，就要补充就业诚信制度及其相关配套机制。如果对大学诚信缺失的状况缺乏深入的调研，对诚信问题和存在原因没有充分的总结剖析，那么诚信制度构建就缺乏可操作性，制度就显得无的放矢，制度的时效性也会显得不足。

第三节　大学诚信制度系统的基本特征

制度本身具有公共性、社会性、稀缺性等特征，作为制度设计的大学诚信制度本身并不是一项单一的制度，而是由诸多子制度和具体的制度安排组合而成的制度体系。由于大学诚信制度的主体、客体和对象具有特定性和特殊性，所以这一制度体系本身也具有其独特性。笔者认为，大学诚信制度系统的主要特征是系统性、开放性、稀缺性和发展性。

一、系统性特征

大学诚信制度的系统性具体来说体现在制度体系的整体性、结构性及有序性上。首先，作为有机的统一整体，大学诚信制度系统是由诸多制度子系统、制度分系统以及具体的制度安排和设计等按照各自的目的或功能组合而成的，这些具体的诚信制度及安排相互促进并相互制约，每一项具体诚信制度的构建、发生及变更都会影响到其他诚信制度的形成，其他具体制度的运转也会对这一制度产生影响和制约。此外，大学诚信制度体系具有结构性。作为一个集合体，大学诚信制度是一个全方位多层次的系统结构，形成这一系统的各制度子系统结构性连接在一起，各自发挥着各自的作用，并通过相互发生作用和影响来使制度系统功能得到最大限度发挥。最后，大学诚信制度的系统性还体现在其有序性上。制度体系功能发挥的程度在很大程度上取决于制度系统的有序性，即制度体系的整体协调性和制度结构的合理性。有序性的发挥能够尽可能避免各项制度安排在功能和目的上的矛盾和冲突，填补系统漏洞，使大学诚信制度系统功能得到充分发挥。

二、开放性特征

一个封闭的制度系统，如果缺乏与外界的交流和沟通，故步自封，最终的结果必然是走向落后和失效的系统。制度环境是在不断变化的，大学诚信制度系统要与学校其他制度系统不断进行信息交换，使其能融入学校整体制度大环境，并且不断解决发展中出现的问题，就要坚定地保持其开放性。

开放性特征要求制度设计要具体要开放。也就是说，制度系统要能与外界的制度环境交换信息、能量，特别是允许制度环境中的因素对原有的制度体系进行影响和改造，使制度系统能够依据与制度环境的相互作用而不断发展演化。[1] 开放性能够促使制度选择的范围趋于合理化，一切有利于实现诚信的制度安排都是可选择的对象，通过不断吸收具体的制度安排，使新旧制度之间进行比较和竞争，从而促进制度的合理优化配置。开放性能够促使制度主体多元化，诚信制度的制定主体既可以是政府，可以是学校，也可以是学生团体，多个主体的参与将会提出不同的制度安排方案，且学生团体和学生个人对诚信制度建设的参与更能体现其自主性和实效性，多种制度安排

---

[1]　参见李志强：《制度理论与竞争力创新发展——一个理论框架与实证研究》，山西经济出版社 2002 年版，第 64 页。

之间形成竞争，促进优胜劣汰。开放性能够促使制度创新收益内在化，制度主体在开放的环境中可以进行创新活动，使得在付出成本的同时也促使收益内在化，从而使制度冲突和制度真空状态较快消失，使制度配置实现最优化。

三、稀缺性特征

当前大学诚信缺失问题愈演愈烈，并逐步向整个社会蔓延。因此，诚信建设需要道德、文化等多种手段综合作用，而制度建设对塑造诚信的作用显然是最显著的。但面对当前多种多样的诚信缺失行为，诚信制度明显供给不足，加强大学诚信制度建设十分必要且尤为迫切。

制度的稀缺性是指相对于人类行为的差异性、多样性和发散性而言，作为规范人类行为的制度安排总是不足的，不可能对每种行为都制订相应的制度安排加以约束，总有一些行为没有制度安排予以规范。[1] 制度本身就是一种稀缺性资源，造成制度稀缺的根本原因在于资源的稀缺性。首先，新制度的建立往往需要一个目标明确、行动一致的行动团体，[2] 而在组织、建立、协调这一团体过程中必然要耗费大量的资源。在制度建立起来之后，又需要消耗一定的资源来促进其实施，并对其进行监管与维护。除此之外，要想进行制度创新，就需要知识的积累、科学技术的进步、公民素质的提高。当前大学诚信缺失问题已覆盖到学习、生活、经济、网络、政治等方方面面，而且当前的制度安排难以满足每一方面的需要。因此，大学诚信制度体系必须建立一定的组织机构，以统筹协调有限的诚信资源，健全完善大学诚信制度系统内的各项制度安排，推动制度的有序运行，保证已建立制度的有效实施，并不断促进制度创新。

---

① 参见李志强：《制度配置理论：概念的提出》，《山西财经大学学报》2002 年第 2 期。

② 参见卢现祥：《西方制度经济学》，中国发展出版社 1996 年版，第 61 页。

四、发展性特征

诚信制度建设最重要的功能就是要规范、约束人们的行为，使人们做到诚实守信。然而，制度的功能并不只是规范、约束，更重要的是树立标杆，明确可为与不可为，注重学生的主体性，以人为本，激励和鼓舞学生诚实守信，促进学生的健康、全面发展。

大学诚信制度的建立应具备一定的发展性。马克思关于人的全面发展理论指出，人的全面发展应包含人的需要、人的能力、人的素质、人的社会关系的全面发展。诚信制度的实施能够推动个人需要、个人素质、个人社会关系的发展，从而推动学生的自由全面发展，并进一步促进人类社会的整体发展。在建立大学诚信制度的过程中，应当注重发挥制度的激励作用，使诚信原则得到大学师生的认可，通过对诚信行为进行赞赏和奖励，鼓励学生积极参与诚信实践活动，从而提高其内在思想道德修养，提高其坚守诚信并积极宣扬诚信的主动性。良好道德品质的养成是个人发展的必备前提，只有具备发展性的制度才是良好的制度。因此，大学诚信制度要充分展现其发展性，促进个人自由全面发展，也促进大学校园和整个社会的全面发展。

第四节 大学诚信制度构建的几个关系

大学诚信制度建设是一个比较复杂的系统工程，既涉及诚信制度系统内部各组成要素之间的关系，也涉及各不同制度之间的协调融合问题；既涉及不同制度之间的差异、借鉴或移植问题，也涉及制度建设中各方力量的协调问题。我们的制度构建工作，既要满足大学诚信制度建设的客观现实需要，也要满足社会转型对大学提出的新要求，更要满足大学培养德智体全面发展的建设者和接班人这个根本任务的要求。我们需要结合大学发展的实际，在大学诚信制度建设工作中处理好以下四方面的关系。

一、处理好大学诚信制度体系的内部关系，实现制度耦合

加强大学诚信制度配置，必须使制度安排之间相互协调，增强制度系统的有序性，以充分发挥制度系统的功能。就现代大学诚信制度体系而言，在其内部也有大量的制度关系以一定的结构和体例存在，这些制度是否有机联系、是否方向一致、是否造成冲突和新的无序，就需要在诚信制度的体系内处理好这些关系，使制度系统内的各项制度安排，为了实现共同的功能和目标，有机地组合在一起，避免制度真空和制度冲突，实现制度的稳定状态。比如大学学习、生活、网络、政治这些诚信制度之间的内容、结构是否和谐，按一定的逻辑组合在一起是否正相关，或者说现有制度的组合是否涵盖了现实中存在的诸多问题，这些都是在制度体系内部需要关注和处理的问题。处理不好，有可能出现遗漏，出现制度真空，或者造成制度间的冲突，影响整体效果；反之如果注意到这些问题，处理得当，形成有机联系、互相补充、彼此促进的制度内部关系，就会形成相对稳定的状态，实现制度耦合。

二、处理好大学诚信制度体系的外部关系，实现开放共融

现代大学诚信制度是一个开放的制度体系，必然要与现代大学的其他制度设计和安排共生共存，同时又与社会的诚信制度和相关制度彼此关联，需要处理好这些关系。首先在大学内部，诚信制度是现代大学制度框架中的一个子系统，必然受现代大学整体制度设计理念、总体思路的制约，也要受现代大学发展环境、发展阶段、发展任务的影响，还要受高等教育的自身发展规律和政策导向的指引，必须体现大学诚信制度的开放性和包容性，实现共融互促。放眼社会，大学也是整个社会的一部分，现代大学诚信制度要充分考虑社会的诚信制度和其他相关制度，要受到社会生态、社会环境、文化等影响。大学学习诚信制度如何与构建学习型社会相结合，网络诚信制度如何与加强网络建设、净化网络环境、实现网络安全有机融合，大学诚信制度如何与社会诚信制度构建无缝对接，这些都要在现代大学诚信制度建设中处

理好，以保证我们能够在开放的语境下建构有特色的现代大学诚信制度。

三、处理好大学诚信制度体系的制度移植，实现科学发展

现代大学诚信制度设计必然涉及制度的借鉴、模仿和移植问题，要注意把握制度设计时的"初始条件"和规则的"水土"问题，有选择地吸收借鉴，真正达到我们制度的"古为今用"、"洋为中用"的目的，实现现代大学制度的科学发展。我们探析了中国大学诚信制度的历史演进，可以看出在中国悠久的历史发展中，诚信是传统文化推崇和传承的重要内容，延续到现在依然有积极的意义，但是我们也要注意到，传统文化必须选择性吸收，批判性借鉴，同时结合时代发展趋势，实现传统文化的升级和转型。我们重点分析了新中国成立后大学生诚信制度建设的内容、重点和不足，为现代大学诚信制度的延续发展提供了参照。在西方大学诚信制度的发展中亦有可资借鉴的宝贵经验，但是我们要处理好古今中外不同大学诚信制度所面临的不同的环境问题、水土问题和语境问题，不仅在大学诚信制度建设中保持宽广的视野和博大的胸怀，更重要的是必须保持冷静的科学态度，理性的对待制度的借鉴甚至移植问题，要立足于我们大学自身发展的实际，合理地进行选择，科学的进行扬弃，促进大学诚信制度系统不断进步和完善。

四、加强大学诚信制度建设，必须统筹制度建设各方主体力量

大学诚信制度建设是一项系统工程，需要集聚各方面的力量来共同完成，只有统筹各方力量，才能完成大学诚信制度体系的构建任务。大学诚信制度建设的力量主要包括建设主体力量、执行管理主体力量和对象主体间力量。要推进大学诚信制度建设工作，需要统筹协调好这些力量。将这些力量均定位于"主体性"的力量，是基于学生思想政治教育领域的特殊矛盾性特点，并从主动构建诚信制度的角度出发来加以界定。对建设主体力量而言，我们要发挥政府教育行政主管部门和高等学校的主导作用，做好顶层设计工

作，确立好大学诚信制度建设的原则和方向、规划和结构等问题。我们要遵循制度执行的严肃性和规范性要求，统筹好执行管理主体力量，做好制度的修改和完善工作，营造制度执行的良好环境；特别是注意发挥好教师主体的力量，加强自身科学精神和人文精神养成，规范自身教学和学术活动，发挥教书育人的作用，推进诚信制度在大学顺利实施。我们尤其要统筹好学生主体力量，发挥好他们相对于诚信制度而言所处的对象主体间的功能和作用，教育他们提高对诚信制度的认知水平，引导他们自觉遵守诚信制度的原则和规约，树立"诚实守信"的正确诚信理念，将诚信认知和诚信意识、诚信自律和诚信他律、诚信言行和诚信观念内化与心、外化于行，不断促进我国大学诚信制度建设工作有序前进。

第五节　大学诚信制度构建的基本路径

从历时关联和共时关联角度对大学诚信制度进行分析，我们可以看出，制度关联及其制度互补增加了大学诚信制度构建的难度。因此，大学诚信制度构建应该走由政府主导的、充分发挥多元主体参与的、强制性与诱致性相结合的、整体联动的、渐进式的发展道路。

一、发挥政府的强制性

当代大学制度的核心是在国家的宏观调控政策指导下，大学面向社会，依法自主办学，实行科学管理。党的十八届三中全会明确提出要赋予大学更多的自主权，大学必须在明确办学定位的基础上更加注重顶层设计。对于目前大学中存在的诸多诚信问题的解决不是一蹴而就的，经济转型发展和政府职能的转变，为构建大学诚信制度提供了良好的机遇。在注重政府服务职能的基础上，发挥其制度构建的强制引导作用，完善宏观和微观层面的大学诚信制度建设。政府要统一设置大学诚信制度的基本规则、统一制度有效供给，促进强制性的制度变迁。同时，政府推动下的制度构建必须实施行政问责制，明确相关部门的责任和任务，严格执行各项规定。对在诚信制度构建过程中出现的问题，要加强请示汇报，及时沟通，对不按规定进行制度构建工作的部门，要予以通报批评。

二、发挥大学的自主性

根据制度的共时关联分析，大学诚信制度的构建和实施，要发挥大学的自主性、多元主体的主观能动性和参与积极性，强化大学基层的活力，鼓励学生、社会共同参与，共同决策。我们知道，大学的主体功能是育人，任何时候都不能偏离和动摇。制度构建与大学各项工作都有着直接或间接的联系，它涉及学校的每一个部门、每一个环节、每一项工作。深入推进诚信制度建设，是当前深化高校改革的一个重点，也是完善大学章程和制度建设的重要内容。我们要以大学章程建设为统领，推进诚信制度建设，要着力加强学校决策、深入推进学者参与、积极探索学生自我管理与监督的制度建设机制和参与机制，充分发挥学校在诚信制度建设上的主动性和自觉性，调动校内各方面的积极性，以更好地建立起具有学校自己特色的诚信制度系统，为大学乃至全社会的诚信建设贡献力量。

三、坚持强制性与诱致性相结合

制度演化要求大学诚信制度构建必须坚持强制性与诱致性相结合的制度配置方式。制度变迁方式具有多样性，制度安排要切实有效，就不能只通过诱致性制度变迁方式或者强制性制度变迁方式来构建，而必须是强制性与诱致性两种方式的有机结合。同时，制度演化具有规律性。这种规律性的体现，就是大学诚信制度变迁经常体现为诱致性变迁的特点，但真正的变迁却实际表现为强制性变迁的显性节点，也就是说，强制性与诱致性两种变迁方式的结合，是大学诚信制度演进的一个基本规律。这就告诉我们，在进行大学诚信制度建设工作中，要遵循这个规律要求，把握不同制度安排的不同特点，区分不同制度安排的适用区间和对象，找到制度构建面临的主要制度障碍，坚持将突出重点与整体推进相结合，将强制性与诱致性方式相统一，处理好这些关系，有效推动诚信制度建设工作。

四、注重诚信制度的渐进发展

在注重整体联动的大学诚信制度构建时，必须遵循制度变迁的内在逻辑和生成机制。如果我们对制度变迁的过程进行考察，可以发现制度生成过程具有一定的渐进性和周期性，渐进性主要呈现出由局部改革到整体推进、由量变到质变和先易后难的变迁规律。我们在构建大学诚信制度时，必须遵循制度的阶段性、周期性和渐进性特征，将诱致性方式和强制性方式有机结合，使在诱致性变迁中形成的非正式诚信规则，通过强制性变迁转型成为正式的诚信制度，从而构建起系统的、动态的、并与其他大学制度有机结合的当代大学诚信制度。

五、强化诚信制度的关联构建

大学诚信制度必须与当前高校的现行制度衔接起来，把建立当代大学诚信制度作为建立现代大学制度的突破口，既不能让诚信制度建设的目标框架脱离现行高校制度和体制，也不能让大学诚信制度设计有碍于大学整体制度的最终建立，避免制度冲突和制度失调。我们在建立守则规约、档案管理、评级评价、处理程序和监督保障等制度时，要与学籍制度、就业制度、奖助贷制度、学位制度等真正实现有机衔接，进而实现制度均衡。同时，建立大学诚信制度也必须与高校发展水平相适应，首先从解决大学生失信问题的道德层面入手，逐步上升到关系荣誉的利益层面，最终上升到关系生活、学习和工作规范的制度层面，使制度建设和道德建设有机结合，使诚信制度系统与其他制度系统有机结合，推动大学诚信制度与现代大学制度有机融合，并不断稳步综合协调发展。

第六章 制度安排：大学诚信制度的基本框架

事实证明，当代大学诚信制度现状不容乐观，关于大学诚信建设的专项制度屈指可数，而规范诚信行为的具体制度安排更是少之又少且不成体系。因此，制定科学合理的大学诚信制度，构筑一个完整的大学诚信制度体系已是当务之急。大学诚信制度体系的构建，要坚持结构性制度和技术性制度的有机统一。

第一节 大学诚信制度的配置方式

在制度配置的历史发展和演进过程中，从主体角度看，有强生型和强令型两种模式；从形态上看，有渐进式和激进式两种模式，它们的组合形成了四种形态。现代大学诚信制度在制度配置形态上也基本可以按照以上标准来划分。

一、现代大学诚信制度强生型配置形态

现代大学诚信制度强生型配置形态，是以激励和规约、侧重于激励的原则作为大学诚信制度建设的基本出发点，把激发人的潜能作为制度设计的主体思想，把规范人们的诚信行为作为制度设计的有益补充，从而在非均衡博弈状态下，使现代大学诚信制度成为帕累托状态改进的合理安排。

在这一制度形态中，激励是现代大学活动参与者内心最需要和希冀的，他们存在对激励政策的偏好，在制度中融入激励政策的机制，能使现代大学活动参与者自觉地融入到诚信的实践中。这种制度设计，要求广大参与者从利己的角度包括人的本质、人的发展和教育、人的素质和文化创造力的提高等出发，在按照自己意愿行事的过程中，受诚信制度激励机制的鼓励和赞扬，自觉或不自觉地归属到追求诚信价值的路径上来。在这种制度框架内，必然要求制度设计者具有承守诺言的知识和行为能力，在激励的范畴内建立共同的社会理性和评判准则。这种制度设计，理论上讲是最优设计，它能够将人内心中"善"的愿望激发出来，使大家在没有惩罚和邪恶的状态下，自觉遵循诚信制度的规范，自觉践行诚信制度的要求，共同实现诚信制度设计者预定的目标，在诚信实践的过程中体现自己的人生价值。同时，我们也要看到，这种制度配置设计，也有其与生俱来的不足，特别是面对诸多社会不诚信现象的现实、高等教育飞速发展引发的就业难等困境以及各种复杂原因造成的学生诚信失范行为，以激励为中心的现代大学诚信制度配置模式，有时会显得软弱无力，对大学生可能出现的诚信机会主义和个人失信行为缺乏有力的遏制力，有可能使大学诚信制度出现形式主义的导向，限制诚信制度作用的发挥。这时，就需要强化诚信制度的规约功能，突出大学诚信制度规约机制的作用，实现大学诚信制度系统的内在和谐统一。

根据制度配置的分类原则，我们可以组合两种配置形态，即激进式强生型诚信制度和渐进式强生型诚信制度。

激进式强生型诚信制度，是基于现代大学对诚信制度的内在需要进行的，但在个别制度设计上具有激进的特点。这种配置方式的优点是：基于大学发展的内生需求、动力强、资源足、供给充足，有利于实现制度体系的耦合状态。这种制度配置方式，需要配置主体敏锐地把握大学管理和发展对于诚信的制度需求，并使其与现行大学制度体系相匹配，合理设计构建适应大学实际状况的诚信制度。这种制度配置方式的不足是，制度配置可能会局限于配置主体的观念和认识，或者盲目乐观，或者视而不见，形成制度冲突或者制度陷阱。

渐进式强生型诚信制度，制度配置主体和制度配置程序与激进式强生型诚信制度的要求是一致的。但不同的是制度配置的过程是渐进的，制度配置的速度是缓慢的。这种配置方式的优点是，基于师生发展的内生需求、成本低、阻力小，能准确把握制度的发展方向，制度的激荡性和破坏性小，有利于实现制度安排的耦合状态。这种制度配置方式，需要配置主体及时了解现代大学参与者对于诚信的制度需求，与现行大学制度体系中制度缺失的现状相补充，肯定学校诚信实践中偶然出现的某个制度安排，及时总结规范，形成长效机制。这种制度配置方式的不足是，制度配置的时间过长，强度较小，容易陷入需求陷阱，形成制度真空，并且实现制度耦合的时间可能较长。

二、现代大学诚信制度强令型配置形态

现代大学诚信制度强令型配置形态，是以激励和规约、侧重于规约的原则作为大学诚信制度建设的基本出发点，把规范人们的诚信行为作为制度设计的主体思想，把激励人的诚信自觉作为制度设计的有益补充，从而发挥大学诚信制度的规范和约束功能，使大学诚信制度系统内部实现制度均衡。

这种制度配置形态的理论前提是：每个人都被假定为无赖，其行为除了个人私利之外没有其他目的。因此，在诚信制度的设计中，要运用规约机制，通过选择装置将"较少无赖"的人从"更无赖"的人中识别出来。在选择之后，再用激励机制来促进他们，使他们向制度设计者预定的目标努力。它的最大特点是设计一种理性选择的模式，有惩戒措施，也有激励手段，使不合乎规范的诚信行为受到惩罚，使合乎规范的诚信行为受到褒扬和激励。这种配置模式较多依赖配置主体的价值观念、对现代大学诚信制度需求的主观认知判断，以及对现代大学诚信制度的发展前瞻，是基于社会系统外生需求和教育系统内生需求的综合要求，而以强制性方式来实现制度的有效配置，是大学诚信参与者必须遵守的行动规范和价值指引。

根据制度配置的分类原则，我们可以组合两种配置方式，即激进式强令型诚信制度和渐进式强令型诚信制度。

激进式强令型诚信制度，是采取一种激进的方式，以配置主体包括政

府、大学主管部门、大学自身为主导，自上而下强制性配置大学诚信制度。这种配置方式的优点是：外力强制，迅速果断，缩小时滞，节约成本，能填补制度真空。不足是制度设计的系统性较弱，对原有的制度体系有较大的冲击性和激荡性，在补缺制度真空的同时，可能形成制度冲突，特别是当大学内生需求不足时，出现制度供给陷阱的机率较大。

渐进式强令型诚信制度，在制度配置主体和制度配置程序上与激进式强令型诚信制度是相同的，但不同的是制度配置的渐进过程、制度配置的速度呈现缓慢的特征。这种配置方式的优点是，在制度配置中留有余地，较为温和，对各种影响因素考虑周全，在一定程度上减小了对既有制度的激荡性和破坏性，在渐进的过程中注重诚信制度客体对制度配置的认同和响应。不足是，如果对外生需求与内生需求的关系评估不准，过于考虑社会的外生需求，或过于考虑大学的内生需求，都会造成制度配置用时过长，诚信制度就会滞后于诚信实践的需要，从而形成大学诚信制度体系的制度真空现象，对诚信制度系统整体功能的发挥产生比较大的衰减性的影响。

	激进式	渐进式
强生型	激进式强生型诚信制度	渐进式强生型诚信制度
强令型	激进式强令型诚信制度	渐进式强令型诚信制度

图 6-6-1   大学诚信制度配置方式图示

需要指出的是，在大学诚信制度建设的过程中，虽然以上四种配置方式各有差异，但从综合角度出发，每一种配置方式的价值都有不同的体现。有的配置方式理论价值大一些，有的配置方式实践价值大一些；有的配置方式侧重于体现规约性，有的配置方式侧重于体现激励性；有的配置方式适应性强，有的配置方式接受性强。在大学诚信制度建构的具体实践中，这四种配置方式都能发挥其特殊的作用，它们相互作用、相辅相成，甚至会交替影响，发挥各自不同的作用。因此，我们需要充分认识和把握它们各自的特点，发挥它们各自的优势，以更好地建设大学诚信制度体系。

第二节　大学结构性诚信制度体系

　　大学诚信制度的建立是一个前后衔接的整体过程，本研究以对诚信的规约过程为主线，以技术性维度建构起紧密连接的制度体系。首先，以诚信荣誉教育和建立诚信守则作为大学生坚守诚信的准则。在此基础上，依据档案管理制度和评价制度将学生的诚信信息进行记录和审核。接着依据处理程序制度对学生的行为进行奖惩等处理。最后由监督保障制度对诚信制度的实施进行监督和管理。由此前后呼应，保证诚信制度实施的有序性和有效性。

一、大学诚信荣誉教育制度

（一）诚信荣誉教育制度的基本内涵

　　大学诚信荣誉教育制度，是大学生通过宣誓和承诺的形式，防止其在学习、考试以及生活中发生说谎、作弊、剽窃和学术欺骗等言行的一项诚信教育制度设计。荣誉教育制度的核心是对学生的充分信任，即相信学生能够遵守诺言，珍惜荣誉，通过一系列措施激发起学生的荣誉感，旨在促使学生自己意识到失信是可耻的行为。

（二）诚信荣誉教育制度的主要内容

1. 诚信荣誉宣誓制度

　　诚信荣誉宣誓是一种特殊的诚信教育和诚信实践制度，要求每名学生在入学时进行荣誉宣誓并签署书面的荣誉承诺书。旨在让学生诚信做人、诚实科研和诚意待人，用荣誉起誓，杜绝校园内的欺骗和虚假，帮助学生在学习和生活中不欺诈、不隐瞒、不撒谎、不剽窃，从而增强学生的自律意识，并通过这种方式明确地向学生传达出诚信是学校主要的文化传统和美德的观念。

2. 诚信荣誉委员会制度

诚信荣誉委员会是负责对学生不诚信行为的调查和处理以及开展日常诚信教育活动的组织机构。诚信荣誉委员会设一名学生担任主席，为了广大学生更好地参与学生诚信管理与建设，委员会的组成和调整都要参考学生的意见。荣誉委员会成员主体一般由学生构成，此外学校教师和学生事务管理部门也要参与到其中，实现共同管理。

3. 诚信荣誉教育实践活动制度

诚信荣誉教育实践活动是学生进行诚信自我教育的重要途径，即通过一系列诚信宣导活动，如诚信集会、参与演讲、诚信研讨会和无人监考的考试等，建设校园诚信文化，营造校园诚信环境，不断增强学生的诚信意识。

（三）诚信荣誉教育制度的基本特征

1. 综合性特征

诚信荣誉教育制度是一项综合性制度，这一制度是由一系列相互联系的制度构成，制度的教育功能通过多方面的综合作用实现，并渗透在制度运行的全过程中。因此，诚信荣誉教育制度，不只是一种教育制度，也是一种诚信实践和管理制度。

2. 主体性特征

诚信荣誉教育制度是一项突出学生主体作用的制度。诚信荣誉制度的所有环节都强调学生的主体性。荣誉宣誓，就是要激发学生的主体意识；荣誉委员会由学生自我管理；诚信事件处理，注重学生的参与，而不是结果，主要是让他们在参与过程中受教育。总之，要通过学生的自我教育、自我管理以及主动实践增强学生的诚信自律意识。

3. 实践性特征

诚信荣誉教育制度是一种实践教育制度。从马克思主义实践观来看，教育本身是一种主体客体化和客体主体化的双向过程，这一过程的中介是实践。诚信荣誉教育制度把学生诚信观念的获得看作是一个在实践中不断养成的过程，即所谓的"积善成德"，就是通过一系列的诚信实践，让学生在参与过程中受到教育，提高诚信观念意识。

（四）诚信荣誉教育制度的基本功能

1. 激励功能

诚信荣誉教育制度主要是通过激励手段实现教育目的的一种制度设计。从心理学上讲，归属感和满足感是人较高层次的心理需要，当一个人受到他人信任、社会尊重时，荣誉心就会促使他加倍努力；反之，只会挫伤人的积极性、伤害人的自尊心和自信心。把学生当贼来防的老师教不出好学生，只有充分尊重学生，唤起他的荣誉感与使命感，才能真正使学生自觉地反对作弊、欺骗和剽窃等一系列的不端行为，而不是被动地出于害怕和自我保护的"讲诚信"。

2. 预防功能

诚信荣誉教育制度的制度设计目标不是"惩戒"而是"预防"。一方面是通过唤起学生的荣誉心，使他们"知耻"而不为；另一方面是通过制度设计让他们对不诚信行为的后果有明确的预期，"畏耻"而不敢为，从而尽可能地把学生不诚信行为发生的概率降到最低。诚信荣誉教育制度并不以"惩戒"为目的，惩戒只是实现诚信教育的一种手段。

3. 评价功能

诚信荣誉教育制度具有极强的评价功能。因为荣誉本身是一种内在的价值评价，尊重荣誉，珍惜荣誉，严格遵守自己的承诺，对于人有很强的正向激励作用。与此同时，对于那些不诚信行为，由于强调在整个案例处理过程中学生的参与，使学生能够从自身角度设身处地考虑问题，而不是简单地接受一个处理结果。

必须注意的是，在用荣誉心和使命感来召唤大学生诚信的同时，我们还要处处关心其所处的社会和群体环境的建设。荣誉教育制度因其人人平等、不分尊卑、便于操作的特点而备受各高校推崇，所以为了使荣誉教育制度能够更大限度地发挥功效，我们要极力营造健康、平等、和谐的校园环境。特别是教师，不仅要充分信任学生，和学生做朋友，还要公正平等地对待所有的学生，如果荣誉教育制度仅仅流于形式，那么再完美的规则也如一页废纸。所以，和所有的道德环境一样，学校的荣誉制度是需要每个人去遵守的。

二、大学诚信守则规约制度

(一) 诚信守则规约制度的基本内涵

大学诚信守则规约制度是为了促进大学生诚实守信而制定的,用以规范、约束大学生在学习、生活、网络、择业、政治等方面的诚信行为,提倡和要求大学生共同遵循、自觉遵守的行为信条和行为准则。

制定这一制度的目标主要是为了做到有法可依,有章可循。通过刚性的方式引导大学生自觉遵守诚信规则,使之作出符合诚信道德规范的选择,并逐渐形成良好习惯,内化为自身修养,从而促进大学生的健康发展,促进和谐校园的有序发展。

(二) 诚信守则规约制度的基本特征

1. 规范性特征

大学诚信守则的制定并不是杂乱无章的,其制定依据、存在形式、主要内容和格式用语等都是严格的、有一定标准的。诚信守则体系的制定要以党和国家的方针政策、有关法律法规以及全社会共同遵守的道德规范为依据,并结合学校其他规章制度的要求来制定;守则体系要以特定的文字形式固定下来,要形成比较正式的成文规则;主要内容要具有针对性,突出大学生的自身特点;格式用语要凝练、简洁、通俗易懂,条目清晰。

2. 原则性特征

大学诚信守则规约制度体现的是对于学生诚信行为要求的原则性阐述和具体要求,一般是对于大学生诚信思想和行为准则的正向陈述。除了对大学生的学习、生活、网络、择业就业、政治等方面的诚信行为提出基本原则,但又要体现对具体事项和方法、操作措施的原则性导向和定位。特别注重提出在诚信方面的提倡性的、规范性的要求,而且规定违反诚信行为会受到的具体惩戒措施。

3. 完整性特征

大学诚信不只是大学生个人的问题,它与学校环境及社会氛围息息相关。对于大学诚信的许多非正式约束，如传统习俗、习惯、道德规范及价值信仰等对其的影响是广泛而潜在的。新制度经济学家诺斯指出，制度是一个社会的游戏规则，它们是为决定人们的相互关系而人为设定的一些制约，包括"正式约束"（规章和法律）和"非正式约束"（习惯、行为准则、伦理规范）。正式约束和非正式约束是制度两个不可分割的部分。因此，大学生诚信守则规约制度的建立必须系统而完整，将兼容的正式制度和非正式制度统一到守则规约体系之中，并使之发挥最大的功效。

（三）诚信守则规约制度的基本功能

1. 约束功能

大学诚信守则规约制度是用来规范、约束大学生在日常生活中各方面的诚信行为，它依靠外在于大学生内心世界的制度力量来实现对大学生行为的规范和约束。大学生可以不赞成它，但是不可以违抗它，一旦违抗和破坏了这种规则，其承受的将是除舆论谴责之外的制度安排中的惩罚代价。其中一些规则可能不具有法律效力，但是对大学生还是会起到比较明显的约束作用。

2. 导向功能

大学诚信守则规约制度是为大学生的诚信活动提供行为范式。守则规约制度一旦建立，就会在大学生潜意识中形成应该怎么做、不应该怎么做的导向。如果这种行为信条或准则内化到大学生的意识当中，那么在准则内活动，就会得到他人的许可、赞赏和鼓励，否则就会受到他人的排斥和谴责。这样可以激发大学生信守诚信的积极性和能动性，使他们朝着崇尚诚信、践行诚信的目标而努力，最终提升诚信境界。

3. 评价功能

评价某学生的行为是否符合诚信道德规范，有着许多不同的尺度。大学诚信守则规约制度作为一种行为准则，具有对学生行为诚信与否的评价功能，并且把其诚信表现作为其他各方面等综合评价的标准或指标之一，能够更加全面地对学生作出更真实、更准确的评价，从而帮助大学生更加全面地认识自己，不断培养自己的诚信品质，使其更好地应对未来的生活。

（四）诚信守则规约制度的基本范畴

大学诚信守则规约制度不是单一的某一项制度，而是一项完整的制度体系。首先，法律法规是大学生诚信制度建设的重要基础，对大学诚信具有最根本的、最具有强制性的作用。目前，我国还没有专门的以诚信为核心内容的法律法规，只有加快建立诚信行为规范的法律法规，才能对包括大学生群体在内的全体公民诚信行为形成强有力的约束机制，为守则规约制度体系构筑坚实的基石，为诚信制度的建立提供法律保障。其次，教育等相关主管部门的规章应为高校建立具体的诚信制度提供直接指导。目前，虽然教育部门的许多文件都涉及了大学生诚信行为规范，如有关学历证书管理、考试违规处理办法、毕业生就业工作、研究生学籍管理等，其中，2005 年颁布的《普通高等学校学生管理规定》较为全面。但是从总体来看，制度供给不够均衡，操作性较差，还需要进一步建立、完善以诚信为主题的规章，特别是要为大学生诚信制定出较为具体的、统一的、具有针对性的守则信条及行为准则，从而为实现培养目标提供有力保证。最后，各高校应以法律法规和部门规章为指导，结合实际订立具体的大学生诚信守则规约制度体系。针对每一领域的大学生诚信问题，高校应建立具体的、完整的守则体系，明确建立大学生在学习、生活、网络、择业、政治等各方面所应遵循的行为信条和行为准则，并充分利用学校中的非正式制度，如习俗、习惯、道德规范以及思想信仰等的影响，结合本校实际，制定出符合本校传统的、能够引起学生共鸣的诚信守则，使大学生能够自觉自愿地在各方面将诚信守则内化于自身的意识和情感之中，使之在自我价值实现的过程中践行诚信。

三、大学诚信档案管理制度

大学诚信档案是学生在校期间体现其诚信状况的客观真实记录。大学诚信档案管理制度是依托大学生诚信档案对大学生进行诚信管理，从而达到诚信教育效果、呈现学生诚信行为与否的一种管理制度。

（一）指导思想

大学生诚信档案建设应当以马克思主义诚信思想为指导，坚持以人为本的原则，以加强大学生诚信教育和管理为重点，以促进大学生的全面发展为目标。

以马克思主义诚信思想为指导，就是要以马克思主义关于诚信的理论和思想为指导，特别要以马克思主义与中国实际情况相结合而产生的毛泽东思想和中国特色社会主义理论体系为指导，坚持辩证唯物主义和历史唯物主义观点，用联系和发展的眼光看问题，全面分析大学生失信行为产生的原因。在大学生诚信档案建设过程中要坚持理论联系实际，以实践为客观评价标准，来检验关于大学生诚信教育的理论成果。

坚持以人为本原则，贯彻落实科学发展观。具体来说就是以学生为中心开展工作，大学生诚信档案不是为了约束学生，而是为了培养大学生的诚信素养和诚信行为，所以要坚持以大学生的健康成长和全面发展为原则，以学生的发展需要为出发点；同时充分发挥学生的主体作用，调动学生的积极性。

以加强大学生诚信教育和管理为重点。大学生诚信档案建设不是为了约束学生而建立档案，而是通过大学生诚信档案对大学生的行为进行管理，发挥制度的"他律"作用，逐步变"他律"为"自律"，在管理过程中达到诚信教育的目的，培养大学生的诚信品质。

以促进大学生的全面发展为目标。思想道德素质特别是诚信品质是人才质量的核心，无诚业难立，无信事难成。设立大学生诚信档案，其目标是通过制度的约束性引导大学生树立诚信的道德品质，逐步提升道德修养和发展高尚人格，树立正确的世界观、人生观和价值观，最终实现人的全面发展。

（二）诚信档案管理制度的基本特征

1.真实性特征

大学生诚信档案是对大学生诚信行为的客观记录，所有记录的信息要客观、真实、有效，而不是道听途说和凭空杜撰。当然大学生失信行为和表现也要如实记录。大学生诚信档案要坚持真实性，就是大学生诚信档案内容的收集和保存应该以大学生客观、真实的事实和行为为依据来记录。

2. 合法性特征

所谓合法性，是指信息收集、档案管理和资料使用过程中坚持依法办事，维护大学生的合法权益，杜绝大学生诚信档案中涉及隐私的部分被泄露和非法使用，给大学生造成不必要的麻烦，甚至是危害。为了使大学生诚信档案能更好地发挥作用，要拓宽信息来源，全面地收集大学生在学习、网络、生活、择业和政治各方面的诚信表现情况。

3. 动态性特征

伴随大学生的成长和进步，大学生诚信档案也要坚持动态管理。这主要是考虑到社会是发展进步的，必然有新情况和新问题出现，再加上大学生自我控制力差的心理特点，容易做出一些与自身身份不相符的事情。同时，大学生学习、生活的外部环境是可变的，所以，大学生诚信档案的设置要体现出动态管理的特征，不仅记录要有动态性，管理也要体现出灵活性。

4. 共享性特征

大学生诚信档案涉及各部门、各单位的协调合作，大学生诚信档案作为一种特殊的公共资源，应该在不同的部门和单位之间实现资源共享和有效整合。当然，实现资源共享是有前提的，即体现其合法性，涉及大学生隐私且属其权益范围内的保密部分不能公开。用人单位如果需要了解应聘大学生的诚信状况和在校表现，应该书面申请并签订不泄密保证书，在得到学校批准后，允许向用人单位公开。

（三）诚信档案管理制度的基本内容

1. 个人诚信承诺书。入学时学生要签署个人诚信承诺书，以此来表明自己愿意践行诚信的誓言，愿意按承诺书的条约规范自己的言行，并自愿接受学校和同学的监督。大学生诚信承诺书是大学生在校期间对自己遵守诚信准则的一种慎重的承诺，是诚信档案的首要要件，其内容既要体现诚信的特点，也要符合相关的法律法规。

2. 学生个人基础信息。学生个人基础信息记录了学生的个人基本情况，包括学生的自然背景和学籍信息。具体涉及学生的姓名、性别、出生年月、民族、籍贯、政治面貌、所处院系、所学专业、学生证号、身份证号、毕业和学位证号、学历、特长、联系方式、家庭成员及主要社会关系、婚姻状况以及健康状况等。这些基本信息的记录既是对大学生诚信考验的开端，也是未来进行学生管理、信用评价以及奖惩处分的基础性材料。可见，大学生个人信息的记录非常重要，也是十分必要的，为了使档案制度真正起到监督和制约的作用，这些信息应该及时有效、真实可信地进行补充和更新。

3. 学生个人经济信息。个人经济信息主要包括学生家庭经济状况、家庭年收入水平以及家庭成员平均月收入、学生学费缴纳情况（是否按时缴清、部分已交、未缴）、学生助学贷款借还款情况（是否借款，如有借款是否按时偿清、部分已偿还、未偿还）、学生参加勤工助学活动、学生是否接受社会资助以及医疗保险缴纳情况，尤其是考虑到近几年助学贷款难收回的问题，为了减少和避免类似事情的再次发生，助学贷款情况要详细注明。通过学生个人经济信息的记录，了解其在参与经济活动时所表现出的个人诚信意识和诚信行为。

4. 学生学习诚信信息。学习诚信信息包括两个部分：第一部分记录学生学习的基本情况，涉及大学生专业学习和参与学术交流两个方面，此外还会记录大学生在校期间的获奖情况和获取的相关资格资质情况。具体说来，涉及大学生在校期间所学的专业课程及成绩、第二学位课程和成绩、辅修课程及成绩、相关培训课程及成绩以及各种级别的学习奖励、参与导师课题的科研成果、具备的计算机水平、英语水平等相关的能够反映学生技能及资质证明的材料等。第二部分则重点记录大学生学习和科研中会出现的一些诚信行为，包括课堂纪律、考场纪律、图书馆借记纪律和学术纪律等各项纪律的遵守情况。

5. 学生生活诚信信息。生活诚信信息主要记录学生参与社会实践活动过程中和日常生活中存在的一些诚信行为。通过考察学生入学以来参加班级活动、党团活动、学生社团活动、校级院级学生会活动以及其他类型的社会实践活动，记录学生们活动中的真实表现，收集活动组织者的综合评价，从而为学生建立生活诚信档案。琐碎的实践活动能更真实具体地体现出大学生走诚信路线的自觉性，更好地反映出大学生树立诚信观念的坚定性。大学生日常诚信行为主要从与他人的日常交往中体现，具体包括大学生交往过程中的责任感和守信兑现情况等。虽然日常行为能够更真实、更大程度地体现大学生的生活诚信情况，但是信息过于零散，收集起来带有难度，并且受制于主观因素，不能客观有效地反映出学生的诚信状态。因而，为了保证其真实性，就需要班委、班级辅导员、社团干部和公寓管理人员等共同完成，尽量有事实、有根据地对大学生生活中的诚信表现加以说明。

6. 学生择业就业诚信信息。学生择业就业板块主要记录大学生就业创业过程中的诚信行为以及毕业生的去向。为规范大学生的就业，学校需要了解并指导学生签约、创业贷款、项目投资、经营还贷等一系列的活动，并对大学生就业过程中出现的毁约、违约情况进行通报和教育。在学生毕业时，要将毕业后的去向（主要包括就业学生的工作单位、深造学生的升学学校、出国学生的留学所在地）、毕业后新的联系方式、家庭联系方式、家庭地址、父母的联系方式及工作单位记录在案，必要时还要将学生的长期联系人的地址以及学生获取贷款的中间介绍人、用款见证人的相关联系方式等记录下来，以备查看。

7. 学生失信行为记录信息。失信行为记录是诚信档案的必要组成部分，是对可记载的、真实无妄的大学生违背诚信规范的行为所做的记录。对学生的失信行为予以记录，不仅是开展诚信档案管理工作，也是发挥诚信档案制度效用乃至诚信制度效用的一个重要基础。大学生失信行为记录的基本内容：一要记录失信行为类别，分清学生失信行为发生的领域；二要记录失信行为的具体经过；三要记录失信行为的后果；四要记录事后对学生的处罚与教育情况；五要记录学生的态度及改正情况，包括学生认错的态度、对此类行为的诚信认知等。对学生失信行为的记录一定要客观公正，要得到学生的确认，要通过严格的程序来进行。

8. 学生诚信评价记录信息。档案不可能对学生每时每刻的活动事无巨细地加以记载，而学生的诚信品质却是通过每时每刻的行为习惯体现出来的。一次获奖、一次失信、一次拾金不昧等不可能对一个学生进行定性。然而，每个学生的同学、老师、家长等可以通过与学生的接触和交往对其作出诚信评价。当然学生也可以自己对自己进行诚信评价。各方面的评价都必须严格按照程序进行，以保证评价的客观有效。评价结果一旦产生，要及时记录、汇总，并且不得随意更改。

（四）诚信档案管理制度的基本原则

诚信档案建设原则对解决大学生诚信档案建设中出现的问题起着引导、指导的作用。因此，总结大学生诚信档案建设过程中带有普遍性的基本原则，具有重要的理论意义和实践价值。

1. 教育与管理相结合的原则

诚信档案管理制度既要体现对学生的管理要素，又要体现对学生的教育要素。一方面，大学生诚信档案发挥制度的"他律"作用，在完善的制度约束之下，大学生的"失信"行为会付出比较高的代价，而诚实守信的行为则会得到物质和精神两方面的褒奖，从而对大学生行为起到规范、引导、监督和约束的目的，能有效地促进诚信行为的良性循环。同时，大学生诚信档案管理的过程也是思想政治教育的过程，诚信档案的目的不在于严惩不诚信同学的失信行为，而重点在于警示、管理和教育学生诚实守信，在研究大学生心理和行为规律的基础上，引导其树立诚信意识，积极践行诚信行为，在学生心目中产生一种潜在的说服力，从而起到教育的目的。

2. 纸质档案与电子档案共保存的原则

大学生诚信档案的保存方式应该以纸质和电子两种载体同时保存。纸质档案是大学生诚信的原始记录，不易被篡改，必要时便于考证原始证明材料，能体现出诚信档案的真实性、客观性和安全性。所以，大学生诚信档案要做好纸质材料的填写和保存工作。同时要做好学生诚信电子档案，根据大学生诚信评价体系，严格按照标准记录大学生的诚信状况，将其用数字化的形式加以记录，便于大学生诚信的测量、比较和排序。电子档案有利于各个部门之间的信息共享和整合，方便查找和使用，体现其可操作性。

3. 绝对保密与相对公开相结合的原则

大学生诚信档案是一种特殊的信息资源，要很好地发挥作用，就要实现不同单位和部门之间的资源整合和信息共享。当然，资源共享是在合法的前提下进行的，即使在校内有权限的组织之间共享，也要通过法律的途径约束各个主体依法进行，涉及大学生隐私的要绝对保密。在学生就业工作中，用人单位如果需要了解应聘大学生的诚信状况和在校表现，在得到学校批准后，有关部门或学院可以对用人单位公开。要实现大学生诚信档案的资源共享，最有效的方式是尽快建立健全、及时更新补录全国联网高校毕业生的诚信电子档案，并不断完善失信行为信息公示系统。

四、大学诚信评级评价制度

（一）诚信评级评价制度的基础理论

1. 基本概念界定

在经济学领域中，信用评级也称为资信评级，最初是对某一特定的有价证券判断其可能出现的风险，并以专门的符号来标明债券本利按期支付或股票收益的可靠程度。后来评级行业把这一概念加以拓展应用，运用于对工商企业或金融企业的资信状况、负债偿还能力等的评估，并以一定的符号标示其信用的可靠程度。在这里我们把信用评级运用到大学诚信评价中，建立起大学生诚信制度体系之后，必须依据诚信制度规定的内容对大学生诚信行为、遵守诚信制度的情况，按照一定的评价标准，采取一定的评价方式，进行确认、记录，逐一建立诚信档案，进而促进大学生诚信行为更趋规范和诚信品质的逐步形成。大学诚信评级是由学校独立的诚信评级机构对影响评级对象的诸多诚信风险因素进行分析研究，就其学习诚信度、生活诚信度、择业诚信度、网络诚信度和政治诚信度进行的综合评价，明确化等级并且用简单明了的符号表示出来。由此可见，对大学生诚信评价制度而言，依据什么原则、按照什么内容标准、采取什么方式来评价，显得尤为重要。

2. 评级符号含义

诚信评价等级，反映了对受评对象未来诚信程度可能性的独立判断，每学年初，由学生本人填写大学生诚信评价量表中的个人基本情况，并签下诚信承诺书，该生即获得100分的诚信基础分，每5分作为一个等级，学生诚信行为加5分/次，失信行为扣5分/次。

采用三等九级制，符号可以表示为 AAA【100 分及以上】、AA【95 分及以上】、A【90 分（包括）—95 分】、BBB【85 分（包括）—90 分】、BB【80 分（包括）—85 分】、B【75 分（包括）—80 分】、CCC【70 分（包括）—75 分】、CC【65 分（包括）—70 分】、C【60 分（包括）—65 分】。BBB 及以上级别属于"安全"范围，BB 及以下级别属于"脆弱"范围，在 AA—CCC 之间的级别，可用"＋"、"－"号进行微调，分别表示比相应级别的信用质量略高或略低。各级别所表达的含义如下：

——AAA 级：诚信程度极强，道德品质高尚，模范作用强，失信风险极低；

——AA 级：诚信程度很强，受外界环境的影响不大，失信风险很低；

——A 级：诚信程度较强，较易受不良环境的影响，失信风险较低；

——BBB 级：诚信程度一般，受不良环境影响较大，失信风险一般；

——BB 级：诚信程度较弱，受不良环境影响很大，失信风险较高；

——B 级：诚信程度较大依赖于自身所处的环境，失信风险很高；

——CCC 级：诚信程度极度依赖于自身所处的环境，失信风险极高；

——CC 级：学生素质不高，基本不能保证诚实守信；

——C 级：完全做不到诚实守信。

（二）诚信评级评价制度的基本功能

无诚业难立，无信事难成。诚信作为中华民族的传统美德和社会首认的价值，需要用两只手来抓，离不开良好教育，更需要严格的监管来约束和促进。如此说来，建立一套科学合理、客观灵活、可量化的大学诚信评价机制，对于大学诚信评价体系的形成很有意义。

1. 诚信评级评价制度的建立有利于大学生诚信水平的提高。大学生诚信评价体系涉及大学生的学习、生活、就业、政治等多个方面，对应的各方面都有具体要求和相应分值，使得大学生们能够清晰明了地认识什么行为是诚信行为，并自觉地将自己的行为与诚信行为相对接，按照公序良俗调整自己，端正态度，切实按诚信标准行事，积极主动地强化自己的诚信意识和诚信行为，祛除不诚信的恶习，逐渐培养诚信品质，从而提升综合素质。

2. 诚信评级评价制度的建立有利于大学教育者科学施教。大学生诚信评价体系记录了大学生诚信行为的方方面面，为教育者了解大学生的诚信状态以及存在的问题提供了原始素材，使他们能够及时准确地发现大学生中不诚信行为的表现及原因，从而有针对性地对教学内容、教育方法进行改革，对教育效果进行控制，更好地引导大学生诚信行为的养成。

3. 诚信评级评价制度的建立有利于用人单位择优选录。大学生诚信评价体系简单明了、直接有效而又全面系统地对大学生诚信行为加以体现，成绩单、荣誉证书、资格证书、诚信档案等为用人单位提供了学生的原始材料，有助于用人单位更迅速、真实、全面和低成本地了解大学生，从而为用人单位的发展输入人才。

4. 诚信评级评价制度的建立降低银行贷款风险，促进银行信贷业的发展。绿色通道的开通使得许多有梦想的年轻人不再受制于资金压力，从容地进入大学、参加工作、实现价值。与此同时，贷出的款项难以收回，成为坏账、死账，在缩窄大学生贷款这条绿色通道的同时，也给银行带来不小的压力和损失。诚信评级评价制度的建立有效地缓解了银行的负担和担忧，使他们吃了定心丸。在为大学生提供信贷服务时，通过参考学校出具的信用状况说明或诚信评价报告，银行能够很好地控制贷款数额、还款方式等，降低了银行损失，减少了失信风险。

5. 诚信评价体系的构建有利于整个社会诚信观念的建立。每个人都是社会的细胞，个人诚信与社会诚信相促相生，个人的诚信会促进社会诚信风气的形成，推动社会诚信环境的净化，社会诚信的构建也为个人诚信的形成和巩固提供了条件。诚信评价体系的构建将会跟随大学生的一生，使得其在毕业之后的日子里依然践行诚信，为整个社会诚信环境的形成打下良好基础。

（三）诚信评级评价制度的基本目标

建立大学诚信评级评价制度的根本目标可归纳为：宣传诚信文化，弘扬诚信品质，推动诚信发展，健全诚信体系，塑造诚信大学。

建立大学诚信评级评价制度的具体奖惩目标主要有以下几个方面：

1. 各学期诚信等级都达到 AAA 级的学生方可参评优秀学生干部、省三好学生和省优秀毕业生。

2. 各学期诚信等级都达到 AA 级（包括 AA 级）以上的学生方有资格保送攻读硕士研究生。

3. 各学期诚信等级都达到 A 级以上的学生方可参评校优秀学生，才能有成为入党积极分子资格。

4. 诚信等级为 BBB 级及以上的学生，才有评选综合奖学金的资格。

5. 诚信等级为 BB 级（包括 BB 级）以下的学生不能申请国家助学贷款，不能参加减免学费等资助项目。

6. 诚信等级为 B 级的学生无权参加各级各类评优，诚信等级为 B 级的学生人数超过班级总人数的 10%（含 10%）的班级将无权参加当年度的校先进班集体的选拔及各种集体奖励。

7. 诚信等级为 CCC 级的学生由学院进行教育，在班级内部通报批评。

8. 诚信等级为 CC 级的学生上报学校诚信管理部门备案，由学校进行处理，在全校范围内通报批评。

9. 诚信等级为 C 级及以下的学生，推迟毕业或不予发放毕业证。

10. 学生诚信等级情况将会如实记录在本人的诚信档案之中，在就业和择业时供用人单位参考，并影响到学生的升学及出国。

（四）诚信评级评价制度的基本原则

1. 教育性原则。处罚只是手段而不是目的，大学诚信制度建设的目的在于，通过教育规范大学生诚信行为，培养大学生诚信观念，而非单纯地对其失信行为进行曝光、对其失信表现进行惩罚。从目的上看，大学诚信制度的设计应该以教育为主，以惩戒为辅，充分调动大学生的积极性，使其能够知行统一，真正对诚信产生心理认同，并能够自觉践行诚信。

2. 有效性原则。诚信评价体系的设计要注重实际、避免主观，使得评级评价的结果能够真正体现大学生在学习、生活、就业和思想政治方面的诚信状况；使得评级评价的结果能够真正促进大学生诚信意识的养成；使得评级评价的结果能够真正地促进全社会范围内的诚信环境的改善。

3. 可操作性原则。大学诚信评价体系要能够操作、便于操作。首先要简单明了，评级评价的内容要真正有利于大学生诚信的养成，而非"假大空"；其次评价的内容要便于收集和把握，要以事实为依据，且能够量化。只有让每个参与到其中的学生信服，这项制度才有存在的意义和继续完善的可能；最后评级评价制度的建立要避免复杂，要便于操作，这样信息才能够及时有效地更新补充，评级评价制度的作用才可以得到充分体现，否则无异于废纸一张，难逃被束之高阁的命运。

4. 学生主体性原则。坚持以学生为本，以促进学生可持续发展为目标。学生既是评级评价制度的评价对象，又是这项制度的参与者，只有既充分尊重学生，如实评价学生，这项制度才能真正发挥作用。首先，在评级评价制度设计与执行过程中，要充分听取学生的意见和建议，做好调查汇总工作，充分尊重学生，尽量照顾到每位同学。其次，在整个评级评价过程中，要积极发挥学生的能动性，要让学生做到自我管理、自我监督、自我服务。最后，制度的设计要具有长远性，要以学生可持续发展为导向，让学生真正认识到诚信的重要性。

（五）诚信评级评价制度的基本内容

为了确保出具的诚信评级报告和诚信等级符合真实性、独立性、客观性和审慎性的要求，诚信评级评价制度应包括：评级报告质量控制制度、实地调查制度、评审委员会制度、评级结果公布制度和跟踪评级制度。

1. 评级报告质量控制制度。诚信评级报告质量控制制度，规定了诚信评级评价开展的基本程序、评级的质量保障程序等内容。诚信评级机构成立评级小组，完成资料收集、整理、核实工作，并撰写诚信评级报告。

2. 实地调查制度。实地调查制度是评估人员在进行诚信评级过程中，能够在合理的范围内对诚信评级所需要的信用信息进行调查、收集、分类、分析、加工，对相关资料能够进行核查和验证，以及能够主动发现信用风险。

3. 评审委员会制度。评审委员会制度规定了评审委员会的组成、运行程序、表决机制、责任和义务等内容。

4. 评级结果公布制度。评级结果公布制度规定了评级结果向公众和评级对象公布结果的形式、内容、时间，对诚信评级作出了具体明确的规定。

5.跟踪评级制度。跟踪评级分为定期跟踪和不定期跟踪两部分。跟踪评级制度规定了跟踪评级的人员安排、分析人员的职责、跟踪评级关注范围、跟踪评级的时间安排等，做到及时、准确地揭示诚信风险。

6.档案管理制度。档案管理制度规定对评级工作底稿、评级报告、相关信息等评级资料建立诚信评级档案，规范内容主要包括：档案管理人员职责、诚信评级业务档案的接收和管理、档案的借阅与查阅、档案保管期限的划分与确定、档案的鉴定和销毁、档案的保护和防护等内容。

7.评级信息管理制度。评级信息管理制度主要包括对评级信息的使用、信息的保密、信息载体（文件等评级有关的物件）的保管、工作人员使用评级信息的要求等。

五、大学诚信处理程序制度

（一）诚信处理程序制度的基本内涵

任何有效的制度都要以科学的程序作为保证。诚信处理程序制度是为了保证实体性诚信制度的可操作性和有效性而设立的程序制度。为了保证学生诚信制度的执行力，要制定严格的不诚信处理机制，通过权力制衡，将监督权、调查权、处分权分属不同部门，各部门相互独立，分权处理，环环相扣，彰显高校诚信管理的公正性与公平性。

（二）诚信处理程序制度的基本原则

1.公正性原则

公正是制度的根本属性，公正是保证制度良善的前提。制度的公正首先意味着制度的设计初衷并不是出于某一部分人的利益，而是全体人的公益。因此，必须从全体学生的根本利益出发来进行制度设计。与其他制度不同，荣誉教育制度的善的属性或公正性，还表现在它必须是为了维护学生利益、教育学生、引导学生向善的一种制度，而不是简单的惩罚性制度。

2.公开性原则

制度的公开性是指在制度运行的过程中，必须是公开透明的，不能有任何的暗箱操作。一是制度的内容条款和相关规定必须是公开发布的，学生应对制度的相关条款清楚了解，并明确知道每一条款的真实含义；二是处理程序必须是公开的，也就是说在整个违规案例处理过程中，必须接受学生的监督；三是结果公开，即对于不诚信案例的处理结果应该公示。

3. 公平性原则

制度的公平性意味着任何人在制度面前都是平等的，即制度的约束力是普遍有效的，不能有任何特殊的情况或者例外出现。只要是违反了制度的规定，就必须接受制度的制裁，不能受任何人为因素的干扰，只有这样才能维护制度的权威。

（三）诚信处理程序制度的基本环节

对学生不诚信行为的处理应该依照一定的法定程序进行。主要有以下几个环节组成。

1. 通知

当接到学生不诚信行为的举报或者发现学生诚信不端的苗头时，要在规定的时间内通知到学生本人，给学生解释的机会，并对事件进行备案。对于学生认错态度好且为初犯的学生，辅导员对其进行批评教育；对于事件复杂或者拒不认错且多次不诚信的学生，学校要对其进行调查。

2. 调查

学校应组织调查委员会对上报学校的失信行为进行调查。此环节要求失信行为的发现者与举报者提供翔实的书面说明，并通过调查组的多方走访与调查研究还原事情的真相。调查结束，结论明确，上报校学生管理部门，择期组织召开听证会，商讨案件如何处理。

3. 听证

接到通知后，学生管理部门需要召开听证会。听证委员会主席一般由学生管理部门负责人担任，并设学生和教师各两位委员。一旦确定听证会的时间和地点，学生管理部门需在48小时之内以书面形式通知被调查学生，学生有权聘请顾问为自己辩护。

4. 申诉

听证委员会通过集体研究或投票决定事件处理办法。如果被调查者对调查结果有异议，可以在下达处罚命令48小时内向校复审委员会提起申诉。复审委员会将按程序重新组织调查组、重新召开听证会等对案件进行复查，复审之后不得再次申诉。

（四）诚信处理程序制度的处罚措施

根据学生违规失信情节的严重程度，要对大学生进行警告、记过、留校察看、休学、开除等不同程度的处理。

1. 警告

警告针对的是情节轻微且为初犯的失信逾矩行为，其目的在于通过威慑使学生以后不敢再犯。由所在院系出具一封警告通知书给学生，并复制一份交由学校备案，学校会将违规者的行为记录下来（暂不存入学生诚信档案），保存至毕业或注册期满注销。但观察期间再次违规的学生将会面临"两罪并罚"的危险。

2. 记过

相对警告而言，记过针对的是失信行为比较严重的学生。一般会把学生所犯错误记录下来，并交学院和学校进行处理，对于这类学生，其失信行为将被计入个人档案。记过期间，如没有再次违反校规校纪，其失信行为记录将在毕业之时，经个人申请、学校审核同意后注销。否则，失信记录将会跟随其一生。

3. 留校察看

留校察看属于正式处罚的一种，受到这种处罚的学生在失信行为发生后以及听证会期间暂时允许留在学校，其间要接受来自学校诚信管理委员会的特别关注，其违纪行为要记入学生档案。留校察看期间，如没有再次违反校规校纪，其失信行为记录将在毕业之时，经个人申请、学校审核同意后注销。否则，失信记录将会跟随其一生。

4. 休学

休学是一种较为严重的处罚方式。受到这种处罚的学生，失信行为相对较重，而且会产生较大的影响，接受这一处罚的学生必须立即休学（通常不超过两个学期或一年），休学期间相应的学分将全部丢失，待休学期满，重新补学。这种类型的违规记录将会被永久地记录在学生档案中。

5. 开除

开除是惩罚失信行为最为严厉的方式。接受这种惩罚的学生必须马上离校，不允许完成当下的课程，所有学分全部丢失，无权获得学校颁发的毕业证与学位证。失信行为将永久性地记录在学生档案中。

六、大学诚信监督保障制度

任何一种制度的贯彻和落实，都离不开有效的监督，大学诚信监督保障制度有利于整个大学诚信制度体系的完善，有助于确保大学诚信制度建设收到良好的效果。

大学诚信监督保障机制，需要发挥校内和校外的共同作用，通过检举、揭发等途径监督大学生的行为，使监督成为大学诚信制度实施的保障机制，有效约束大学生的诚信行为。

（一）诚信监督保障制度的基本特征

1. 学生主体性特征。大学生既是诚信制度设计和服务的主体，也是监督诚信制度能否被有效遵守和执行的主体。因为关乎个人利益，而且学生比教师和管理者有更多发现不诚信行为的机会，所以学生监督是行之有效的。学生既有检举他人失信的权利和义务，也享有参与制定处罚的权力。

2. 监督全面性特征。大学诚信监督保障制度的设计要求校内学生、教师和管理者充分互动、互相监督，形成既互相制约又互相促进的监督网络。校外监督要发挥报纸、电视、广播、网络等媒体的监督作用。校内监督和校外监督共同作用，形成大学诚信的监督制度体系。

3. 可操作性特征。我们要完善诚信监督的相关规定，提高监督制度的可操作性和可执行性。关于大学生诚信监督，要明确监督的主体、内容和方式，要公开学生失信事件的调查、处理程序和结果等。让管理部门能按章办事，有据可查。让学生能感受处罚，增强自律意识，遏制失信行为。

（二）诚信监督保障制度的基本功能

1. 弥补信息不对称

由于掌握的信息不充分，在现实生活中，总会有一方处在"信息劣势"的不利地位，一方处在"信息优势"的地位。这样，掌握信息优势的一方会有意隐瞒情况，取得更好的利益；而处于不利地位的一方则会增加成本搜集信息，否则会失去很多机会。大多失信是由信息不对称引起的，这便使失信者有机可乘，这是失信行为产生的一个重要原因。

诚信监督制度通过各方的配合，共同监督大学生的行为，会减少"信息不对称"的现象，使大学生的行为公开化、透明化，一方面减少了学校搜集信息的成本，另一方面消除了他们的侥幸心理，使得他们明白"失信"行为是要比"守信"行为付出更多代价和成本的。

2. 保障诚信制度实施

大学诚信制度作为一种有效规范和约束大学生行为的"游戏规则"，能为大学生的学习、生活、择业和行为追求提供一个相对确定的活动准则，约束大学生的非理性行为和失信行为，有效激励大学生的诚信行为，并把自己的行为自觉纳入到社会允许的范围之内。

健全的大学诚信监督机制是诚信制度实施的保障，没有监督惩罚功能的制度是无效和无用的制度。如果没有监督惩罚制度，大学生会心存侥幸心理和短期功利思想，铤而走险选择不诚信行为，再加上信息不对称，大学生的失信行为可能不会被及时发现，更会助长他们再次做出失信行为的侥幸心理。

3. 约束大学生行为

大学诚信制度作为一种规范大学生活动的规范体系，不仅规定大学生应该做什么，不应该做什么，什么行为会受到奖励，什么行为会受到惩罚。完善的制度体系会有教育制度、守则制度、档案制度、评价制度、奖惩制度、监督制度，通过预防、教育、引导、惩罚和矫正等方式、手段，引导学生作出合理合法合规的行为，坚决抵制不诚信行为的产生。在完善的制度约束下，学生对于自己的行为和他人的行为都会产生预期，对整个社会状况也会进行理性的判断，并自觉地把自己的行为纳入到社会允许和可接受的范围之内。

（三）诚信监督保障制度的监督方法

校内监督首先要进行大学生诚信公示，让一切失信行为曝光，不守信用者将受到相应的处罚。只有公正、透明、公开的公示制度，才能让失信者彻底打消侥幸心理，让他们明白失信不仅无利可图，而且还要付出巨大的代价。

要想使诚信档案更好地发挥作用，约束失信行为，防止其蔓延和泛滥，就需要尽快建立健全我国联网高校毕业生的电子档案，完善失信信息公示系统。以《大学生诚信档案》为基础，实现全国联网信息共享，形成统一的诚信体系网络，此信息系统还要与大学生社会诚信系统联网，保持诚信档案的连续性，让大学生接受社会监督，形成约束社会体系。

（四）诚信监督保障制度的监督主体

1. 校外监督。学校要充分发挥报纸、广播、网络、电视等媒体的舆论导向作用，敢于公开失信行为和奖惩结果，自觉接受社会的监督。学校重点要将大学生诚信档案纳入网络化管理，将其向社会公开，特别是向用人单位公开，既可以让企业招聘到品行优良的大学生，也能对不诚信的大学生起到警示和教育的作用。

2. 校内监督。校内监督要处理的是学生、教师和管理者之间的关系，这需要全校师生的共同配合和支持，从而形成一个由学校不同群体相互监督的良性循环平台系统，这样的循环系统不仅可以监督学生的诚信行为，还可以形成教师、学生和管理者共同恪守诚信的良好氛围，充分发挥教师和管理者的榜样模范作用，对于高校诚信文化的形成起到促进作用。

3. 制度和文化监督。学校要建立奖罚分明的机制，让诚实守信的人得到精神和物质的奖励，让失信者付出巨大的代价。同时建立全校共同认可的评价体系，将评价结果作为大学生评优评先、入党、保研、贷款、就业等的主要依据。学校要营造出"讲诚信光荣，不讲诚信可耻"的校园舆论氛围，与校园文化相结合，积极开展丰富多彩的校园活动。要不断树立诚信教师典型、诚信学生典型，强化正反两方面的教育，使诚信典范成为大家学习的楷模，并自觉地将诚信作为自己的行为规范和为人之本。

第三节　大学技术性诚信制度安排

随着时代的发展，当代大学生的学习、生活异常丰富，其活动范围已经远远超出校园生活。与此同时，诚信的缺失随着大学生活动范围的扩展也延伸到了学生的学习、生活的方方面面。我们将大学诚信制度与学生的各种相关活动相对应，涵盖了学习诚信制度、生活诚信制度、政治诚信制度以及网络诚信制度，从技术性制度层面作出诚信建设的具体制度安排，为大学诚信建设提供直接指导。

一、大学学习诚信制度

（一）大学学习诚信制度的基本内涵

大学学习诚信制度，是指由国家、地方教育行政部门及普通高等学校制定的，并要求全体大学生共同遵守的，以保证大学生在学习以及与学习相关的一切活动中体现诚实信用原则，对大学生的学习行为进行调整、约束、规范、控制和评价的一系列行为规范所构成的基本规则体系。

（二）大学学习诚信制度建设的意义

1. 有助于帮助大学生成长成才，促进其全面发展

大学阶段是每一个学生学习各种知识，锻炼自身能力，树立正确的世界观、人生观、价值观的关键时期，是每一个青年成长成才的黄金阶段。在这一时期，学习依然是大学生的首要任务，学习既是接受已有知识的认识活动，也是追求真理的实践活动。只有养成良好的学习习惯，掌握正确的学习

方法，认认真真地学习科学文化知识，才能在德、智、体、美等方面全面发展。因此，对于大学生来说，学习诚信的缺失往往是最致命的。如果在这个时期不能端正学习态度，经常弄虚作假，必然导致专业基础知识薄弱，最终影响大学生综合素质的提高。通过大学学习诚信制度建设，让学生明确学习诚信制度，规范、约束大学生的学习行为，有利于把大学生培养成为讲求诚实信用、具有真才实学的高素质人才，使他们能够担当起实现全面建设小康社会、实现中华民族伟大复兴的历史重任。

2. 有助于培养学生良好的诚信道德品质，推动社会主义核心价值观建设

大学之道，在明明德，在亲民，在止于至善。大学作为人才和知识的高地，对于整个社会的思想道德状况产生示范效用。大学生是祖国的未来、民族的希望，他们肩负着建设中国特色社会主义、复兴中华民族的历史使命。大学生的综合素质是否合格，知识结构是否合理，基本能力是否完善，与祖国的命运息息相关。他们思想道德水平的高低，也对整个社会的价值观念产生着深远的影响。加强大学学习诚信制度建设，有助于他们树立良好的诚信观念，养成求真求实的良好道德品质，对于推动社会主义核心价值体系建设，提高学校乃至整个社会的思想道德水平具有重要意义。

3. 有助于培育良好校风学风，弘扬大学精神

培养全面发展的社会主义可靠接班人是我国社会主义大学的主要任务。大学精神是一种诚信精神，是科学精神与人文精神的有机统一。追求真理、诚信育人是大学精神的题中之义。而校风学风正是大学精神的重要体现，是对大学生的精神面貌、学习态度等的总体反映。大学的校风、学风如何，直接关系着大学人才的培养质量，关系着大学的声誉。当前我国高校大学生在学习上不诚信的现象日益凸显，这些都严重影响了大学的形象，偏离了大学精神，也对学生的健康成长造成了消极的影响。加强大学学习诚信制度建设，形成富有系统性、可行性和实效性的大学学习诚信制度，对于培育良好的校风和学风，对于营造和谐校园文化、弘扬大学精神，具有十分重要的意义。

（三）大学学习诚信制度安排

1. 学习诚信守则规范制度

学习诚信包含的范围比较广，既包括课堂学习，也包括考试规范，还包括学术诚信。守则简洁明了，贴近学生生活，因而通过建立各种学习诚信守则，能够使学生最直接、最有效地感受到诚信制度的规约作用。

首先，应建立课堂诚信规范守则，这是为确保正常的课堂教学秩序而制定的行为规范。课堂是由教师和学生两种主体构成的实践活动场域。在教学过程中，教师是主导，学生是主体，诚信教育课堂贯穿于"教"与"学"的全过程，因而课堂诚信制度包含了对于教师和学生双方的要求。一方面要制定《教师诚信备课守则》、《教学诚信规范守则》等制度，要求教师在教学过程中遵循诚实守信原则，严格按照教学大纲要求，认真开展课堂教学活动；对所有学生一视同仁，要按照学生成长的规律因材施教，不歧视也不特殊照顾某一类学生；严格遵守学校的教学纪律，不迟到、不早退，保证课堂教学工作量。另一方面要制定专门针对学生的《考勤制度》、《课堂守则》等，维护正常教学秩序。课堂纪律是为了保证正常的教学秩序，协调学生行为，不干扰教师上课，保证课堂目标的实现制定的，要求学生共同遵守的课堂行为规范。学生要严格遵守学校课堂纪律，不无故旷课、迟到、早退，在课堂上要注重课堂礼仪，尊重教师的劳动，认真听课，积极思考，按照教师要求按时保质完成课后作业。

其次，应建立考试诚信规范守则。考试是为了检验学生学习效果而采取的严格的知识水平鉴定方式，考试分为效果性考试、选拔性考试与资格性考试等多种形式。考试是学生学习阶段最重要的环节之一，考试成绩是衡量学生学习效果的重要尺度，也是学生评奖评优的重要依据。现在，除了在校期间学校的课程考试外，许多大学生还要参加各种各样的资格性考试等。许多案例表明，考试是最严肃的环节，也是最容易出现问题的环节。为此，高校要出台详细的《考试诚信规范守则》、《考试违纪处理条例》等规范性文件，完善考试诚信的制度安排，对学生的考试规范进行详细的规定，如考试资格认定、考场纪律、对各种违纪的处理措施，严重的要移送司法机关处理，充分确立考试权威，确保考试的公平、公正。

最后，应建立科研诚信规范守则。科研诚信规范守则，是针对学生科研活动制定的行为规范，目的是使学生明确科研活动的基本规范和要求。高校应该严格按照《关于加强我国科研诚信的实施意见》的相关要求，以科技部、教育部已经出台的相关政策文件为依据，制定出专门的特别是针对研究生的科研实施细则。通过制定这些细则，来进一步明确研究生在申报课题、撰写学术论文、毕业设计以及完成毕业论文等过程中应该遵循的专门规范，对研究生学术违规行为进行进一步明确界定，对于在科研过程中出现的各种违规行为进行详细阐释，以此作为学生在实际的学术活动中应当遵循的依据，也便于学校依此对学术失信行为进行诊治。

2. 学习诚信档案管理制度

学习诚信档案管理既包括对学习档案的记录，也包括对学习信息的采集，这也是对所记录档案信息的有效利用。

首先，要将学习诚信信息记入档案。建立学习诚信档案制度，是从根本上解决学生学习诚信缺失问题的有效措施之一。通过规范化的档案管理，对学生在校期间的学习诚信状况进行准确的描述和跟踪记录，这是对学生进行学习信用评价的基础。学习诚信档案一般由三部分构成：一是学生的基本情况，主要包括学生姓名、年龄、政治面貌、所在院系学号、专业等个人情况的基本信息；二是学生的学习档案，包括在校期间每个学年的各门课程的学习成绩、奖学金和其他获奖情况等；三是学习诚信承诺书，要求学生签署一份在校期间在与学习有关的一切活动中不作假、不欺骗、自觉遵守诚信原则的声明；四是学习诚信记录，主要记录学生在校期间，尊师重教、课堂学习、考试考核、科研活动、论文发表、社会实践等方面的诚信状况。对学生学习诚信记录要从正反两方面进行，既要记录学生的诚信表现，又要记录学生的不诚信表现，以此作为诚信考察的依据。

其次，要建立学习诚信征信制度。征信，就是由特定的机构依法采集、客观记录个人信用信息，并依法对外提供个人信用报告的一种活动。学习诚信征信制度，就是在学生学习诚信档案基础上，根据个人学习信用信息基础数据库建立的信用报告制度。学生学习信用报告是全面记录学生学习信用活动，反映个人学习信用状况的文件。在学生评优评奖、择业就业过程中，学

校学生管理部门可以根据相关单位要求依法向其提供学生个人学习信用报
告。学习诚信征信制度，要与其他方面的征信制度结合起来，从而形成对学
生信用状况的总体报告。这一制度有利于学生珍视个人的信用状况，也有利
于相关单位依此对学生的未来信用进行判断。

3. 学习诚信失信处理制度

学习诚信失信处理制度，主要是针对学生在学习活动中违反学习诚信
规范后采取一定程序进行处理的规则和流程，是一种类似于司法案件的法律
程序。为保证每一个学生的合法权益，学习诚信处理程序制度要按照公正、
公开、公平原则进行。

首先，要对违反学习诚信的案件进行举报。学校要设立专门的举报电
话或信箱，设专人受理举报案件。当接到他人举报学习不诚信行为或者教师
怀疑学生存在学习不诚信行为时，应当在规定的时间内通知学生，并给学生
解释的机会。

其次，教师应根据学生违规行为采取不同的处理策略。如果学生是初
犯且情节较轻，则教师可在自身权限范围内自行处理，但要向学生出具书面
处理意见，同时报学校诚信管理部门备案。如受举报的学生承认自己的违规
行为，就要接受处理决议。当学生的违规行为比较严重或者学生不同意教师
的处理决议时，教师就需要将案件移交给学校诚信委员会，对案件进行充分
调查，并向受举报的学生告知他的权利和义务，保证案件处理程序的公平
公正。

再次，应对违反学习诚信的案件进行听证。对于提交到学校诚信管理
部门的案件，学校要组织专门的调查委员会进行调查。学校诚信管理部门可
以指定一名教师和一名学生组成调查组，在规定时间对案件进行充分调查。
调查完成后，应组织听证会，可由两至三名学生及两到三位老师组成，对案
件进行审理和裁决。在召开听证会的时间和地点确定之后，应在限定时间内
书面通知受案学生，听证过程中可以聘请一名顾问加以指导。在听证过程
中，由听证会控辩双方陈述事实，最后由听证会成员投票裁决，以听证会的
多数意见为准，并根据情节决定处罚措施，最终裁决意见。如果受举报的学
生不服裁决意见，可以再向学校诚信管理部门提出申诉。学校诚信管理部门

组成复审委员会，对案件进行复查，包括成立新的调查组、组织新的听证会，根据再次调查和听证的结果，对案件进行再次裁决。

最后，对违反学习诚信的案件进行惩罚。根据学生违规行为的严重程度，应制定相应的惩戒措施，惩罚处理可分为警告、记过、留校察看、休学、开除等处分方式。这样可以使学生对于违规后果有明确的预期。但是应当重视的是，对于学习不诚信行为的处罚应当遵循"惩罚与教育"相结合的原则，既要体现制度的严肃性，维护制度的权威，又要注意"惩前毖后，治病救人"，在处理过程中充分发挥教育的功能。每一个有违诚信的案例本身也是一个活生生的教育案例，因此，在处理案例的过程中不能只是简单地处理、公布结果，而是要特别注重发挥好案例的示范教育作用，以此来反复强化对学生的诚信教育，使其对诚信制度有更深刻的理解。

二、大学生活诚信制度

（一）大学生活诚信制度的基本内涵

大学生活诚信制度是指由国家、地方教育主管部门以及普通高校制定的，并要求全体大学生共同遵守，要求大学生在人际交往、经济活动、升学求职等日常生活中严格遵循诚信原则，以此来调整、规范大学生日常生活行为的一系列具体的教育、规约、管理、监督保障规则体系。大学生活诚信制度的建立主要是为了使大学生的日常生活行为做到有法可依、有章可循，通过刚性的方式引导大学生自觉遵守诚信规则，并逐渐使诚信道德规范上升为学生的优良习惯，内化为学生的道德修养。

（二）大学生活诚信制度建设的意义

1. 促进大学生的健康成长

此次调研中，谈到研究我国当代大学生活诚信制度建设现状的重要性时，大多数受访者认为大学生在生活中的失信行为比较普遍，这对他们的全面发展和健康成长有直接的危害。我们需要用科学有效的生活诚信制度对诚信教育进行补充和保障，但由于我国大学生活诚信制度的建设尚未健全和完善，作用还远远没有得到完全发挥。因此，迫切需要对大学生活诚信制度建设进行研究。马克思认为，人的全面发展是人最根本、最深刻的需要。具体含义就是人的需要、人的劳动、人的能力、人的社会关系以及人的个性等方面的全面发展。马克思指出："任何人的职责、使命、任务就是全面地发展自己的一切能力。"高校是大学生成长成才的重要场所，在这个阶段，如果大学生有良好的生活习惯，能够积极锻炼人际交往能力、树立正确的世界观、人生观、价值观，就能在德、智、体、美、劳等方面获得全面的发展和成长。因此，对大学生来说，生活中的诚信缺失是最致命的。反之，如果大学生没有良好的生活习惯，在人与人、人与社会组织沟通方面缺乏诚信，就必然会影响大学生的健康成长与长远发展。所以，研究当前我国大学生活诚信制度建设，有利于促进大学生的健康成长和全面发展。

2. 强化高校的诚信教育

大学生的日常生活绝大部分是以高校为主要场所，所以高校的诚信教育对于大学生来说，是最直接也最有效的。当前我国高校大学生在日常生活方面存在着许多不诚信的现象，为了解决这种问题，我们要坚持诚信教育引导和诚信制度建设相结合的模式，形成自律与他律相结合的约束机制。高校生活诚信教育的侧重点在于通过日常教育活动增强大学生的诚信意识，培养大学生的诚信习惯，提高大学生的自律觉悟；而高校生活诚信制度建设强调的是诚信的他律机制，这种机制具有刚性特征，即具有强制性，因为大学生日常生活中的各种规律和行为习惯最难把握和研究，所以必须通过加强生活诚信道德教育和建立健全生活诚信制度，以此来规范和引导大学生日常生活中的诚信行为和意识。因此，从这两点来说，研究大学生活诚信制度对于强化高校的诚信教育具有重要的现实意义。

3. 引领和谐社会的诚信文化

访谈中，近半数的受访人员谈到研究大学生活诚信制度建设对于引导社会诚信文化具有重要意义。社会主义和谐社会的基本特征：民主法治、公平正义、诚信友爱、充满活力、安定有序、人与自然和谐相处。以人为本的社会主义现代和谐社会充满了人文关怀，也充满了物质文明、政治文明、精神文明、社会文明和生态文明五位一体的持续张力和可持续发展的动力，是一种可持续发展的社会特质。大学校园是直接为和谐社会培养、输送高素质人才的基地，是促进和谐社会建设的一支重要力量。因此，研究大学生活诚信制度，加强和完善大学生活诚信制度建设，制定出具有系统性、可行性和有效性的大学生活诚信制度，有助于大学生在日常的社会生活中养成诚信的良好品德，在全社会营造出尊重诚信的和谐风气，进而营造出和谐的社会精神文化，为全面建设发展社会主义和谐社会打好基础。

（三）大学生活诚信制度安排

1. 生活诚信承诺书制度

大学生活诚信承诺书制度是一种自律制度，是大学生在校期间对自己遵守诚信准则的一种慎重承诺，也是作为成年人的大学生通过郑重签署承诺书，向学校这个"要约人"作出庄严的承诺，表明自己作为法律意义上的"受约人"，要坚守诚信守则，履行诚信诺言，践行诚信行为。

大学生要在入学时就签订诚信承诺书，表明自己愿意践行诚信的诺言，并自愿接受监督。具体的制度设计如下：

（1）大学生在政治生活中的诚信承诺。大学生承诺自己在政治生活中的政治学习、政治参与、政治发展等方面做到以诚信为准则。大学生具体要在党团学习、积极分子培训等组织学习活动中做到诚信学习，对自己的政治言论负责，做到热爱祖国和人民；在政治参与中做到入党动机单纯、入党信念坚定、入党理念诚信、参与组织活动积极、民主投票选举等诚信参与组织活动；在政治发展中做到自身发展与组织发展保持高度的政治统一与政治诚信。

（2）大学生在学习生活中的诚信承诺。大学生承诺自己在学习生活中的考试、学术、作业方面做到坚守诚信原则。具体承诺内容为考试不作弊不带小抄、学术论文不抄袭别人的研究成果、按时按量完成课内外作业。

（3）大学生在经济生活中的诚信承诺。大学生承诺自己在经济活动中按时交纳学杂费，不恶意拖欠学杂费等费用；按时归还贷款本息；不偷窃、诈骗他人财物；不弄虚作假骗取各类困难补助及奖助学金；反对铺张浪费，不进行与自己经济情况不符的消费活动。

（4）大学生在升学求职中的诚信承诺。大学生升学求职问题是高校诚信问题出现比较频繁的领域，因就业难和社会风气的影响导致很多大学生为了谋求一份好的工作而不惜违背诚信道德。为此，针对升学求职的承诺应该包括诚信求职，不伪造简历、证书、证件，向用人单位提供准确、真实的信息，慎重签约，不因升学或任何理由恶意违约、毁约等。

（5）大学生在人际交往中的诚信承诺。大学生承诺自己在日常人际关系中应做到自觉遵守国家法律法规，遵守社会公德和学校各项规章制度；对同学与老师应该以诚相待、以诚交友；不打架、不偷盗、不赌博、不嫖娼、不吸毒、不酗酒闹事，不参与其他扰乱教学秩序、损害学校名誉的行为；讲话负责任，按照学校规定的渠道与方式客观、公正地反映问题，不夸大其辞，不写匿名信等。

（6）大学生在恋爱交往中的诚信承诺。大学生承诺自己在恋爱中应做到恋爱动机文明健康、纯洁高尚，恋爱行为要遵守承诺、感情专一、真诚相待、诚信交往、言行一致、举止文明，恋爱过程中双方都要共同遵守社会责任和义务，真诚相爱、专一于爱、共同直面困难等。

（7）大学生社团交往的诚信承诺。大学生承诺自己在社团交往中应做到遵守社团规章制度，招收会员要平等自愿，对待会员要诚实守信、公平公正、尊重会员人格，开展活动要井然有序、最大限度地满足会员要求，财务要公开透明，为会员提供良好的交往平台等。

（8）大学生社会交往的诚信承诺。大学生承诺自己在社会交往中应该做到：参加社会活动要遵守法律法规、遵守实践单位规章制度，参加志愿者活动要有责任感、认真履行承诺、不怕吃苦、不畏艰险、发扬志愿者精神，交友活动要文明礼貌、理性慎重、去伪存真、诚信交友等。

2. 经济诚信多元保障制度

大学生的经济活动中的诚信主要有按时交纳学杂费，不恶意拖欠学杂费等费用；按时归还贷款本息；不弄虚作假骗取各类困难补助及奖助学金等。这三方面概括来讲，应从经济诚信管理机构、社会、学校等方面来展开制度保障。

（1）大学生经济生活诚信管理机构。首先，要完善国家对于大学生经济活动中的诚信法律法规，让大学生经济生活诚信管理机构法律化、科学化；其次，由学校行政管理部门、计财处、学校合作银行等单位组成校内经济生活诚信管理机构；最后，由国家教育行政主管部门、财政主管部门、金融机构、大学生家庭等组成校外生活诚信管理机构。

（2）社会经济生活的保障制度。大学生诚信申报国家助学贷款的制度，国家对经济较困难的优秀青年制定了助学贷款制度，该制度的主要目的是为了减轻贫困大学生的经济负担和生活压力，保证其学业的顺利完成；我国设立的国家奖学金是为了激励普通本科高校、高等职业学校大学生勤奋学习，在德、智、体、美等方面得到全面发展而设立的。

（3）学校经济生活的保障制度。大学生诚信勤工助学的制度，勤工助学制度是我国高校鼓励和帮助家庭困难的大学生自力更生，解决其在校日常生活中经济困难的一项重要政策；大学生诚信申报困难补助的制度，我们通常所说的"特困生"他们大部分来自农村和偏远贫困地区，家庭经济特别困难，甚至一部分学生在校的月生活费（包括奖学金、开展勤工助学取得的收入和各种补贴）仍低于学校所在地区居民的平均生活水准线。对此，国家制定了大学生困难补助制度；大学生诚信申报生源地信用助学贷款制度，生源地信用助学贷款是指由国家开发银行省市分行向符合条件的家庭经济困难的普通高校新生和在校生发放的、在学生入学前户籍所在区县办理的助学贷款。

3.择业诚信服务管理制度

为了更好地做好大学生就业创业工作，同时为了保证大学生在求职过程中信守承诺，我们还要做好大学生择业保障制度，下面从对大学生择业的服务咨询、失业保障、创业支持等保障方面进行制度安排。

（1）大学生择业服务制度。首先，为大学生服务最多最直接的单元即为大学，学校诚信委员会针对大学生求职诚信状况进行系统全面的择业服务制度制定；其次，根据大学生生活诚信档案和生活诚信评价指标对在校大学生和即将毕业的大学生提供辅导和咨询；最后，发挥好学校在毕业生和用人单位之间的桥梁作用，为在校期间表现良好的学生进行择业推荐，做好学生就业的服务工作，促进学生更好地就业。

（2）大学生失业保障制度。人社部门发出通知，要求各地积极配合，共同做好毕业生的就业工作。人社部门所属的公共职业介绍机构和街道劳动保障机构免费为大学生就业提供服务，毕业半年以上未能就业并要求就业的高校毕业生，可以持相关证明材料办理失业登记，这就为还未就业的大学生提供了保障，避免了大学生由于迫切就业而丢掉诚信的品质。

（3）大学生创业支持制度。首先，要从根本上努力改变观念问题，培养大学生和社会的创业理念，国家和社会要给予政策支持，运用财税、金融政策增加融资渠道，放宽市场准入限制，加强技能培训和信息服务，鼓励大学生积极创业；其次，要塑造有利于促进大学生创业的政策环境，同时采取资金支持和税收减免等优惠政策，加强政府扶持和政策倾斜的力度，为其提供创业培训、项目开发、小额贷款、税费减免等一条龙的持续跟踪服务，使大学生获得全方位的帮助和支持；最后，要积极引导和支持大学生自主创业，以创业代替就业，让大学生获得更好、更自由的发展。

4. 生活诚信综合档案制度

通过对全国"211"和"985"高校诚信实践活动的资料收集整理，资料分析表明：大多数重点高校都已建立了相应的大学生诚信档案，并在诚信档案的平台上形成了较为完备的诚信管理制度。大学生诚信档案是大学生在校期间诚信状况的客观真实记录，大学生诚信档案的建立不仅能帮助高校更好地培养大学生的诚信意识，规范其日常生活中的诚信行为，而且必然会推动整个社会信用体系的建立和完善。

（1）大学生个人基本情况登记。大学生从入校就要进行个人基本情况的登记。大学生个人信息登记表包括姓名、性别、年龄、民族、籍贯、政治面貌、所在学院和所学专业、学号、家庭地址、身份证号码、本人联系方式、家庭情况等基本信息。

（2）大学生政治生活的诚信记录。政治生活诚信应该从入党申请、民主选举、组织活动参与、思想汇报的按时递交、政治言论的发表等方面的诚信状况进行记录。

（3）大学生学习生活的诚信记录。学习生活诚信分为两部分记录：一部分记录学习中诚信的基本表现状况，主要记录大学生在课堂作业、考试和学术方面的基本情况，以及在校期间的获奖和荣誉证书的获得情况；第二部分记录大学生在学习生活中产生的诚信或不诚信行为。

（4）大学生经济生活的诚信记录。大学生在校期间涉及诸多经济活动，一般为学费的缴纳、助学金和助学贷款、勤工助学等经济生活。经济生活诚信记录表主要记录学费是否按时缴清、助学金的诚信申请和国家助学贷款的按时偿还，勤工助学中的诚信表现。

（5）大学生社会实践的诚信记录。社会实践诚信记录表主要记录大学生在校期间参加的各种校内校外社会实践活动中的诚信表现，具体记录大学生参加学生社团及活动、社会公益活动、专业实习实践活动、社会实践等方面的诚信情况。

（6）大学生人际交往中的诚信记录。大学生在人际交往中的诚信表现丰富繁杂，因此对大学生人际交往中的诚信记录可以准确全面地体现出大学生的诚信品格。人际交往中的诚信记录主要包括：大学生与他人和集体交往中的各种诚信表现、债务借还、遵守承诺、守时守约等情况，这些方面的记录为了避免其失去可信度，一般由班主任进行记录和说明。

三、大学网络诚信制度

（一）大学网络诚信制度的基本内涵

随着信息技术的迅猛发展，网络日益成为人们日常生活不可或缺的组成部分。在网络社会中，人们的行为被膨胀的本能扭曲，现实社会中的诚信问题也在虚拟的网络社会中逐渐呈现出来，这时我们必须借助道德的外在约束力量，即制度，来保证与支持网络诚信行为的践履。大学网络诚信制度是针对大学生的网络行为制定的，要求大学生在网络化生活方式中严格遵循诚信原则，做到诚实守信，言行一致，由此来规范和引导其在网络生活中的诚信理念和行为方式的一系列具体的、完整的规则体系。

（二）大学网络诚信制度建设的意义
1. 有利于提升主体精神，实现个人全面发展
大学生作为网络化生活方式的主体，要不要入网，入网后做什么、怎

么做，完全是由大学生自己做主，可见，做网络的主人是网络用户的显著特点，它能够极大提升人的主体精神。同时，在虚拟网络社会中，由于网络的开放性、全球性和虚拟性，人人都是平等的，没有身份差异，人们可以根据自己的需要进行选择和取舍，自由地发表看法和见解，这也为大学生的个性发展提供了有利条件。总之，诚信是大学生所应具备的重要品质，正确地、合理地使用网络，能够促进大学生在网络中更好地发挥自己的个性，真正地做好网络的主人，实现个人自由、全面的发展。

2. 有利于规范网络秩序，促进网络健康发展

网络化生活方式对人们的影响具有双面性，既有有利的一面也有不利的一面。网络诚信的缺失将会导致网络人际关系紧张、人文生态失衡、个人价值观取向紊乱、网络经济秩序混乱，从而进一步降低人们对网络的认同度，这对网络健康、有序、和谐的发展是十分不利的。而网络诚信的建设能够趋利避害，一方面使网络化生活方式的积极影响得到最大限度发挥，另一方面使网络化生活方式的消极影响得到最大削弱甚至消除。通过加强大学网络诚信建设，有利于通过综合手段规范、约束大学生的网络失信行为，促进网络社会的正常运行。

3. 有利于营造诚信氛围，保证社会和谐发展

诚信意识是人类社会秩序的基础，是社会和谐发展和前进的基本保障。在当代社会，随着网络和科学技术的快速发展，网络化生活方式已经成为人们不可或缺的生活方式之一。而网络诚信问题最终会影响到人们的现实生活。人与人之间一旦缺乏诚信，社会就会出现诚信危机，后果将不堪设想。大学生网络诚信建设有利于培养和提升大学生的诚信品质，有利于营造人人讲诚信的网络氛围。

（三）大学网络诚信制度安排

1. 大学网络诚信荣誉教育制度

网络诚信缺失的很大原因在于人们认识不到坚守网络诚信的必要性和重要性，而对于价值观、人生观尚不成熟的大学生来说，在校园环境中教育的作用就显得尤为必要。

　　首先，应签订网络诚信荣誉准则。"荣誉"是一个社会或团体对人们履行义务的道德行为的肯定和嘉奖，在大学校园里，"荣誉"代表着学生之间、师生之间相互尊重和彼此信任。在进入网络世界之前，大学生应与学校、网络管理机构共同签署一份"荣誉准则"，主要内容为：在网络活动中，要严格遵循诚实守信原则，做到言行一致，不欺骗他人，不侵犯他人的合法权利，所有网络行为力求真实可靠，不利用网络来从事不诚信的行为。通过签订网络承诺，让大学生理解并信守荣誉准则，未签署此承诺的不得入网。签署之后一式三份，分别由学校、网络管理机构和学生个人三方共同留存。该制度旨在激励学生个人形成荣誉观念，从而践行网络诚信。

　　其次，应该将网络诚信课堂教学与举办主题实践活动相结合。一方面，网络诚信的建立和维护仍然依赖于课堂教学这一主阵地，由此来引导大学生树立网络诚信意识，规范网络诚信行为。要促进计算机课程与网络诚信教育的有机融合，计算机课程教学不仅要使学生牢固掌握计算机相关理论，同时还要引导学生严格要求自己，规范网络行为，自觉维护网络安全，营造健康和谐的网络环境。同时要尝试设置专门的网络伦理课程，重视对学生网络道德和网络纪律的教育和爱国主义教育，增强学生对网络文化价值观念的道德甄别能力和自净能力，从而培养他们的网络诚信意识，提升他们的网络道德修养，逐渐营造全社会网络诚信的良好氛围。另一方面，通过开展、举办以网络诚信为主题的各种教育活动，以网络诚信为鲜明的主题，有效激起学生对网络诚信的认知兴趣，提高网络诚信宣传的时效性，拓宽网络诚信宣传的辐射范围，使网络诚信深入人心。如通过网上座谈会、嘉宾访谈的形式，从权威的角度帮助学生正确认清事物的实质，提高其正确使用网络的能力；通过开展关于网络诚信的征文活动帮助学生深刻认识和理解网络诚信，将诚信逐渐内化为其良好品德的重要部分；通过知识竞赛、辩论赛、演讲比赛等多样化的竞赛方式，或开展论坛发帖比赛、博客大赛等以网络为依托的比赛，以网络诚信为宣传核心，在实践活动中积极宣传社会主义思想理念和正确的网络价值观念，使学生在丰富多彩的课余生活中将网络诚信内化于心，坚守网络诚信。

　　最后，要特别重视对网络诚信心理健康的维护。心理因素是导致网络失信行为的重要因素，大学生网络失信行为的产生往往是由一些泄愤心理、从众心理、侥幸心理、自由感、身份虚幻感等作用而成的，因此重视大学生的网络心理教育，加强对网络心理健康的调试与维护是十分必要的。高校心理指导中心及辅导员应通过经常性地组织网络心理咨询活动，开展网上心理健康与研究工作来引导大学生理性地认识网络，合理安排上网时间，帮助其拥有健康的网络心理。此外，可充分利用网络的隐蔽性等特点，向大学生推荐一些比较好的心理服务网站，同时建立一些科学的、高水平的网上心理咨询机构和心理辅导中心，及时帮助学生排除心理障碍，解决心理困扰等。通过进行网络心理教育及心理咨询，普遍地提升大学生心理健康意识，提高大学生人格水平和心理品质，这对诚信互动和网络诚信交往是大有裨益的。

2. 大学网络诚信准则遵循制度

对准则或守则的遵循也是网络诚信的规约制度要求。本研究认为对准则的遵循应该包含三个层面的要求。

首先，要建立健全网络法规。网络法规的建立健全对网络诚信具有最根本的、最具强制性的规约作用。由于网络具有蔓延迅速、涉及面广、发案率高、防范难度大等特点，因此，网络法律法规对网络诚信行为的规范、约束作用就格外重要。目前我国有关部门虽然对网民行为及网站内容作出了有关规定，但这远远不能适应网络急剧发展的需要，我们必须尽快制定出更加细致及更具操作性的专门的网络法规，如针对电子商务发展迅速的现状，可制订专门的《电子商务法》来规范网络经济行为；为保护网络系统的硬件、软件及其中数据不受偶然或恶意破坏、更改、泄露，可制订专门的《网络安全法》等。

其次，应建立网络诚信守则。网络诚信守则是为促进大学生诚实守信而制定的用以规范、约束大学生在网络生活中的行为，提倡、要求大学生共同遵循、自觉遵守的行为信条和行为准则。通过在网络诚信方面提出提倡性、规范性的原则性要求，以简洁明了、易于接受的形式确定下来，且要求大学生必须遵循和遵守，有利于通过刚性的方式起到强制性的约束作用。同时它也能为大学生的网络行为提供行为范式，让学生知道应该做什么、不应该做什么，这有利于引导大学生在网络生活中自觉遵守诚信规则，并不断内化为自身良好的道德修养，从而减少直至消除网络失信行为的产生。

最后，应遵循网络诚信团体公约。网络社会是由各种不同的团体组成的，如学术团体、电子商务团体等。这些团体可以制定自己的行为规范及公约，在大家都认可的情况下公布该公约，一旦有人违规就要受到相应的惩罚。这种公约的约束能力虽然不及法律法规，但又比道德的约束力强，可以在一定程度上弥补法律法规的不足。大学生群体作为使用网络的重要主体，也可加入或成立一些相关的或自己感兴趣的团体，制定和遵守团体公约，违规时接受公约的惩罚；同时也监督其他团体成员的行为，这样可以净化网络环境，扩大网络诚信的渲染范围。

3. 大学网络诚信技术保障制度

当前网络社会的道德规范和相关法律法规并不能完全解决大学生网络诚信缺失问题，网络社会的正常运转还需要高水平的网络技术作为支撑，这是硬件保障，还依赖于网络技术的不断应用和完善。

首先，对网络进入进行严格控制。由于缺乏有效的控制措施，大学生在进入网络时可以使用虚拟的身份。这种现象，从好的方面来说可以保护用户的隐私权，避免网络权力的过分集中；但是从另一方面看，在身份难以得到确认的情况下，大学生网民的行为难以得到有效控制，很容易滋生网络不文明行为。对网络进入的控制，目前确认网络用户身份往往是通过用户的IP 地址进行的，但是这项技术存在一定的缺陷，难以对用户身份进行准确确认。2012 年12 月28 日，第十一届全国人民代表大会常务委员会第三十次会议通过的《关于加强网络信息保护的决定》中明确提出，要加强网络用户身份管理，但是当前网络实名制的适用范围仍然是十分有限的，仅限于为用户提供信息发布服务。而且，当前大学生的心理倾向更趋于匿名制，可见网络失信的倾向依然存在，这样就不得不加强对网络进入的技术控制，防患于未然。

其次，对在线行为进行严格控制。在进入网络之后，网络行为诚信与否也是非常重要的，这就需要从网络技术方面对大学生在网络中的行为加以严格的限制。一是要充分利用防火墙等过滤技术，防止大学生接触不良网站和不良信息，通过利用一般的过滤软件，可以屏蔽、过滤、筛选、剔除、封锁各种不健康、不文明的垃圾信息，达到正本清源的效果，利用防火墙技术能够在健康网络与非健康网络之间设立一道坚硬的屏障，防止非法入侵，并能有效检测已进入系统的文件是否载有病毒，及时提示网络用户进行防护和杀毒；二是要适当利用口令设置及加密技术，保护自身的重要信息不被泄露和窃取，口令设置主要是对自己的重要信息进行保护，如网上银行为保护用户安全，经常会设置个人口令以确保资金不被非法窃取或转移，此外，大学生收发邮件时，还可以根据个人意愿，通过加密技术保护邮件不被授权以外的用户阅读，从而防止重要信息被随意篡改和污染等。

最后，加强对网络行为的跟踪监测。由于互联网具有虚拟性，许多学生在网上作出有违诚信的行为后，经常抱着侥幸心理，认为自己的行为在网络使用之后根本不会被发现和处理，因此加强网络跟踪检测技术的应用就显得十分必要。通过数据备份，对人们的网络行为进行登记，对网络使用者的访问地址、访问时间以及具体操作行为进行详细记录，这样能够保证网络行为在触犯法律后有证可查。此外，即使网络行为没有构成网络犯罪，但是也造成了一定的危害，这时学校也可以组织专门人员利用监控技术对大学生的网络行为进行检查和抽查，当发现失信行为时，按照相关规定给予必要的处罚，使大学生逐渐减少直至消除网络不文明行为，养成诚信的良好品质。

四、大学政治诚信制度

（一）大学政治诚信制度的基本内涵

大学政治诚信制度是由国家、地方教育主管部门以及普通高校制定的，并要求全体大学生共同遵守的校园政治活动诚信规则，要求大学生在日常学习和生活中，具有坚定的政治理想与信仰，怀有对祖国和人民忠诚的政治情感，能遵守国家法律规范，认真行使政治权利，忠实履行政治义务。

（二）大学政治诚信制度建设的意义

政治诚信主要是考察政治主体的思想与行为的诚信问题，只要是主体与政治环境发生关系，参与社会化的政治生活时，他们的思想和行为就存在政治诚信问题。大学生的政治诚信程度如何，实际上关系到他们的政治社会化程度，关系到社会的政治文化能否传承，进而影响到整个社会的政治体系运行的大问题。当前我国正处于社会转型期，大学生作为一类特殊的社会群体，培养他们诚信的道德操守，尤其是注重他们的政治诚信建设，这对于社会的可持续发展和高校的健康稳定运行都具有重要意义。2004 年中共中央、国务院下发的《关于进一步加强和改进大学生思想政治教育的意见》（中发 [2004] 16 号）中指出：要加强和改进大学生思想政治教育，大学生教育要以理想信念教育为核心，以爱国主义教育为重点，深入进行树立正确的世界观、人生观和价值观教育。

大学生作为知识比较丰富、思想比较敏锐的青年群体，他们的政治诚信程度将关乎社会主义现代化建设的成败。因此，研究大学生政治诚信问题，有助于扫清他们政治社会化进程中的藩篱与障碍，进而坚定他们的政治理想和信仰，培养积极的政治情感和政治参与意识，追求高尚的政治价值。因此，我们试图通过对大学生政治诚信的基本内涵的剖析，对大学生政治诚信存在的问题进行总结和分析，并提出具体的合理化、制度化的对策和建议，以求对大学生政治社会化问题的理论有所突破和贡献，对于解决大学生的政治诚信问题，对当代大学生的政治品质和素养的培养起到指导性的作用，也为高校加强大学生的思想政治教育起到了积极的借鉴作用。

（三）大学政治诚信制度安排

1. 政治诚信教育引导制度

政治诚信的培育离不开教育的引导作用。政治诚信教育引导制度主要包括课堂道德教育引导制度、主题社会实践报告制度、师风师德建设制度和校园诚信文化培育制度。

课堂道德教育引导制度。高度重视大学生政治诚信教育，首先就要建立课堂道德教育引导制度，紧紧抓住影响大学生道德观念形成和发展的重要环节，从入学教育到毕业教育，从政治理论课到各科基础课和专业课，都要加强诚信教育，特别要发挥思想政治理论课在大学生诚信教育中的主渠道作用。加大诚信教育力度，不断地改革教育方法和内容，把政治诚信教育逐渐纳入思想品德课和形势政策课的教学中，尽量在各门学科教学中灌输诚信思想，把诚信教育渗透到学校教育的各个环节当中，以此引导学生用诚信来规范日常行为。

师风师德建设制度。古语说得好："亲其师，信其道"，"其身正，不令而行；其身不正，虽令不从"。高校要尽快建立师风师德建设制度，教师的一言一行是学生最直接的教育榜样，这种表率作用对培养学生良好的诚信素质有着十分重要的影响。同时要加强教职员工的职业道德规范教育，严格规范教师行为。要让教师充分认识到在教育过程中，不仅要用自己的学识、能力教人，更重要的是要用自己的诚信道德育人，通过课上教学与课下教育相结合的方式，充分发挥自身的行为示范作用，对学生产生显性的或潜在的影响和教育，从而促进学生诚信品质的养成。

校园诚信文化培育制度。高校应将大学生政治诚信教育与管理融入到校园文化建设之中，并作为校园文化建设的重要内容，构建出校园文化培育制度。高校要通过校内媒体如广播、电视、宣传橱窗、条幅、标语、板报、报刊杂志等来大力宣传诚信教育。如可以在校园网上开设"诚信论坛"、组织诚信讲座、展开诚信行为标准讨论、失信行为警示，请成功人士进行关于诚信的案例分析，带领学生到监狱参观等，接受情境教育，切实感受诚信与成功、失信与失败的关系，以此增强诚信教育的实效性。

2. 政治诚信宣誓答辩制度

政治诚信宣誓答辩制度主要是对大学生政治诚信进行规范和约束。当前，大学生的政治诚信往往与入党紧密联系在一起。在入党前，进行入党宣誓和入党答辩是十分必要的。

要通过宣誓承诺来坚定学生的政治信仰。按照大学诚信教育的总体安排，进一步加强学风建设，兴诚实守信之风，正严谨治学之气，以学校举行诚信教育系列活动为契机，学生干部、学生党员、入党积极分子要进行政治诚信承诺签字及承诺宣誓仪式。宣誓实践很多，但是缺乏相应的制度供给，需要把宣誓活动规范并上升为制度层面，由学生工作部或团委制定专门的宣誓规制，明确规定宣誓的主体、宣誓的程序、宣誓的誓词等，构建政治诚信宣誓制度。

此外，为了全面了解入党申请人对党的纲领和章程的深刻理解水平和实践应用能力，学校要实行入党答辩制度。入党答辩是由学院党委围绕党员标准，依据答辩者提供的书面证明材料，设计关键性的问题，要求答辩者围绕问题，全面阐述自己的思想观点和实践行为。在答辩过程中对于阐述不清楚的观点和内容，可以通过追问，要求答辩者进一步表明自己的观点，最后由学院党委把答辩结果和意见上报给学校党委组织部备案。

3. 政治诚信评级评价制度

政治诚信评级评价制度体系主要包括诚信行为鉴定实地调查制度、政治诚信评级报告质量控制制度、政治诚信评价结果公布制度、政治诚信评价结果应用制度。

首先，要通过实地调查对诚信行为进行鉴定。评估人员在对学生进行诚信评级评价过程中，要在合理的范围内对诚信评级所需要的信用信息进行实地走访调查、收集、分类，占有丰富的第一手材料，并对资料进行加工分析，对调查的相关资料进行核查和验证，一方面能够主动发现诚信风险，另一方面又可以避免因不去核实给学生带来不公正的评价。

其次，要对政治诚信进行质量控制。诚信评级报告质量控制制度，规定了政治诚信评级评价开展的基本程序、评级的质量保障程序等内容，规定诚信指导委员会要成立专门的政治诚信评价小组，在诚信行为鉴定实地调查鉴定的基础上，撰写政治诚信评级评价报告，保障报告质量的精确性、真实性与客观性。

再次，对政治诚信评价结果进行公布。政治诚信评级评价结果公布制度是政治诚信评价制度体系的必要组成部分，包括结果公布的形式、内容、时间等方面。规定了评级结果要向评级对象、班级、学院甚至学校进行公布，接受监督，对政治诚信评级结果作出具体明确的规范。

最后，将政治诚信评价结果付诸应用。政治评价是以专用符号明确划分等级或简单的文字形式来表达学生信用等级的一种有组织的管理活动，其目标是为大学生诚信品质评定提供一定的依据，为建立一套科学合理的大学生诚信评价机制提供参考。为此，要与大学生综合测评充分结合起来，对大学生的诚信表现进行客观记录，与学生评优、入党、奖学金、保研、助学贷款等挂钩，对失信行为采取限制评优、限制贷款、限制获得助学金等，使政治诚信评级结果发挥应有的功能。

第七章　运行机制：大学诚信制度的运行机理

我们对大学诚信制度体系进行了探索性建构，既包含了学习诚信、生活诚信、网络诚信、政治诚信等四方面技术性的制度安排，还包含了诚信荣誉教育制度、诚信守则规约制度、诚信档案管理制度、诚信评级评价制度、诚信处理程序制度、诚信监督保障制度等六项结构性的制度体系。制度的合理建构，为加强大学诚信制度建设提供了前提、基础和可能，而要把这个前提和基础继续延伸，把这种可能转化为现实的推动力，就必须通过构建合理的运行机制，把制度从"静态"的规定转化为"动态"的活力，推动大学诚信制度系统良性运行，促进结构性诚信制度体系和技术性诚信制度安排有机互动、协调运转，激发制度的激励和规约功能，实现加强大学诚信制度建设的目的。

第一节　运行机制是诚信制度功能发挥的杠杆

诺斯将制度分为三种类型，即正式规则、非正式规则和这些规则的运行机制，这三部分构成了完整的制度内涵，是一个不可分割的整体。运行机制是为了确保正式规则和非正式规则得以执行的相关制度安排，它是制度安排中的关键一环。由此，我们可以看出，从制度建构的规范性和完整性来讲，运行机制是整体制度设计和制度安排中最重要的、不可或缺的核心内容，同时还是制度规约的保障和实施要素，缺少这一环节，规约无法"落地"，制度无法执行。

运行机制，通常是指在人类社会有规律的运动中，影响这种运动各因素的结构、功能及其相互关系，以及这些因素产生影响、发挥功能的作用过程和作用原理及其运行方式。制度运行机制的功能，就是避免制度真空，减少制度冲突，实现制度耦合。从静态层面看，主要看制度或制度系统本身能否达到完整，制度之间是否存在遗漏，各项子系统之间的制度安排能否实现有机和谐、相互衔接，以避免出现制度真空；制度之间能否达成一定的结构和逻辑，子系统之间的制度安排能否实现逻辑关系和内在统一，从而避免制度冲突。从动态层面看，制度运行过程中，制度之间或子系统之间的运转会对其他制度产生影响和制约，可能产生新的失衡，造成新的冲突和无序，就需要对制度不断进行调试和补充，实现制度系统新的动态平衡。

大学诚信制度系统具有整体性、结构性及有序性的特征。要体现这些基本特征，不仅要重视具体制度的构建，更重要的是要重视制度运行机制的作用。首先，大学诚信制度系统具有整体性。作为有机的统一整体，大学诚信制度系统是由诸多制度子系统以及具体的制度安排按照各自目的或功能组合而成的，且这些具体的诚信制度及制度安排之间相互促进并相互制约，每一项具体诚信制度的构建、发生及变更都会影响到其他诚信制度的形成，其他具体制度的运转也会对这一制度产生影响和制约。其次，大学诚信制度系统具有结构性。作为一个集合体，大学诚信制度是一个全方位、多层次的系统结构，形成这一系统的各制度子系统衔接在一起，发挥着各自的作用，并通过相互作用和影响来使制度功能得到最大的发挥。最后，大学诚信制度的系统性还体现在其有序性上。制度系统功能的发挥很大程度上取决于系统的有序性，即制度体系的整体协调性和制度结构的合理性。有序性的发挥能够尽可能地避免各项制度安排在功能和目的上的矛盾和冲突，填补系统漏洞，使系统功能得到充分发挥。

就现代大学诚信制度系统而言，在其内部有大量的制度安排以一定的结构和关联存在，这些制度是否有机联系、是否方向一致、是否造成新的冲突和无序，都需要在诚信制度体系内，通过发挥运行机制的作用，处理好它们之间的关系，使制度系统内的各项制度安排，为了实现共同的目标，有机地组合在一起，避免出现制度真空和制度冲突，实现制度的稳定状态。比如大学学习、生活、政治、网络这些诚信制度之间的内容、结构是否和谐，按一定的逻辑组合在一起是否正相关，或者说这些现有制度的组合是否涵盖了现实中存在的诸多矛盾，这些都是诚信制度系统内部需要关注和处理的问题。处理不好这些相互关联、相互制约的关系，就可能在大学诚信制度系统中导致制度要素遗漏，出现制度真空，或者在制度之间形成冲突，影响大学诚信制度系统的整体效果；反之如果注意到这些问题，处理得当，形成有机联系、相互补充、彼此促进的制度内部关系，就会形成大学诚信制度系统中相对稳定的结构状态，实现制度耦合。

诚信制度运行机制不是机械的过程，而是社会价值观引导和养成的过程，大学诚信制度运行机制的构建过程，就是机制与人发生互联互动的过程。在这个过程中，"人"是最根本的要素、最主要的因子、最关键的环节。宏观和微观层面的机制运行，必须坚持把"人的因素"放在第一位，要确保在诚信运行机制的作用下，实现大学诚信制度系统的整体功能，推动大学生的诚信观念、诚信认知、诚信价值和诚信环境、诚信行为的科学发展。在当代中国特色社会主义大学诚信问题治理结构和体系的创建过程中，贴近实际、结构合理、规范适用的大学诚信制度，必将为推进中国高等教育的内涵发展、人才培养、质量提升产生积极的作用，它不仅可以为大学生在校学习和生活提供良好的制度环境，更能使诚信品德内化为自身的道德修养和制度品质，为建设良好的校园风气和社会主义核心价值体系提供坚实的基础。因此，我们要充分发挥高校的诚信资源优势，以课堂诚信教育为龙头，以校园诚信文化为平台，以诚信实践活动为载体，以诚信先进楷模为榜样，积极构建大学诚信制度的运行机制，发挥诚信运行机制的杠杆调节作用，使大学诚信制度系统建得好、转得快、用得活。

第二节　大学诚信制度运行机制的基本构成

大学诚信制度的运行机制主要包括：教育引导机制、激励惩罚机制、心理疏导机制、文化培育机制和规范制约机制。这五个机制是相互影响相互制约的，教育引导机制是诚信制度运行的基础，激励惩罚机制是诚信制度运行的手段，心理疏导机制是诚信制度运行的重要支撑，文化培育机制是诚信制度运行的核心，规范制约机制是诚信制度运行的目的。

一、教育引导机制

党的十八大报告明确提出个人层面要"倡导爱国、敬业、诚信、友善的社会主义核心价值观"，并且在文化强国的建设中指出"要全面提高公民道德素质，加强政务诚信、商务诚信、社会诚信和司法公信建设。"由于现代大学生所处时代及其个性的多元性和特殊性，在对他们进行诚信教育的过程中只有结合其思想特点，加强教育引导，抓住根本、深入细致、不失时机、有针对性地开展工作，才能达到良好的激励和规约的效果。

首先，做好思想引导。大学时期是人生观和价值观基本形成及定型的时期，因此对大学生的诚信教育和引导要及时有效。各高校要按照社会主义核心体系建设的标准，利用社会公德宣讲的长效机制，用通俗易懂的语言解读诚信规范的范例和个案，用典型鲜活的案例加强诚信教育的成效，用潜移默化的方式教育感染、启迪和激励大学生的灵魂。要紧抓学生在校期间的各个环节，适时地开展诚信教育工作。具体可以在入学与毕业时期、学期末综合测评以及入党过程中加强诚信品德的权重和诚信教育，使诚信品质内化为大学生自身的积极动力，实现大学诚信制度的激励功能。为此，我们要增强三种意识：一是要增强"责任意识"。增强教育的责任意识，本着对国家负责、对人民负责的态度作好思想准备。要充分认识加强诚信教育引导对于推进人才培养、提高国家科技竞争力的重要意义，切实增强责任感和使命感，扎实推进大学诚信教育管理的实践工作，发挥制度的规约功能。二是要增强"创新意识"。当前，我国正处于社会转型期，人才培养工作面临新考验和新挑战。要把加强诚信教育引导放到"立德树人"这一大背景下去思考，认真研判工作的规律，不断调整完善诚信教育工作的方式和内容，掌握大学生思想灵魂深处真实的需求，实现诚信的宣传教育引导与大学生的道德价值取向需求相一致。三是要增强"人本意识"。加强大学生的教育引导,得到大学生的认同是关键,只有认同才会实现对学生真正的规约。要坚持把大学生的诚信需要作为第一选择,把大学生的诚信行为和现象作为决策的根本依据,真心引导学生,加强与学生的沟通交流,增强学生的集体归属感,实现诚信制度激励与大学生自身约束之间的良性互动。从我们在山西省高校调研的情况看,大学生对高校诚信的认识是基本到位的,但是在归因上却没有更多地在自身及主观上找原因,普遍性认为失信的主因在于受整体社会的影响和客观环境的习染,既有人性中"你抄袭我不抄袭"的吃亏心理,也有制度上"大家抄袭我也抄袭"的搭便车心理,还有一点孔乙己"窃书不是偷"的意味。

其次,做好行为引导。诚信是道德修养和为人处世之本,培养具有良好道德品质的大学生是现代大学面临的重大任务。做好大学生的诚信教育引导机制,要切实从看得见、摸得着的方式入手:第一,在教师层面,要用良好的师德引导大学生的道德培养。教师是大学课堂教育的主导者,教师的诚信认知、诚信行为等对学生的影响是非常大的,这就要求教师要率先垂范,在课堂教学、学术工作和生活中恪守、宣讲诚信,起到良好的示范作用,进而达到激励的效果;要创新诚信宣传教育的方式,在平等和互信的基础上,同大学生保持良好的沟通,面对面地同学生进行诚信对话,解答学生提出的问题,并实事求是地加以研究解决。第二,在学校层面,要用诚信活动引导大学生的诚信培养。高校要把对大学生的诚信教育引导融入到学生的管理工作之中,切实增强工作实效。要大力推进高校基层党组织和学生党支部和社团的带动、教育、引导的功能建设,扎实开展诚信教育服务活动,着力构建全面覆盖的高校诚信教育网络。切实将诚信精神融入到大学生的课余活动和社团活动中,引导大学生以诚信精神激励自己,加强自身的道德修养,积极成长为德才兼备的高素质人才。第三,从正面荣誉和反面惩戒两个维度激励和引导学生坚守诚信,实现诚信制度的规约功能。对遵守诚信的典范要大张旗鼓地进行表扬和宣讲,实现激励功能;对违反诚信制度的要在规则范围内严加惩戒,公布于众,从而引导学生"趋利避害",实现诚信制度的规约功能。

最后，做好心理引导。要注重对大学生心理现状的分析和把握，要通过心理分析来创新工作载体，这是做好大学生诚信教育工作的基础。要深入开展"诚信落地"工作，同大学生真正建感情、立信任；要实行学校、家庭和社会互促互学，充分发挥学校的主阵地作用，借助心理健康引导机制的经验、方法和平台，加强大学生的诚信意识、诚信思想、诚信行为，提升大学生的个人修为和文化素养，促进形成健康文明的校园人文环境。最终把被动的接受转变为主动的认知，这对大学生群体意识、诚信品质的养成以及对大学生的学习、思想、生活、未来职业规划都有着非常重要的意义。同时要充分考虑到心理预期的作用，使学生认识到合理的心理预期以及这种预期指导下的遵守诚信的行为会使学校和社会对其产生积极的奖励和评价，并影响到毕业后的职业发展和全面发展。

二、激励惩罚机制

对大学生诚信与否进行奖励惩罚的直接目的是要优化校园环境，维护大学生的自身权益；间接目的则是通过实施奖惩机制，对大学生在学习以及实践中的思想和行为予以正确的引导。要立足高等教育发展的实际，制定相关配套奖励惩罚政策，通过严密的体系，使大学在具体的现实生活中作出理性选择，规避校园学习生活、人际交往中的失信行为，提高诚信实效，促进校园信用体系健康发展。现代大学奖惩制度的制定和实施应贯彻"以人为本"的理念，体现校风校训，并且应当坚持"法治原则"，公正公平，遵循合理合法程序，提高奖惩效率和效果。具体途径主要有三：

首先，现代大学应当在民主精神的指导下、在了解实情并结合实际的基础上，以本校实际情况为前提，制定出切实可行的、科学系统的测评制度及奖惩制度，以刚性的方式影响和引导大学生作出符合诚信道德规范的选择。现代社会普遍的维权意识提高，就必须实现保障权益的制度和规则的规范化、法制化，做到有法可依。从现在的情况看，各高校没有专门的诚信规范性、系统性文件，对诚信的规范性要求只是散见于各种专项的制度中，体现为零散的条文；关于诚信的文件效力不高，以内部制度形式存在居多，规章和法规形式较少；关于诚信的制度规范尚有欠缺和遗漏，不能涵盖和适应发展变化的时代需要。从实践层面看，近几年学生起诉学校的案例也比较多，学校大多情况下是败诉，体现出学校内部制度与法律的不相匹配。

其次，在广泛宣传和引导的基础上，根据学生的自身情况严格执行有关奖惩制度，保证奖惩制度在平等基础上的正确实施。制度实施的关键是公开、公平、公正，公开就是除了涉及隐私的情况外，要向当事人及全体学生公开过程、公开程序；公平就是规则面前人人平等，每个人公平地适用制度；公正就是严格按章办事，不打折，不变通，不搞自由裁量。

最后，奖惩制度能否有效实施，需要及时地了解和观察，并在此基础上进行相关评价并及时进行反馈、研究、汇总，以便及时调整奖惩制度并据此调整行为方式，确保奖惩制度的实施效果。反馈机制是制度运行的重要环节，要适应发展变化的形势，要应对千差万别的诚信行为，必须与时俱进，在反馈的基础上进行调试和修正。

总之，建立校园信用奖励惩罚体系，学校的相关部门要履行管理职责，通过信用分类管理，加强和规范诚信奖惩手段的公正、合法、正当的使用。要建立诚信等级制度，加强对校园生活重点领域和大学生的重点活动、重点行为的诚信监管、征集和整理，并依法披露和曝光，用舆论监督行为；并采取一系列限制性措施，让违法失信者增加其失信的成本；对失信行为构成违法犯罪的，要由司法机关追究法律责任。

三、心理疏导机制

心理疏导是对人的心理问题进行的疏通和引导，促进身心健康的一种方法。现代大学生多是独生子女，"90 后"、"00 后"现象普遍存在，心理认知和承受能力较弱，在出现问题时不喜欢与人分享寻求帮助，因此，教育工作者对大学生的人文关怀和心理疏导、关注他们内心的情感和需求，对于培养大学生健全的人格，实现全面发展具有重要的意义，以此达到育人的目的。

首先，要有专门的心理辅导人员和专项经费来保障心理疏导机制的正常运转。专门的心理辅导人员可以由辅导员、思想政治理论课教师、心理学专业教师以及大学生代表组成，专项经费的投入可以为机制的运转提供物质保障。通过开展心灵运动会的方式，加强学生之间的信任，帮助他们树立诚信观念；充分发扬民主精神，让大学生畅所欲言，对他们循循善诱、耐心启发、正确引导；对失信学生进行访谈和疏导，引导他们正确对待他人，塑造理性平和、积极向上的心态。近年来，各高校都非常重视学生的心理疏导和心理健康教育，在机构上、人员配置上、经费保障上都予以了积极的支持和关注，建立了学生心理防护网络和信息员队伍，开展了非富多彩的心理教育活动，收到了良好的效果。但是我们也要注意到学生的心理问题依然较为突出，由心理问题引发的突发事件常见报端，需要做更多的工作来进一步加强。

其次，大学生作为诚信制度的客体，也要发挥自身的积极性与主动性，坚持自我教育。要重视发挥现代大学生自我教育、自我管理和自我服务的导向作用，善于引导大学生对自己的思想行为进行自我认识、自我剖析、自我调试及自我矫正，做到自律、自励，以培养现代大学生良好的思想道德素质。在这一点上尤为重要的是学生的自我调适和自我防范，以使学校的教育转化为学生自我内在的认知。

总之，诚信是人才培养的保障，高校诚信机制和制度建设势在必行。面对当前社会转型发展中出现的失信、失德、失范的行为和现象，高校应以其特殊的文化优势和研究经验，加强资料收集、细化研究，并从自身的诚信运行机制的创新与构建出发，努力培育信用文化氛围，倡导诚信规范，使诚信守约成为每一位大学生的基本素质，并延展到社会中的每一个人。

四、文化培育机制

文化是整个经济社会发展的灵魂，而讲文化建设，首先要思考和推动价值观建设。诚信的基本含义是守诺、践约、无欺，是公民道德的一个基本规范。现代大学是培育人才的主要阵地，校园文化是培育人才的重要载体和必要环境。在高校诚信文化培养机制的建设上，要坚持从文化的价值功能出发，使诚信文化融入高等教育的发展。诚信品质对每一个大学生来说都是贯穿终身的，坚持系统推进诚信文化建设，使之成为学校、学生、教师奉行的重要规范和准则，从而引领高等教育的发展方向，形成中国特色社会主义高校的发展优势和发展活力。因此，校园诚信文化建设对高水平、高素质人才的培养来说无疑具有重大意义。

首先，要秉承诚信办学的理念。培养高度的诚信文化自觉，要加强诚信文化的理论研究和探索。高校应当发挥自身的人才和智力优势，深入探讨当前高等教育发展及社会转型期的诚信文化建设的途径，形成诚信文化的理论体系。要充分挖掘中国传统文化的诚信内涵，以诚信为主题，动员大学生的广泛参与，提炼具有时代特色、体现现代精神的诚信主题词；坚持正确的诚信舆论导向，批评各种失信的行为和观念，实现诚信理念的激励与规约作用。在以诚信教育中主要宣传阵地的基础上，还要加强在学生公寓、教室以及其他公共场所诚信格言警句牌的设置；还要紧紧抓住互联网媒体平台，以校园网为载体，加入诚信教育内容，设置诚信教育专栏，发挥网络这个新阵地的作用，双管齐下，以促成良好诚信文化氛围的形成，潜移默化地提高大学生的文化素养，陶冶他们的思想情操。

其次，要营造诚信舆论的环境。充分运用广播、校报、网络等媒介，通过舆论、政策和价值导向，宣传诚实守信的模范榜样，引导大学生正确的价值取向，培育良好的诚信精神和文化氛围，发挥环境育人的功能，达到环境育人的目的。丰富诚信文化的表现形式，要深入开展诚信校园建设、诚信"模范"创建活动，培养、推广一批大家公认度高的诚信典型，激励和发觉他们身上的诚信品质，运用互动互助、艺术表演等表现形式，组织大学诚信教育活动，展示诚信的积极价值。

最后，要构筑融洽的互动关系，营造和谐的校园环境。本着真诚信任、互爱互助的基本前提，让和谐的人际氛围和融洽的气氛弥漫在教师群体之间、师生群体之间以及学生群体之间。创造良好的人际环境，促进人与人之间的信任的增长。积极推进诚信文化的联动，要充分利用高校文化资源，举办大学生诚信文化节、校园文化论坛等文化活动，要积极搭建诚信文化平台，增强诚信文化的吸引力，扩大传播面，实现诚信与大学生面对面的互动交流，使诚信文化理念转化成实实在在的行为规范，营造良好的信用环境。

五、规范制约机制

人类社会不可能没有规范而存在，大学是社会存在的一部分，同样也是如此。在现代大学中，对大学生行为起调节作用的规范主要分为道德规范与法律规范。

从法律规范讲，法律是最低层次的道德，是社会发展和个人存在不能逾越的底线。高校必须构建体系化、规范化的诚信制度和诚信规则，至少在技术性上涵盖学生的学习诚信、生活诚信、网络诚信和政治诚信四个方面，在结构性上包括但不限于大学诚信荣誉制度、大学诚信守则规约制度、大学诚信档案管理制度、大学诚信评级评价制度、大学诚信处理程序制度等。构建好制度和规则以后，执行和落实就是最重要的，在高校管理和服务体系中的每一环节，都要遵守原则，保证规范，运转协调，公开透明，廉洁高效。要使管理者合理界定行为边界，规范管理范围，确保针对大学生的管理工作人性化、法制化、服务化、高效化。要保证制度和规则的效力，建立诚信荣誉制度、诚信评级评价制度、诚信档案制度，对校园内的诚信行为进行记录，对失信行为进行惩戒，通过诚信示范行为的引领作用，积极打造以诚信为本的校园环境。

从道德规范讲，道德是一种由人们在实际生活中根据人们的需求而逐步形成的一种具有普遍约束力的行为规范，是一种心灵的契约，要靠人们自觉遵守。我国公民道德的基本规范要求为"爱国守法、明礼诚信、团结友善、勤俭自强、敬业奉献"，其中"明礼诚信"是公民如何待人的道德规范。现代大学生作为时代的先锋，无论何时何地都应该讲文明、讲礼貌、讲诚实、讲信用。

总体来讲，道德规范虽然具有约束力，但终究要靠人的自觉意识才会发挥作用，当道德规范通过合法的程序成为法律规范，才会形成强制约束力。法律法规是现代大学诚信制度实施的基础。然而，我国目前面临的问题却恰恰是诚信相关以及专门法律法规的缺失。因此，尽快完善诚信相关法律规范的制度建设迫在眉睫。只有将诚信置于法律的保护下，做到"法律诚信"，公民诚信约束机制才能有条不紊地建立起来并保持正常运转，从而使这个机制走进社会、走进校园、走进大学生群体，切实为诚信风气的建立提供法律保障。教育主管部门应在国家法律法规的基础上建立现代大学诚信制度的规章，而各高校也应结合本校实际，制定具体的诚信教育和管理制度，如大学生信用档案制度、测评制度等。

第三节　大学诚信制度运行机制的实施保障

　　任何一种机制的运行必须要有一定的组织、机构、人员和经费作为保障，才能有序推进，收到实效。

　　首先，要加强大学诚信制度运行机制的组织保障。《国家中长期教育改革和发展规划纲要》提出了把坚持"育人为本"作为教育工作的根本要求。教育是实现人的全面发展的根本目标和途径，也是促进人的全面发展的根本要求。因此，实施科教兴国战略、人才强国战略和建设人力资源强国的根本目的，就是在全面实现小康目标和国家富强民族振兴的伟大进程中逐步实现人的全面发展。一方面，大学党组织要从高等教育发展的全局出发，充分认识到加强大学诚信制度建设和运行机制建设的重要性与必要性，牢固立德树人的基本要义，切实加强大学诚信制度实施的组织保障职责。大学各级党委要定期召开会议，分析和探讨大学诚信制度实施中存在的问题，研究和部署实施和运行中存在的问题和解决的路径对策。大学党委要成立大学生诚信工作委员会，以分管学生工作的副书记为组长，专门负责诚信制度的构建和运行实施，领导组下设办公室，挂靠在学生工作部处理诚信建设日常事务。要建立党委统一领导、党政群齐抓共管、相关部门密切配合、学生广泛参与的大学诚信领导体制和实施机制，形成诚信制度实施的合力，保障诚信制度的顺利实施。另一方面，充分发挥共青团和学生团体的功能，积极推进大学诚信制度的建立和运行实施。各级团委要充分发挥自身教育学生、服务学生和联系学生的优势，把推动诚信制度运行实施放在突出位置，以加强和改进大学生的思想政治教育为主线，以全面服务青年学生成长成才为目标，以诚信教育、学生诚信实践活动、校园诚信文化建设为重点，营造浓郁的校园诚信文化氛围，培养学生的诚信观念和诚信意识，为大学诚信制度建设和运行机制建设奠定良好的组织基础。

其次，要加强大学诚信制度运行机制的环境保障。大学各部门尤其是党委宣传部、学生工作部、校团委等，要做好诚信制度实施和诚信文化建设的校内宣传工作。积极探索媒体发展新动向，把握师生的兴趣爱好和认知规律，占领舆论阵地，坚持正面宣传，弘扬社会正气，传递诚信正能量。不断创新完善院报、校园网、广播、电子屏、宣传栏等五大新闻宣传媒介的管理模式，及时宣传报道学校在诚信制度建设和运行机制建设中的重大举措和重大活动，全方位、多角度、深层次地展示诚信制度建设和运行机制实施的成果，实现大学诚信宣传工作从被动采访向主动邀请转变、从简短报道向纵深报道转变、从单一报道向深度报道转变，通过诚信制度系统协调、诚信资源整合、诚信力量凝聚，壮大主流思想舆论，丰富师生文化生活，营造良好的诚信育人环境。

再次，要加强大学诚信制度运行机制的队伍保障。队伍建设是加强大学诚信制度运行实施的必要保障。大学党政领导干部、共青团干部、思想政治理论课教师、专业课教师、学生思想政治辅导员和班主任等都要参与到大学诚信制度的运行实施工作中来。党政领导干部和共青团干部主要负责大学诚信制度实施的总体组织、协调和控制；思想政治理论课教师要把握思想政治教育的前沿问题，保持正确的责任感和使命感，推进大学诚信教育制度的运行和实施；各专业课教师要在教授学生专业知识的同时，渗透思想政治教育尤其是诚信教育的理念和知识；学生辅导员和班主任是实施大学诚信制度的骨干力量，要以学生为主体，发挥"诚信班会"、"诚信团会"、"诚信生活会"等班级活动的作用，帮助学生树立正确的诚信观，并内化为学生自身的诚信意识。

最后，要加强大学诚信制度运行机制的经费保障。大学诚信制度实施过程中，经费是必要的保障，是推动大学诚信制度实施的关键要素。学校要加强诚信制度硬件设施建设，保证经费建设学生诚信信息网络、诚信档案系统、诚信征信系统和诚信奖惩信息系统。与此同时，学校还要为大学诚信制度建设、运行和实施工作提供必要的人员、场所和设施，并根据学生情况不断更新手段和设施。要把诚信制度运行实施情况作为年度考核的依据和重要指标，保障诚信制度的实施。

第八章 价值考量：现代大学诚信精神解读

第一节 大学精神和大学文化

大学精神，是大学办学理念的题中之义，更是一所大学文化的根本。大学作为人类文明的殿堂，始终以文明的方式传递着文明理念、文明知识，培育文明的人。大学的特殊在于大学本身具有独特的精神和独特的文化。

一、大学精神

大学精神是大学文化的内核，是一所大学在长期的社会实践中不断积淀的，经过教学活动、科研活动和社会服务等不断内化、彰显和追求的精神与信念、道德与良善等价值理念的总和，也是中华民族传统文化精神和西方文化精华的提取和演化，是一所大学整体形象、办学水平、办学特色以及师生凝聚力、感召力和文化软实力的综合体现。大学文化是大学精神的载体，当大学精神在大学师生心灵深处成为文化自觉，并且影响外在行为与内在思想时，大学的文化之树才能根深叶茂。因此，我们说到大学精神，就必然要谈到大学文化。

二、大学文化

现代大学文化与人类文化有着深刻的、本质的联系，不仅是在人类长期实践基础上积淀和创造的深厚文化底蕴，而且是经过长期的发展、变革，越来越充分地发挥着育人、研究、融合与创新的功能。我国和西方都对适合国情的大学文化进行了探索，对于大学文化的概念也众说纷纭，但是我们可以这样描述："大学文化是伴随着大学历史的演进，一代又一代的师生员工在教学实践、科研活动、管理活动和服务社会过程中共同创造并自觉认同的行为准则、价值取向、道德规范和环境氛围。"大学文化既是具体的、物质的，又是抽象的、精神的；既是内在的、微观的，又是外在的、宏观的；既是体现共性的，又是彰显个性的；既有长期积淀和继承，又有时代特征和创新。

三、大学诚信精神

大学诚信精神，是指大学诚信文化在人才培养、科学研究、服务社会和文化传承创新中的具体体现，反映了大学在办学目标定位和师生理想信念中共同遵守的价值取向和道德标准。大学的组织结构和具体职能决定了大学诚信精神具有"求真知"和"育真才"的双重属性，诚信精神要依托于大学诚信文化建设，通过校园文化氛围和精神环境使师生在无形之中产生价值认同，从而实现对师生个体精神、心灵和品格的塑造。

第二节　大学诚信精神的价值分析

"人无信不立"，大学诚信精神对于大学存在与发展的意义，就像人的精神对于人的生存的价值一样。如果没有了诚信精神，大学便失去了基本立足点，失去了发展的内在动力，最终也将被社会和历史所抛弃。

一、大学诚信精神是大学存在的重要标志

大学之所以成为大学，不仅在于它的实体的客观存在，而且也在于它是一种文化和精神的存在。[①] 若没有文化和精神对师生的培育和塑造，对进步文化提供价值支撑，大学也就失去了稳定的前进方向。大学诚信精神作为大学文化的核心和灵魂，是建立在对教育本质、办学规律和时代精神特征深刻认识基础上的，其实质是一种人文精神、诚信精神和科学精神，是对大学使命和未来理想的崇高价值追求，是我们应该珍视和继承的一项宝贵精神财富。诚信精神是一种教育哲学观，是一种大学魅力，更是一种时代价值观。大学作为人才培养、科学研究和文化传承创新的主阵地，其精神应该是科学精神与人文精神共同繁荣的局面。而诚信精神自始至终贯穿于大学文化和大学精神之中，渗透于大学的管理、结构、观念之中。

二、大学诚信精神是大学传统和特色的折射

我们说大学的教育过程实质是一个有目的、有计划、有规律的文化过程，大学的人才培养、科学研究、社会服务功能归根到底都是文化育人，一所大学的特色就在于如何运用特色文化教书育人、管理育人、服务育人和环境育人。一所大学的品格和传统就在于它的文化特色和个性，这是它屹立于大学之林的支撑点。大学诚信文化作为一种"亚文化"，是塑造大学特色、培养名师大家和凝聚师生力量的核心要素，是一所大学实力的"软实力"的表现，是提升一所大学核心竞争力的灵魂所在。一所大学短时间办好靠领导，长时段发展靠管理，但是长久的可持续发展要靠积淀深厚的大学精神传统来延续和支撑。大学之间的差距不仅仅是科学研究和人才培养的差距，更是大学文化和大学精神的差距。大学的产生就是为了继承优秀文化、传播现代文化和创新文化代码，通过文化的继承、传播和创新，促进受教育者的社

---

① 参见韩明涛：《大学文化建设》，山东人民出版社 2006 年版。

会化、个性化和文明化，从而塑造健全的人格，培养高质量的人才。

三、大学诚信精神是实现大学职能的支撑

大学职能的实现要依靠全体教职员工辛勤努力，凝聚广大师生力量，但是深层次上要依靠大学文化和大学精神的支撑。以"山西大学精神"的孕育和发展为例，作为我国近代教育史上创办较早的高等学校之一，从传统学堂到现代大学，山西大学始终根植于华夏文明的沃土，融科学精神与人文精神于一体，积淀了历久弥新的文化底蕴。从科学救国到科教兴国，一代代山大人，用智慧和汗水诠释了百年铸就的山大精神，以"教授高深学术，养成硕学闳材，应国家之需要"为己任，提炼了"勤奋严谨、信实创新"的校风，秉承着"中西会通、求真至善、登崇俊良、自强报国"的光荣传统，以忠诚和贡献赋予山大精神更加丰富的内涵。山西大学将严谨、信实、求真、至善的诚信精神文明"基因"融入学生思想政治教育、教学工作、科研活动、社会服务和校园文化等"血脉"中，[①] 全面深化教育改革，提升人才培养质量，不断开展科学研究，积极提升服务社会的能力，不断增强文化传承和创新能力。

第三节　现代大学职能视角下的大学诚信精神培育

现代大学职能视角下的大学诚信精神培育，要从大学所具有的人才培养、科学研究、社会服务和文化传承创新四个功能进行诚信精神的论述。

一、在人才培养中注重诚信精神引领

大学教育的真谛不是单纯的知识和技能的传授与灌输，而是一份沉甸

---

① 参见《山西大学将精神文明"基因"融入思想教育"血脉"》，《人民日报》2012 年 4 月 28 日。

甸的责任与勇于担当的情怀传递。大学只有秉持知识育人、精神育人、文化育人的理念，才能真正培养出对国家和人民有用的栋梁之才，也只有这样，才能真正培育出大学与时代同呼吸共命运的精神。

第一，树立知识育人观。大学的主体功能是教书育人，教授文化知识，而教书育人的核心是教学，教学是人才培养质量得到切实保证的根本所在，任何时候都不能偏离和动摇。教学是大学与生俱来的职责，没有教学就无所谓大学。尽管现代大学的功能在不断拓展，但教学始终处于中心地位。教学工作的中心地位，不仅仅是一个口号，一种提法，而且是一项实践性很强的活动，是一个有明确目标要求且环环相扣的过程。课程是教学的最基本单元，课程教学是最基础、最核心的教学工作，是学生获得系统知识、增强学习能力、提升综合素质的最主要的学习环节。因此，我们要在课堂教学中渗透和教授诚信知识与价值，提升知识育人水平是提高人才培养质量的基础。

一是要注重学生素质教育。大学作为育人的"沃土"，不仅要培养学生的创新精神和实践能力，更要树立"以人为本"的育人观，切实加强大学生思想政治教育，重视以社会主义核心价值观引领理论教学，夯实诚信文化和诚信精神的教育主阵地。大学管理者与教师也要多想一想、多看一看、多聊一聊，不要把学生纯粹当作是学习的"机器"，而要关注他们身心的全面发展，把素质教育、提高质量和教学改革结合在一起，在教学工作中要坚持育人为本，以学生为主体、以教师为主导，充分发挥学生的主动性，把促进学生素质提升作为大学一切工作的出发点和落脚点。

二是重视教师言传身教。"大学教师传承着人类优秀文化，并通过吸收、消化及选择，将高层次的文化传递给大学生。"① 针对于教师对学生的影响来说，可以概括为言传和身教，但是教师身教的效果要好于言传，只有大学教师率先示范诚信精神，才能进一步感染和带动学生，最终培育和形成一所大学的诚信精神。因此，继承大学诚信精神的关键，应该首先寄托于教师身上，我们任何时候不但不能忽视和削弱教师的重要作用，而且还要把教学传授知识摆到培育诚信精神的主渠道位置，强化教学的中心地位，注重在教学

---

① 杨关林：《大学制度文化建设最终目的是育人》，《中国教育报》2011 年 11 月 16 日。

中传递诚信理念和诚信文化。

第二，探索精神育人观。随着经济社会的转型发展、利益格局的深刻调整和文化交流的日益频繁，如何提高大学生思想政治教育的实际效果，如何充分发挥诚信精神在培养综合素质高、实践能力强的人才中的引领作用，已经逐渐成为大学普遍关注的热点、焦点和着力破解的现实难题。

一是在精神感召中构筑学生的诚信价值理念。一旦诚信精神和诚信理念成为大学的传统，每一个学生都会自然而然地形成一种诚信自觉，产生诚信文化认同。所以，我们要充分认识和遵循思想政治教育的本质和规律，针对大学生的思想政治状况，着力在提高思想政治教育的实效性上找准切入点，探索"以高尚的精神塑造人"的时代发展要求，构建寓情于教、寓理于情的大学生诚信教育体系，从而实现精神育人的目的。我们要以社会主义核心价值观作为大学诚信教育的精神之魂，以"八荣八耻"作为基础，在精神育人中注重诚信习惯养成，充分发挥校园高雅文化的纽带和桥梁作用，积极借助党员以及入党积极分子培训、广大青年团员开展志愿者服务、学生社团活动等思想政治教育主题活动的平台，让学生在日常的学习和生活中聆听历史声音、感知精神力量、领悟诚信真谛、实践社会主义核心价值观，达到精神育人的作用。

二是发挥网络教育手段的作用。营造积极向上的校园网络文化氛围，以优秀的精神感染人，在学生中竖起一杆诚信标杆，增强学生的自我教育、自我管理能力，是大学落实教育方针，培养高质量人才的首选。精神的感召力是无穷的，在大学思想政治教育中，精神熏陶具有重要作用，往往会起到春风化雨、润物无声的效果。所以，我们要以校园网、红色网站为精神育人载体，以马克思主义中国化的最新理论成果，尤其是社会主义核心价值观来教育学生，坚定学生对马克思主义指导思想的信念，弘扬以爱国主义为核心的民族精神和以改革创新为核心的时代精神，增强对中国特色社会主义理论、道路和制度的自信和认同，深入领悟社会主义荣辱观的核心内涵。营造诚信的校园文化环境，培养学生高尚的道德情操和优良的诚信品质。

第三，推进文化育人观。大学以培养人才作为天职，所以大学文化、大学精神也要紧紧围绕"育人"这一中心任务建设，重点要推进"文化育人"。

我们要通过文化潜移默化的作用来教化学生、熏陶学生，从而使文化内化于心、外化于行。

一是加强大学道德文化建设。马克思主义主义理论告诉我们，教育的最终目标是实现人的全面发展。而大学文化育人的过程，本质上也是培育高尚道德、启迪智慧能量、塑造健全人格、促进全面发展的一系列过程。因此，在文化育人中，大学要有高度的文化自觉和文化自信，加强道德文化建设，传承和弘扬优秀道德文化，用中华民族优秀传统文化教育学生，使大学成为道德文化领地和精神文化家园。大学师生作为道德文化建设的重要主体，要高水平地率先自觉践行社会主义道德，以社会主义道德为基础，培育诚信道德精神，传播社会道德文化。

二是打造大学"文化名片"。以教风和学风为核心内容的校风是大学诚信文化建设的核心内容，也是大学严谨治学精神、科学治学态度和求真治学原则的体现。校风、校训、校史、校徽、校歌作为展示大学的"文化名片"，是折射一所大学师生思想和行为的"文化模式"。所以，凝聚以校风、校训和学校精神为主要内容的核心诚信文化，是彰显大学特色的重要支撑。大学诚信作为深层次的校园文化，是校园文化的灵魂，更是大学获得发展的文化软实力，大学要深入挖掘学校的历史传统文化，以优良的校训、教风和学风全面推进诚信文化建设，不断加强教风和学风建设。同时，要增强大学教师的职业道德素养，加强对教学过程的规范管理，积极营造优良的教风学风建设氛围。大学要通过开展教学观摩、教学改革研讨会、教学基本功竞赛、师生代表座谈会以及学生主题演讲比赛等多种形式，加大诚信的教风学风建设的宣传力度，实现全员诚信育人、全员诚信自育，在全校形成优良教风带动学风、学风促进教风的格局。

二、在科学研究中促进大学诚信精神内化

"大学文化是追求真理、求实创新的文化。"① 大学的另一重要职能是科

① 张杰：《以高度的文化自觉和文化自信推动大学文化建设》，《求是》2012 年第 9 期。

学研究，传播科学精神，培养科学品质，学术活动是大学存在的重要基础和支撑，因此，诚信精神要贯穿科学研究始终。诚信作为大学学术创新活动的基本规范和核心价值理念，是大学文化建设的重要内容。科研诚信作为大学文化创新体系的重要制度构成，不仅是科学研究良性发展的重要基石，也是科研活动和大学生科技创新的重要影响因素。

第一，坚守科学求实精神。大学的科学精神实质上是尊重科学规律、实事求是、勇于探索和创新、坚持真理的精神。随着社会的发展，大学要准确把握科研诚信精神的新特点、新规律，积极从管理体制、运行机制、文化创新和环境建设等方面推进，使诚信精神成为变革和创新的主线，从而不断完善大学科研诚信。科学研究活动，就是不断培养学生的科学精神、科学方法和科研能力的过程。

一是要恪守独立人格。从学生自身讲，大学科研诚信文化要拒绝一切落后的思想观念和教条主义的束缚，"不唯上，不唯书，只唯实"，始终强调独立人格、独立思考和独立判断，在学术活动中不弄虚作假，恪守科研诚信准则，在自由的学术氛围中进行学术的理性思考和深入研究，在开放的环境中实现科学的不断创新和发展。

二是要探索自主发展空间。从大学角度讲，科学研究作为大学职能的重要组成部分，如果从有利于发挥学生的科研主动性、积极性和创造性视角来培育大学科研诚信精神，就是要积极探索学生的发展空间，破除大学内部落后的"生产关系"的束缚，不断解放和发展"大学生产力"。如果大学能够始终保持创新性，使学生的主观能动性得到最大程度的发挥，那么，大学也就获得了可持续发展的动力和自我不断更新的能力。与此同时，对大学内部（包括管理人员、教师、学生等）各种单一的力量进行有机的整合，从而构建各种力量互动的平台，使追求科学真理、学术自由和个性力量有机平衡，不断推动大学诚信精神的培育和大学自身的健康发展。

第二，养成科学自律精神。科学研究始终是以诚实守信为基础的活动，科学自律精神是科研诚信精神得以巩固和发展的重要前提，学生只有做到自律，实事求是，不断追求真理和探索真理，才能攀登科学高峰。

一是加强学术诚信教育。大学需要加强诚信理念教育，加强学术诚信和科学精神教育，使学生在科学研究、科研训练、学术科技作品竞赛等一系列活动中恪守独立思考的意识，不断去深入社会实践中发现真理，进而强化严谨的学术态度、浓厚的学习兴趣、端正的学习动机，不断去寻求创新，保持坚定的学术立场，不人云亦云，更不剽窃他人学术成果，树立远大的人生理想、实事求是的科学态度和尊重科学的精神。大学可以邀请一些学术大师和专家学者做学术研究方法、态度的讲座报告，让学生体会到学术诚信的重要意义，让学生在科学研究活动中培养学风严谨、实事求是、尊重科学、追求真理的精神。①

二是强调学生的道德自律。马克思主义唯物辩证法告诉我们，内因是事物变化发展的根本依据，外因要通过内因起作用。自律是大学生诚信教育的关键环节，是维护大学学术诚信的重要基础和保证。因此，大学要进一步强化学生学术道德自律意识和求真意识，进一步完善自我约束机制，深化和细化道德自律规范和行为准则。同时，还要强化外在监督约束机制对道德自律的作用，不断规范违反学术道德的学术不端投诉、举报和处理办法。此外，对于本科生和研究生的毕业论文和学位论文要严格评审，不仅要对学生的学术道德进行审查，也要对论文研究的创新性、真实性以及社会贡献性进行评判，及时修订、补充和完善学术道德自律规定，促使学生逐渐养成学术自律精神。

第三，富有批判求真精神。批判精神是大学精神与其他社会机构相比所特有的优势和强项。大学通过不断创造知识财富、更新知识结构、产生新兴文化理念，不断推进文化和知识创新。因此，大学以其自身对新知识、新技术的追踪和发现不断进行科学研究，从而服务社会，批判旧事物、旧观念，带来新知识、新理念。

一是拥有辨证的批判精神。大学要富有批判精神，不被世俗所束缚，不断探寻真理，批判社会现象，从不断变化的社会中去预测事物发展的方

---

① 参见张茜茜：《试论和谐校园文化的构建》，《重庆科技学院学报》（社会科学版）2009 年第 1 期。

向，推动社会的改革和创新。大学只有具有了这样的批判精神，才能称得上是创造知识的殿堂和人才培养的家园。但是，大学所具有的批判精神又涵盖了自我批判意识和不畏权贵世俗的求实、求真精神，不是全盘否定，也不是全盘肯定，这样的批判精神才是科学精神，也蕴含着诚信精神和诚信理念。

二是明晰自身的责任意识。大学承担着育人、科研、服务和文化传承创新等一系列职能，这就体现了大学所具有的责任。一所大学是否具有学术精神和责任意识，一个重要的评判尺度就是看它有没有勇气不断否定自己的办学定位。① 只有随着时间的推移和社会发展方向的变化而不断修正，不断地进行自我批判和社会批判，社会才能不断进步，我们才能发现更加真实的现实，才能真正实现大学求真、求实的目标。

三、在社会服务中注重大学诚信精神支撑

立足区域社会发展，加大社会服务力度也是现代大学的一项重要职能。爱因斯坦曾说过："学校的目标应当是培养有独立行动和独立思考的人，不过他们要把为社会服务看作是自己人生的最高目的。"② 大学只有在服务社会的实践中，才能真正宣传大学诚信文化理念，扩大诚信精神号召力，才能真正对人才培养的效果作出检验，社会才能对大学作出价值判断和认可度识别，从而使大学发挥更加重要的人才库作用。所以说，真正的大学诚信精神从来都不是孤立和与世隔绝的，都是在社会实践和服务社会中更加绚丽多彩的。

第一，在科技创新和服务中强调诚信精神。科学研究作为现代大学的基本职能之一，科技创新和科研成果是衡量一所大学对社会贡献的重要标准，大学的科研成果就是对社会生产力的直接贡献，是大学的生产力、生命力和创造力的重要标志。

一是牢记社会责任，追求科技创新。社会的快速发展带来了许多诱惑，

---

① 参见蔡莉：《基于开放教育环境下诚信文化建设探讨》，《继续教育》2007 年第 4 期。
② 许良英、赵中立、张宣三编译：《爱因斯坦文集》第三卷，商务印书馆 1979 年版，第 143 页。

但是大学要保持自身的纯洁。大学要在人才培养和社会服务中牢记社会责任，推进科技创新。只有牢记社会责任，坚守爱国报国、服务社会和追求真理的一份责任，才不会让社会权力、名望和利益动摇诚信信念。科技创新和科研成果的转化不是一蹴而就的，是需要长时间的努力过程，所以，大学科技创新人员要耐得住寂寞，守得住清贫，要秉持实事求是的科学精神，正确对待科学问题，始终不渝地保持谨慎认真、精益求精的思维和理念，"自觉遵守道德，反对弄虚作假、欺诈剽窃，尊重他人劳动成果，维护知识产权，做科技创新的先锋、学术道德的楷模、社会诚信的表率"①。

二是尊重社会需求，提供科技服务。坚持实事求是、诚信为本，是科技服务的重要价值取向。客观实在性是物质所具有的唯一属性，违背了客观存在的规律，也就违背了科学本质。所以，以大学诚信精神引领社会服务，意味着大学的人才培养目标不能脱离于社会的现实需求，我们要"问需要于社会、问质量于社会、问满意于社会"。保持大学独立自由和诚信的精神品质，与积极投身社会实践、参与社会发展是相辅相成的。实践表明：在科技服务中取得成就，不仅要具有丰富的科技知识，还要有高尚的科学品格、求真务实的科学态度和精神。大学结合社会发展的基本趋势，发挥大学人才培养服务社会的基础性作用，以满足社会对人才的基本需求为切入点；结合教学实际与教学特色，发挥大学创新型人才培养的作用，为社会发展注入新的活力。充分发挥大学在人才建设中的资源优势，将大学的道德精神力量、科学技术研发能力倾注于社会实践之中，为社会培养技术精湛、能力突出、诚实守信的优秀人才。

第二，在人才输送中贯穿诚信精神。人才培养是高等教育最根本的使命和最本质的要求，是高等教育质量的最突出体现。党的十八大报告明确把"立德树人"作为教育的根本任务，反映了新阶段对教育工作的新要求，这是深化教育领域综合改革之魂。能否坚持以生为本，把学生健康成长作为大学各项工作的根本出发点和落脚点，也是一所大学能否办出水平的关键所在。以人为本是培育大学诚信精神的重要出发点和归宿，因此，大学诚信精

———————————

① 《刘延东在科研诚信与学风建设座谈会上的讲话》，《光明日报》2010 年 4 月 9 日。

神的创新和培育坚持以人为本，这就意味着要以学生为中心、体现"人文关怀"。我们要明确一个目标，即大学的人才培养职能主要强调的是"社会服务性"，而不是"自我功利性"。① 大学之所以要培育和弘扬大学诚信精神，不是为了单纯的培育而培育，而是依据大学发展目标、办学定位和社会现实需求，为了给大学本身的发展和使命创造良好的文化"软环境"，从而使大学及其内部的每一位师生员工都能够获得更好的生存和发展。大学通过教书育人和科学研究等工作，培养了大批的人才，创造了许多新的知识和现实生产力，最终把人才和知识成果贡献给社会，为社会发展服务，这才是大学的主要职责所在。所以，对于大学本身而言，不能过于注重功利性，不能为了培养人才而培养人才，一味地为了盈利或者受到体制的影响，而要强化大学自身的办学自主权，遵循大学的发展规律和办学使命，为社会培养具有真才实学、求真务实的人，而不是"站着不能说、坐着不能写"的"伪人才"。

第三，在思想服务中传递诚信精神。《国家中长期教育改革和发展规划纲要 2010—2020》强调："高校要牢固树立主动为社会服务的意识，全方位开展服务。推进产学研用结合，加快科技成果转化；开展科学普及工作，提高公众科学素质和人文素质，积极推进文化传播，弘扬优秀传统文化，发展先进文化；积极参与决策咨询，充分发挥智囊团、思想库作用。"② 大学不仅以其独特的大学文化影响着社会文化，更以人才培养功能影响着文化的发展方向和方式，通过科学研究功能去研究探讨社会文化，通过社会服务功能去直接推动社会文化的发展进程。所以，在社会转型发展和文化日益多元化的形势下，大学要在人才库、智囊团和思想库建设方面发挥更加积极的作用，为社会提供思想服务，弘扬诚信文化理念，提升为社会主义文化大发展大繁荣服务的能力，为发展文化事业、文化产业、深化文化体制改革持续输送大批优秀人才，提供充足的智力和知识支持。

---

① 参见许辉:《高校构建大学生诚信伦理的策略》,《黑龙江教育学院学报》2010 年第 4 期。

② 《国家中长期教育改革和发展规划纲要 2010—2020》，第七章第二十一条。

四、在文化传承创新中做好大学诚信精神弘扬

我国目前正处于社会转型关键时期，与此同时的高等教育转型也接踵而至，大学精神在社会转型过程中承担着文化传承与创新的重要职能。现代大学历经几个世纪的不断演变，大学精神也随之不断变化和更新，尤其是现代大学精神不仅要保持其传统的精髓，而且也要在适应社会发展中传承，在文化扬弃过程中不断演变。

第一，在传承与创新中培育大学诚信精神。大学精神的培育，既是对历史文化传统的传承，又是对现实文化的一种创新。① 大学诚信精神要在文化传承中不断创新、在创新中完成文化传承，在二者的统一中实现传统诚信精神和时代诚信精神的有机融合。广大师生是塑造和创新大学诚信精神的主体力量，我们要在大学的长期发展过程中，培育教师高尚的师德师风和价值取向、严谨的治学精神、实事求是的科学态度、富于开拓创新的精神，使其在教学和科研活动中不断积淀、传承、完善和发展。同时，大学也要针对新形势下大学生的思想状况，切实加强与改进大学生的思想政治教育、文化素质教育，营造健康向上的校园诚信文化，弘扬实事求是、诚实守信的人文精神，发挥大学生在大学培育诚信精神中的重要作用。

第二，在传播与践行中提升大学诚信精神。大学诚信精神常常以特定的概念或命题来概括、表达和呈现。大学既是研究高深学术、探索追求真理的殿堂，也是高学历、高层次人才比较集中的基地，对社会文化起着影响和辐射的重要功能。大学要通过价值判断自觉传承优秀文化、传播高雅文化、抵制腐朽文化、传播主流文化和创新大众文化，引领社会文化走向更高层次。培育大学诚信精神，一方面，需要"大学人"的自觉思考，一代代"大学人"自觉地总结、凝练和传播大学的办学理念、校风、校训等；另一方面，也要在教与学的实践中践行，将大学诚信精神所蕴含的品牌形象和价值观，

---

① 参见沈兵虎、陈健：《试论大学校园文化的承载因素和社会功能》，《浙江社会科学》2006 年第 5 期。

在"行"和"做"中彰显出来，使大学诚信精神在真正发挥凝心聚力、传承文化、服务社会的功能中逐渐走向成熟、达到完善和升华。

第三，在物质与制度建设中夯实大学诚信精神。大学文化对整体文化质态的建构和文化精神的塑造具有辐射、提升、示范和引领作用。大学诚信精神不仅以观念的形态融入大学的办学理念、校风、校训和校园文化中，而且以物质形态内化于大学课堂教学、基础设施和校园风景等之中。"大学物质文化是大学赖以生存的基础，追求的是'真'，似树之根系、屋之地基。"①所以，将大学诚信精神渗透于物质和制度文化建设之中，是培育大学诚信精神的重要方式。大学要将以实体形式存在的物质文化赋予一定的教育意蕴，体现出大学的人文和科学内涵，在建筑实体上追求艺术与科学的统一、人文与自然的统一。要创新大学的制度文化，通过完善学校的一系列制度，完善管理机制和工作机制，促使大学的学术文化、教学文化和管理文化走向规范，从而真正促进大学诚信精神的培育和发展，夯实大学诚信文化。

总之，审视现代大学职能下的大学精神，我们认为它既是一种哲学思想，又是一种历史传统，更是一种文化烙印。哲学视角上，大学精神反映了一所大学特有的哲学思想，本质上是学校的办学定位、育人方法、学术价值和管理服务模式的哲学抽象概括和总结，是对大学"文化体"和"文化群"的有机整合、反复凝练和不断升华。历史视角上，大学精神则是通过长期的历史文化沉淀、发展而形成的，是对特定范围内的文化作出的价值判断、价值选择和价值认同的过程和结果，具有继承性和创新性统一的特征。文化视角上，大学以传承、传播和创新文化作为自己独特的存在方式，大学精神也正是在一代代大学人进行这种精神传承、创新和发展中产生的关于自身的行为方式和价值追求的文化成果。

---

① 宁进：《论大学文化的作用》，《光明日报》2011 年 8 月 28 日。

参 考 文 献

一、文件类

1.《教育部关于全国高等学校暑期政治课教学讨论会情况及下学期政治课应注意事项的通报》（1950）

2.《教育部关于华北区各高等学校1957年度上学期进行"辩证唯物论与历史唯物论"等课教学工作的指示》（1951）

3.《关于执行全国高等学校（不包括高等师范学校）一般学生人民助学金实施办法的指示》（1955）

4.《关于全国高等学校1957年招考新生的规定》（1957）

5.《关于一九七九年高等学校招生工作的意见》（1979）

6.《关于高等学校录取新生政治审查工作的意见》（1979）

7.《关于加强高等学校学生思想政治工作的意见》（1980）

8.《高等学校学生守则（试行草案)》（1982）

9.《全日制普通高等学校学生学籍管理办法》（1983）

10.《全日制普通高等学校学生学籍管理办法》（1984）

11.《中共中央关于教育体制改革的决定》（1985）

12.《中共中央关于社会主义精神文明建设指导方针的决议》（1986）

13.《国家教委关于严肃考试纪律防止发生舞弊的通知》（1986）

14.《中共中央关于改进和加强高等学校思想政治工作的决定》（1987）

15.《高等学校学生行为准则（试行)》（1989）

16.《普通高等学校学生管理规定》（1990）

17.《中国教育改革和发展纲要》(1993)

18.《中共中央关于进一步加强和改进学校德育工作若干意见》(1994)

19.《中国普通高等学校德育大纲》(1995)

20.《关于深化高等教育体制改革的若干意见》(1995)

21.《关于改革国家教委直属院校学生贷款办法的通知》(1996)

22.《关于严格高等学校考试管理及有关问题的通知》(1996)

23.《中共中央关于加强社会主义精神文明建设若干重要问题的决议》(1996)

24.《关于进一步加强高等学校社会主义精神文明建设的若干意见》(1997)

25.《中华人民共和国高等教育法》(1998)

26.《中共中央关于加强和改进思想政治工作的若干意见》(1999 年)

27.《中共中央国务院关于深化教育改革——全面推进素质教育的决定》(1999)

28.《国家助学贷款管理操作规程（试行）》(1999)

29.《关于加强考试管理，狠刹各种违纪、舞弊歪风的意见》(2000)

30.《关于加强全国教育统一考试管理和考风考纪工作的意见》(2000)

31.《公民道德建设实施纲要》(2001)

32.《关于开展社会诚信宣传教育的工作意见》(2003)

33.《关于进一步加强和改进大学生思想政治教育的意见》(2004)

34.《关于切实做好近期国家教育统一考试安全保密和考风考纪工作的通知》(2004)

35.《诚信教育大纲》(2004)

36.《国家教育考试违规处理办法》(2004)

37.《关于进一步加强高等学校校园网络管理工作的意见》(2004)

38.《关于加强和改进高等学校校园文化建设的意见》(2004)

39.《关于在普通高校招生全国统一考试前深入开展诚信考试专题教育的通知》(2005)

40.《关于高等学校招生工作实施阳光工程的通知》(2005)

41.《关于建立高等学校招生全国统一考试考生诚信档案的通知》(2005)

42.《〈关于进一步加强和改进高校思想政治理论课的意见〉实施方案》(2005)

43.《普通高等学校学生管理规定》(2005)

44.《高等学校学生行为准则》(2005)

45.《关于整体规划大中小学德育体系的意见》(2005)

46.《关于进一步加强和改进师德建设的意见》(2005)

47.《关于加强高等学校辅导员班主任队伍建设的意见》(2005)

48.《中华人民共和国义务教育法》(2006)

49.《关于树立社会主义荣辱观进一步加强学术道德建设的意见》(2006)

50.《关于严格审查普通高校招生章程的紧急通知》(2006)

51.《国家科技计划实施中科研不端行为处理办法（试行)》(2006)

52.《教育部关于进一步改进和加强国家教育考试工作的几点意见》(2007)

53.《关于严肃处理高等学校学术不端行为的通知》(2009)

54.《关于加强我国科研诚信建设的意见》(2009)

55.《国家中长期教育改革和发展规划纲要（2010—2020)》(2010)

56.《关于进一步加强和改进研究生思想政治教育的若干意见》(2010)

57.《高等学校教师职业道德规范》(2011)

58.《关于2012年招收攻读硕士学位研究生管理规定》(2011)

59.《关于进一步改进高等学校哲学社会科学研究评价的意见》(2011)

60.《关于切实加强和改进高等学校学风建设的实施意见》(2011)

61.《关于深入实施高校招生阳光工程的意见》(2011)

62.《关于进一步规范高校科研行为的意见》(2012)

63.《关于进一步加强高校科研项目管理的意见》(2012)

64.《关于进一步加强高等学校基础研究工作的指导意见》(2012)

65.《全国人民代表大会常务委员会关于加强网络信息保护的决定》(2012)

66.《国家教育考试违规处理办法》(修改稿) (2012)

67.《关于全面提高高等教育质量的若干意见》(2012)

68.《关于进一步加强高校马克思主义理论学科建设的意见》(2012)

69.《全面推进依法治校实施纲要》(2012)

70.《学位论文作假行为处理办法》(2012)

71.《关于深化研究生教育改革的意见》(2013)

72.《关于加强和改进高校青年教师思想政治工作的若干意见》(2013)

73.《关于开展高校学生资助诚信教育主题活动的通知》(2013)

74.《中共中央关于全面深化改革若干重大问题的决定——中国共产党第十八届中央委员会第三次全体会议通过》(2013)

75.《关于进一步规范高校科研行为的意见》(2013)

76.《关于深化高等学校科技评价改革的意见》(2013)

77.《普通高等学校研究生国家奖学金评审办法》(2014)

78.《博士硕士学位论文抽检办法》(2014)

79.《学位与研究生教育质量保证和监督体系建设的意见》(2014)

80.《高等学校学术委员会规程》(2014)

81.《完善中华优秀传统文化教育指导纲要》(2014)

二、著作类

1.《马克思恩格斯文集》第1、2卷，人民出版社2009年版。

2.《马克思恩格斯全集》第3卷，人民出版社1960年版。

3.《马克思恩格斯选集》第4卷，人民出版社1995年版。

4.《马克思恩格斯全集》第42卷，人民出版社1979年版。

5.［德］马克思：《资本论》第3卷，人民出版社1975年版。

6.［德］马克思：《经济学—哲学手稿》，人民出版社1979年版。

7.［英］休谟：《人性论》(下)，关文运译，商务印书馆1980年版。

8.［德］伊曼努尔·康德：《道德形而上学原理》，苗力田译，上海人民出版社2005年版。

9.［德］马克斯·韦伯：《新教伦理与资本主义精神》，郑志勇译，江西人民出版社2010年版。

10.［德］马克斯·韦伯：《经济与社会》，林荣远译，商务印书馆1997年版。

11.［法］孟德斯鸠：《论法的精神》(下)，张雁深译，商务印书馆1963年版。

12.［古罗马］西塞罗：《国家篇·法律篇》，苏力、沈叔平译，商务印书馆1999年版。

13.［古希腊］亚里士多德：《尼各马可伦理学》，邓安庆译，商务印书馆2010年版。

14.［古希腊］柏拉图：《理想国》，郭斌和、张竹明译，商务印书馆1996年版。

15.［英］格雷厄姆·沃拉斯：《政治中的人性》，朱曾汶译，商务印书馆1995年版。

16.［英］保罗·奥利弗：《学术道德学生读本》，金顶兵译，北京大学出版社2006

年版。

17.［美］理查德·A.斯皮内洛:《世纪道德—信息技术的伦理方面》,刘钢译,中央编译出版社 1999 年版。

18.［英］亚当·斯密:《道德情操论》,蒋自强译,商务印书馆 1997 年版。

19.［德］西美尔:《货币哲学》,陈戎女译,华夏出版社 2002 年版。

20.［德］西美尔:《社会学》,林荣远译,华夏出版社 2002 年版。

21.［美］约翰·罗尔斯:《正义论》,何怀宏译,中国社会科学出版社 1988 年版。

22.［英］米勒、波格丹诺:《布莱克维尔政治学百科全书》,邓正来译,中国政法大学出版社 2002 年版。

23.［美］道格拉斯·C.诺斯:《经济史中的结构与变迁》,陈郁译,上海人民出版社 1994 年版。

24.［美］R.赫斯利普:《美国人的道德教育》,王邦虎译,人民教育出版社 2003 年版。

25.［美］唐纳德·肯尼迪:《学术责任》,阎凤桥译,新华出版社 2002 年版。

26.施晓光:《美国大学思想论纲》,北京师范大学出版社 2001 年版。

27.周辅成:《西方伦理学名著选辑》(下),商务印书馆 1987 年版。

28.卢现祥:《西方制度经济学》,中国发展出版社 1996 年版。

29.苗力田:《西方哲学史新编》,人民出版社 1990 年版。

30.宋希仁:《西方伦理学思想史》,湖南教育出版社 2006 年版。

31.吴式颖:《俄国教育史——从教育现代化视角所作的考察》,人民教育出版社 2006 年版。

32.贺国庆、朱文富:《外国教育史》,高等教育出版社 2009 年版。

33.滕大春:《外国教育通史》(第一、二、三、四、五卷),山东教育出版社 1995 年版。

34.曾天山:《外国教育管理发展史略》,教育科学出版社 1995 年版。

35.苏振芳:《当代国外思想政治教育比较》,社会科学文献出版社 2009 年版。

36.董仲舒:《春秋繁露》,中华书局 1975 年版。

37.朱熹:《四书章句集》,中华书局 1983 年版。

38.杨伯峻:《论语译注》,中华书局 1980 年版。

39. 杨伯峻：《孟子译注》，中华书局 1960 年版。

40. 李民、王健：《尚书译注》，上海古籍出版社 2004 年版。

41. 王先谦：《荀子集解》，中华书局 1966 年版。

42. 黎靖德：《朱子语类》，中华书局 1986 年版。

43. 王世舜：《尚书译注》，四川人民出版社 1982 年版。

44. 安小兰译注：《荀子》，中华书局 2007 年版。

45. 朱贻庭：《中国传统伦理思想史》，华东师范大学出版社 2000 年版。

46. 王公山：《先秦儒家诚信思想研究》，上海古籍出版社 2006 年版。

47. 徐复观：《中国人性论史（先秦篇）》，三联书店 2001 年版。

48. 唐贤秋：《道德的基石：先秦儒家诚信思想论》，中国社会科学出版社 2004 年版。

49. 谢青：《中国考试制度史》，黄山书社 1995 年版。

50. 李国钧：《中国教育制度通史》（一、二、三、四、五、六、七、八卷），山东教育出版社 2004 年版。

51. 顾明远：《中国教育大系——历代教育制度考》（上、下卷），湖北教育出版社 1994 年版。

52. 朱贻庭：《中国传统伦理思想史》，华东师范大学出版社 1994 年版。

53. 商务印书馆编辑部编：《辞源》，商务印书馆 1979 年版。

54. 黄蓉生：《当代大学生诚信论：当代大学生诚信制度建设及加强大学生思想政治工作研究博士生论坛暨学术研讨会文集》，西南师范大学出版社 2008 年版。

55. 黄蓉生：《当代大学生诚信制度建设及加强大学生思想政治工作研究》，经济科学出版社 2013 年版。

56. 李志强：《制度理论与竞争力创新发展——一个理论框架与实证研究》，山西经济出版社 2002 年版。

57. 林庭芳：《当代大学生诚信制度建设现状研究报告》，中央文献出版社 2009 年版。

58. 董娅：《当代大学生诚信状态研究报告》，中央文献出版社 2009 年版。

59. 蓝寿荣：《社会诚信的伦理与法律分析》，华中科技大学出版社 2010 年版。

60. 樊浩：《伦理精神的价值生态》，中国社会科学出版社 2001 年版。

61. 陈绪新：《信用伦理及其道德哲学传统研究》，中国社会科学出版社 2001 年版。

62. 康志杰、胡军：《诚信：传统意义与现代价值》，中国社会科学出版社 2004 年版。

63. 江新华：《学术何以失范——大学学术道德失范的制度分析》，社会科学文献出版社 2005 年版。

64. 黄健中：《比较伦理学》，山东人民出版社 1998 年版。

65. 张兰青：《人格的现代转型与塑造》，广东人民出版 2005 年版。

66. 杨超：《现代德育人本论》，广东人民出版社 2005 年版。

67. 万光侠：《思想政治教育的人学基础》，人民出版社 2006 年版。

68. 龙静云：《治化之本——市场经济条件下的中国道德建设》，湖南人民出版社 1998 年版。

69. 张永宏：《组织社会学的新制度主义学派》，上海人民出版社 2007 年版。

70. 倪愫襄：《制度伦理研究》，人民出版社 2006 年版。

71. 黄明理：《社会主义道德信仰研究》，人民出版社 2006 年版。

72. 林滨、贺希荣等：《全球化视野中的伦理批判与道德教育的重构》，人民出版社 2007 年版。

73. 林兴岚：《诚信教育论》，吉林人民出版社 2005 年版。

74. 邹建平：《诚信论》，天津人民出版社 2005 年版。

75. 徐建军：《大学生网络思想政治教育理论与方法》，人民出版社 2010 年版。

76. 陶艳华：《马克思政治伦理思想研究》，人民出版社 2009 年版。

77. 韩明涛：《大学文化建设》，山东人民出版社 2006 年版。

78. 高兆明：《伦理学理论与方法》，人民出版社 2005 年版。

79. 张多来、周晓阳：《和谐社会视野中大学生诚信建设研究》，安徽人民出版社 2010 年版。

80. 杨德广、晏开利：《中国当代大学生价值观研究》，上海教育出版社 1997 年版。

81. 谢桂华：《学位与研究生教育研究新进展》，高等教育出版社 2006 年版。

82. 李承贵：《德性源流——中国传统道德转型研究》，江西教育出版社 2004 年版。

83. 谢维和：《教育活动的社会学分析——一种教育社会学的研究》，教育科学出版社 2000 年版。

84. 刘超良：《制度德育论》，湖北教育出版社 2007 年版。

85. 鲁洁：《德育社会学》，福建教育出版社 1998 年版。

86. 邱伟光、张耀灿:《思想政治教育学原理》,高等教育出版社1999年版。

87. 吴继霞:《诚信品格的养成》,安徽教育出版社2009年版。

88. 王瑞荪:《比较思想政治教育学》,高等教育出版社2001年版。

89. 朱晓宏:《公民教育》,教育科学出版社2003年版。

90. 钖方:《第四条思路》,湖南大学出版社2003年版。

91. 楼黎社:《诚信校园建设的理论与实践》,浙江大学出版社2008年版。

92. 陈平:《新中国诚信变迁:现象与思辨》,中山大学出版社2010年版。

93. 廖进、赵东荣:《诚信与社会发展》,西南财经大学出版社2004年版。

94. 刘献军:《大学德育论》,华中科技大学出版社1996年版。

95. 龙庆华:《高校诚信道德建设研究》,云南大学出版社2007年版。

96. 马钦荣、刘志远等:《中国特色现代大学制度探索与实践》,华东师范大学出版社2012年版。

97. 卢冠祥、朱巧玲:《新制度经济学》(第二辑),北京大学出版社2012年版。

98. 郝维谦、龙正中:《高等教育史》,海南出版社2000年版。

99. 熊民安:《中华民国教育史》,重庆出版社1990年版。

100. 赵明芳:《大学生诚信教育读本》,研究出版社2004年版。

101. 秦海:《法与经济学的起源和方法论》,中信出版社2003年版。

102. 孟华兴:《企业诚信体系建设研究》,中国经济出版社2011年版。

103. 史瑞杰、魏撒亭等:《诚信导论》,经济科学出版社2009年版。

104. 孙其昂:《社会学视野中的思想政治工作》,中国物价出版社2002年版。

105. 中国工商行政管理学会:《企业信用监管理论与实务》,中国工商出版社2003年版。

106. 高兆明:《制度公正论——变革时期道德失范研究》,上海文艺出版社2001年版。

107. 党静萍、师会芳:《聚焦诚信》,金盾出版社2007年版。

108. 张光慧:《大学生网络思想政治教育机制创新研究》,中国言实出版社2009年版。

109. 李松:《诚信:中国社会的第一项修炼》,新华出版社2013年版。

110. 朱坚强、张颖香:《大学生诚信教育概论》,立信会计出版社2012年版。

111. 肖周录、王永智等：《诚信教育论》，中国社会科学出版社 2012 年版。

112. 方立平、陈钢：《诚信中国年鉴（2010）》，上海三联书店 2010 年版。

113. 张国臣：《社会诚信建设理论与实践》，人民出版社 2013 年版。

114. 王淑芹：《大学生诚信伦理研究》，人民出版社 2012 年版。

115. 宋希仁：《干部诚信建设读本——中外诚信名言点评》，中国方正出版社 2007 年版。

116. 韩凤荣、薛薇：《市场经济条件下社会诚信与青年诚信的构建》，吉林大学出版社 2010 年版。

117. 崔延强：《中外大学生诚信教育比较研究》，中央文献出版社 2009 年版。

118. 方军：《制度伦理与制度创新》，中国社会科学出版社 1997 年版。

119. 罗洪铁：《基于当代大学生诚信制度建设的思想政治工作研究》，中央文献出版社 2009 年版。

120. 中国科学院：《科学与诚信：发人深省的科研不端行为案例》，科学出版社 2013 年版。

121. 中国高等教育编辑部：《德育为先》，高等教育出版社 2006 年版。

122. 高等教育部办公厅：《高等教育文献法令汇编（1949—1952）》，高等教育出版社 1958 年版。

123."两课"教育教学调研工作领导小组：《普通高校思想政治教育课程文献选编》，中国人民大学出版社 2003 年版。

124. 教育部社会科学司：《普通高校思想政治理论课文献选编（1949—2006）》，中国人民大学出版社 2007 年版。

125. 教育部思想政治工作司：《聚焦：大学生关注的思想理论问题》，中国人民大学出版社 2009 年版。

126. 中国高等教育学会组编：《改革开放 30 年中国高等教育发展经验专题研究》，教育科学出版社 2008 年版。

三、期刊类

127. 郑也夫：《信任与社会秩序》，《学术界》2001 年第 4 期。

128. 黄蓉生、白显良：《当代大学生诚信制度建设的体系构建》，《西南大学学报》（社会科学版）2008 年第 4 期。

129. 李志强：《制度配置理论：概念的提出》，《山西财经大学学报》2002 年第 2 期。

130. 党志峰：《大学诚信教育机制的构成分析》，《山西大学学报》（哲学社会科学版）2011 年第 3 期。

131. 黄蓉生：《应重视大学生在德育中的主体作用》，《高等教育研究》1996 年第 4 期。

132. 黄蓉生：《育人为本德育为先——加强和改进大学生思想教育工作的实践与探索》，《求是》2005 年第 9 期。

133. 黄蓉生、林庭芳等：《依法构建当代大学生经济守信制度》，《学校党建与思想教育》2009 年第 28 期。

134. 黄蓉生、白显良等：《社会主义核心价值体系视域下大学生思想政治教育创新》，《思想理论教育》2008 年第 15 期。

135. 黄蓉生、孙楚杭：《构建高校实践育人长效机制的思考》，《中国高等教育》2012 年第 1 期。

136. 黄蓉生：《大学生思想政治教育的时代价值取向》，《思想理论教育导刊》2008 年第 6 期。

137. 黄蓉生：《关于高校德育工作实效性的几个问题》，《思想理论教育导刊》2001 年第 3 期。

138. 黄蓉生：《应重视大学生在德育中的主体作用》，《高等教育研究》1996 年第 4 期。

139. 黄蓉生：《诚实守信：大学生社会主义荣辱观教育的重点》，《西南大学学报》（社会科学版）2008 年第 3 期。

140. 黄蓉生、林庭芳：《依法构建当代大学生经济守信制度》，《学校党建与思想教育》2009 年第 28 期。

141. 党志峰、李嘉莉：《诚信教育在现代大学中的价值》，《沧桑》2011 年第 2 期。

142. 郑也夫：《信任溯源与定义》，《北京社会科学》1999 年第 4 期。

143. 钟志凌、张国镛：《试析大学生诚信制度体系的建立》，《学校党建与思想教育》2008 年第 5 期。

144. 刘美玲、马学思：《论高校诚信文化的社会功能》，《沧桑》2011 年第 2 期。

145. 刘志山：《当前我国高校德育的困境和出路》，《华中师范大学学报》（人文社会科学版）2005 年第 3 期。

146. 李凤莲：《大学生诚信缺失的环境因素论析》，《黑龙江高教研究》2010 年第 3 期。

147. 奚玲、刘洁：《对加强大学生诚信教育的几点思考》，《大连理工大学学报》2004 年第 1 期。

148. 章舜钦：《论高校大学生诚信教育的法制保障》，《长春工业大学学报》2005 年第 3 期。

149. 洪跃雄：《大学生诚信缺失的心理、原因及对策》，《山西高等学校社会科学学报》2005 年第 1 期。

150. 罗洪铁、王斌：《思想政治教育对大学生诚信教育效果评估的结果处理及应用机制研究》，《西南大学学报》2008 年第 4 期。

151. 李德：《网络时代道德主体性的失落及其重塑》，《北京邮电大学》2004 年第 2 期。

152. 王朝晖：《诚信与人的全面发展》，《宁夏党校学报》2007 年第 1 期。

153. 张茜茜：《试论和谐校园文化的构建》，《重庆科技学院学报》（社会科学版）2009 年第 1 期。

154. 尹彦：《高校诚信教育机制创新研究》，《教育评论》2012 年第 4 期。

155. 张艳霞：《浅析中美高校诚信教育的异同点》，《辽东学院学报》2004 年第 S2 期。

156. 邵璀菊：《以社会主义核心价值体系领高校思想政治教育》，《北京理工大学学报》（社会科学版）2008 年第 2 期。

157. 许辉：《高校构建大学生诚信伦理的策略》，《黑龙江教育学院学报》2010 年第 4 期。

158. 宋希仁：《论信用和诚信》，《湘潭大学社会科学学报》2002 年第 5 期。

159. 焦国成：《关于诚信的伦理学思考》，《中国人民大学学报》2002 年第 5 期。

160. 汪早容：《高校两课教学对大学生诚信观的培养》，《长春师范学院学报》（人文社会科学版）2006 年第 1 期。

161. 刘伟：《关于大学生诚信机制建设的思考》，《山东省青年管理干部学院学报》2005 年第 4 期。

162. 郭海峰：《大学生诚信教育要重视校园诚信环境建设》，《湖北函授大学学报》2011 年第 7 期。

163. 吴小林、林静：《大学生诚信缺失的心理类型及其对策探析》，《国家教育行政学院学报》2010 年第 1 期。

164. 谢成宇、侯欣：《大学生信仰教育的困境与路径论略》，《湖北社会科学》2011 年第 2 期。

165. 张薇、尚素文：《大学诚信教育的反思与构建》，《辽宁教育研究》2007 年第 1 期。

166. 梁茜、吴志强：《美国大学诚信体系及对我国大学生诚信教育的启示》，《高教论坛》2012 年第 10 期。

167. 张维红：《大学诚信教育亟待加强》，《教育研究》2009 年第 6 期。

168. 常建勇：《美国大学生诚信管理体系运行机制及对我国的启示》，《中国青年研究》2008 年第 3 期。

169. 杨振宇：《论当代大学生健康的政治心理的培养》，《教育探索》2009 年第 3 期。

170. 梁守英：《关于建立大学生诚信档案的思考》，《现代教育科学》2005 年第 1 期。

171. 郑纯：《谈必须加强大学生诚信教育》，《思想政治教育研究》2004 年第 4 期。

172. 杨秀丽：《论大学生诚信道德的重塑》，《思想政治教育研究》2004 年第 5 期。

173. 陈飞：《高等教育国际化环境下我国大学生诚信体系的重构》，《高教研究与实践》2004 年第 4 期。

174. 侯亚元：《简论构建大学生诚信教育机制》，《中国成人教育》2005 年第 11 期。

175. 张其娟：《思想政治工作在大学生诚信教育中存在的问题及对策》，《思想政治教育研究》2009 年第 1 期。

176. 罗洪铁、温静：《改革开放 30 年大学生诚信教育内容创新研究》，《思想教育研究》2008 年第 8 期。

177. 陈平：《大学生诚信缺失的表现、程度及成因》，《思想政治教育研究》2007 年第 6 期。

178. 刘峰：《基于构建和谐校园的大学生诚信教育实效性研究》，《思想政治教育研究》2007 年第 4 期。

179. 赵阿华：《大学生诚信缺失问题的伦理探析》，《中国德育》2007 年第 8 期。

180. 张阳红：《关于构建大学生诚信评价体系的几点思考》，《思想政治教育研究》2007 年第 3 期。

181. 许平：《"文化堕距"理论视角下对当代大学生诚信缺失现象的解读》，《学校党建与思想教育》2006 年第 9 期。

182. 张忠良：《把社会主义核心价值体系融入高校思想政治教育之中》，《思想政治教育》2007 年第 5 期。

183. 高向东：《以制度培养大学生诚信品质的实践探索》，《思想理论教育》2006 年第 3 期。

184. 姜・朱琪：《苏联的教育：俄罗斯的，还是苏维埃的?》，《教育研究与实验》1982 年第 1 期。

185. 王建平、荣光宗：《论俄罗斯高等教育政策的时代转型》，《国际与比较教育》2006 年第 5 期。

186. 马艳芳：《浅论当代大学生的诚信教育》，《教育改革》2011 年第 7 期。

187. 蔡莉：《基于开放教育环境下诚信文化建设探讨》，《继续教育》2007 年第 4 期。

188. 于俊如：《诚信教育：缘由、目标和内容——兼论现代市场经济对大学生人格前提的基本要求》，《思想理论教育》2002 年第 4 期。

189. 胡秀英：《和谐社会目标下大学生诚信教育的价值意蕴及其实现机制》，《当代教育论坛》2007 年第 9 期。

190. 王莉：《论国家助学贷款工作发展与大学生诚信教育》，《理论界》2005 年第 10 期。

191. 胡军：《大学生诚信道德教育：内涵、动因及其途径》，《伦理学研究》2005 年第 3 期。

192. 陈幼林：《当代大学生诚信知行的异化与统一》，《当代教育论坛》2007 年第 12 期。

193. 沈玲：《略论大学诚信教育的构建》，《理论月刊》2005 年第 1 期。

194. 姜正冬：《政治诚信涵义和内容刍议》，《理论学刊》2003 年第 5 期。

195. 魏传光：《浅谈高校的诚信教育》，《理论月刊》2003 年第 2 期。

196. 钞秋玲：《美国大学生的学术不诚信及其防范措施》，《大学研究与评价》2009 年第 1 期。

197. 韩震：《建立诚信社会应该有制度性的奖惩安排》，《伦理学研究》2006 年第 6 期。

198. 张杰：《以高度的文化自觉和文化自信推动大学文化建设》，《求是》2012 年第 9 期。

199. 熊宗哲：《论传统义利观和诚信观的现代转换——从"以诚实守信为荣，以见利忘义为耻"谈起》，《伦理学研究》2006 年第 6 期。

200. 沈兵虎、陈健：《试论大学校园文化的承载因素和社会功能》，《浙江社会科学》2006 年第 5 期。

201. 邓磊:《诚信教育制度体系述评》,《国际高等教育研究》2009 年第 1 期。

202. 邓磊、崔延强:《美国大学诚信教育制度体系评述》,《比较教育研究》2011 年第 3 期。

203. 严耕、陆俊:《国外网络伦理问题研究综述》,《国外社会科学》1997 年第 2 期。

204. 刘德亮、曹肖冰:《大学生诚信档案与其隐私权保护冲突问题探讨》,《法制与社会》2009 年第 4 期。

205. 赵爱玲:《国内诚信研究综述》,《道德与文明》2004 年第 1 期。

206. 杨秀香:《诚信:从传统社会转向市场社会》,《道德与文明》2004 年第 4 期。

207. 徐国栋:《客观诚信与主观诚信的对立统一问题》,《中国社会科学》2001 年第 6 期。

208. 刘松山:《论政府诚信》,《中国法学》2003 年第 3 期。

209. 姜素红、曾惠燕:《古罗马法和唐律有关诚信规定之比较》,《时代法学》2005 年第 6 期。

210. 顾雪勤:《大学生诚信:当代大学校园的信任危机合作》,《经济与科技》2010 年第 2 期。

211. 霍晓萍:《我国大学生诚信缺失行为的解析与对策研究》,《中国外资》2009 年第 20 期。

212. 毛丹:《若能诚信,敢不敛社——漫说诚信的公共政治涵蕴》,《开放时代》2002 年第 6 期。

213. 姚培生:《大学生诚信缺失的现状、成因及重塑对策》,《产业与科技论坛》2008 年第 7 期。

214. 张勇、陈萍:《浅谈建立大学生诚信档案》,《兰台世界》2005 年第 11 期。

215. 薛超:《论责任意识对规范大学生诚信行为的作用》,《东京文学》2010 年第 6 期。

216. 李健生、杨宜苗:《大学生诚信评价体系及电子化档案管理研究》,《文教资料》2010 年第 9 期。

217. 王洪生:《对我国大学生就业诚信制度的反思》,《西南交通大学学报》(社会科学版)2009 年第 1 期。

218. 王恩华:《论大学学术诚信制度建设》,《现代教育科学》2005 年第 7 期。

219. 杨鸿燕、杨艳:《美国高校学术诚信制度有效性之分析》,《首都师范大学学报》

（社会科学版）2011 年第 4 期。

220. 岑峨、熊琼：《论现代诚信制度的法律构建》，《河南师范大学学报》（哲学社会科学版）2012 年第 5 期。

221. 匡坤涛、江茂森等：《当代大学生诚信制度实施中的学生主体论》，《西南农业大学学报》（社会科学版）2008 年第 5 期。

222. 李强、雷鉴等：《我国大学生诚信制度建设的历史考察》，《学校党建与思想教育》2009 年第 1 期。

223. 张新民：《我国当代大学生诚信制度构建的多维思考》，《西南大学学报》（社会科学版）2008 年第 3 期。

224. 刘蕾：《美国、日本、新加坡大学诚信教育及对我国大学诚信教育的启示》，《武夷学院学报》2013 年第 6 期。

225. 郭文剑：《学术诚信：美国大学学生荣誉制度的意义解读》，《外国教育研究》2010 年第 7 期。

226. 李奇：《美国大学学术诚信问题的研究报告》，《比较教育研究》2006 年第 5 期。

227. 张晓明：《美国大学的道德教育》，《高等教育研究》1992 年第 1 期。

228. 田德新：《美国高校的学术自由与学术诚信》，《外语教学》2003 年第 4 期。

229. 石连海：《国外大学章程执行力的模式、运行机制与启示》，《教育研究》2014 年第 1 期。

230. 于丽娟：《国外大学章程文本探析——以英国牛津大学和美国康奈尔大学为主要案例》，《高教探索》2009 年第 1 期。

231. 陈立鹏、张建新等：《国外大学章程对我国大学章程建设的启示》，《中国高等教育》2007 年第 10 期。

232. 何怀宏：《春秋时代的"诚信"观》，《学术月刊》1994 年第 5 期。

233. 孙春晨：《信用伦理与公民道德建设》，《中国伦理学会会员代表大会暨第 12 届学术讨论会论文汇编》2004 年。

234. 徐雅芬：《关于诚信问题的几点思考》，《中国伦理学会会员代表大会暨第 12 届学术讨论会论文汇编》2004 年。

235. 岳云强、马佳星：《当前大学生诚信缺失的现状、原因及对策》，《学理论》2009 年第 10 期。

236. 吴锋:《诚信为本德知双修——关于大学生诚信教育的价值分析》,《扬州大学学报》(高教研究版) 2002 年第 4 期。

237. 胡秀英:《和谐社会目标下大学生诚信教育的价值意蕴及其实现机制》,《当代教育论坛》2007 年第 9 期。

238. 胡钦太:《重构大学生诚信教育机制》,《道德与文明》2003 年第 1 期。

239. 杨雪琴:《试论当代大学生诚信素质的形成路径》,《社会科学家》2005 年第 6 期。

240. 于珊珊、王辛:《大学生就业市场诚信机制建设研究》,《现代教育科学》2012 年第 2 期。

241. 廖志诚、林似非:《论大学生诚信缺失及其治理》,《福建师范大学学报》(哲学社会科学版) 2003 年第 6 期

242. 张伟:《诚信文化与和谐社会》,《软科学》2008 年第 9 期。

243. 孙雅南:《诚信文化的哲学思考》,《中州学刊》2012 年第 2 期。

244. 林兴岚:《当代诚信文化建设的实践性思考》,《社会主义研究》2007 年第 6 期。

245. 赵丽涛:《中国传统诚信文化的变迁方式及其当代转化》,《兰州学刊》2013 年第 2 期。

246. 李兴敏:《中西诚信文化比较的新视角》,《沈阳工业大学学报》(社会科学版) 2012 年第 3 期。

后　记

　　本书是教育部人文社会科学研究项目"高校思想政治教育创新——大学诚信理论与实践的制度分析"的最终成果。当书稿终于杀青付梓之时，睹物思情，感慨良多，有苦涩，有艰辛，有收获，但更多的是内心的感激。

　　光阴荏苒，岁月如梭。屈指算来，我从事大学思想政治教育工作已有28个年头，一种特殊的情感早已融入并深深植根于自己的人生轨迹中。随着形势的不断发展和研究工作的不断延伸，这份情感逐渐转化为一份自觉的责任，就是希冀通过自身努力，能够为大学思想政治教育的理论研究和实践探索尽一点绵薄之力。基于此，自2006年起，我开始关注大学诚信问题，主要是因为诚信问题已经成为影响大学生人格养成、道德净化、素质提升、成长成才的一个核心要素，也成为影响中国大学学术品质、大学文化、人才质量、科技创新力和核心竞争力的一个关键要素。情感引发关注，关注导致担忧，担忧转至责任。虽然知道自己的学养十分有限，但这份沉甸甸的责任不断支撑着我进行艰苦的跋涉，尽心竭力，不敢懈怠，尝试着将自己的思考和体会融入文字中，这应该是研究工作得以持续的本源动力。

　　在本书的撰写过程中，参考了许多学界前辈和同仁的有关成果，这里，对给予笔者重要启示和提供资料的作者表示诚挚的感谢和崇高的敬意。

　　本书在构思、论证和撰写过程中，得到了复旦大学副校长、国际关系与公共事务学院博士生导师林尚立教授，原教育部思想政治工作司司长、厦门大学党委书记杨振斌研究员，原教育部社会科学司徐维凡副司长，太原师范学院院长梁吉业教授，山西大学刘维奇、行龙、王承亮、邸敏学、李志强、贺天平、邢云文等教授的教诲、支持和鞭策，特别是恩师林尚立先生欣然为本书作序。在出版过程中得到人民出版社编辑段海宝的热情帮助和鼎力支持，我工作中的同事和研究生做了很多无私的基础性工作，在此一并表示深深的谢意。

目前，关于大学诚信问题的研究方兴未艾，成果不断涌现，比之前辈学者严谨的治学精神和精深的博学睿智，本书虽多次修改，但在诸多方面还需进一步论证和雕琢。心思于诚惶诚恐，情感于鼓励激励，故而不揣浅陋，将此带有疏漏和缺陷的作品奉献给广大读者，恳请学界方家不吝赐教，笔者将不胜感激，惟愿能为大学诚信制度建设添砖加瓦、贡献力量。

党志峰

2014 年 8 月